董务刚◎著

美国现代主义诗人

及其经典诗歌研究

吉林大学出版社

图书在版编目（CIP）数据

美国现代主义诗人及其经典诗歌研究 / 董务刚著 . —
长春：吉林大学出版社 , 2020.5
ISBN 978-7-5692-6520-0

Ⅰ . ①美… Ⅱ . ①董… Ⅲ . ①诗人—人物研究—美国
—现代②诗歌研究—美国—现代 Ⅳ . ① K837.125.6
② I712.072

中国版本图书馆 CIP 数据核字（2020）第 085186 号

书　　名　美国现代主义诗人及其经典诗歌研究
　　　　　MEIGUO XIANDAI ZHUYI SHIREN JI QI JINGDIAN SHIGE YANJIU
作　　者　董务刚　著
策划编辑　李潇潇
责任编辑　李潇潇
责任校对　赵雪君
装帧设计　博克思文化
出版发行　吉林大学出版社
社　　址　长春市人民大街 4059 号
邮政编码　130021
发行电话　0431-89580028/29/21
网　　址　http://www.jlup.com.cn
电子邮箱　jdcbs@jlu.edu.cn
印　　刷　三河市华东印刷有限公司
开　　本　710mm×1000mm　1/16
印　　张　23
字　　数　375 千字
版　　次　2020 年 5 月第 1 版
印　　次　2020 年 5 月第 1 次
书　　号　ISBN 978-7-5692-6520-0
定　　价　95.00 元

前 言

　　美国南北战争结束以后，资本主义在全国获致了飞速的发展，尤其是 1879 年的经济萧条结束后，经济迅即进入扩张和稳定的时期。在 19 世纪 80 年代，全国的经济呈现出蓬勃发展的势头。企业家们创建了许多大型公司，摩天大楼巍然耸立，有轨电车增添了城市热闹，而各式电灯又点亮了城市的街道、商店及千家万户。科学技术在这个时期也获致了惊人的发展，它与工业结合在一起，产生了电话、留声机、相机这样时新的产品，给人们的生活带来了方便和耀目的色彩。社会的变化吸引了很多欧洲移民，他们怀抱着对未来生活的美好希望，纷纷来到美国，希望能像他们的先祖一样在美洲大陆创建出一片新颖的"伊甸园"。

　　工业化、都市化及移民潮给美国社会带来了生动活泼的新气象，也诞生了不少富裕的工业大亨、企业家，但这并不意味着美国社会在整体上实现了经济的全面腾飞，生活水平的全面提升。实际上在那些豪华住宅后面，还隐藏着鳞次栉比的低矮的住宅，豪宅后面还有泥泞不堪、难以涉足的小道和让人恶心的垃圾粪便。在一个拥有 150 万居民的城市中，能有 50 万居民过着沿街乞讨的生活，这些人中间能有超过一半的人属于失业者。富华和贫穷交织，光明和黑暗并存。美国的社会贫富两极悬殊在日渐扩大。黑人名义上已获得了解放，但在南部依然遭受着残酷无情的种族歧视和种族压迫，过着暗无天日、艰难困苦的地狱般的生活。

　　在这样的背景下，人们对美国式的民主自由产生了深深的怀疑。有些作家在早年曾对美国的民主和自由抱有浪漫式的幻想，时不时地会流露出优越感、满足感，但到了 19 世纪末，他们因受到资本主义发展的猛烈冲击，受到数以万计的工人、农民凄惨生活状况的刺激而不得不以怀疑的态度、批判的笔触来描写他们眼中的美国社会，他们在作品中揭露了统治阶级假民主、真专制，美国社会假繁荣、真贫困的真相。在揭露的同时，这些作家对劳动人民都献上了同情、关爱的温暖情意，同时对现实都产生了深深的悲观失望的感觉。他们悲观主义的情绪产生于美国政府所鼓吹的民主理想的破灭，也产生于他们所一直坚信的美好的人生信条的裂变。像马克·吐温（Mark Twain，1835-1910）、杰克·伦敦（Jack London，1876-1916）、加兰（Hamlin Garland，1860-1940）、诺里斯（Frank Norris，1870-1902）等人在他们的作品中，对美国社会都流露出不同程度的悲观、哀戚的情绪，在描写资产阶级的骄奢淫逸、劳动人民的苦苦挣扎的同时，都会带着一种凄楚哀伤的情调，面对着资本主义发展这一幢幢大厦，他们似会不由自主地发出无望的悲叹。

19世纪末这些作家们的悲悯、哀叹和感伤在1890年现代主义文学运动揭开它那灿烂夺目的帷幕时，已变得十分沉重，并随着时光的推进，逐渐地加剧并变得严重起来，到一战爆发及爆发后很长的一段时间内，这种心绪和情调成为美国文学的一个主要的基调。悲观主义成为现代主义文学，无论是小说、戏剧，还是诗歌一个永恒的、常探不息的话题。由悲观主义所引发的伤痛、苦闷、彷徨、恼怒也成为那时文学作品主人公所普遍具有的情感特征。这样的情感特征，有人将之称为"现代主义的苦痛"。这样的苦痛，我们不但在庞德、爱略特等诗人的诗作，托马斯·哈代的小说中可以深深地体察到，而且在本书所研究的罗宾逊、桑德堡、史蒂文斯、威廉斯等人的诗作中，也可以细细地体味到。

罗宾逊在他虚构的"蒂尔伯里镇"人物肖像诗中，为我们刻画了一幅幅生活、工作在蒂尔伯里镇中人物的肖像，这些人物有的曾为商界巨子、社会贤达、企业精英，但最后或因为企业破产、工业倒闭，或因为一些个人心理上的失望、闭锁、抑郁的原因，而走上自杀的道路，还有的人物一直生活在社会底层，经济拮据，虽有美好的人生理想，但现实的残酷使他们只能耽于对往古的追思之中，或只能把酒买醉，了此一生。桑德堡毕生都站在普通劳动人民的立场上，同情工人、农民艰难困苦的生活。他虽歌颂工业文明的进步，但对城市的肮脏、破败则表示出了强烈的厌憎，对社会的腐败表示出了愤恨。作为一名"人民诗人"，他常常不由自主地就会对人民的遭遇显露出悲痛的情愫。如在《港口》一诗的第一部分，诗人以饱蘸血和泪的笔触描写了美国人民贫穷的困境，情调是令人悲痛、凄恻的。史蒂文斯对秩序显示出了极大的兴趣，而这兴趣应是产生于一战对社会秩序的破坏。面对战后满目疮痍的局面，很多人在精神上经历了苦闷，使美国传统的价值观、道德观崩溃，史蒂文斯以一位浪漫主义诗人才具有的丰富的艺术想象，在作品中重建了社会秩序，并希图在艺术世界和现实世界之间搭建桥梁。秩序的失范、混乱让史蒂文斯感到哀伤、焦虑，他期盼着杰出人士的出现来挽救颓败的社会局势。威廉斯同桑德堡一样在诗中也热情地讴歌人民群众身上所具有的勤劳勇敢、乐于奉献的高贵品质，但通过对枯枝败叶、一丛丛荒草、一潭潭死水、疏落的树木、毫无生气的枯藤的象征性描写，也抒发了人们对一战后社会环境的冷酷所怀有的战栗、惊恐之情。这样的情感无疑也是让人哀戚、痛苦的。

本书所研究的这四位诗人，尤其是罗宾逊、桑德堡和威廉斯，他们大都将艺术的笔触伸向美国社会的下层，描写普通的工人农民凄惨的人生境况、他们勤劳辛苦的工作、他们自信坚强和纯朴善良的品质以及他们对未来、自由所怀有的梦想和期盼。诗人们在细腻的描写、热情的讴歌同时，显示出了他们炙热的同情和无限的赞美。从这些诗作中，我们可以看出，这些诗人热爱美国的人民，热爱他们辛勤的劳动，是这些可亲可爱的美国人民推动了历史的发展，文明的进步，是他们将美国梦的图景描画得越来越美、越来越光辉璀璨。这些诗人的创作观、作品的主题思想能反映出他们对马克思主义理论在一定程度上的接受和信奉。像桑德堡在龙巴德学院学习时，曾与同学们在一起讨论过《资本论》，威廉斯还曾于20世纪30年代加入过由共产党员或支持共产党的非共产党人士参加组建而成的客体派，对马克思的社会存在决定社会意识坚信不疑。

这几位诗人与庞德、艾略特在创作的主题思想上虽有相似之处，如都将锐敏、智慧的目光投向美国的现实社会，投向一战前后美国的社会秩序、文化堕落状况，但不同之处也是显而易见的，庞德、艾略特似乎更关注美国的知识分子、上流人士对现实的关注以及他们对战后秩序的混乱、价值观的破碎、人民的失望、怅惘和懈怠心理的揭示，而罗宾逊、桑德堡和威廉斯则更加关注美国的普通民众对战后社会形势的感受，对社会所做出的贡献，为生计所付出的艰巨劳动和诚挚奉献。

现代主义在艺术形式上对传统的规范、作品原有的结构形式、诗歌的古老格律等进行了大幅度的消解，但在艺术的主题探讨方面则显示出与现实主义极大的相似性。尤其是罗宾逊、桑德堡、威廉斯等人他们都从劳动人民的立场出发，抒发对劳动的赞美，对人民纯朴和善、坚强勤劳品质的歌颂，他们对造成诸多社会弊病的统治机构和官员，他们的徇私舞弊、豪奢浮华的生活也进行了一定程度的批判，有的批判是间接性的、影射性的，而有的则是直截了当的。他们对社会现实的贫困、混乱都表示出真诚的忧虑，同时像史蒂文斯等人还着力塑造杰出的改革家形象，希图他们能挽大厦于将倾。从这些诗作中，我们能十分清晰地看到现实主义的光辉闪耀。列宁曾说过，随着时代的发展，甚至在自然科学领域里（更不用说人类的历史），唯物主义必然要改变自己的形式。（杨仁敬，20世纪美国文学史，青岛出版社，2000年，第3页）20世纪现代主义诗人，如罗宾逊、桑德堡、威廉斯等人所探讨的主题内容、所阐发的思想情感应是19世纪现实主义的一种延伸和发展。它们绝不是现实主义的消亡，或危机、或异化，它们应是现实主义在新时代的一种与时俱进式的发展。

应该说，在20世纪现代主义文学的发展过程中，是交织着现实主义文学的发展的，19世纪美国的现实主义到了20世纪初和二三十年代完美地消融到现代主义的滚滚大潮中，成为现代主义的有机的组成部分。我们常说，19世纪现实主义文学落幕之际，现代主义就开始登上文学的舞台，这是从兼顾文学流派艺术形式和艺术内容两方面而言的，实际上就艺术内容而言，现实主义和现代主义是有很多重叠之处的。文学流派之间的更迭演进，相互之间存在着衔接性、连贯性，这是自然的。因为任何一个文学流派的产生都不是空穴来风，从空突降的，它会是在原有文学流派的基础上，随着一个民族、国家或世界政治、经济、文化形势的变化而产生的，因此，不同的文学流派之间会存在着某种程度上的相融性、相似性，这就毫不奇怪了。

现实主义和现代主义在艺术内容上最大的不同在于现代主义加重了悲剧的力量。不可否认，现实主义，尤其是批判现实主义作品，其中也不乏很多的悲剧作品，像托马斯·哈代就从批判现实主义的角度创作了不少的悲剧作品，揭示出19世纪下半叶英国南部农村社会里一些要求自由、进步、勤劳善良的劳动人民与邪恶不公的社会环境、资本主义势力相抗争而最终被环境所扼杀的惨烈的社会悲剧。但与20世纪的现代主义文学相较，这些作品中的悲剧性还不那么强。现代主义文学，因资本主义世界在19世纪下半叶直至20世纪上半叶贫富悬殊的日渐扩大及第一次世界大战的爆发而加重了悲剧的力量，一次大战以后，在美国还出现了"迷惘的一代"，一些先进的、负有强烈社会责任感的青年知识分子出于对现实的悲痛而对人生、未来表现出迷惘。现代主义作品悲戚的情调、现代人的苦痛成了现代主义文学极其显明的标志。而这样的标志在现实主义的作品中，即使有，也是不那么醒目突出的。

现代主义作品除了探讨人与社会的对立矛盾、社会形势的发展变化让人感到不适、迷茫、困惑外，还探讨了人与人之间的不和谐、人生于世所体验到的各种孤寂、冰冷感。像罗宾逊在《弗拉德先生的酒会》中，就以细致、凄楚的笔调描写了弗拉德先生一人独居高山小屋，自斟自饮，十分想念昔日的好友而无人与其聚会共欢的凄恻故事。山下的人也都对他关上了大门，畴昔好友已不知去向，他整日自言自语，却无人与其交流沟通，月明之夜，他高歌《友谊地久天长》，但却无人与他共饮同唱。史蒂文斯在他的《在基韦斯特的秩序的思考》一诗中，刻画了一位女歌手的形象，女歌手在海边高声吟唱，但许久都没有得到海水的应答，即歌手的演唱得不到听众的理解、接受和欢迎。这些艺术形象的创造都非常真实、生动地再现了20世纪二三十年代人与人之间关系的不和、对立，人在那个时期所经受的精神压抑、心理寂寞。

现代主义作品还常触及人与自然的对立，19世纪下半叶及20世纪上半叶，美国加快了经济发展的步伐，工业化、都市化成了美国那个时期经济快速发展的标志。工业文明的进步势必会带来环境的污染、生态系统被破坏这样的问题。桑德堡在《港口》一诗的开头就触及这样的问题：芝加哥城中有拥挤、丑陋的墙壁，那里环境肮脏、光线黑暗。这样的环境与人的美好愿望是相违背的，我们看到居住在城市中的人们忍受着饥饿的痛苦，一个个以深陷的眼睛向行人凝望，他们形体消瘦。生态环境的恶化也会影响经济的发展，影响人的身体健康和精神状态。史蒂文斯针对秩序的混乱失范，其中也包括生态环境的被破坏，提出了自己鲜明的生态文明观，大自然中的万事万物都和谐共生于一个平衡稳定的生态系统中，若缺少了一类，如鸟儿飞逝，或森林毁坏，那么势必影响到其他类的生存和发展，人与自然是息息相通的。

现实主义文学与现代主义文学最大的区别应在艺术形式上。现代主义从肇始之初就对传统的艺术形式进行了大幅度的解构，在西方文坛上，其解构力度之大，有人称之为"一场翻江倒海、石破天惊的文化大地震"（李维屏，英美现代主义文学概观，上海外语教育出版社，1998年，第1页）。本书所研究的这四位诗人，他们也以不同的方式追随了现代主义文学的发展步伐，在创作中成功地应用了现代主义文学的一些创作技巧，如意识流、象征主义、意象主义和客体派。罗宾逊的诗歌艺术形式极为传统，所有的诗都忠实地遵照传统格律诗的艺术形式，但就是这样一位恪守传统格律诗形式的诗人，他在创作《弗拉德先生的酒会》一诗时，却十分成功、精巧地使用了意识流技巧，在美国诗坛上，他应是继爱略特用意识流创作《杰·阿尔弗雷德·普鲁弗洛克的情歌》之后，使用意识流创作诗歌最为成功的一名诗人，另外，史蒂文斯在创作《星期天的早晨》一诗时，也少量地使用了意识流技巧。史蒂文斯的诗，几乎无一首不用象征，诗中无一处不用象征，他应是一位杰出的象征主义大师。桑德堡和威廉斯对庞德所创立的意象主义进行了大量的吸纳，把意象主义诗歌创作得既小巧玲珑，又十分地清新流畅，含蕴深厚。威廉斯不仅创作意象主义诗歌，而且还创作了客体派诗歌，这两种风格有别的诗歌在威廉斯的笔下显得生动别致，一首首都包含着深刻的哲理，并富有启迪意义。现代主义以其艺术形式上的大胆创新和勇敢的实验巍然地耸立在西方文坛上，发射出崭新而靓丽的艺术光彩。

本书四章中的各节均按大意解读、主题思想讨论、艺术特征分析、结语这样的格式来撰写，写作中紧紧地围绕作品发表时的时代历史背景，结合诗人的生平、创作思想、创作风格、世界观、人生观等来深入地探讨所研究诗篇的意义、主题思想和其艺术特征。在每节的"结语"部分，根据该诗发表时西方文坛上所盛行的艺术流派、艺术思潮的特点，详细地探究该诗所具有的美学特征，并说明诗人为美国民族主义文学的发展所做出的重要贡献。最后，按前文所研究的该诗对美国现实社会所含有的影射意义，和文学所具有的社会功能及教育功能来说明该诗对美国人祖祖辈辈都在为之而努力奋斗的美国梦具有什么样的建设意义。

该书以马克思的唯物史观为指导来研究美国现代主义文学运动时期的诗人及其作品。无论是研究主题思想，还是研究其艺术特征，都按马克思的社会存在决定社会意识的原理、内容和形式有机统一的原理来进行，以确保课题研究的科学性、逻辑性及所得出的结论的正确性、推论的可靠性及立论的坚实稳固性。马克思认为，物质决定意识，物质第一性，意识第二性，社会存在决定社会意识。马克思还认为，形式和内容是统一的，"如果形式不是内容的形式，那么它就没有任何价值了"。（《马克思恩格斯全集》第一卷，人民出版社，1956年，第179页）这些闪光的理论是该课题研究的指导思想。

美国现代主义诗歌可谓汗牛充栋，因我所接触到的诗作有限，故对诗人及其创作风格的认识难免有失全面、周到，疏漏之处在所难免。根据书中这些诗作的研究，本人得出一些崭新的观点、论见及本书所创生的研究方法和研究特色，若能对学界美国诗歌的研究起到有益的补充作用，则余愿足矣。本书的研究权当引玉之砖，旨在与同行共同学习和交流。研究中若有不当处，敬请专家同行不吝赐教，不胜感激。

目　录

1

第一章　埃德温·阿灵顿·罗宾逊和他的经典诗歌

第一节　论埃德温·阿灵顿·罗宾逊和他的《理查德·科里》

Richard Cory

Edwin Arlington Robinson

Whenever Richard Cory went down town,

We people on the pavement looked at him:

He was a gentleman from sole to crown,

Clean favored, and imperially slim.

And he was always quietly arrayed,

And he was always human when he talked;

But still he fluttered pulses when he said

　"Good -morning," and he glittered when he walked.

And he was rich—yes, richer than a king—

And admirably schooled in every grace;

In fine, we thought that he was everything

To make us wish that we were in his place.

So on we worked, and waited for the light,

And went without the meat, and cursed the bread;

And Richard Cory, one calm summer night,

Went home and put a bullet through his head.

埃德温·阿灵顿·罗宾逊生于1869年,卒于1935年,是美国内战结束后不久,生活和创作于19世纪和20世纪交替时期的一名重要的美国诗人。在美国文学史上,人们一般将罗宾逊和罗伯特·弗罗斯特(Robert Frost, 1874—1963)并列提及,认为他们是美国现代主义诗人。将这两位重要的诗人放在一起论及,一是因为他们经历了美国现代主义文学运动从开始酝酿到汹涌澎湃,再到鼎盛辉煌的所有发展阶段,他们在这样一个文学发展的重要时期皆创作、出版了大量的诗歌;二是因为他们都被称为"新英格兰诗人",两位诗人一生的大部分时光都是在他们的故乡美国的新英格兰从事诗歌创作的,其诗中的人、事、物,主要的创作素材等均取自于美国东部这块古老的土地,读他们的诗,我们能了解新英格兰地区的风土人情、自然环境、生活方式,新英格兰人民的审美观、人生观、世界观,新英格兰人民的人生奋斗历程以及他们的喜怒哀乐,并能从对这一切的详细描绘、敏锐洞察中了解外部美国社会中所发生的一切变革、形势的风云变幻、人事浮沉等。

两位诗人虽然都被称为"新英格兰诗人",但他们在创作主题的确立、创作风格的选择上是有很大不同的。应该说,他们经常被人们并列提及,除了上文所说的基本原因之外,还有一条,即是涉及他们具体的诗歌文本创作方面的重要原因。他们在诗歌的艺术形式上存在着一定的相似之处,如语言都较为简单、朴素,不用大词,少用形容词,语句浅显易懂;另外,他们都继承了英语传统格律诗的一些风格特点,在诗歌创作中仍然使用传统的格律形式,这是他们之间最为重要的相似之处。除此,他们之间的不同也是十分显著而且十分重要的。弗罗斯特作为"自然诗人",应是当之无愧的,他的诗大部分都描写新英格兰美丽的自然风景,诗中有"黑沉沉、古朴遒劲,连微风也难以吹进的树林"(those dark trees, So old and firm that they scarcely show the breeze, "In to my Own")、"绵绵秋雨的阴天"(these dark days of autumn rain, "My November Guest")、"潮湿的牧场小道"(the sodden pasture lane, "My

November Guest"）、"百花盛开的果园"（the orchard white，"A Prayer in Spring"）、"欢快的蜜蜂"（the happy bees，"A Prayer in Spring"）、"展翅飞翔的小鸟"（the darting bird，"A Prayer in Spring"）、"晨曦"（the morning glow，"Flower‐Gathering"）、"凋谢的艳葩"（the faded flowers gay，"the faded flowers gay"）等等。诗人常常以一种浪漫主义的诗意笔触，描写他在日常生活中所观察到的这些景物，赋予它们以一种深刻的象征意义，倾诉他对自然的喜爱，寄托一种生活的理想。几乎在他所创作的每一首诗歌中，我们都能看到大自然中的山川河田、林花汀芜、鸟兽虫鱼等。而罗宾逊的诗则很少写景，他对自然风景似乎并无多大的兴趣，他主要着笔于人，在他的笔下，我们看到了一幅幅生动逼真、十分有趣的人物肖像图，他不但着墨于人物的外表形象，而且能深入人物的内心世界，揭示人物复杂的心理活动，再现人物内心世界斑斓多姿的风貌、景观。这在诗歌创作中应是较为罕见的。因为诗一般很少触及人物形象的塑造，即使触及人物形象，也是较为浅显的形象描绘、人物性格特征的简单介绍，但罗宾逊在诗歌中对人物形象能做浓墨重彩般的描摹、刻画，对人物的性格能从不同的角度进行描写，有很多诗歌的标题就以人物形象的姓名来命名，这在诗歌史上应是十分少见的。对人物形象进行多方面的描写、塑造是小说的特长，一般小说，尤其是长篇小说都要涉及人物形象刻画的问题，但在诗歌中，这一特点则很少被诗人加以利用。罗宾逊的诗以写人为主，偶尔触及一些自然景物的描写，也是为刻画人物的性格，人物在特定的情境中的心理状态服务的。应该说，他在诗歌创作中以人物肖像的描绘而展示了其独特的创新能力和别具一格的艺术风格。他也以这一重要的诗歌创作特征而突显于 20 世纪美国现代主义诗歌的诗坛上。

　　在对这两位诗人进行比较时，就他们之间的相似之处还有一点需要补充。之所以直到现在才提及是因为这一相似之处较为宏观，它关涉到两位诗人所生活的文学历史环境。两位诗人所生活和创作的时期都经历 19 世纪下半叶，即美国内战结束到 19 世纪末这一漫长的岁月。从美国内战结束到 1890 年美国现代主义文学运动开始萌发这一阶段在美国文学史上一般被称为美国现实主义文学从产生到发展再到最后衰落的时期。两位诗人经历了这近半个世纪的风风雨雨，目睹了世道的沧桑巨变，在艺术创作中也不可能不受到美国现实主义文学运动的影响。尽管他们的创作兴趣不同，描写的对象、选取的创作素材有着很大差异，但他们在作品中所呈现的五光十色的世界、各式各类的人事物等都是取自于他们所生活和观察到的现实社会，他们笔下的世界是真实可信的，每一首诗，应该说，都洋溢着新英格兰农村新鲜、朴实、生动、有趣的生活气息。两位艺术家都将诗意的笔触集中于美国东部这块受现代化的生活方式影响较早，却又能保持乡村农耕田园生活风貌的土地上，揭示了在典型环境中典型人物的性格特征、命运浮沉，典型环境中所发生的典型事件，所出现的典型物。因此，两位诗人的艺术作品都反映了这些人物所生活的那个时代的特定的环境特点、社会风习，这些人物典型的性格特征，他们的奋斗历程及其最后的结局。他们的诗歌都具有强烈而明显的现实主义因素。

但就他们诗歌中的浪漫主义因素，有很多学者似持有不同的看法。文学史家伯纳德·杜弗（Bernard Duffey）在《美国的诗歌》（*Poetry in America*，1978）中这样说道：

…Frost and Robinson, both, were poets of a certain bereavement. Something had been taken from the world of their poems, or, better, the vitality of this world was locked up in itself …

…Between them , Frost and Robinson had made a poetry of the void or of things missing…Unlike the lyric revival, both men refused the stopgap of romantic sentiment, and with that refusal turned away from the historical associations that a number of lyricists had made for their poems. If the instinct of the twentieth century was toward the poetic itself, Frost and Robinson were two workers most broadly sweeping the ground clear of poetic pretension. For each of them, verse would be rooted in a poetic isolation. Theme would be the arrest of will and the abandonment of romanticized or ideal possibility. They were poets skeptical of anything too poetic. In the kind of success Robinson would achieve … the accomplishment was that of registering and making poetry from the stripped mind. Action was impossible or doubtful because wit could so seldom point a direction for it. In similar fashion Frost also sought a poetry of experience unadorned by poetic association and accepted for itself. Romanticism and idealism, again, were refused. Metrical convention was accepted for his verse ,but in practice that verse was developed by the ways of speech …[1]

弗罗斯特和罗宾逊都是带有一定孤寂感的诗人。在他们的诗歌世界中，都似有某种东西失去了，或者说得更准确点儿，这个世界的生动性被闭锁了的感觉……

弗罗斯特和罗宾逊都从虚无或失去了的事物中创作出诗歌来，他们同抒情诗的复兴运动背道而驰，拒绝在诗歌中补充浪漫主义的情感，他们在这样做的时候，对很多抒情诗人为他们的诗歌所设置的历史性联系感到深深的厌恶。如果 20 世纪的诗歌创作本能地指向诗意本身，那么弗罗斯特和罗宾逊则像两名工人清扫地面的垃圾一样，以大幅度的方式干净整洁地清除了诗歌创作中的虚饰。对于他们当中的任何一个人来说，诗会根植于诗意的孤独感当中。主题会是对意志的抑制，对浪漫化的或理想主义可能性的放弃。这两位诗人对任何过于诗意化的东西都表示怀疑。说到罗宾逊会取得什么样的成就，那就是他记录那种去除了一切无价值东西的纯粹思想或是从这纯粹的思想中创作出诗歌来。行动是不可能的或者说是可疑的，因为智慧很少能为这一行动指明方向。以相似的方式，弗罗斯特还试图根据经历来创作出诗歌，而这经历是未受诗意联想所修饰感染过的，弗罗斯特自己对这样的创作方式是认可的。浪漫主义和唯心主义，再一次地被拒绝了。传统的诗歌格律，他是接受了，但在实际的创作中，他的诗是按他讲话时的言语方式来创作的。

在以上这两段话中，杜弗对弗罗斯特和罗宾逊诗歌中的浪漫主义成分进行了彻底的否定。确实，罗宾逊诗歌中的浪漫主义成分很少，因为他主要是以写人为主，他的诗刻画了一个个栩栩如生的人物形象，他的笔调是忠实朴直、冷峻客观的，诗人很少将自己的感情、想象、理想等倾注笔端。他很少像那些浪漫主义诗人那样触及自然景物，在他的诗中很少有那些动人的风光描写，在谈到自己的第一部诗集《急流与昨夜》（*The Torrent and the Night Before*，1896）时，他说："全书中没有一只红颈知更鸟。"[2] 但弗罗斯特则不同，他诗歌中的浪漫主义成分则是十分浓酽的，诗人将自己对自然的喜爱，对新英格兰农村田园生活的赞美以奔放热烈的激情方式倾泻到自己的一首首诗中，诗风洋溢着浪漫主义的诗情，充满着农村生活的泥土气息。对弗罗斯特来说，他不是拒绝浪漫主义诗情，而是满腔热情地挥洒自己的情感、弘扬自己的想象，发挥自己的艺术创造力。

　　上述两段话不仅否定了弗罗斯特诗歌中充沛的浪漫主义情感，而且对弗罗斯特和罗宾逊诗歌中的现实主义因素也进行了否定。前文说到这两位诗人都经历了 19 世纪下半叶美国现实主义文学运动的发展时期，其诗风都在一定程度上受到了美国现实主义文学的影响。但杜弗则认为，他们都属于孤寂的诗人，其作品中没有生动的现实世界，他们从虚无及失去了的事物中创作出诗歌，罗宾逊是从纯粹的思想中创作出诗歌，他的诗是对纯粹的思想意识的记录，这些看法完全否定了两位诗人诗歌中极其突出而显明的现实主义成分，将他们，尤其是罗宾逊都视为唯心主义诗人，不关心现实，整日耽于内心奇思幻想之中的诗人。按前文对这两位诗人的介绍、比较和分析，很显然，杜弗的观点是错误的。

　　事实上，罗宾逊在其诗歌创作中不仅受到了现实主义的影响，而且在创作题材的选择、创造方法的使用、创作主题的确立方面都带有深深的现实主义文学的印痕。他将美国作家在现实主义小说中所经常使用的一些特征成功地运用到诗歌创作中，给我们描绘出一幅幅生动、真实、富有立体感的人物肖像图，让我们看到了美国 19 世纪下半叶、19 世纪和 20 世纪交替时期及 20 世纪早期现实主义生活中一个个形形色色的人物。通过这些人物肖像，罗宾逊十分形象地阐述了他对他视野中所出现的现实社会的反映。

　　罗宾逊诗歌的主题大都集中于他家乡新英格兰的一个小镇，他在作品中将其命名为"蒂尔伯里小镇"（Tilbury Town），这和哈代将其家乡道萨特郡（Dorsette）在其小说中命名为威赛克斯（Wessex）一样。哈代一系列以故事发生地威赛克斯为创作背景的小说都被称为"威塞克斯小说"，罗宾逊的一组以故事发生地蒂尔伯里为创作背景的诗歌被统一称之为"蒂尔伯里"人物肖像组诗。罗宾逊在这一类组诗中描写了人物的失败、所遭受到的生活的打击和挫伤，并从人物的心理角度探讨了其失败的缘由及对失败人生的适应度。上面的《理查德·科里》（Richard Cory,1896）就属于"蒂尔伯里"人物肖像组诗中的一首。下面，本文详细地研究一下该诗。

一、大意解读

　　第一节，每当理查德·科里走上市中心区的时候，我们都要站在人行道旁看着他，他从头到脚都是个绅士打扮，散发着上流人士的气息。他长相干净、体面，很讨人喜欢，身材也特别地细长。

第二节，他穿着总是那么素净，举止总是那么文雅，当他说话时，语调总是那么温和，话语总是那么通情达理。但是，当他向人们问"早安"时，他总能让人们的脉搏激烈地跳动起来，因为人们对这样一个上流社会里的优雅人士的问候总觉得有些受宠若惊。当他走路的时候，他步态高贵，与众不同，让人觉得流光溢彩。

第三节，他很富有，这是真的！他比国王还要有钱。他风度翩翩，受到过良好的教育，外表体面，富有魅力。我们认为，他在各方面都美好，优越到极致。他让我们羡慕极了，真想有朝一日达到他这样的地位。

第四节，我们就这样成天干活儿，等着那盼望许久的光辉，即有朝一日能像他那样富贵、高雅的光辉洒进我们的人生。我们食无肉，并且还诅咒面包腐烂变坏。理查德·科里先生，在一个宁静的夏日夜晚，回到家中，用一颗子弹射穿了自己的脑袋。

二、主题思想讨论

这首诗以第一人称"我们"的口吻给我们讲述了"蒂尔伯里"小镇中理查德·科里的故事。理查德·科里有着温文尔雅、正派体面的外表形象，他穿着讲究，受到过良好的教育，家境十分地优裕。他的一切让"我们"这些穷人倾慕不已，每当他于街市上出现的时候，都会吸引众多人尤其是那些穷人惊奇的目光，但就是这样一位看似十分成功，既有华艳、亮丽的外表形象，又有富比陶卫资产的上流社会人士却于一个夏日的夜晚突然地自杀了。是什么原因导致他突然的死亡，是什么原因让一个看似有着美满幸福人生的人要走上自杀的道路呢？这是很多读者在读完全诗后所不能不加以思考、不能不加以深入探究的问题。

要回答这样的问题，就应深入地了解理查德·科里这样的人，我们读者在诗中所看到的应是这位富翁的表面形象，若不深入人物的内心深处，是不能理解这个人物总的性格特征的，这个人物的喜怒哀乐，这个人物所经历的人生历程、奋斗经过，以及在人生奋斗中所经受的心灵上的痛苦和挫伤。而要了解这些，我们不能不对理查德·科里所生活的时代历史环境作深入的考察研究。

应该说，理查德·科里这个人物在 19 世纪下半叶是具有很强的典型性的。该诗发表于 1896 年，我们认为，理查德·科里也是一位生活于 19 世纪末期的人物。

1865 年美国内战结束以后，美国政府充分利用国内丰富的自然资源，数量庞大的技术工人，实施了一系列有利的政策，逐年大幅度地提高农作物的产量，美国的经济开始转型了。农业的快速发展促进了钢铁工业的发展，对海洋航运和造船业也起到了有力的推动作用。"1865 至 1890 年期间，铁路里程从 3.5 万英里提高到了 16.7 万英里。"[3] 铁路的扩张带动了整个西部经济的崛起和发展。制造业、食品加工业也都快速地壮大、发展了起来。19 世纪 80 年代，美国在度过了 1873—1879 年经济大萧条之后开始获得了扩张、稳定和繁荣，这时，美国的企业家们开始创建了不少大型的公司，这为很多人提供了谋生、赚钱、发家致富的好机会，很多移民也从欧洲纷纷涌至美国，他们都希冀在美国新大陆这块土地上凭借苦干、实干，仰仗自己不屈不挠的拼搏精神而成为百万富翁，一举成名。在很多的工厂里，工人们从早到晚不知疲倦地工作着，一些技术工匠们如铁匠、木匠等常常能工作很长时间，及至 19 世纪末，很多工厂里的工人每周工作时间为 6 天，每天要干 10 或 12 小时的活儿，工人的工作受机器操纵和控制，其工作速度也必须与机器运转的速度相一致。工人普遍地沦为会工作的机器，他们整日得不到片刻的安宁和休息，长时间、夜以继日地工作使很多工人常常感到非常的疲惫，身心十分地劳苦。1882 年，有一位纺织女工说："当夜晚来临的时候，我筋疲力尽，以至于不能拖着自己的躯体回家。"[4] 不但成人在拼命地工作，很多儿童在当时也加入了劳动大军，他们纷纷进入工厂，每周工作几十个小时，赚取工资。尽管许多人感到工作的负荷量太大，身心过度地疲乏，但他们仍然在通宵达旦、十分辛苦地工作着，因为成为富翁，成为一名杰出的、拥有雄厚资产的上等人士的梦想在吸引着他们，他们必须这样勤奋地劳动，才能有致富的可能。

美国人当时如此忘我、辛勤地劳动，还受了当时流行的一些理论的影响。1859 年，达尔文的《物种起源》出版了。在自然界中，在与其他生物竞争时，面对险恶的、充满敌意的外在环境，什么样的生物能成功地生存下来呢？达尔文认为，是那些最适应环境的生物。达尔文是谈自然界的生物竞争的，他的主要观点就是物竞天择、适者生存、优胜劣汰，环境是会发生变化的，自然界中变幻不定的风云气候、生物居住栖息的场所等等都会随时随地地发生变化，任何生物都应善于培养，并最终获致适应环境的最佳本领，这样才能健康、快乐地存活下来。及至19世纪70年代和80年代，有两位哲学家，他们分别是英国的赫伯特·斯宾塞(Herbert Spencer)和美国的威廉·格雷汉姆·萨姆纳(William Graham Sumner)，他们将达尔文的这一理论运用到人类社会当中，提出了社会达尔文主义(Social Darwinism)。将这一理论从一个领域运用到另一个领域，是有其合理的依据的，因为自然界中的生物、动物同人类社会中的人一样都是生活在特定的环境当中的，而环境不是固定不变、千古不移的，既然环境会发生变化，那么，生物、动物和人一样都有一个对环境加以适应的过程及适应程度有多大这样的问题，如果不适应，那么生物、动物就会死亡，人也一样；如果适应性不强，那么生物、动物会面临生存境况不佳、生活质量不高的问题，人也一样。另外，人除了生活、工作于社会环境中，应适应社会环境的变化外，他（她）同一些生物、动物一样也是生活于自然界当中的，对自然界的风霜雨雪、四时气候的变化、生态环境的变化等也应加以适应，适应性强，生存、生活状态则佳；适应性弱，生存、生活状态则劣。根据这些原因，上述两位哲学家将达尔文的适者生存理论应用到人类社会领域是完全合理、正当的，尽管有些学者认为，应用后的理论与达尔文的原著理论关系不大。社会进化论者认为，在人类社会中，人与人之间在特定的社会条件、社会环境当中发生竞争，适者生存，适者能取得进步，人类的文明也会产生进步，无限的竞争会为人类的改良、社会的进步、文明的发展提供最为有力的途径。他们还认为，如果试图减弱竞争性，那么所产生的十分残酷的后果只能是保护了竞争中的弱者，即那些不适应者，这对人类社会的发展、文明的进步会产生很不利的影响。联系到美国社会里大规模地搞经济建设、发展工商业，一些人认为，那些在残酷无情的商业竞争中获得成功，腰缠万贯的企业家是"适者"，他们的成功能推动美国经济的发展，使全体美国人受益，而那些在竞争中失败的一方，则属于"不适者"，他们的破产、倒闭、沦落街头或跳楼自杀等对美国社会的发展只会产生负面的作用，对美国人无益。

其实，社会达尔文主义同美国先民们，即那些美国殖民时期纷纷从欧洲移民至美洲大陆的祖先们在开拓美洲大陆，努力构建自己心目中的"伊甸园"时就信奉的美国清教主义思想，及爱默生、梭罗这样一批美国超验主义思想家所信奉、倡导的个人主义思想也是泯然无别、圆融如一，或者说是相因相借、浑然一体的。社会达尔文主义明显地主张人要进行个人奋斗，通过艰苦不懈的努力、勤恳耕耘的劳作，获取诚实劳动的果实，成为社会上的成功人士，个人成功了，个人成了百万富翁，那么社会也就变得富有，文明的进程也会加快。没有个人，就没有集体；没有个人，就没有整个社会。自力更生，艰苦奋斗，是每一个社会成员都必须努力而为的。安德鲁·卡耐基对斯宾塞的观点十分信奉、热烈地支持，他曾说道："从能干勤奋的劳动者对他那无能、懒惰的同伴说'不劳无获'的那天起，文明就开始了。"[5] 19世纪下半叶及至19世纪末期，美国社会所流行的这些理论观点无疑对美国人产生了强烈的促推作用，有了这些理论的宣传，以及很多人的合理阐释和大力支持，美国人焕发出冲天的工作热情，他们中没有什么人愿意做"不劳无获"的失败者，多数人都愿意通过自己的勤奋劳动发家致富。机会摆在每一个美国人面前，他们不愿让宝贵的机会从身边悄悄溜走，很多人紧紧地抓住每一个可能获得的机会，不辞辛苦、不知疲倦地劳动，废寝忘食地工作。

美国人的艰苦劳动、勤奋创业推动了美国的城市在不断地升级和向外扩张，桥梁和有轨电车线路的建造使城市向外扩展的速度加快。19世纪末，工业化及城市的扩张"导致了独立的中产阶级街区和郊区的扩张。"[6] 许多的美国中产阶级家庭在其街区都能拥有独户住房，这些住房都坐落在宽广整洁、绿草如茵的草地中间，十分地漂亮、宽敞、雅致。对于这些美国中产阶级家庭来说，他们似乎都已实现了自己为之奋斗已久、辉煌灿烂的"美国梦"。中产阶级家庭还会经常雇佣一些家仆，帮助他们做一些家庭事务，这样他们会于工作之余参加一些社会组织，或享有一些闲静的时光。他们对自己子女的教育也有一些要求，如要求他们"至少接受完中学教育"。[7] 中上阶层的妇女们可以参加俱乐部，从中她们既可以学到一些必要的文化知识，又可以从事一些有益于身心健康的娱乐活动；中上阶层的男性们可以从事一些野外宿营和打猎活动，培养一种勇猛刚毅的男子汉气概，或促进一种男子特有的自控能力的形成及沉着冷静的品德素质的培养。对于那些拥挤在黑暗狭小、严重失修的公共住宅（tenement）里，遭受沿街乞讨、失业无助之苦的美国人来说，上述美国中产阶级成员应该属于美国社会里的成功人士、富翁绅士。他们衣食无忧，工作虽繁忙，但能赚取巨额的收入，平常在工作之余还可以从事一些娱乐性的活动。这些成员在美国社会里应是最能引起穷人们羡慕、为之倾倒，并努力加以效法的一类人。在19世纪，尤其是到了19世纪末期，美国社会诞生了一大批这样的富翁，他们大都是通过艰苦的劳动，奋勇拼搏，在激烈、残酷、毫无人性可言的企业竞争中脱颖而出，而最终成为风流倜傥、生活富足、闪光耀眼的美国上层人士的。

罗宾逊《理查德·科里》中的科里就属于这一类人当中的一员。在穷人眼里，他比国王还要富有，魅力四射，风度诱人，谈吐文雅，素养全面。他待人彬彬有礼，丝毫没有傲慢骄横之举，这样一位社会成功人士在当时引起了多少人的注意、瞩目、景仰和钦羡啊！多少人都愿意效法他，能像他那样卓有成就，富裕优越。从上文的讨论，我们可以得知，科里所拥有的一切并非是上天对他的一种有意安排，独特的恩惠，也不是他的祖先给他留下了一笔丰厚的遗产所致。因为美国的公民大都是移民，他们来到美洲大陆蛮荒的土地上，白手起家，凭借一双双勤劳的双手，依靠诚实的劳动，最终发家致富。美国的公民，一代又一代都秉持着自力更生、艰苦创业的精神，将美国清教主义思想完满真切地落实在实际的工作、行动当中，在19世纪下半叶他们又深受社会达尔文思潮的影响，在实际的工作中，更是奉行勤奋、节俭、务实的理念，因而在美国内战结束以后的重建时期（1865—1877）以及19世纪80年代以后的经济扩张、稳定、繁荣及工业化大发展时期会出现一批推动了社会前进的成功人士，这是毫不奇怪的事。从科里的身上，我们看到了美国中产阶级当时优裕自如、美好惬意的生活状态、生存境况，看到美国人一直为之而积极奋斗的美国梦似乎已经梦想成真了。

但实际上，我们所看到的仅是事物的表面现象，我们所看到的科里也仅限于外表。科里的外表的确光彩熠熠，但他的内心世界如何，我们尚未涉足。通过上文所阐述的社会成功人士的奋斗经历，我们应知道，他们为了金钱、地位、身份的确付出了巨大而令人瞠目的代价，他们的工作精神、工作效率、工作速度是普通人所无法比拟的，他们对工作那种忘我的投入，消耗、占去了多少宝贵的休闲、娱乐、能培养和增进生活情趣的时间啊！而这些时间在一个人的人生当中同工作劳动所应占用的时间应是同等重要的。它们可以为一个人在繁忙的工作之余提供拓宽胸怀、增长见识、热爱生活、喜爱家庭、关心他人的良好品质，它们可以让一个人的情操得到必要的陶冶，进而能培养和发展有益于社会和集体的道德观和人生观。这样，一个人的人生除了紧张、繁杂的工作之外，还有舒缓适宜的、能使身心得到必要休憩的闲暇、能使人的精神心理得到健康发展的绝佳机会。人生就像一首乐曲一样，乐曲节奏若全是强音，无一个弱音，那么这首乐曲不可能是一首优美动听的乐曲；反之亦然。只有节奏强弱交替，才能产生优美的音乐。我们平常所听到的那种温和雅致、清纯细致，旋律舒展流利，进展平稳规整，速度和力度方面都很得体适度的乐曲都是那种弱音和强音安排得合理有序的音乐。像科里这样一些社会成功人士，他们取得了事业上的成功，但这样的成功是在牺牲了精神心理健康的基础上取得的。辉煌和光环是用血泪铸就的，灼灼耀目、光彩照人的外表下面掩藏的是一颗饱经时代风霜摧打而脆弱不堪的心灵。风光的背后是沧桑。他们登上了社会阶梯的顶层，成为万人景仰的富翁，但他们的内心是孤寂、凄楚的，每当他们回到家中，一个人独处之时，他们会感到人生的索然无味，豪华的家具、漂亮的汽车、金光四射的珠宝、精美的菜肴等这些富裕生活的代名词无一能激起他们的兴趣，虽然他们在成功之前曾为它们付出了巨大的牺牲和血的代价。别墅窗明几净，外面明媚的阳光透过美丽的轩窗洒进室内，但却洒不到他们的内心，他们的内心是阴暗的，一片愁云苦雨。这时，他们觉得，只有结束自己的生命才是唯一的出路，才是他们人生的最佳选择。科里，于一个平静的夏日夜晚，用手枪结束了自己——一个社会成功人士的生命。科里的悲剧正是美国 19 世纪下半叶许多亿万富翁悲惨命运的真实写照。

这些社会成功人士在取得举世瞩目、为世人啧啧称赞的巨大成就之前走过了坎坷曲折、波涛翻滚的人生之路，在他们达到事业的巅峰之后，是不是以后的人生道路永远就是波平浪静、布满鲜花的通衢坦途了呢？不是的！美国的社会现实可以说不会给任何一个公民的人生画上永恒的句号,企业界的风啸雷鸣,那时而浊浪排空，时而暗礁丛生的现实境况常常会让任何一艘正在乘风破浪的事业之舟于顷刻之间倾覆。就在美国 19 世纪 80 年代经济快速发展，许多中产阶级成员沉浸在美好的美国梦那温馨诱人的芬芳里的时候，时光的车轮悄悄地驶进了 19 世纪 90 年代，在 1892 年民主党人格罗弗・克利夫兰就任美国总统的前十天，雷丁铁路公司（Reading Railroad）突然向公众宣告破产，随即，金融恐慌（financial panic）就到来了。与此同时，美国各地有很多的工厂倒闭，"1893 年有 1.5 万多家企业破产。"[8] 到 1897 年年底，全国共有 1000 多家银行倒闭，平均每十天就有一家银行被迫停业。从 1893 年至 1894 年冬季，在芝加哥，失业的人数共有 10 万名，工人的薪水、非农业雇佣劳动者的收入都大幅度地减少了。经济萧条给人民带来的是饥饿、偷窃，还有自杀。1894 年 1 月，在美国举行了反失业示威游行，1893 年，铁路工人创建了美国铁路工会（ARU），组织所有成员参加大罢工，铁路工会的领导者对美国法警和联邦军队破坏罢工的暴力行为进行了谴责，"但是在罢工最后结束之前有 12 人被杀。"[9] 工会的所有领导人被逮捕，美国的铁路工会最终被破坏而解散了。

理查德・科里的自杀有可能是心理上的极度孤寂、精神上的极度压抑所致，这在前文已做了详细的分析，但也有可能是其所经营的企业在事业发展途中遇到了 1893—1897 年的经济恐慌所带来的破产倒闭，生活事业的风帆陡然一落千丈，自己从人生的巅峰忽地跌入低谷所致。他经受不住这样的打击，他早已习惯于富豪那奢华的生活方式，习惯于以一种光鲜耀眼的形象出现于公众面前，习惯于街上市民向他投去惊羡的目光，事业的挫折让他突然要忍受饥饿，突然要沿街乞讨，要变卖房产，同那些饥饿的穷人一道搭载货运火车，挤在灰尘飞扬、肮脏破败的货车车厢里，这是他所无法接受的，与其被迫接受，倒不如奔赴黄泉之路。

科里的悲剧说明一个人在其一生中在努力拼搏事业的同时，还应注重情操的陶冶，心理素质的健康和提高，在维护、塑造自己光辉、鲜明、体面、正派的外表形象的同时，应注重内心世界的改造、建设、美化和完善。没有内心世界的真善美，外表的美丽、潇洒和文雅都只是暂时的，是会昙花一现的。在外表美和内在美之间，一个人内在的美则更为重要，内在的美可以成就一个人人格的健全，成就一个人一生的幸福。另外，在一个人一生的奋斗过程中，应能善于适应社会环境的变化，环境的变化是绝对的，它随时都有可能发生，社会的风云变幻，世事的沧桑移转，这是不以任何人的意志而转移的法则。一个人应能适应各种各样的变化才行，只有适应了，才能在险象环生的人生大海上掌稳生活之舵，让生命、事业之舟顺利、平安地抵达海岸。人生的旅途不可能总是顺境，一般都会遭遇逆境，正常的时候，逆境会多于顺境，科里在事业成功之前，他能适应当时的环境，像大多数的美国人那样信奉了社会达尔文主义，战胜了一切不利的因素，登上了事业的巅峰，从此，其事业的道路在顺境中向前展开，但当逆境到来的时候，他却没能像社会达尔文主义者所要求的那样，适应变化了的社会环境，对自己所遭遇到的困难没能成功地加以应对，而最终被环境所扼杀了，成了一个典型的环境"不适者"。科里的遭遇是悲剧性的，它发人深思、引人感悟，给人以深刻的教诲。

三、艺术特征分析

该诗语言简单，明白晓畅，很多诗行的语句就如同我们平常讲话或撰写散文时所用的语句一样。诗中没有一般诗人在创作时所常用的一些技巧，如倒装、省略等，从头读到尾，就如同读一篇文字简洁流利的短篇散文一般。诗人就是这样以一种清新流畅、简单明白的语言，采用一种白描的手法为我们再现了 19 世纪末美国社会里一个富豪的形象。全诗共四节，每节均为四行，各行语句长短基本一致，从形式上来看，该诗整齐规范，与传统的英语格律诗相同。

该诗与传统的格律诗最大的相同之处，莫过于音韵的使用。该诗每节均押abab 韵，属于四行诗节中的"四行套韵体"（Quatrain）。这种体式间行押韵，读起来诗的韵味浓郁。诗的语言虽然十分简易，但诗中用了不少有效的修辞技巧，如：

1. 夸张（Hypobole）

（1）But still he fluttered pulses when he said

"Good - morning ," and ...

诗人在这里说，科里在向人们道早安时，能让人的脉搏砰砰乱跳。这里用了夸张修辞格，突出科里外表形象、举手投足、学识修养之与众不同。

（2）And he was rich—yes, richer than a king—诗人将科里说成比国王还富有，这样的夸张说明科里是十九世纪美国社会里的富豪或富有的资本家。

2. 隐含性暗喻（Implied Metaphor）

He glittered when he walked.

诗人这里说，科里在行走时，流光溢彩，十分引人瞩目。此处，诗人采用了隐含性暗喻修辞法，将科里比喻成十分昂贵、光彩夺目、惹万人喜爱的珠宝，突出科里的富裕、奢华和出场时全身所散发出的巨大魅力。

3. 转喻（Metonymy）

（1）So on we worked ,and waited for the light,

"light"是"光线""光明"的意思，诗人用该词语来代指在上一节所提到的"有朝一日我们希望也会身处科里的地位上"，即在将来的某一天，我们也会像科里一样的富有，引万人歆慕。这种借事物的特征来代指事物的用法，属于"转喻"。像科里一样富有，处于他的地位上拥有巨额财富，这会像灯火一样，明亮耀眼。

（2）And went without the meat , and cursed the bread ;

诗人这里说，我们每天过生活时，没有肉，我们诅咒面包太差。这里"the meat"和"the bread"都是每天所吃的食物，"meat"代指精美的、昂贵的菜肴，"the bread"（那种面包，指一种变质发腐的面包）代指很差的食物。用与事物（即每天所吃的必需的食物菜肴）有关的材料（"the meat"和"the bread"）来代指事物，这种用法也是一种"转喻"用法。

4. 反讽（Irony）

And Richard Cory, one calm summer night,

Went home and put a bullet through his head.

"One calm summer night"（一个宁静的夏日夜晚）给人的感觉应该是一切都安宁、平静。在这样的夜晚，万籁俱寂，天上满天星斗，月光融融，人们或许都在外面纳凉。但就在这平静的夏日夜晚，却发生了一件不平常的，让世人惊愕不已的事情：科里回到家中，用一颗子弹结束了自己的生命。这样的反讽给人以出其不意的效果，同时它也加剧了科里命运的悲剧性，烘托了诗歌略带悲剧性的主题意义。

下面，本文分析一下该诗的节奏。

Richard Cory

Whené | ver Rí | chard Có | ry wént | down tówn,
We péo | ple òn | the páve | ment lóoked | at hím:
He wás | a gén | tlemàn | from sóle | to crówn,
Clean fá | vored, ‖ ánd | impé | rially slím.

And hé | was ál | ways quí | etlỳ | arráyed,
And hé | was ál | ways hú | man whén | he tálked;
But stíll | he flút | tered púl | ses whén | he sáid ↓
"Good mór | ning," ‖ ánd | he glít | tered whén | he wálked.

And hé | was rích | —yes, ‖ rí | cher thán | a kíng—
And ád | mirà | bly schóoled | in éve | ry gráce;
In fíne | , ‖ we thóught | that hé | was éve | rythìng ↓
To máke | us wísh | that wé | were ìn | his pláce.

So òn | we wórked, ‖ | and wáit | ed fòr | the líght,
And wént | withóut | the méat, ‖ | and cúrsed | the bréad;
And Rí | chard Có | ry, ‖ óne | calm súm | mer níght,
Went hóme | and pút | a búl | let thróugh | his héad.

　　该诗的基本节奏为抑扬格，除第一节第四行为抑扬格四音步外，其余各行均为抑扬格五音步。因此全诗的诗体可称之为近似"英雄四行套韵体"（the heroic quatrain），这是因为全诗的韵式为 abab, 诗行的节奏基本上是抑扬格五音步。"英雄四行套韵体"在英语传统格律诗中是非常有名的，托马斯·格雷（Thomas Gray，1716—1771）曾用这一体裁写过著名的《墓园挽歌》（*Elegy Written in a Country Churchyard*）。所以，这一体裁也叫"挽歌四行套韵体"（the elegiac quatrain）。美国现代主义诗人罗宾逊在这里又用这一体裁的近似体创作了《理查德·科里》。全诗音韵优美，形式精致，篇幅短小，音调抑扬顿挫，跌宕起伏。流畅的节奏伴随着简易、浅显的语言犹如山间的小溪一样潺潺流出，中途毫无巨石阻挡，十分地通达自如，自然顺口。该诗的语言特点和节奏的鲜明特征将近似"英雄四行套韵体"的艺术魅力十分完好、彻底地展示了出来。在 19 世纪末，英美读者能读到这样一首洋溢着英国文学传统神韵美的诗歌，实在不是一件容易的事。

全诗音韵的优美还得益于以下一些辅助音韵的恰当使用，如头韵、行内韵等。请看：

1. 头韵，如在第一节，第一行的 Whenever - went、第二行的 We 和第三行的 was，第一行的 Cory、第三行的 crown 和第四行的 Clean，第二行的 people - pavement，第二行的 him 和第三行的 He，第三行的 sole 和第四行的 slim，第一行的 town 和第三行的 to，第三行的 from 和第四行的 favored；在第二节，第一行的 he、第二行的 he - human - he、第三行的 he - he 和第四行的 he - he，第一行的 was、第二行的 was-when、第三行的 when 和第四行的 when-walked，第四行的 Good-glittered；在第三节，第一行的 rich-richer，第一行的 was、第三行的 we-was 和第四行的 wish-we-were，第一行的 than、第三行的 that 和第四行的 that，第一行的 he、第三行的 he 和第四行的 his；在第四节，第一行的 we-worked-waited、第二行的 went-without、第三行的 one 和第四行的 Went，第二行的 cursed 和第三行的 Cory-calm，第一行的 the 和第二行的 the-the，第二行的 bread 和第四行的 bullet，第四行的 home-his-head，第一行的 So 和第三行的 summer。

2. 行内韵，如第一节，第一行的 down-town；在第二节，第二行的 he-he，第三行的 he-he，第四行的 he-he；在第三节，第三行的 we-he；在第四节，第二行的 the-the。

在短短的四节、十六行诗中，诗人用了如此之多的辅助性音韵，尤其是头韵用得特别多，这些韵的恰当使用使这首近似"英雄四行套韵体"音调更加优美，韵律也更为悠扬、流利。诗中头韵用得多，这典型地体现了美国诗人创作诗歌韵律的特点，罗宾逊在这一点上同朗费罗、惠特曼、爱略特等诗人是具有共同性的。这些音韵同四行套韵体的音韵一样，加剧了诗歌意义的反讽性。

全诗的节奏使用得十分规范，只是第一节第四行用了抑扬格四音步，这同"英雄四行套韵体"的形式要求稍有些不同。节奏变格仅有一处，它出现在第一节第四行第四音步上。在该音步，节奏为抑抑扬格，这应属于抑抑扬格替代。其余诗行的节奏、音步特征皆很规范。节奏的规范流畅同该诗前三节语言文字所反映的思想内容、情感旨趣是相谐互契的。因该诗为理查德·科里的形象描画，科里外表文质彬彬，待人亲切和蔼，每当他出现于人们视野当中的时候，他总是那么让人羡慕、景仰。从待人接物、行为举止上来说，他与周围的环境还是能同生共处、融为一体的。尽管他与街道上的普通人在社会地位、文化修养、人生观等方面存在着巨大差异，但从外在的表现上来看，科里并未显示出他与这些人之间存在着什么样的冲突和分歧。他让人们对他抱有尊敬、佩服、钦羡之意，让人们一见到他就能产生一种要向他学习，以他这样的社会成功人士为榜样的愿望和欲求，人们见到他，在仰慕之余会诅咒自己的生存环境，期待着那束降临到科里头上的神圣光芒有朝一日也能射向他们自己那黑暗、孤寂、贫困的生活，从此就能平步青云、飞黄腾达。人们对他没有任何恶感，他对人们也亲切友好。这些都是诗人在前三节所表达的主要内容、中心思想。因此，基于这样的思想情调，这样的人际关系，诗人选用了近似"英雄四行套韵体"的体裁（全诗中仅用了一处节奏变格），来表达上述诗的内容、意蕴，这样使诗在形式与内容上达到完美的吻合、两忘相契的地步。

在诗的最后一节，诗人写到了诗中人与周围环境的不适应、不协调。首先诗人写到了普通人对美好生活的盼望，对生活贫困、艰难的诅咒，这显示了普通人与环境之间的不相融关系。然后诗人写到了科里对环境的极度不适应，这是一种出人意料、令人颇为震惊的结果，科里竟于某个夏日的夜晚自杀了。前三节科里与环境之间那种亲切友爱、温暖怡人的关系在第四节突然被撕得粉碎。原来的温婉、优雅、和睦、友爱都是表面化的，生活的残酷、人生路上的荆棘、风暴、才是本质性的，这本质到诗的最后终于暴露了出来。这样的本质也反映了19世纪末期美国社会的真实现实。普通人当时对美好生活的期盼是无望的，只能是一种海市蜃楼般的幻想。这是因为美国当时正处于经济恐慌时期。科里当时也一定正经历着人生从未有过的极度痛苦、孤独，他白天微笑，但夜间痛哭；另外，他的企业或许已面临着破产，他或将沦为乞丐，这是他所不能接受的现实。根据这些内容，诗人在最后一节的节奏安排上本应注意节奏的不和谐性，应使用一些变格，这样可与该节思想内涵相协。但诗人对该节的节奏安排与在前三节一样，十分地规整流畅。这里，本文认为，诗人的目的是出于反讽。这是一种反讽技巧的巧妙使用。它与前文分析此处的修辞技巧时认为诗人用了反讽（irony）一样，都是从反方面来说明一定的道理，让人们于流畅的音韵、优美的意境中能体察到人物的悲剧命运，从而揭示出现象与本质之间的矛盾对立关系。

诗中用了"行内停顿"（caesura），上面分析诗歌节奏时打有"‖"符号的皆为"行内停顿"。有的"行内停顿"为"阳性停顿"（masculine caesura），如第三节第三行第二音步、第四节第一行第二音步、第四节第二行第三音步中的行内停顿，它们都位于重读音节之后，故属于"阳性停顿"。第一节第四行第二音步、第二节第四行第二音步和第四节第三行第三音步中的行内停顿都属于"阴性停顿"（feminine caesura），因为它们都位于轻读音节之后。无论是"阳性停顿"还是"阴性停顿"，它们在诗中都起着舒缓语气、给朗读者和听众留有一定的思考、品鉴诗歌内容和情感的作用。它们在长诗中是必不可少的一种创作技巧，但在短诗中有时也会加以应用，它们可以增强语言的文雅性、语速的适中性。

诗中还使用了"跨行"（enjambement）技巧。上文分析诗歌节奏时，打有"↓"符号的都属于"跨行"。使用"跨行"是因为诗中有些词在上下行之间，从意义和语法关系上来说是密切相关的，故使用"跨行"。这一技巧可使上下文之间达到密切的"榫合"（dove-tailing），它可增强语言形式上的紧密联系，也可增强诗歌意义的连贯性、表达上的流畅性。

四、结语

诗发表于 1896 年，这是英美现代主义文学刚刚开始萌生发芽、美国现实主义文学已逐渐退出文学舞台的时期，对于很多思想敏感、关注文学潮流和社会历史形势变化的诗人来说，他们会敏锐地洞察到文化思潮发生变化的趋向，并能迅速地适应这一变化，以一种崭新的、为时人所热切瞩目的艺术风姿出现于新时期的艺术舞台中央。罗宾逊同绝大多数的诗人和小说家们一样也热切地关注着社会现实，并在作品中以诚挚的艺术态度来反映这一现实，但罗宾逊在艺术形式上却没有跟上新时代的审美步伐，他在这首短诗中依旧步武传统的英语格律诗的艺术特点。从这首短诗中我们可以看出，罗宾逊的艺术追求甚至比美国浪漫主义时期的一些诗人如朗费罗（Henry Wadsworth Longfellow，1807—1882）等还要传统。现代主义文学一个最显著的艺术特征是它在艺术形式上的创新，它以其与传统艺术形式的分裂，以其富有实验性、创新性的表达方式而闪耀在文学艺术的舞台上，从出现之初，就给人以一种新颖独特、生动有趣的印象，在读者观众当中产生强烈的艺术震撼力。罗宾逊没有受到这一时代风潮的影响，他依旧沉湎于传统的艺术滋养之中，以传统的艺术形式，传统的创作技巧来反映现实生活，这在当时，也是一种选择，一种有别于他人的选择，这样的选择也是新颖的，也具有创新性，因为它毕竟与众不同，它别开生面，另有一种不一样的审美趣味。

以这首《理查德·科里》而论，罗宾逊以传统的艺术形式，传统的创作技巧来反映现实生活，他的反映不是直截了当式的，而是带有明显的反讽色彩。他在前三节以传统的格律诗近似"英雄四行套韵体"的形式吟诵出科里——一个当时甚有影响的富豪那样有潇洒文雅的举止、风流倜傥的姿态的人，但在最后一节，诗的格律形式依旧是"英雄四行套韵体"那流利整齐的节奏，悦耳动听的音韵，但所吟诵的内容却是穷人对发霉变质的面包的诅咒，对食无肉的艰难困苦生活的憎恶，是对科里于一个宁静的夏日夜晚于家中自杀的描述。这样的创作技巧是具有强烈的戏谑性的，他在让人们感到惊愕、滑稽的同时，对当时的社会现实会做出冷静、严肃的思考。因此，罗宾逊的反讽创作方法带有强烈的社会批判性。

从以上的论述，我们可以推知，罗宾逊对美国民族主义文学的发展也做出了突出的贡献。在现代主义文学运动已开始展开之际，罗宾逊在艺术形式上没有像那些现代主义作家、诗人那样纷纷站出来，以坚强果断、无畏大胆的艺术勇气打破传统的艺术创作形式，追求一种创新性、实验性、有别于以往一切旧的艺术表达形式的创作风格，他依旧继承、使用传统的英语诗歌的格律形式，但在具体的诗歌创作中,在处理艺术形式与艺术内容和艺术情感的关系时,他十分成功、精巧地使用了反讽,增强了诗歌的社会批判性效果。读完他的诗,人们在感到滑稽可笑之余,除生发出冷静的思考外,还会对主人公的遭遇产生丝丝怜悯之情,无限的哀婉之感。他以传统的艺术形式描绘、揭示了主人公的悲剧命运,他的诗所触及的悲剧性主题在现代主义文学运动的开展时期是具有典型性的。所有这些都是罗宾逊对美国民族主义文学发展所做出的独特而重要的贡献。

诗中所描写的理查德·科里是罗宾逊生活在其中的美国 19 世纪下半叶社会中很多富豪的化身。美国自内战结束以后社会开始转型、重建,工业化、都市化的步伐加快,社会达尔文主义思想深入人心,传统的美国清教主义思想仍然为很多美国人奉为圭臬,在崇尚激烈、有时甚至是残酷的社会竞争的年代诞生了一大批美国中产阶级成员,他们成了社会成功人士,光芒四射、腰缠万贯的富豪。但他们是在一个重物质、轻精神,重竞争、轻温情的时代环境中产生的,因此,这些富豪本身虽拥有无限多的财富,但他们心灵空虚,伦理道德观及人生价值观薄弱,他们虽能在商场角逐中纵横捭阖,游刃有余,但内心则常常会忍受着巨大的孤独、寂寞之感。另外,商场竞争残酷无情,风云变幻,今朝能稳操胜券,明朝即能破产倒闭。像理查德·科里这样的富豪最后走上自绝之途在当时的美国应是多如牛毛的。科里的悲剧启示我们,一个社会在转型变革、发展工业经济的同时,还应该注重精神文明、道德思想的建设,精神、思想方面的建设会走进每一个社会成员的内心,让人们在享受物质的富裕的同时,得到心灵的温润和滋养,得到审美观、价值观、人生观、道德观方面的教育,得到社会、集体如春风般的温暖和关怀。美国梦的构筑也应极其重视这些精神道德方面的建设内容,只有重视了这些,美国梦才不会成为很多人一时的幻想,才不会成为一个民族的梦呓和痴想,才会如日月一样永远照耀人们脚踏实地地向前迈进。

参考文献:

[1] A.T.鲁宾斯坦.美国文学源流(英文本)一、二卷 [M].北京:外语教学与研究出版社,1988:600-601.

[2] 李宜燮，常耀信. 美国文学选读（下册）[M]. 天津：南开大学出版社，1991：1.

[3] 卡罗尔·帕金，克里斯托弗·米勒，等. 美国史（中册）[M]. 葛腾飞，张金兰，译. 上海：东方出版中心，2013：191.

[4] 卡罗尔·帕金，克里斯托弗·米勒，等. 美国史（中册）[M]. 葛腾飞，张金兰，译. 上海：东方出版中心，2013：207.

[5] 卡罗尔·帕金，克里斯托弗·米勒，等. 美国史（中册）[M]. 葛腾飞，张金兰，译. 上海：东方出版中心，2013：203.

[6] 卡罗尔·帕金，克里斯托弗·米勒，等. 美国史（中册）[M]. 葛腾飞，张金兰，译. 上海：东方出版中心，2013：282.

[7] 卡罗尔·帕金，克里斯托弗·米勒，等. 美国史（中册）[M]. 葛腾飞，张金兰，译. 上海：东方出版中心，2013：283.

[8] 卡罗尔·帕金，克里斯托弗·米勒，等. 美国史（中册）[M]. 葛腾飞，张金兰，译. 上海：东方出版中心，2013：391.

[9] 卡罗尔·帕金，克里斯托弗·米勒，等. 美国史（中册）[M]. 葛腾飞，张金兰，译. 上海：东方出版中心，2013：396.

第二节　论埃德温·阿灵顿·罗宾逊和他的《米尼弗·契维》

Miniver Cheevy

Edwin Arlington Robinson

Miniver Cheevy, child of scorn,

　Grew lean while he assailed the seasons;

He wept that he was ever born,

　And he had reasons.

Miniver loved the days of old

　　When swords were bright and steeds were prancing;

The vision of a warrior bold

　　Would set him dancing.

Miniver sighed for what was not,,

　　And dreamed, and rested from his labors;

He dreamed of Thebes and Camelot,

　　And Priam's neighbors.

Miniver mourned the ripe renown

　　That made so many a name so fragrant;

He mourned Romance, now on the town,

　　And Art, a vagrant.

Miniver loved the Medici,

　　Albeit he had never seen one;

He would have sinned incessantly

　　Could he have been one.

Miniver cursed the commonplace

　　And eyed a khaki suit with loathing;

He missed the medieval grace

　　Of iron clothing.

Miniver scorned the gold he sought,

　　But sore annoyed was he without it;

Miniver thought, and thought,, and thought,

　　And thought about it.

Miniver Cheevy, born too late,

Scratched his head and kept on thinking;

Miniver coughed, and called it fate,

And kept on drinking.

在罗宾逊所创作的"蒂尔伯里镇"人物肖像诗中，除《理查德·科里》外，还有一首也以诗歌主人公命名的人物肖像诗，它叫《米尼弗·契维》。该诗发表于诗集《河下游的城镇》（*The Town Down the River*，1907），同上一首诗《理查德·科里》一样，该首诗也非常有名，它多次被收入"美国文学"的教材中。下面本文详细地研究一下该诗。

一、大意解读

第一节。米尼弗·契维，是冷嘲热讽之子，同时他也是经常被大家嘲弄的对象。他看不惯一切社会风习，不能适应世事的变化，对世道形势、社会变革、风潮尚趣等会进行大肆的诋毁、攻击，在这样做的时候，他变得形体消瘦、面容憔悴。他时常为他诞生于这个世界而哭泣，他厌恶、憎恨他所生存的这个世界，他认为他不该生活在这个世界，这个世界未能给他带来什么欢乐、幸福，这个世界给他带来太多的痛苦、太多的不幸。对于这样的一些想法，他是有理由的，亦即他不是空穴来风地持有这些想法的。

第二节。米尼弗·契维不喜欢现在，他对美国当时的社会现实深感失望、厌憎，他喜欢过去，喜欢沉湎于往昔的岁月，那时，刀剑光亮如昼，万马奔腾，英勇的战士们驰骋疆场、挥刀舞剑，战场上战马嘶鸣、喊声震天、号角嘹亮，战士们一个个如猛虎下山，威武雄壮，那是何等的英勇盖世、何等的可歌可泣、何等的惊天地泣鬼神啊！想到这些，米尼弗·契维常常会兴奋万分，以致手舞足蹈。

第三节。米尼弗·契维所想象的在现实生活中其实是并不存在的，那是遥远的古代所发生的事情，他为此而叹息唏嘘。他在做着过去的美梦，不再干活工作，他梦到了底比斯、卡米洛特和普赖姆的邻居们。米尼弗·契维所梦见的这些都是中世纪时曾发生过的一些有名的传奇故事，创造过人类先进文明的地点及在这些地点对文明的发展有着显著贡献的人物及国度。

底比斯是公元前 2040—前 1071 年古埃及中王国和新王国期间建立起来的都城。在那时，底比斯共有 100 座城门，希腊大诗人荷马曾将底比斯赞誉为"百门之城"。底比斯人口众多，屋宇鳞次栉比，经济、文化繁荣昌盛，为当时世界上最大、最宏伟的城市。每一个时代的法老们在底比斯都建造了数量惊人的神庙、宫殿和陵墓，这些建筑流光溢彩、造型别致、壮伟绮丽，工艺水平精妙绝伦，规模空前巨大。内部的壁画精致优美、风格独特。底比斯城中的凯尔奈克和卢克索神庙金碧辉煌，在世界建筑艺术史上都书写了灿烂夺目、精彩绝妙的一笔。凯尔奈克是供奉太阳神阿蒙的庙宇，它以其巍峨雄壮的楼阁、宽大气派的殿室及高耸威严的巨柱而闻名于世，可以说荟萃了全埃及 2000 年建筑艺术的精髓。卢克索神庙是供奉阿蒙的妻子穆特的庙宇，其气势、威仪亦非常雄奇、伟丽。在公元前 2040—前 1991 年的十一王朝时期，底比斯曾第一次成为埃及的首都。在 2000 多年浩瀚的历史长河中，底比斯为古埃及的文明演进、发展起到了十分重要的作用，也为整个人类文明的进步起到了推波助澜的作用。1980 年，底比斯因其建筑艺术的伟大成就、建筑精品的云集荟萃而被列入世界文化遗产名录。

卡米洛特是 12 世纪法国诗人克雷蒂安·德·特罗亚所创作出来的亚瑟王的宫殿。罗宾逊在诗中提及卡米洛特宫殿，其目的是要我们联想起亚瑟王。亚瑟王的冒险故事以及在神秘的卡米洛特城堡所召开的一系列的圆桌会议在民间传说，世界文学史上都广为人们口口相传、诗意描绘。据说，亚瑟有一个秘书兼魔术师叫梅林（Merlin），他提议打造一张可为多人就座的圆桌。为什么要造出这么一个巨大的圆桌，梅林解释道：圆桌就像这个圆圆的世界一样，他要呼吁最勇敢和最真实的骑士加入一项伟大的事业，去照顾那些被剥夺权利的人（尤其是妇女），不对不具有任何价值的人做出任何伤害。所有的骑士都被赋予一个极其神圣而伟大的任务，即寻求"圣杯"（Holy Grail）。在寻求"圣杯"的过程中，很多骑士都献出了生命。圣杯关联着耶稣受难日，它是用来庆祝最后的晚餐的。因其与基督教信仰的联系，它变成了一个由英雄寻找的神圣、伟大、光芒四射的遗物。谁能发现它，谁就是了不起的、能为万世所景仰钦羡的英雄。圣杯变成了一件检验谁是真正的英雄豪杰的十分重要的东西。结果，亚瑟的骑士们发现了圣杯。亚瑟王也成了人们心目中最伟大、最能吃苦冒险、最聪明机智的英雄。公元一世纪时，曾统治英国的凯尔奈特民族，被罗马帝国所统治，六世纪以后，日耳曼民族又野蛮入侵，英国的王位由此被迫让出。但就在这个时候，一个伟大的凯尔特民族英雄亚瑟出现了。他以其宏才大略、勇敢无畏的战斗精神带领各部落在巴顿山战役中全歼了日耳曼民族中的撒克逊人，后来亚瑟王被人们拥为不列颠之王，亚瑟王所佩戴的王者之剑（Excalibur）和石中剑（Caliburn）使其在众多的战役中旗开得胜，他以此也令骑士团的众骑士对他佩服有加，忠心不二。

普赖姆（Priam）是古国特洛伊（Troy）的国王。在他的领导下，特洛伊国泰民安、富裕繁盛、显赫一时。普赖姆不仅以他的领导才能、治国水平而著称于世，他还以他的人品性格、道德操守而为人们所景仰。他诚实忠厚、正直和善、仁慈宽容，遇事冷静沉着、三思而后行，被人们誉为一代难得的明君。他的这些品行特质尤其得到希腊武士的认可。传说他的儿子在一次与希腊著名的武士阿喀琉斯的生死搏斗中不幸壮烈地牺牲了。国王亲自跑去找阿喀琉斯，要其将儿子的尸体归还给他，普赖姆当时这一行动是要冒巨大的风险的，因当时两国为敌国，普赖姆这一在当时为常人所难以想象和企及的勇气受到了希腊人的高度肯定和啧啧称赞。另据传说，其子帕里斯（Paris）曾勾引并诱拐了斯巴达的王后海伦（Helen），一位在当时被誉为具有闭月羞花之容的绝色美女。后来，诸神协助希腊人进行征讨，以将海伦救回，这样，特洛伊不得已而与希腊展开了长期的战争，在战争期间，普赖姆并没有因这是由于海伦的原因才挑起战争而虐待她，他还是始终如一地对她宽厚仁慈，怜爱有加。

罗宾逊在第三节提到的普赖姆的邻居们即指希腊人。希腊是世界人类文明的发祥地之一，希腊人在长期的劳动实践中创造了星光璀璨的文明。古希腊文明从公元前800年到公元前146年，持续了将近650年的历史，成为西方文明发展史上一个极其重要，也是最为直接的源头。古希腊的战争艺术、文化艺术和神话传说以其丰富的内涵，灿烂的程度及长久的生命力在世界文明史上发挥着重要的影响。

　　罗宾逊在诗的第三节提到底比斯、卡米洛特、普赖姆及希腊人既是表达他对遥远的辉煌的过去的留恋、向往、崇敬，也表达了他认为现当代的美国人应当向古代的人们学习的意愿。

　　第四节。很多人声震寰宇、名满天下，四海之内无人不晓，街头巷尾无人不知，但米尼弗却为之而哀悼。他还哀叹浪漫传奇，因为现在创作这一类题材的作家只能靠城镇的慈善机构救济才能生活。他同时哀悼文学艺术，因为文学艺术已成了一个弃儿，流浪者。

　　第五节。米尼弗喜欢美第奇家族，尽管他从来没有见过其中的任何一名成员。如果他那时要是这个家族中的一名成员，他会连续不断地犯罪。

　　美第奇家族是意大利佛罗伦萨著名的家族，创建于1434年，解体于1737年，该家族是欧洲拥有显赫势力、强大的政治经济实力的豪门望族。该家族的创始人为乔凡妮·迪比起·德·美第奇，是他使得该家族走上富强发达之路。他所开办的银行在当时赚取了丰厚的利润，企业经营得完善顺畅，每年均能获得巨额资产，他很快便成为佛罗伦萨的首位富豪，他的长子还曾代表美第奇银行接管了教皇的财政。在延绵300多年的家族成员中，有的曾领导过佛罗伦萨，有好几位曾先后担任过教皇，有好几位女性成员曾担任不同时期的法王之妻、法王之母，还有好几位担任过托斯卡纳大公。

　　美第奇家族拥有至高无上的权力和堆积如山、堪与世界上一切豪富家族夸多斗靡的财产，但该家族对文化艺术、建筑艺术却颇为热心。乔凡尼是该家族中首位赞助艺术的。该家族委任、赞助了不少艺术和建筑方面的工作，赞助过艺术、科技领域中达·芬奇和伽利略这样的艺术家和科学家，还创建过美术馆、建筑设计学院等。该家族在文化艺术方面最突出的贡献是对文艺复兴的发展所做出的了不起的成就。现在当人们在世界艺术馆领略到达·芬奇、拉斐尔、米开朗琪罗等人杰出的艺术形象、熟悉他们的生平和对文化艺术所做出的突出贡献的时候，我们应该知道，在这些艺术巨匠的身后站立着一个威名赫赫的家族，是这个家族的收藏才使这些艺术巨匠的形象和其主要的艺术成就得以在艺术馆展出，而为世界各国、不同时期的人们所知。

　　米尼弗说他喜爱美第奇家族，主要是因为该家族对他所热衷、从事的文化艺术曾做出过伟大的贡献。但他随后又说道，他若是该家族中的一员，他一定会不断地犯罪。因为该家族毕竟是在欧洲封建统治最为残暴黑暗的年代里诞生的，那时教会贪婪成性、腐化堕落。宗教禁欲主义、封建门第观念盛行。意大利的封建贵族整日过着豪奢淫欲的生活，而劳动人民则生活艰难贫困。自1494 年开始，法国、西班牙和罗马帝国为争夺意大利在意大利的本土进行了65 年的战争，意大利的主要城邦都卷入了这场给意大利带来了空前灾难性影响的战争。战争加剧了国内劳动人民生活的痛苦和困难。整个社会思想封闭，人民群众除忍受物质生活的贫穷困厄，还得忍受精神生活的闭锁、寂寞。出于对封建思想的批判，对人的"自由意志"的强调及对人的全面发展的追求，自14 世纪到 17 世纪在欧洲爆发了文艺复兴运动，该运动起源于意大利，后来传播到西欧各国。文艺复兴运动宣传、弘扬了资产阶级的思想和文化，扩大和发扬了新的人文主义思想。作为文艺复兴运动主要的活动场地佛罗伦萨，虽然秉有顽固的封建主义传统意识，但在当时新思想的传播也非常迅捷。整个城市处于新旧思想交替、搏斗、拼杀的时期。美第奇家族就是在这样一个贫富悬殊巨大、封建势力强盛、资本主义思想开始萌芽生长、新旧思想相互争夺、社会矛盾日益加剧的环境中成长发展起来的。他们通过商业贸易拥有了巨额的资产，有的成员出任了政界领袖，有的担任了宗教领导，一个个成员均登上社会各阶层的统治地位，其发家致富，显要门庭之路难免巧取豪夺、投机倒把、行贿舞弊之嫌。他们一方面赞助文学艺术、科学技术，但另一方面则可能以残忍无情的方式剥削广大的贫苦百姓，以不择手段的方式敛资聚财。在其外表美丽、神圣的光环背后隐藏着的是罪恶、污秽、自私和卑下。因此，米尼弗说，如果他那时是其中的一名成员，他肯定会不断地犯罪，其实也是说，该家族在当时应犯下了不少难以容恕的罪过，没有这些罪过，没有那些卑劣肮脏的伎俩和黑暗的交易，他们不会那么光彩熠熠、几百年来以其永续不灭的香火一直闪耀在世界的政治、经济、文化舞台上。

马基亚维利曾说过："意大利的君主们认为一个国君的才干在于能欣赏辛辣的文字，写措辞优美的书信，谈吐之间流露锋芒与机智，会组织骗局，身上用金银宝石做装饰，饮食起居比别人豪华，声色犬马的享用应有尽有。"（丹纳《艺术哲学》）。意大利的君主认为一个国君所应具有的这些素质其实都十分具体、真实、生动地体现在美第奇家族的每一位成员身上。他们赞助文化艺术、科学技术的发展，但在背后又疯狂地欺压、鱼肉百姓，在几百年间积累了巨额财富，过上了穷奢极欲的生活。整个意大利、佛罗伦萨表面上看去似乎是一个温文儒雅、专攻学术、注重绘画雕刻、热衷歌舞的盛世景观，但实质上那里几乎每天都在酝酿、实施险恶的政治阴谋，那里时常会发生暴力事件、市民起义等，至于街头打斗、谩骂及凶杀等更是难以计数。

第六节。米尼弗对于普通人没有什么好感，他会诅咒他们。这些人没有文化水平，没有志气抱负，没有理想才干，他不愿与他们为伍，他崇尚那些豪杰之士，杰出人才。他带着一种憎恶的态度看着那些穿着现代军装的人。他想念中世纪的风度，那时的军人们穿着钢盔铁甲，在训练和参加战斗时是何等的风流倜傥，何等的威风八面、锐不可当！

第七节。米尼弗鄙视他所寻求的黄金，但是一旦他没有了金钱，他会非常的恼火。对此，米尼弗思考再三，反复盘算、仔细思忖。

第八节。米尼弗·契维认为自己出生太迟，他抓了抓头皮，继续沉思。米尼弗欣赏古代的风习尚趣，古代的生活方式，古代的人们在政治、经济、军事、文化等方面所取得的卓越成就，因此他觉得自己要是早活几百年或上千年，他或许能亲眼见到、亲耳聆听到、亲身经历到他所喜爱、崇尚的那些东西、那些人物。米尼弗咳嗽了一声，觉得一切都毫无办法，他无法改变目前的现实状况，也无法改变自己对这一状况的认识，他只能将这一切称之为命运。一切都是命运的安排，于是他继续喝酒。

二、主题思想讨论

该诗发表于 1907 年，选自《河下游的城镇》（*The Town Down the River*，1907）。1907 年，美国处于进步主义时期。随着美国内战的结束，美国进入垄断资本主义时代，国内贫富之间的鸿沟日益加深，广大的人民群众基本生活都难以保障，而那些资本家却囤积居奇。针对这一形势，美国政府推行重建政策，加速工业化、都市化建设的进程，国内的经济发展的确取得了不小的成就，但就在产生了一批新兴的美国中产阶级的同时，也产生了大量的失业者、穷困者。城市工人阶级住房拥挤、破败。贫富之间的差距进一步扩大。为此，美国政府从 1900 年开始推行政治改革，这一改革时期一直延续到美国决定参加一战的 1917 年。这一时期也被称为进步主义时期。对这一历史时期最早进行研究的历史学家"常常将进步主义改革描述为'人民'挑战'利益集团'的问题"。[1]这里的"利益集团"即指那些于 19 世纪下半叶及 20 世纪初所诞生的一批富裕的中产阶级及比他们更为富有的一些工业巨子、银行家、金融寡头等。他们坐拥百万、亿万家产，是美国政府各项经济改革政策的既得利益者，美国经济快速发展的形象代言人。他们与普通老百姓之间存在着天堑鸿沟、高墙铁壁。进步主义改革将重点设定在这些利益集团身上，意欲缩小贫富之间的差距、缓减以致最终消除社会不平等现象。许多人和社会群体都加入这场改革运动中。不少制造商、律师、医生等及其他的一些群体组织一个个争相建立全国性协会，为他们的经济和职业利益而竭力争取。20 世纪初，一些杂志出版商们，对政治腐败、企业里所存在的不法现象进行了有力的揭露。有些刊物大胆地曝光了医药、保险行业里所出现的诈骗行为。厄普顿·辛克莱（Upton Sinclair）还通过自己所创作的小说《丛林》（*The Jungle*，1906）来批判肉类加工业中所存在着的令人发指、让人义愤填膺的缺陷。辛克莱的创作宗旨是要让人民认识到美国工业资本主义所产生的严重后果。很多的进步主义者对美国的政党表现出极大的不信任。进步主义改革从目的、动机、举措上来说无疑是正确的，因它着眼于社会的公平、社会矛盾的减轻和缓和、社会环境的和平。但从美国内战开始就逐渐形成的若干不合理、不公正的社会问题，以及在每一届政府所大力推动的政府重建、工业化和都市化发展中所诞生的一系列新的问题是不可能在短时间内就消除干净的。1912 年，有一位定居救助之家的前工作人员叫沃尔特·韦尔，他曾说过："我们处在一个喧闹、困惑、几乎是动荡不安的时期。我们仓促修改着我们所有的社会观念，我们匆匆试验着我们所有的政治理想。"还有一位政治幽默家，名叫芬利·彼得·邓恩，他以愤慨的语气说道："期望在一年内训练龙虾飞起来的人叫作疯子；但是认为人能够通过选举转变成天使的人则被称作改革家。"[2]1912 年，美国的现实社会就是如此的喧嚣嘈杂、动荡不宁，何况是该诗发表的 1907 年或这之前的岁月呢？任何时期、任何国家和民族的改革都会在很大程度上触动社会上的既得利益者，引起社会的混乱、无序，而且在改革之初，一些非既得利益者、贫困潦倒者、破产失业者的生存状况在短时间之内是无法加以改变的，有时不但未能得到丝毫变化，反而会更加恶化、糟糕。

《米尼弗·契维》诗歌的作者罗宾逊其实就属于当时社会上的非既得利益者、贫困潦倒者这一类人。罗宾逊出生于新英格兰缅因州的海德泰德（Head Tide），但他是在加丁纳镇（Gardiner）长大的。他的父亲曾是一名非常成功的商人，母亲是一名中学教师。他在童年时家境优越，生活条件富足，学习成绩优秀，爱好诗歌创作，喜欢耽于梦想。他于哈佛大学学习期间，就发表诗歌，但也就在此期间，他的父亲因在房地产业中投资失当而破产，公司倒闭。之后不久，他的母亲因罹患那时非常流行、十分猖獗的一种严重疾病——白喉症也凄然、痛苦地告别了人世。家道的中落、生活的不幸给他的家庭带来了突然的打击，他的两个哥哥一位整日沉湎于吸毒，另一位则变成一个十足的酒鬼。童年时的家庭给罗宾逊带来了莫大的幸福、欢乐，而此时父母双亡，两位兄长均不理事务，家庭经济拮据，贫穷像一座大山一样沉重地压在罗宾逊的肩头、心上。他觉得自己已没有了温暖可爱的家庭，没有了可以依靠的至亲，社会似乎也抛弃了他，于是他也像他的一位哥哥那样不得不从酒精中去寻求精神安慰、心灵的宽解。他从一个大家庭的温馨、友爱中迅速遁入一个人世界的孤寂、困厄、凄惨状态中。在那时的社会中，写诗根本赚不到钱，做生意他也未能取得成功，最后他只能靠着在纽约地铁建设工地做一名页岩查对者而勉强维持自己的生计。

罗宾逊沦为了一个彻头彻尾的穷人、社会的弃儿，他的生活就像寒冷的冬日里那漫漫的长夜，见不到一丝光明，而他就像这黑夜中一个贫弱不堪、孤苦无依的灵魂，有时苦苦挣扎，但仍丝毫改变不了自己的境况。

从罗宾逊所塑造的米尼弗·契维身上，我们能看到罗宾逊的身影。了解了罗宾逊的人生经历，我们也就能理解了米尼弗·契维这个人物形象。米尼弗愤世嫉俗，他不满他所处的那个世道，在对世事人情、风潮陋习进行抨击、嘲讽之时，他变得形容枯瘦。这些全能反映出罗宾逊在贫困交加、孤独寂寥时对社会、世事所持的态度。在那样的社会里，罗宾逊和米尼弗一样都是一个异化者，他们都生活在那样的环境中，但心灵却与环境相疏离、隔绝。环境的冷酷、自私、欺诈、压抑折磨着他们的灵魂，他们对社会上的一切会保持一种敌视的态度。他们觉得社会这么大，但却并无他们的立足之地，为此米尼弗会长夜痛哭，他会为自己生于这样一个丑恶、冰冷的世界而感到无限的哀伤、凄切；罗宾逊会说："人活着有很多意义，但人们必须到地狱中才能找到它。"罗宾逊觉得人生没有意义，活人的世界有太多的不幸、苦恼、挣扎、磨难，只有到了阴曹地府才能找到生活的意义，活人的世界不如死人的世界。罗宾逊的这一观点同爱略特在《杰·阿尔弗雷德·普鲁弗洛克的情歌》中所刻画的普鲁弗洛克在死后变成了拉撒路（Lazarus），又从阴间返回到阳世，人由此变得聪明智慧一样，他自此能告诉人们他行事的真正缘由、动机，告诉人们至理真况，这些皆是旨在说明阴间要好于阳世。

米尼弗憎恨、讨厌丑恶的社会现实，他对 19 世纪末及 20 世纪初的美国社会感到深深的失望。现存的东西不能给他带来任何幸福、愉悦和信心，他只得将自己的目光投向了遥远的往昔，从古代人们的智慧、勇敢、坚毅中去汲取营养，以充实自己那绝望而空虚的心灵。他想象古战场上那些金戈铁马、纵横驰骋的场景，想象英武的战士们那种视死如归、不屈不挠的战斗精神。想到此，他会异常地兴奋。诗人在这里影射了美国现实社会中的贫穷、落后、混乱都是由于缺乏时代英雄所致。人们在致力于改革，但改革所带来的问题并不少，改革并没有从根本上解决像米尼弗这样的穷人所面临的问题。他在期盼能有英雄出世，能有豪杰出面来拯救美国当时所面临的困境。

昔日历史的辉煌并没有再现于现实生活当中，米尼弗为此而遗憾、叹惋。他在梦想着、盼望着。古希腊的底比斯那些宏伟气派、金碧辉煌的庙宇殿阁凝聚着人类多少高超的智慧啊！这些象征着人类文明进步发展的建筑是多少勤奋者心血的结晶啊！亚瑟王以其公正无私的品德、捍卫民族尊严和主权的高尚人格、卓越的领导才能、闪光的英雄主义精神、杰出的聪明才智赢得了多少人的钦佩、膺服啊！普赖姆的忠诚宽厚、他的治国才能、他的大胆勇猛又让多少国人为他赞颂不已啊！古时候，有那么多的英雄豪杰，那么多勤劳勇敢的人们，他们创造了人类历史上一个又一个璀璨的新纪元，缔造了那么伟大雄奇、灿若星河的人类文明，他们在国家、民族面临危亡的时刻，能挽社稷江山于倾覆之灾，解苍生于倒悬之苦，在一个又一个艰险危难的时刻，显现出自己杰出超群的智慧和胆识，绽放出伟大的英雄主义、爱国主义的火花。为什么在现在的美国政治、经济、文化舞台上会见不到这样的雄才英杰呢？米尼弗出于对现实的失望而迷恋远古的灿烂，于深深的迷恋中期盼美国社会能有英雄降生，来挽救当时混乱的社会局面。

在一个秩序混乱的社会中，必然会有数不清虚假的现象，有些人出于粉饰太平会热衷于吹嘘。热捧奉承、谄媚讨好、拍马狂夸，会诞生很多的风雅之士、社会名达。这些人会享有崇高的名望，到处都受到人们的钦慕，接受人们的鲜花和掌声。但他们因没有扎实的文化根基、丰富的社会阅历，会因时事风云的变幻而迅速垮塌粉碎。他们的一切名声都是建立在沽名钓誉、吹牛拍马的基础上，米尼弗会为他们声名的高下起伏、命运的浮沉跌宕、结局的凄惨悲凉而哀悼。米尼弗的哀悼无疑包含着对这一类浮躁虚伪人士的批判，这一类人若很多，他们只能是全社会的蛀虫，他们的德行会严重污染社会的空气，混淆视听。米尼弗还对当时美国社会不重视文化艺术的发展进行了揭露。他以一种戏谑的语调说道，创作浪漫传奇要靠慈善机构的救济，而创作文学艺术的作家只能是一个流浪儿。从19世纪下半叶至20世纪初，美国全社会一直盛行着通过艰苦创业、勤奋劳动、拼命挣钱以发家致富，全体国人都把大部分的时间和精力放在如何通过紧张繁忙的商业经营、不知疲倦地干活来赚取豪资巨产，以实现美国梦的灿烂。很少有人注重精神道德的培养、文化思想的提高、心理情感的陶冶等。浪漫传奇被人们认为是奇思幻想、不切实际，文艺作品解决不了美国人的现实问题，读这些文化艺术类作品，住不上中产阶级的别墅豪宅，买不到高档汽车。从事精神生产的作家、诗人生活依然贫困，作品再多也不能解决经济紧张的问题，像罗宾逊就是这样的诗人，他在学生时代就发表诗作，但从事诗歌创作并不能维持生计，最后他只能沦落到在纽约地铁站干查对员的工作。

罗宾逊在诗中还对美国的工业巨头、富豪资本家进行了揭露和批判。他以15至18世纪在欧洲盛极一时，并曾统治佛罗伦萨数百年的美第奇家族为例对他那个时代里的社会富裕阶层、统治阶层的奢侈无度和残酷欺压工人群众的劣迹进行了影射性的抨击。这些社会上层人士，他们虽拥有巨资豪财，煊赫一世的政治权势，但他们同过去佛罗伦萨的美第奇家族一样会屡屡犯罪，虽有光鲜的外表形象，能赞助一些文化教育事业的发展，但暗地里却会采取阴险狠毒的伎俩，赚取巨额财富。他们的财富是无数穷人用血汗凝聚而成的，在他们华丽的衣饰、春风满面的笑容背后，是无数衣衫褴褛的穷人悲惨的眼泪和瘦弱疲惫的身子。在罗宾逊所生活的时代，美国社会也诞生了不少像美第奇家族成员富有的人，如安德鲁·卡耐基，他因狂热地信奉斯宾塞的观点，而有幸取得了商业上的成功，在他人生的最后 18 年时间他在全国各地建立了多家公共图书馆和教堂。那时很多大企业家也纷纷效仿卡耐基，向社会捐款，在很多大学建设图书馆。他们在商界残酷的竞争、工业化经济的大发展中取得了令世人瞩目的成就，赚得了巨额的物质财富和利润，但他们能甘愿拿出其中的一部分财富来促进文化教育事业的发展。他们在这样做的时候，其实有一个深层次的目的，即在全社会营造自己良好的、体面的公共形象，这一形象可以为他们掩盖内在的很多黑暗、阴险、见不得阳光的东西。对于这样一批新兴的资本家、产业大亨，很多人非但没有对他们的助人帮社的行为表示感激，反而将他们视为"强盗式贵族"（robber barons），把他们描述为"无道德的、贪婪的、剥削的和反社会的。"[3] 这是因为他们的财富是通过欺压、盘剥劳动人民，榨取广大工人血汗，以无道德的手段牟取暴利而获得的。罗宾逊提及美第奇家族是对美国现实社会中这些商业巨头一个强烈而直接的影射。

米尼弗十分赞赏、钦佩远古时期的英雄豪杰，因此他对那些平庸无能之辈没有什么好感，他会诅咒他们。因为当时的美国社会充塞了太多的普通平庸之士，他们虽对社会没有造成什么祸害，但终究不能济世利民。这些人没有通过自己的辛勤工作、思想砥砺而对社会文明的进步、经济的发展等做过什么有益的贡献。他们让米尼弗鄙视、憎嫌。米尼弗对美国当时的军事政策也表示了自己的反感。

1907 年，罗斯福派出 16 艘战舰做了一次环球旅行，他将所有战舰都涂成白色以显示其和平的意图，但实际上，这一行动包含着向世界上一些同美国敌对的国家示威炫武的目的，那时，只要有不利于美国的政治、军事利益的行为，"美国海军完全有能力快速地派遣到地球的远端，"[4] 去平息风波，维护美国的利益。美国对别国的事务会肆意加以干预，如它通过保护巴拿马运河来企图控制加勒比海和中美洲，在太平洋地区，美国想要在太平洋的显要区域获取其属地。在美西战争期间，受英国的鼓励和支持，美国还企图获取菲律宾。

美国的这些军事战略意图和这一系列的军事行动无疑会招致罗宾逊的反

感和厌憎。这些意图和行动无疑包含着明显的挑衅、侵略的性质。诗人在第三节通过对亚瑟王都城卡米洛特的礼赞显示了对亚瑟王保家卫国的高尚精神的欣赏。当日耳曼野蛮入侵之时，他能领导凯尔特民族的人民同侵略者血战到底，最后赢得战争的胜利，这是一场正义同非正义的战争，是一场捍卫民族尊严的反侵略战争。而美国的战略意图和行径均带有干涉别国事务、侵略他国领土的意向和性质，这应是不人道的、非正义的。这无疑会激起诗人的无边愤慨。

米尼弗需要金钱，一旦没有了钱，他会非常恼火、气愤，但他十分鄙视金钱。需要钱，这是人生存的最基本需要。没有钱，人无法在这个社会，尤其是19世纪末和20世纪初的美国社会上立足。但米尼弗对那些不择手段去赚取金钱、物质利益的行为，对那些为了金钱而丧失一切伦理道德准则，甚至丧失了做一个人的基本信条的行径是非常鄙薄的。米尼弗是一名诗人，一个知识分子，他的职业习惯和喜好注定了他会在精神生产领域勤奋耕耘一生，终致硕果累累，但那时的美国社会过于注重物质利益的追求，像米尼弗这样的诗人在那时仅凭诗歌创作根本无法谋生糊口，这虽是他个人的问题，但实际上也是一个严重的社会问题。他对这样的问题曾不止一次地沉思、考虑。米尼弗的思考其实就是对美国当时社会的不公，整个社会重物质、轻精神，重金钱、轻文化，重地位、轻道德现象的一种严肃的批判。

米尼弗崇尚远古，鄙弃现实，他欣赏古代豪杰勇士的英雄主义精神、爱国主义情操，他还借底比斯城庙宇殿堂的辉煌巍峨来隐含性地赞美古代劳动人民创造人类文明的智慧和勤劳品格。他只怨自己出生得太迟，未能亲睹古人的神勇睿智，他会反复地思考，变得愤世嫉俗，以致健康受损，但始终无法实现回归古代的幻想，也无法为自己和当时的美国社会找出一条合适的出路。他只能把这一切称为"命"，一切都是命运的安排，他会心绪沉沉、忧思重重、失落悲切，只能从酒精中去寻求心灵的宽慰。

米尼弗对现实的冷酷无情感到无助、悲凉、绝望而哀伤，他的这一精神状态无疑是他所处的美国当时的社会环境所使然。他心灵的无限的悲伤是对那时的社会环境的一种有力的抨击。他想回到往昔，但那毕竟是一种心灵的幻想，幻想破灭后，他只能面对现实，但现实生活中的一切又是那么地让他不适应、让他痛苦不堪。米尼弗是一个典型的悲剧人物形象。

　　米尼弗的一生是孤独的、失败的，他的悲剧是社会的悲剧。罗宾逊的这首诗吸取了现实主义的创作方法和特点，以真实、诚挚、富有想象力的笔调刻画了主人公米尼弗对混乱无序、冷酷自私的社会环境颇为凄苦、悲惨、无奈的反应。吴定柏先生曾经说过："Robinson's subjects are influenced by his reading of such naturalist novelists as Zola and Thomas Hardy"[5]（罗宾逊的题材受到了他所阅读过的自然主义小说家如左拉和托马斯·哈代的影响。）从米尼弗人物形象的刻画上，我们确能看到左拉和哈代的深刻影响。严格地说，米尼弗的刻画受左拉的影响较小，因左拉，作为一个地地道道的自然主义作家，主要探讨人物受遗传和环境两种力量的影响，小说家像一个科学家一样详细地描绘出遗传和环境如何将一个人物的人生摧毁，直至其体无完肤，一切粉碎殆尽。小说家以这样一种细致精确、直接的手法来描绘、揭示出一个人物的悲剧命运。如前所述，诗中米尼弗的悲剧主要受环境的影响，但诗人并未触及遗传的因素，因此这一人物的刻画应受哈代的影响较大。准确地说，哈代应是一名现实主义作家，而且是一名十分严肃、冷峻的批判现实主义作家，他的作品也许受到左拉的一些影响，但他主要还是继承了英国 19 世纪文学中由狄更斯（Charles Dickens，1812—1870）所开创的批判现实主义传统。从米尼弗身上，我们能十分清晰地看到批判现实主义所闪耀的灼灼光辉。米尼弗的嘲笑，他的梦想，他的哀悼，他的喜好，他的咒骂，他的鄙视，他的思考及他的狂饮，都是对他所生活的那个时代极其有力、锐利、猛烈的批判。读完他的诗，我们能体察到诗人那种深刻的同情、无限的哀怒、极度的凄惘和无助，还有诗人对现实社会的一种憎恨、揭露和鞭挞。米尼弗这一形象同哈代所刻画的很多人物形象，如苔丝、裴德、克林·姚伯一样都受他们所生活的时代和社会环境的巨大影响而一步步地走向绝望、失败，人在险恶的环境面前显得那么地无助、无奈、无益。哈代因没能接触到马克思的辩证唯物主义和历史唯物主义思想，曾将他主人公的悲剧命运归咎到一种超自然的内在意志力身上，人在冥冥之中受一种"不知善恶"的"无意识的推动力"的左右和影响，这种力，哈代认为是一种超自然的"内在意志力"，这是一种常人所无法看见，也是常人所无法预知的力量。米尼弗在诗中将他的失败归为命运，一切都是命运的安排，这同哈代所言的"内在意志力"其实是一样的，即都带有唯心主义的性质，他们都没有弄明白是不合理的社会制度、险恶的社会环境导致了他们悲惨失败的结局，环境、制度摧毁了他们的理想，使他们在纷纭复杂、喧嚣杂乱的社会中成了"异化"的人，孤寂无助的人。在诗人罗宾逊追述、描写米尼弗的喜怒爱憎，他的梦想，他的哀悼时，应该说诗人对社会是有较为强烈的批判力量的，但诗人的批判大多应出于其本能，出于对他所接触到的环境所怀有的一种自然的态度，他并不了解造成米尼弗悲剧的根本原因是什么，他借米尼弗之口将之归于命运，这表明诗人没有认识到这一悲剧的成因在当时应归于美国的政治制度、文化制度。

三、艺术特征分析

该诗语言简易、清新、流畅。诗的语言很像散文的语言，因诗人在全诗中几乎没有使用任何诗歌创作中所经常使用的一些技巧，如省略、倒装等。句法结构规范、干净、简洁，全诗若以散文的形式将各节、各行连缀在一起，应是一篇非常自然流利的短篇散文。诗行的长短在各节中也非常有序，每节中所对应的诗行长短基本一致，从形式上来说，该诗给人以一种整齐的美感。

诗人注重以景写情，情景交融，从场景的简单素描中来表达自己的一种想象、赞美，或失落、遗憾、哀伤。如在第二节中，诗人以寥寥数行、极其简单的笔墨向我们描绘了古战场上横刀立马、英勇奋战、纵横驰骋的场景，意境宏阔、博大，气势磅礴。这些描写表达了诗人对古代英雄发自肺腑的钦佩，对他们所创造的惊天动地的业绩的由衷赞扬，同时也隐含性地告诉读者，美国在 19 世纪下半叶和 20 世纪初期也需要英雄、时代的豪杰来拯救时势，救国民于水深火热之中。在最后一节中，诗人对场景的描写是通过一系列的细微的动作的描写来实现的，如"抓抓头皮"（scratched his head）、"继续沉思"（kept on thinking）、"咳嗽"（coughed）、"将之称作'命运'"（called it fate）和"继续饮酒"（kept on drinking）。这些动作中都包含着米尼弗内心特定、细腻、复杂的情感。在诗歌中，描写主人公的动作，且能将一系列的动作较为自然而流畅地描写出来，这是较为罕见的。因为动作描写，主要见于小说和散文当中，诗人在这里吸取了小说和散文创作在这方面的特征，通过主人公的动作来揭示其内心的情感变化，通过动作来显示米尼弗对时事、现实、个人的境遇的认识态度，这在诗歌创作中也是颇具独创性的。"抓抓头皮"显示了米尼弗的无奈，表达出一种失望、遗憾的情感，"咳嗽"表达出米尼弗因苦闷、怨恨、失落、困惑而产生的一种病态特征，同第一节中的"形容消瘦"（grew lean）相照应，前后关联；"继续饮酒"表达出米尼弗一种极度失望悲凉、怒愤郁结而难以排解、忧思过度而不得不瀹酒麻醉、借酒消愁的心理状态。这些动作描写非常鲜明、逼真地流露出主人公的内心情感。诗人在结尾以它们来收束，是顺着前面的戏谑讽刺、怀古追英、哀悼虚伪、悲叹文艺、谴责腐败、咒骂平庸、憎恶侵略、礼赞卫国、鄙视金钱等一步一步自然达到的最后阶段，从开头到结尾，这一步步的描写将米尼弗的性格心理、米尼弗的情感态度、米尼弗的认识感受等十分自然地揭示出来，显得水到渠成，毫无雕饰。

诗中还使用了一些修辞技巧，如：

1. 隐含性的隐喻（Concealed Metaphor）

Grew lean while he assailed the seasons;

在他对时事现实进行抨击时，变得形容消瘦。

"the seasons"是"季节"的意思，表示一年四季的往复循环，周期变化。诗人这里将"时事的变化、生活的沧桑"说成是"四季的变化"，说明美国的社会变化大、环境的变更幅度大，就如一年四季一样，有的时候温暖怡人，有的时候又寒冷刺骨。这里用的是一种隐喻，但喻体并未出现，故这样的隐喻应称为隐含性的隐喻。

2. 转喻（Metonymy）

（1）He dreamed of Thebes and Camelot,

　　And Priam's neighbors.

他梦见了底比斯和卡米洛特，

以及普赖姆的邻居们。

诗人这里以"底比斯"（Thebes）、"卡米洛特"（Camelot）和"普赖姆的邻居们"来比喻远古时代勤劳勇敢的人们为人类文明的发展所做出的伟大的贡献，并赞美远古时代那些品德纯正、才能卓越的领导。"底比斯"城中宏伟的建筑如庙宇、殿堂凝聚了古代劳动人民的智慧，"卡米洛特"都城让人想起英明勇猛、保家卫国的英雄亚瑟王，"普赖姆"让人想起品行、道德、才华、能力超群出众的领袖，"普赖姆的邻居们"让人想起那些崇尚勤奋耕耘，聪明智慧的古希腊人，他们创造了人类文明的摇篮之———希腊。所有这些借与人或事物有关的材料或借与人或事物有关的所属、所在来喻指某一类人或某一类事物，都属于修辞技巧中的"转喻"。

（2）And eyed a khaki suit with loathing；

以憎恨的眼光来看那些穿着现代军装的人们。

这里"a khaki suit"（以卡其布做的服装）是指"军装"。诗人以军人所穿的军装来代指"美国军人"，这也是一种"转喻"用法，即借与军人有关的材料来代指军人。

（3）He missed the medieval grace of iron clothing．

他想念着中世纪军人的荣耀与辉煌。

这里，"iron clothing"是指"古代的盔甲"，诗人以"古代的盔甲"来代指"古代的军人"，这也是"转喻"的使用。

（4）Miniver scorned the gold he sought，

米尼弗鄙视他所力图获取的黄金。

"gold"（黄金）这里代指"金钱"，巨大的物质利益、奢侈豪华的生活。这是一种"转喻"用法。

3. 拟人（Personification）

He mourned Romance, now on the town,

And Art, a vagrant.

他哀悼传奇，一个濒临危亡者，

艺术，一个流浪儿。

诗人在这里将"艺术"说成"一个流浪儿"，用的是拟人。艺术在当时的美国不受重视，人们看重的是金钱、物质利益。搞艺术的人及艺术本身都像是无家可归的弃儿、流浪者一样。"浪漫传奇"成了一个濒临危亡者，一个"靠城镇慈善机构救济的人"，这也是一种拟人手法的使用。

全诗的语言特色方面，还有一点值得注意，即在诗的第四节，诗人将Romance 和 Art 的首字母均大写，这两个名词均为普通名词，非专有名词，但诗人在此处却将它们的首字母均用了大写，这里是突出浪漫传奇、文学艺术本身所具有的重要性，而美国在当时却极其不注重它们的发展，而忽视它们的重要性是导致美国社会具有严重的社会弊病的一个主要原因。美国浪漫主义诗人爱米莉·迪金森（Emily Dickinson）在诗中常常将一些普通名词的首字母大写，有时就是出于突出、强调这些名词所具有的特定意义的目的，罗宾逊在这里继承了这一传统特色。

下面分析一下该诗的节奏。

Miniver Cheevy

Miní | ver Chée | vy, ‖ chíld | of scórn,

    Grew léan | while hé | assáiled | the séas | (ons;

He wépt | that hé | was é | ver bórn,

    And hé | had réas | (ons.

Miní | ver lóved | the dáys | of óld ↓

    When swórds | were bríght | and stéeds | were pránc | (ing;

The ví | sion òf | a wár | rior bóld

    Would sét | him dánc | (ing.

Miní | ver síghed | for whát | was nót,

    And dréamed | , ‖ and rés | ted fròm | his láb | (ors;

He dréamed | of Thébes | and Cá | melòt,

    And Priám's | ∧ néigh | (bors.

Miní | ver móurned | the rípe | renówn ↓

    That máde | so má | ny a náme | so frá | (grant;

He móurned | Románce | , ‖ now òn | the tówn,

    And árt | , ‖ a vág | (rant.

Miní | ver lóved | the Mé | dicì,

Albé | it hé | had né | ver seen óne;

He wóuld | have sínned | incés | santlỳ ↓

Could hé | have been óne.

Miní | ver cúrsed | the cóm | monplàce ↓

And éyed | a khá | ki súit | with lóath | (ing;

He míssed | the mè | dié | val gráce ↓

Of ír | on clóth(ing.

Miní | ver scórned | the góld | he sóught,

But sóre | annóyed | was hé | withóut (it;

Miní | ver thóught | , ‖ and thóught | , and thóught,

And thóught | abóut (it.

Miní | ver Chée | vy, ‖ bórn | too láte,

Scratched hís | head and képt | on thínk | (ing;

Miní | ver cóughed | , ‖ and cálled | it fáte,

And képt | on drínk | (ing.

该诗的基本节奏为抑扬格。除最后一节外，其余各节前三行均为抑扬格四音步，第四行都是抑扬格二音步。最后一节的第二行为抑扬格三音步，第一、三行均为抑扬格四音步，第四行同其余各节的第四行一样，也皆为抑扬格二音步。各节的节奏安排总的来看是比较齐整的，基本上都是前三行的音步数长一点，而第四行的音步数稍短。诗的节奏变格处不少，共二十处，其中抑抑扬格替代的共五处，超音步音节替代的共十四处，单音节替代共一处。抑抑扬格替代分别出现在第三节第四行第一音步，第四节第二行第三音步，第五节第二行第四音步，第五节第四行第二音步，第八节第二行第二音步。超音步音节替代出现在上述节奏分析中凡是打有"（"的地方。单音节替代出现在第三节第四行第二音步中。该诗的节奏变格偏多，但同该首诗的主题思想、情感内容是紧密相关的。该首诗为我们描绘、刻画了一个在事业生活方面均很失败的主人公形象。诗中，我们可以体会到米尼弗愤世嫉俗的情感，看到米尼弗于长夜痛哭的眼泪，听到米尼弗声声无奈的叹息、沉痛的哀悼、愤懑的诅咒和深深的鄙薄，还能看到身形消瘦、咳嗽不止的米尼弗沉湎于饮酒的凄凉、孤独的身影。这些生动的描写非常成功地再现出了米尼弗这个悲剧人物形象。诗的基调总的来说是有些压抑的，尽管在描写人物的梦想、想象、幻想时，诗的意境显得豪放、阔大，但这样的意境主要是用来影射、反衬现实的黑暗、不公，主人公的无奈、孤寂的心理状态的，因此这些描写从某种意义上来说只能是加剧诗主题思想的悲剧意蕴。诗写的是个悲剧人物，因此诗的节奏不可能是那种齐整规范、流畅优美的旋律。诗人只能以节奏中的多处变格来反映诗凄楚的情感，主人公的寂寞、悲愤、失落和绝望的心态。

　　该诗每个诗节押 abab 韵，其中第五节第一行和第三行押近似韵，第六节第一行和第三行也押近似韵。这种韵式为 abab 四行诗节的叫"四行套韵体"（Quatrain）。全诗音韵流畅，间行押韵，读之抑扬顿挫，跌宕自然。罗宾逊发挥了传统"四行套韵体"的神韵美，以间行押韵的诗行形式将米尼弗·契维的悲惨人生十分自然、洒脱地吟唱出来。"英雄四行套韵体"（the heroic quatrain）最适于表达一种沉痛、压抑和凄恻的情感，可用来表示哀悼、怀思，如托马斯·格雷（Thomas Gray，1716—1771）曾用这一体式写下了著名的"墓园挽歌"（Elegy Written in a Country Churchyard）。该首诗所表达的情感与哀悼、怀思等也有关，因它主要是描述米尼弗失败、凄凉。悲愤的一生的，诗人以"四行套韵体"来创作这种题材，选择这种与"英雄四行套韵体"韵式相同的诗歌体式，这是十分恰当的，它符合英国文学传统格律诗的创作特点和方法。

　　诗歌流畅的音韵除四行套韵体中较为整齐的 abab 韵式（有些诗行押的是近似韵）使然外，还有一些辅助性音韵如头韵、行内韵也在很大程度上加剧了其畅达、自然和流利的特点。请看：

　　1.头韵，如在第一节，第一行的 Cheevy-child，第一行的 scorn 和第二行的 seasons，第二行的 while 和第三行的 wept-was，第二行的 he、第三行的 He-he 和第四行的 he-had，第二行的 the 和第三行的 that；在第二节，第二行的 When-were-were、第三行的 warrior 和第四行的 Would，第二行的 swords-steeds 和第四行的 set；在第三节，第一行的 what-was，第二行的 dreamed 和第三行的 dreamed，第二行的 his 和第三行的 He，第一行的 not 和第四行的 neighbor；在第四节，第一行的 Miniver-mourned、第二行的 made-many 和第三行的 mourned，第一行的 ripe-renown 和第三行的 Romance，第一行的 the、第二行的 That 和第三行的 the，第二行的 name 和第三行的 now；在第五节，第一行的 Miniver-Medici，第二行的 he-had，第三行的 He-have 和第四行的 have，第二行的 one、第三行的 would 和第四行的 one，第二行的 seen 和第三行的 sinned；在第六节，第一行的 cursed-commonplace、第二行的 khaki 和第四行的 clothing，第一行的 Miniver 和第三行的 missed-medieval，第一行的 the 和第三行的 the；在第七节，第一行的 scorned-sought 和第二行的 sore，第二行的 was-without，第一行的 Miniver 和第三行的 Miniver，第一行的 he 和第二行的 he，第三行的 thought-thought-thought 和第四行的 thought；在第八节，第一行的 Miniver 和第三行的 Miniver，第二行的 his-head，第二行的 kept、第三行的 coughed-called 和第四行的 kept。

2. 行内韵，如在第一节，第三行的 He-he；在第二节，第二行的 were-were；在第三节，第一行的 what-not；在第四节，第二行的 so-so；在第七节，第三行的 thought-thought-thought。

全诗用了大量的头韵及一些行内韵，加强了诗歌音韵的美感，其中有不少行内韵及头韵又为同一个单词的重复，这更使得全诗读起来非常地自然、顺口。

同上首《理查德·科里》一样，该诗也应用了一些"行内停顿""跨行"技巧。上文分析诗歌节奏时，凡打有"‖"符号的皆为"行内停顿"，凡打有"↓"符号的皆为"跨行"。"行内停顿"加强了语言朗读时的和缓性，使语速能保持适中、不紧不慢。有些"行内停顿"是出于语法的需要，如在第一节第一行和第四节第四行均出现了"行内停顿"，这是因为在这两行中出现了同位语；还有在第三节第二行、第七节第三行和第八节第三行也出现了"行内停顿"，因为在这三行中出现了动词谓语的并列。这些"行内停顿"虽是语法关系所致，但也能促进语气的温婉、和美。"跨行"也一样，有些也主要出于上下行语法关系及意义上的紧密关联，但在朗读时，它能加强行与行之间的连贯性，使整首诗不仅在意义而且在语言上能连成自然、不可分割的整体。

四、结语

该首诗创作于美国现代主义文学的发展时期，在艺术形式上，诗人没有跟随时代的潮流，打破传统格律诗的形式要求和规范，他采用了"四行套韵体"的格式来表达该诗特定的情感、思想和审美内容。这是罗宾逊一贯的创作特点，即在艺术形式上不背离传统，仍然执着地坚守传统，发扬传统的艺术魅力。在20世纪初现代主义文学已呈蓬勃之势，能做到这一点确实是不易的，从某种意义上来说，罗宾逊的这一做法也独具新意，显示了其独特的创新特色，即将传统的继承和发展视为自己的创作己任，不管艺术风潮如何变化，他始终如一地将之贯彻下去。

该诗在艺术内容和艺术情感上反映了现代主义文学的典型特点。诗人描写了19世纪下半叶及20世纪初的人们在不合理的、腐败邪恶的社会环境中生存境况的凄惨和悲怆。这样的主题在很多现代主义作家和诗人的作品中都有详细、生动的描写和触及，如庞德和爱略特在他们的多首诗作中都非常深刻地揭示了这一主题思想。这一主题其实是继承了19世纪下半叶批判现实主义的创作特点，批判现实主义作家如哈代等都将批判的目光凝注在19世纪下半叶社会环境的不公、邪恶上，揭示人物同环境进行有力的抗争而导致的惨烈的社会悲剧。20世纪初的现代主义作家、诗人们其实是非常忠实地继承了批判现实主义的这一创作传统，有的不只是继承，说得更确切点，应该是大大地发扬了这一传统。其实，在对现实的批判上，现代主义要比批判现实主义更为批判现实主义，其批判现实的力量似更加强劲，也更为锐猛。如庞德、爱略特等对一战后欧洲混乱颓废的社会形势、文化堕落状况的批判就相当有力。他们的批判不亚于哈代对当时英国社会现实的批判，若是比之于批判现实主义的先驱，查尔斯·狄更斯，那只能是有过之而无不及了。现代主义作家、诗人们对现实的批判闪耀着夺目、尖锐的光芒，但在他们的笔调、作品的意境中往往包含着让人倍感心酸、凄楚的成分，他们所刻画的人物大都是社会环境的弃儿、不幸者，这些人物一般都有着美好的生活理想，但在与环境的冲突斗争中大都以悲剧结束。他们经历着现代人所常经历的苦痛，体验着现代社会施加于他们心灵、身体上的各种磨难。罗宾逊《米尼弗·契维》中的主人公米尼弗同哈代《德伯家的苔丝》（*Tess of the D'Urbervilles*）中的苔丝、庞德《休·塞尔温·莫伯利》（*Hugh Selwyn Mauberley*）中的诗人自我的化身、托马斯·斯蒂恩那斯·爱略特《杰·阿尔弗雷德·普鲁弗洛克的情歌》（*The Love Song of J. Alfred Prufrock*，1911）中的主人公普鲁弗洛克一样，都是悲剧角色，他们在同环境的抗争中，都有过辛辣的讥刺、愤怒的谴责、美好的想象、痛苦而伤感的情调，从他们的身上，我们都能清晰地看到现代人所经历的苦痛。

由上面的论述可知，《米尼弗·契维》从艺术内容、艺术意境和艺术情感上来说，应是一首典型的现代主义作品。

罗宾逊在艺术形式上恪守传统，发扬传统格律诗的艺术特色，这也是对美国民族主义文学发展所做的一份十分必要的贡献。当现代主义文学大潮开始以汹涌劲猛的势头席卷西方文学艺术界时，诗歌创作中，很多传统的东西很快便被文学的浪潮冲得支离破碎，尤其是艺术形式上的一些东西迅速便被人们弃之一旁，人们开始将美学视野投向那些新鲜、时髦、与传统的审美标准有着天堑之隔的艺术方法、艺术表达上。很多人对传统的艺术标准、艺术观点、艺术创作方法进行了大幅度的，实验性、开创性的改革，这些改革从发展的眼光来看，也是必要的，因为不破不立，没有对旧传统的打破，就不可能有新生事物的诞生，不可能有文学的发展，文学也就永远停留于几百年前，乃至上千年前先人们所创立的那些审美规范、审美原则和标准上。只有破旧立新，才能有发展。但是，在各个领域、各个学科的发展史上，我们注意到，一般新的潮流来临之时，很多人会一拥而上，对各种新鲜的东西会趋之若鹜，而对于那些具有长久审美价值的传统，人们会弃之于敝屣，以致传统的东西会于瞬息之间荡然无存。这其实也是不对的，这种做法其实相当不利于文学持久、稳步的发展。改革不是对传统实施大屠杀，将一切传统的东西全部废除，有些具有巨大审美价值的东西，不但不应废弃，反而应加以继承和发扬，这样，在一个新的时代里，新的艺术舞台上，我们既可欣赏到别具特色、别有风味的崭新的艺术奇葩，又能品尝到醇厚绵久、深长清雅的艺术香茗。新时代的艺术园圃里，会是一派百花齐放、千鸟竞鸣的艺术景观。

罗宾逊在现代主义文学一枝独秀之时，仍坚持以传统的艺术形式创作，使美国的诗歌园地出现了五彩缤纷的景象，使读者，尤其是 20 世纪初的现当代读者在欣赏现代主义诗人那些新颖独到、别具时代风采的艺术名篇时，又能兴趣盎然地领略到传统艺术那历久弥新的魅力，那如陈年老酒一样醇美的芳香。这样，在整个人类的艺术历史长河中，每一时代、每一个文学发展阶段都不会因新的东西的诞生而将旧的、但有着很高艺术价值的东西抛弃，人类文学艺术的发展会如黄河之水天上来，奔流到海不复回，中间虽会有峡谷、险山阻隔，但那浩荡之势则是任何力量都阻挡不了的。

罗宾逊在 20 世纪初美国社会矛盾加剧、腐败严重，政府正在大力推进政治改革之际塑造了米尼弗·契维这一艺术形象，这一形象的塑造应是对美国人一直为之而奋斗的美国梦的沉思。美国梦，在很多美国人的心目中，应主要体现在物质财富的大量积累，资本的囤积居奇，人民物质生活水平的极大提高上。为了过上富裕、奢侈、豪华的生活，多少代的美国人都在奋力工作，拼命挣钱；为了钱，很多人出血流汗，甚至连身家性命都不惜舍弃。但当他们真正到达物质财富的摩天大厦的顶层时，他们觉得自己的人生并不美满，生活毫无幸福感可言。一个社会中的亿万富翁、商界明星会因生活的枯燥乏味、前途的黯淡无光而选择自杀，而那些未能取得物质上成功的乞丐、贫困者则会因生活的入不敷出、经济的穷困潦倒而诅咒生活、抱怨社会，更觉得生活是漫漫长夜，永难见到黎明的曙光。这些人的悲剧其实都应是社会的悲剧，是一个只注重物质利益的疯狂追逐，而轻视道德伦理建设的社会所导致的人的悲剧。要改变这一凄惨的状况，政府应注重人民精神层面的建设，应注重不断地陶冶人民的思想情操，提高人民的道德层次。为此，整个社会应提倡多读书、多研习。这样，可使全体人民将自己的兴趣从金钱物质利益的追求转移到书本上来，转移到文化艺术、哲学思想的研习上来。人民大众会从书本的哲学至理、伦理道德的谆谆教诲中汲取得文化知识的营养，他们也会因此而改变自己的人生观、道德观，及不合理的生活方式，在人生追求上注重平衡性、科学性。他们会以一种理性的、聪慧的眼光来看待人生、事业中的一切，包括孤独、破产、失败等。美国在 19 世纪 30 年代曾爆发了由拉尔夫·华尔多·爱默生（Ralph Waldo Emerson,1803—1882）、亨利·戴维·梭罗（Henry David Thoreau,1817—1862）等人所领导的超验主义运动（American Transcendentalism），该运动被称为"美国的文艺复兴"（American Renaissance）。该运动的爆发背景也是由于美国人自殖民地时期开始，就受美国清教主义（American Puritanism）、加尔文主义（Calvinism）思想的影响，奉行拼命地苦干实干，力求发家致富，生前争做一名社会成功人士，死后进天堂的理念，使得整个社会充溢着一股一切向钱看的恶潮，以致没有人注重精神层面的一些东西。出于对社会现实的热切关注，对美国人的生存质量、美国社会的发展前途的关心和担忧，爱默生等人发起了超验主义运动，希图拯救美国人那被金钱玷污了的灵魂，扭转一切向钱看的恶风邪气。美国于 20 世纪初所推行的进步主义改革同超验主义运动一样都是必要的，但在改革中，应效法其先驱超验主义思想家爱默生、梭罗等人，吸取他们的一些做法和思想原则，鼓励人们对精神、道德层面的东西加以重视、学习、研究和建设，对新的思想理论应加以深入研讨，对有价值的、积极的东西应注重吸纳，这样才能有助于政治改革的圆满成功，才能有助于美国梦的实现。

参考文献：

[1] 卡罗尔·帕金，克里斯托弗·米勒，等.美国史（中册）[M].葛腾飞，张金兰，译.上海：东方出版中心，2013：430.

[2] 卡罗尔·帕金，克里斯托弗·米勒，等.美国史（中册）[M].葛腾飞，张金兰，译.上海：东方出版中心，2013：431.

[3] 卡罗尔·帕金，克里斯托弗·米勒，等.美国史（中册）[M].葛腾飞，张金兰，译.上海：东方出版中心，2013：204.

[4] 卡罗尔·帕金，克里斯托弗·米勒，等.美国史（中册）[M].葛腾飞，张金兰，译.上海：东方出版中心，2013：475.

[5] 吴定柏.美国文学大纲 [M].上海：上海外语教育出版社，1998：112.

第三节　论埃德温·阿灵顿·罗宾逊和他的 《弗拉德先生的酒会》

Mr. Flood's Party

Edwin Arlington Robinson

Old Eben Flood, climbing alone one night

Over the hill between the town below

And the forsaken upland hermitage

That held as much as he should ever know

On earth again of home, paused warily.

The road was his with not a native near;

And Eben, having leisure, said aloud,

For no man else in Tilbury Town to hear;

"Well. Mr. Flood, we have the harvest moon

Again, and we may not have many more;

The bird is on the wing, the poet says,

And you and I have said it here before.

Drink to the bird." He raised up to the light

The jug that he had gone so far to fill,

And answered huskily: "Well, Mr. Flood,

Since you propose it, I believe I will."

Alone, as if enduring to the end

A valiant armor of scarred hopes outworn,

He stood there in the middle of the road

Like Roland's ghost winding a silent horn.

Below him, in the town among the trees,

Where friends of other days had honored him,

A phantom salutation of the dead

Rang thinly till old Eben's eyes were dim.

Then, as a mother lays her sleeping child

Down tenderly, fearing it may awake,

He set the jug down slowly at his feet

With trembling care, knowing that most things break;

And only when assured that on firm earth

It stood, as the uncertain lives of men

Assuredly did not, he paced away,

And with his hand extended paused again:

　"Well, Mr. Flood, we have not met like this

In a long time; and many a change has come

To both of us, I fear, since last it was

We had a drop together. Welcome home!"

Convivially returning with himself,

Again he raised the jug up to the light;

And with an acquiescent quaver said:

　"Well, Mr. Flood, if you insist, I might.

　"Only a very little, Mr. Flood—

For auld lang syne. No more, sir; that will do."

So, for the time, apparently it did,

And Eben evidently thought so too;

For soon amid the silver loneliness

Of night he lifted up his voice and sang,

Secure, with only two moons listening,

Until the whole harmonious landscape rang—

"For auld lang syne." The weary throat gave out,

The last word wavered, and the song was done.

He raised again the jug regretfully

And shook his head, and was again alone.

There was not much that was ahead of him,

And there was nothing in the town below—

Where strangers would have shut the many doors

That many friends had opened long ago.

《弗拉德先生的酒会》是罗宾逊另一首人物肖像诗，该诗发表于诗集《三个酒馆》（*The Three Taverns*）中，诗以戏剧性内心独白的方式再现了主人公弗拉德的形象。下面具体地研究一下该诗。

一、大意解读

第一节。一个夜晚，埃本·弗拉德，一位年事已高的老者独自一人在山上爬着。山脚下是一座小镇，山上有一处遗弃了很久的隐士的住所，住所里有弗拉德知道的，世上一个家庭所应有的一些基本的东西，这个地方也可看作是弗拉德的另一个家。老人在半道上小心地停了下来。在这附近的山上，一户当地人都没有，故这条山路应该就是属于弗拉德的。埃本歇了一会儿，不慌不忙地大声说起话来，他讲话的声音，蒂尔伯里镇中没有什么人能听到。

第二节。埃本说："噢，弗拉德先生，我们又迎来了满月，我们可能不会迎来很多次这样的满月。诗人曾说道，鸟儿在天空飞翔，你和我以前也在此说过。让我们为这鸟儿干杯吧！"他说着就向月亮举起了酒壶，这酒壶，弗拉德竟然也装满了酒。壶不是空壶，里面装了满满一壶的酒。对方（其实还是埃本·弗拉德自己）用嘶哑的声音回答道："啊！弗拉德先生，既然你提出干杯，那我想我会的！"

在这两节，我们知道，弗拉德，一位老人于一个满月的夜晚，独自一人在山路上攀行，他是向山上自己的居所，一个适宜隐士居住的小屋走去的。小屋简陋，其中只有一些老人平时生活的必需用品。从第一节的开首几行，我们的眼前便浮现出一个贫苦、凄清、寂寞、孤独的老人形象。在山道中途，老人停了下来，说起话来。从他的话语中，我们可以看出，弗拉德先生对着天空皎洁的明月，在这个夜晚他颇有些兴致。满月时分，月儿浑圆晶亮，大地笼罩在一片融融的月色之中，山上的一切都好像被如乳似的月光洗了一遍一样。良辰美景难得，美好的时光易逝，也不会常有。此时，老人想起了 12 世纪波斯著名的数学家、天文学家兼诗人俄默·伽亚姆（Omar Khayyam）所创作的《鲁拜集》（*Rubaiyat*）第七首中的一句话：鸟儿展翅飞翔（The bird is on wing）。整首诗如下：

Come, fill the cup, and in the fire of Spring

Your Winter-garment of Repentance fling:

The Bird of Time has but a little way

To flutter—and the Bird is on the Wing.

来吧，斟满酒杯，面对这热烈的春阳，

脱去你忏悔的冬日衣裳。

时光之鸟是不会飞多远的，

鸟儿现正展翅飞翔。

从这首诗中，我们可以看出，诗人在春天热烈、温煦的阳光下，情绪高涨，他请对方斟满酒杯，彼此可以把酒言欢，畅饮一场。他劝对方要去除思想上的包袱，不去想象严冬的冷酷，忘却心灵的忧伤和悔恨。佳期不长，好景难再，趁此良时应放纵怀抱，豪饮高歌。鸟儿正在飞翔。这最后一句强调了自由的可贵、美好，这也是整首小诗的主题。在这良辰美景中，人的思想应是自由的，人的心灵应不受任何清规戒律的羁绊、囿限。诗的意境与弗拉德先生在山道上看到满月的美丽而产生愉悦、兴奋的情感，以致要对月把盏，尽情痛饮颇为相符。弗拉德先生为飞翔的鸟儿而放饮，也是为自由，心灵精神的自由而放饮。

在第三节，他孤单寂寥地站在山路中间，就像一名勇敢的战士独自站在那儿一样，似要坚持到最后，即使希望已近破灭，全身已筋疲力尽。他此时就像罗兰的鬼魂一样在死前吹响了微弱的号角，企求得到援救。罗兰是法国中世纪英雄史诗《罗兰之歌》（*Chanson de Roland*）中查理大帝的外甥罗兰。因受叛徒出卖，他在回师途中，遭到敌人伏击，他率领全军与敌人展开了英勇的搏斗，直至战斗到生命的最后一刻。罗兰在牺牲前吹响了微弱的求救号，但终因为时太晚，最后还是血洒疆场，悲壮地献出了生命。诗人在这里将弗拉德先生比作罗兰，从中我们可以看出弗拉德先生与美国当时的社会现实之间是存在着严重的对立关系的，弗拉德躲避在深山老林之中，不是害怕现实，单纯地回避社会，他是深深地憎恶现实社会，并与之进行了长期的、艰苦的斗争，最后终因敌不过强大的现实环境而不得已隐身高山小屋。他与罗兰一样都是失败者，但他不甘心失败，仍有强烈的生的希望。

弗拉德想起，在山脚下的城镇里，在绿树丛中，他那些往日的朋友曾聚在一起向他恭贺，说了不少赞美性的话语，而现在只有一个孤单的幽灵向这位受到过他们赞美，但却已倒在了战场上的死者表示敬意，幽灵那细微纤弱的声音在老埃本的耳畔响起，直至他满眼昏花。

在第四节，过了一会儿，弗拉德就像一个母亲对待自己睡着了的孩子那样，将他轻轻地放下，小心翼翼，呵护备至，唯恐他会随时醒来，他将酒壶慢慢地放在了自己的脚旁，手臂微微颤抖，十分小心谨慎，因为他知道，很多东西稍有不慎就会被碰个粉碎。只是当他确信，酒壶牢牢地放在了地上，不会倒下碎掉，他才踱步走开。这里，弗拉德联想到了人的生命，酒壶能坚实地挺立在那儿，但人的生命却不能，人的一生是不确定的，有时候能灿如朝阳，光芒耀眼，有时却又如沉沉黑夜，永难出现黎明的曙光。他伸出了手，又停下了脚步，然后又自言自语地说了起来。

在第五节，老埃本说道："噢，弗拉德先生，我们已有很久没有像现在这个样子聚在一起了。从上次，我们在一起喝了一盅时起，我恐怕，我们都发生了很多的变化。欢迎你回家！"弗拉德恢复了往日曾有的欢乐愉快的情绪，他又一次举起酒壶，对着皦皦明月，点头默许，以一种颤抖的声音说道："好的，弗拉德先生，你如此坚持要喝两盅，那我就奉陪吧！"

埃本·弗拉德长期一人过着隐士般的生活，人生寂寞，但他内心渴望着能与朋友相聚，渴望着能与友人在一起畅叙、饮酒。他常常对月饮酒、自言自语，对自己心目中的另一个自我诉说情事，在隔了一段时间之后，他就盼望着能与朋友在一起聚会、交谈，这都说明弗拉德先生并不满意自己目前的独居、孤寂的生活。他以倾觞自饮，以不断地与心灵中的另一个自我的对话交流来排遣心灵的寂寞、郁结。每当此时，他会心情欢愉。从这里，我们可以推知，弗拉德的孤独应是客观环境、美国当时的社会现实逼迫所致。

在第六节，承续第五节弗拉德颤抖的声音："弗拉德先生，为了老朋友，我只能喝一点儿。先生，我不能再喝了，就到此为止吧！"当然，为了现在老朋友的聚会，显然只能如此，很明显，埃本也是这样认为的。不一会儿，在夜晚银色的月光里，弗拉德独自一人抬高声音，唱了起来，虽然只有两个月亮在倾听，但他唱得非常自信，不久，整片洒满了温柔、洁白月色的山峦都回荡起了埃本的歌声。

这里，两个月亮是一种天文上的"月晕"现象，即当月光透过高而薄的云层时，受其中的冰晶的折射而形成的两道彩色的光图，内红外紫。月晕无疑是美丽的，那光环朦胧飘忽，给人以一种神秘的仙境般的美感。一个人在喝了点酒后，看到这样的月色，无疑心情会喜悦兴奋备至。但月晕虽美，却有一种不祥的预示，即它预示着风暴的来临。

在第七节，埃本·弗拉德唱起了由苏格兰诗人罗伯特·彭斯（Robert Burns，1759—1796）创作，后经作曲家谱了曲的《友谊地久天长》。他唱得喉头疲乏，一曲终了，直到最后一个音颤抖地发完，整个这首歌才全部唱完。他遗憾地又一次举起酒壶，想再喝点儿，但与之对话的心灵的另一个自我已说过不再喝了，他于是便摇了摇头，又一次孤单地呆坐在那儿。他预感到，往后的日子里，已不会再有多少这样欢乐的聚会了，而在山下的镇子里，也不会有什么让他感到饶有趣味、非常有意义或很高兴的事情了。在镇子里，很多朋友很久以前为他打开的许多大门，现在可能被生人都关上了。

一个人与自己想象中的另一个自我对话、饮酒，其实还是自己一人在独白、自饮，这本来就是够凄凉、冷寂的了，但就是这样一种对老埃本来说所谓的佳期良辰以后却不会再有很多了，这里诗人对老埃本内心的孤独、凄楚、感伤的描绘、刻画可谓达到了极致！山上、山下都不会有什么、有多少能让老埃本感到欢乐的事情或东西。以前的老朋友能为他热情地敞开大门，但物是人非，斗转星移，现在满眼都是生疏的面孔、冷漠的神情，那些大门都已冷冰冰地关上了。他已没有一个朋友了。

二、主题思想讨论

罗宾逊在《弗拉德先生的酒会》中为我们刻画了一位年老独居、隐身深山的小镇人物形象。这是一位十分孤独、失意、悲怆的人物，读后，让人倍感怜悯、哀戚，其凄凉的境遇让人唏嘘不已、感慨颇多。弗拉德先生让我们中国读者想起了中国古代的一些著名的隐士，如春秋末期的范蠡、东晋末期南朝宋初的陶渊明、唐朝的竹溪六逸（孔巢父、韩准、裴政、张叔明、陶沔、李白）等。这些隐士大都有着经天纬地之才，博古通今，但生性放达，蔑视礼法，与现实的政治集团持不合作的态度。他们从黑暗腐败的官场中退出，隐居山林草泽，纵酒高歌，啸傲旷野，擎觞邀月，种豆南山，沐浴骀荡清风，诗思汩汩奔涌。弗拉德先生与他们在生活遭际、情操品性、志趣爱好、人生观念等方面有着很多的相似之处。特别是诗中屡次提到他举壶对月，兴致高涨，高歌一曲等使我们很容易想起我国唐朝著名的诗人，竹溪六逸中的一名隐士李白。李白曾写过"花间一壶酒，独酌无相亲。举杯邀明月，对影成三人。月既不解饮，影徒随我身。"等千古名句。李白的这首诗也反映了当时诗人内心的孤寂悲愤。国家民不聊生，边疆狼烟四起，而统治者一味地沉湎于花天酒地般的糜烂生活，李白为此而忧心如焚，他很有入仕安民的雄心壮志，但他的才情、品性在当时得不到统治者的赏识，因此，他报国无门，常常借酒浇愁，然而借酒浇愁愁更愁，于是只好邀月对酌，可见"月既不解饮。影徒随我身"，月亮不懂饮酒之乐，只是徒然地让月影伴随着我。读完《弗拉德先生的酒会》，我觉得，弗拉德先生是我国唐朝诗人李白的最佳知音，他们对社会、人生的态度，对饮酒的趣味和认知应是极为相似的，尽管他们生活于不同的民族、国度，不同的时代。

那么，诗中的主人公弗拉德先生生活的时代具有什么样的特点呢？是什么样的社会现实、政治文化环境导致弗拉德先生会有那样孤独、悲戚心态呢？下面我们来认识一下。

从 1900 年开始，美国进入了进步主义时代，美国政府对各行各业进行了广泛而深入的政治改革，但这一改革到 1917 年不得不因参加第一次世界大战而被迫停止。改革是符合国家发展需要的，也是符合大多数美国人民意愿的，因为进步主义改革主要致力于铲除美国政治体制上一些不合理的、腐败性的问题和弊端，在最大程度上消除自美国内战结束以来所形成的越来越严重的贫富两极分化的问题。但因腐败、贫富两极分化问题年深日久，到 1917 年时，这些问题虽已得到缓解，社会矛盾得到一定程度的缓和，但并没有得到根本上的解决。从 1917 年到本诗发表的 1920 年，美国社会各方面的问题仍很突出，各种矛盾变得越来越尖锐。

因 1917 年，美国为了捍卫自己国家的利益，保卫和平，参加了一战，这使绝大多数原本生活在美国南部的非洲裔美国人因受北部城市经济快速发展的吸引，而离开生活条件艰苦的南部，迁往北部，由此在伊利诺伊州东圣路易斯工业城引起了激烈的种族骚乱，骚乱导致 "39 名非洲裔美国人死亡，6000 人流离失所"。[1] 这一骚乱还引发了万人无声抗议大游行。另外，一战导致了三十几万美国人伤亡，1918 年和 1919 年的全球流感（influenza）又 "夺去了50 万名美国人的生命"。[2] 从 1919 年，美国军人开始从欧洲战场返回，但回国后却面临着就业的严重问题，到 1920 年，未就业的复员军人达到 5% 以上，1921 年时，上升至近 12%。1913 年至 1919 年期间，物价上涨幅度较大，通货膨胀引发了劳工骚乱。1919 年，西雅图城市工会举行总罢工，同时波士顿警察、钢铁公司工人也举行了罢工。到 1920 年时，有 "18 名工人被杀害"[3]，工会也被迫解散。1919 年，一些无政府主义者通过寄炸弹，并引爆建筑物和人，在全国制造针对反政府阴谋的恐惧。1919 年美国的种族骚乱变得尤为严峻，一些黑人士兵在欧洲战场能受到人们的礼遇，但回国后，有些仍然穿着军装的黑人士兵却被南部的暴徒处以私刑。在这一年，全国有几十处地方爆发了种族骚乱，几十名黑人和白人死亡，很多黑人的房屋被焚毁。1919 年也是私刑狂妄放肆、新三 K 党飞扬跋扈的年代。到 1920 年，美国经济实现了彻底的工业化，汽车工业的飞速发展代表美国人物质生活水平的大幅度提高，美国开始进入了

"爵士时代"和"喧嚣的 20 世纪的第二个十年"。但 20 世纪的第二个十年，美国人仍然奉行实利主义、物质主义，一切以金钱为重中之重，很多人热衷于经商做生意，唯利是图。他们心胸狭窄、虚伪自负，迂腐做作。富人们生活铺张奢华、追名逐利，整日灯红酒绿、骄奢淫逸、香车宝马、嫖妓宿娼。那时，美国人的从众心理特别强烈，很多人乐于追逐时尚。虽然政府颁布了禁酒令，但许多人沉醉于酗酒、抽烟、取乐，不愿意接受清教思想的任何束缚。青年人喜欢穿奇装异服，如男大学生常身裹时髦的貂皮外套，而他的女伴则以短发和超短裙的形象出现于公众的视野当中。男女青年都喜欢光临爵士舞会，狂热地跳舞，尽情地放纵自己。女青年时兴染黑发，涂口红，穿不系鞋带、能发出啪啦啪啦响的橡胶套鞋，而被人们冠之以"啪啦女郎"。20 世纪的第二个十年，成年女性在婚前约有一半都曾有过性行为。

从 1917 年到 1920 年，对美国青年知识分子和作家产生最严重影响的当数第一次世界大战。战争前，很多青年抱着保卫和平、保卫家乡的美好愿望而投笔从戎，但战争给人类世界带来的毁灭性影响是巨大的，这一影响不仅表现在生命的消亡、建筑物的被摧毁上，它还表现在对一些生者的心灵所造成的巨大创伤上。战争的幸存者看到无数与他们一同出国参战，一同厮杀疆场的战友们永远地长眠于异国他乡的土地上，其心灵所受到的震撼是无法用语言来形容的，参战的那股豪情浪漫在战后荡然无存。在他们回国后，他们又面临难以找到合适的工作岗位问题，因他们以往的岗位已被他人所占据，又因社会上有不少人对他们这些曾服过兵役的人士存有强烈的偏见，认为他们是"问题孩子"（problem children），不愿聘用他们，这样，这批青年人，包括不少青年知识分子、作家等对美国的现实社会产生了极度的愤世嫉俗之感，他们不再接受美国中产阶级那种虚伪的维多利亚式温文尔雅的礼貌举止和那种浸润着传统文化汁液的道德规范，对人生、世界、社会产生了深深的失望。他们以一种波希米亚式（Bohemian）狂放不羁的生活方式纵情恣意，疯狂地寻求性行为、酗酒、吸毒等感官刺激来摧毁美国社会传统的价值观。在这批青年人中，有一些知识分子和作家因对美国的现实社会的极度失望而最终凄然地离开了祖国，他们移居到巴黎或其他的欧洲城市，他们希图在海外寻求生活的真谛，找寻济世安邦的良策佳方，这些人后来被称为"迷惘的一代"（the Lost Generation），成为一战后在思想认识、行为表现方面都很有代表性的一代年轻人。

罗宾逊《弗拉德先生的酒会》中所刻画的弗拉德虽已上了年纪，但从年龄上来说，可能要比上述"迷惘的一代"人要大些，但在人生观、价值观、道德观等方面应与他们同声相应、同气相求。这些"迷惘的一代"人虽身处喧嚣嘈杂的爵士时代，但他们心灵则异常地孤独、寂寞，物质生活的五光十色、歌舞晚会的精妙绝伦并不能给他们带来真正的快乐，一战的创伤尚未愈合，眼前的喧哗纷乱又使伤痕加剧，心灵的苦痛、感情的折磨、精神的失落和疲乏使他们在美国当时热闹非凡、酒香四溢、歌舞喧天的现实社会中成了十足的异化了的人。有些如海明威等为了找寻失落的自我，发现生活的真理及救国安民的良策而漂泊海外，有的未步其后尘的，如弗拉德则会像我国古代的一些隐士一样忍受着孤独的打击，不得已而到山林草莽中去寻求慰藉，找寻心灵的平衡点。现实世界的纷纭复杂，那么多与传统的文化价值观不相符合、所谓时髦的风俗习气让他难以接受，他在这样的现实社会中似无立足之地，美国虽大，却没有弗拉德的一席之地，美国人虽多，但他们都已向他关上了大门，他无交流沟通之人，无朋友在一起把酒畅叙。他唯一的栖居之所只能是高山上那座简陋的小屋，小屋是他的安身立命之所，也是他躲避尘世喧哗的心灵之家。

我国宋朝著名的词人苏东坡曾创作过一首《卜算子·黄州定慧院寓居作》，该首词中所体现的词人的孤独感与弗拉德先生的孤独感十分相像。该词是这样写的："缺月挂疏桐，漏断人初静。谁见幽人独往来，缥缈孤鸿影。惊起却回头，有恨无人省。拣尽寒枝不肯栖，寂寞沙洲冷。"夜深人静时分，词人见残月挂在稀疏的梧桐树上。谁能见幽居的人独自地来来往往，就像那离群的孤雁缥缥缈缈，单独飞行的身影一样。突然，词人见到那雁似受到了惊吓，频频地回首顾盼，它内心似有着无限的怨恨，但无人能理解。那孤雁在寒冷的枝丫间往复挑拣，寻找落脚之处，但终不肯栖身于枝，最后只好在寒冷的沙洲上，寂然地立了下来。在这首词中，词人托物喻义，以孤雁的寂寞、凄苦、清冷来寄喻自己受贬黄州，内心忧愤哀怨、孤寂愁闷的怀抱，同时它也曲折地传达了他清高自洁、鄙俗蔑世的心境。词人以凄清的大雁来隐喻自己的情操、心态，将自己不与世俗同流合污、孤高清雅的精神品格十分形象生动地再现了出来。词人的这一形象与弗拉德的形象非常地接近。虽然弗拉德没有被贬，但他对社会现实、世风尚趣的鄙视和厌憎与苏东坡当时的心境情感是如出一辙的。苏东坡寓居贬谪之所黄州，词中的大雁栖居冷风刺骨的沙洲，弗拉德被迫隐居于高山小屋，他们都是为现实环境所迫、情势的威逼而不得已栖居于这些住所。他们情感上的苦痛、精神上的压抑、心灵上的孤寂都是一样的。

苏东坡和弗拉德的孤独都是美丽的，因为他们不愿融于浑浊的时事，甘愿清贫、孤寂一生，宁可忍受精神上的巨大折磨，也不愿苟活于浮世繁华。弗拉德虽然隐退于美国的现实生活，但他思想上并没有隐退，他对人生仍抱有积极的认识，对自由有着热切的向往。在月色皎洁之夜，他邀请心灵的另一个自我，对月饮酒，并希望自己能像天空的鸟儿那样展开美丽的羽翎，自由地飞翔。现实是沉重的、令人压抑和失望的，不少人忙于金钱、物资利益的追逐，不少人甘愿做时尚、新潮的奴隶，他们的心灵没有开阔、明朗、纯净的天空，他们的人生表面上看去风光万里、热闹无疆，但实际上空虚而乏味，缺乏理智、情感的光芒，没有自由的光明照耀。弗拉德不愿成为他们这样的人，他愿像鸟儿那样，翱翔于广袤的太空，摆脱现实人生的一切桎梏，不受社会生活中一切名利的诱惑，追寻一种惬意美好、自在恬适的生活。

弗拉德在与现实环境的抗争中，应该说失败了，他被迫隐居深山，但他内心不甘心失败，对生活仍抱有热烈的希望。他将自己比作罗兰，罗兰在经过与敌人的顽强搏斗后，临终前吹响了求救的号角，希望能得到别人的救助。可见，罗兰是个悲剧英雄。从诗的字里行间，我们可以得知，弗拉德认为自己是罗兰那样的人，他虽隐身自退，但他并不消沉，他在期盼着，期盼着有朝一日能走出大山，重返社会。罗兰最后牺牲了，弗拉德知道，某一天他也会死去，但会有人向他致意，对他表示崇敬，就像以往的朋友对他表示赞美一样，有这一点，他也就感到知足了，这说明，他的一生不是毫无意义的一生，他与险恶环境的抗争是得到了他人的肯定的。

弗拉德是孤独的，但他的内心则强烈地渴求友谊，渴求与他人沟通，他常常对月把盏、自言自语，把酒壶看作母亲所疼爱的婴儿，这都说明，弗拉德珍视、渴望友谊。他喜欢朋友间的聚会，渴望与朋友在一起畅谈饮酒，然而现实过于冷酷，人情的冷暖、世态的炎凉使弗拉德美好的、却是很简单的理想都不能实现。他喜欢优美的月色，那月色让他想起人间美好的东西，如友谊。从这里，我们可以看出，弗拉德虽是个隐逸之人，但他的内心却时时激荡着青春的热血，他在期冀美国的社会会向着阳光的梦想迈进。但他也知道，现实是十分残酷的，也是非常不确定的，他预感未来似无多大的盼头，镇子上的人们对他的冷淡、漠然更增添了他对现实的悲凉、失望之感。弗拉德内心的渴望、期冀、自信、向往以及他的失落、悲悯、感伤都是对美国 20 世纪最初二十年的社会现实强有力的批判和鞭挞。是社会环境造就了弗拉德这样的人，是 20 世纪最初二十年的美国社会酿成了弗拉德的悲剧。弗拉德内心的痛苦、心灵的挣扎是 20 世纪最初二十年美国社会绝大多数人，尤其是一些青年知识分子和作家精神、情感的典型象征。

三、艺术特征分析

该诗在艺术特征方面最引人瞩目的当数意识流技巧的成功使用。在美国文学史上最早用意识流方法来创作诗歌的诗人是托马斯·斯特恩那斯·爱略特（Thomas Stearns Eliot，1888—1965），他于 1915 年创作了一首享誉全球的意识流长诗《杰·阿尔弗雷德·普鲁弗洛克的情歌》（*The Love Song of J. Alfred Prufrock*）。罗宾逊在这首《弗拉德先生的酒会》一诗中也巧妙地使用了意识流。所谓"意识流"，即人的意识在不停地流动之意。"意识"是人的大脑对外部社会、客观物质世界的一种反映，它汇集了人的感觉、知觉、思维等各种各样的心理变化的过程。"意识流"由美国著名的心理学家威廉·詹姆斯（William James，1842—1910）于 1884 年在其论文《论述内省心理学所忽略的几个问题》中首度使用，到后来被作家们广泛地应用于文艺创作之中。在现代英美文学中，意识流主要使用于长篇小说的创作中，在像乔伊斯（James Joyce，1882—1941）的《尤利西斯》（*Ulysses*，1922）、伍尔夫（Virginia Woolf，1882—1941）的《达罗卫夫人》（*Mrs. Dalloway*，1925）和福克纳（William Faulkner，1897—1962）的《喧嚣与骚动》（*The Sound and the Fury*，1929）中，意识流成了"小说内容的组成部分或重要组成部分"。[4] 爱略特首度将意识流技巧移用到长诗创作中，在《杰·阿尔弗雷德·普鲁弗洛克的情歌》中，他以忠实、流畅、优美的笔触记录了普鲁弗洛克在去往学术沙龙途中及在学术沙龙内对自己所看到、听到、接触到的人事物在意识中的反应及意识的流动、变化、发展过程。爱略特对普鲁弗洛克意识流的详细描述深刻地揭示了一战对西方人心理、精神上的沉重打击，暴露了一战中西方人道德沦丧、精神颓废的状况，即西方文化腐朽、蜕化、堕落的悲惨景观。罗宾逊在《弗拉德的酒会》中其实也给我们描绘了一战（主要是一战，当然还包括其他一些社会历史因素）给人心灵上带来的沉重打击。两首诗在主题思想上存在着共同之处，都着眼于人的心理对外部世界，尤其是一些灾难性事件的反应，这反应从表面上看去却都是消极的，但在消极之中又包含着积极正面的因素。总的来说，普鲁弗洛克和弗拉德都是十分可怜、凄惨的悲剧人物，他们都十分憎恶、鄙薄他们所生活的美国 20 世纪最初二十年的社会现实，普鲁弗洛克在艺术沙龙里被上流社会里的人冷眼相看，被那些浑身珠光宝气的美女所戏谑，而弗拉德在山下的镇子里，被人们所漠视、隔绝，那些镇子上的人一个个都对他关上了大门。但在他们的内心深处却都潜藏着一股强烈的改造社会、振兴文化、融洽人际关系，让人与人之间能真诚地交流沟通的愿望。他们都不愿沉沦下去，想振作起来，改变目前社会所面临的混乱无序、颓废衰败的状况。普鲁弗洛克很想登高一呼，砸烂那个丑恶腐朽的社会世道，重建政治、文化秩序，让美国、欧洲能迎来一个崭新的黎明，弗拉德想像罗兰那样同敌人进行英勇顽强的斗争，直至生命的最后时刻，他热烈地期盼着自由，期盼着友谊和幸福。在他们两个人物的血管里，都流淌着英雄的血，虽然他们表面上看去都是个失败者，都是"反英雄"（anti-hero）的角色。他们的失败、悲剧都是社会环境所导致的必然命运。

在揭示普鲁弗洛克和弗拉德对一战中和战后社会世界的消极反应中，两位诗人的侧重点是不一样的。爱略特侧重于普鲁弗洛克内心所承受的压抑和满腔的愤懑之情，而罗宾逊则主要侧重于弗拉德内心的孤独和寂寞。主人公复杂的心理感受都是通过其意识的流动而巧妙、细腻、真实地刻画再现出来的。

这两个人物的意识流都是通过内心独白、自由联想技巧的有效使用而得以实现的，这也是文艺作品中意识流创作所经常使用的方法。没有内心独白和自由联想的成功而细致的描写，读者不会了解人物的意识流动过程、变化发展内容。

内心独白是一种心理语言，它由一人所独立使用，一般表现为沉默无语，也就是说它是一种没有声音的语言意识。在爱略特的《杰·阿尔弗雷德·普鲁弗洛克的情歌》中，普鲁弗洛克的内心独白就属于这种类型。诗人通过主人公的内心独白将其复杂的情感、愿望、欲求、推断、猜想、想象、回忆、印象和幻觉等客观真实、细致坦率地和盘托出，使读者能看到一个性格丰满、思想具体、富有立体感的人物形象。《弗拉德先生的酒会》中弗拉德的内心独白从本质上来说同普鲁弗洛克的内心独白也一样，但在表现形式上有差异。弗拉德的内心独白是通过自己与心灵中的另一个自己（即弗拉德想象出的另一个弗拉德）对话实现的，因此弗拉德的内心独白在表现形式上是对话，是他自己与想象出的另一个自己在对话，这样的对话是有声的，而不是无声无息的。弗拉德的内心独白中不但有说，而且还有唱。他是唱给他的另一个自己听。

自由联想在意识流创作中也是非常重要的，这是因为在意识流中人的意识像小河流水一样从一个片段流向另一个片段，这时意识就不能总是停留在一个问题、一个场景、一个人物或一个事物上，它必须受前一阶段物质世界中的客观事物或头脑中客观事物的触发而引起意识流动到下一个阶段的人或事物上。无论是物质世界中的客观事物，还是头脑中所出现的客观事物，它们都会突然打断人物的思路，而引起一些新的思绪、感想的发生，随着这些新的思绪、感想在人的大脑中以一种自由的方式不断地浮现、发生，人物的意识便像奔腾不息的河流一样不断地向前涌动。《弗拉德先生的酒会》中的弗拉德的意识流在很大程度上也是依靠这种自由联想的方式而得以进行的。

下面，我们来分析一下弗拉德意识流的情况。

夜晚，弗拉德先生在爬往自己的住所——高山小屋的路途当中，许是感到有点儿累了，他停了下来。这时，一轮满月镶嵌在辽阔的苍穹上，月色皎洁而美丽，这使弗拉德先生兴致大增，他知道，这样的满月是不会常有的。按照他日常的习惯，每当兴之所至，就会有饮酒尽兴的雅趣。但因弗拉德没有酒伴好友，他一人独居深山，故想象出另一个自己，邀"他"与自己对月放饮。酒入肚肠，难免不暴露一个人的真性情。弗拉德想到了现代人生活的不自由，他此时也应想到了美国政府所屡次颁布的《禁酒令》（*Prohibition*）。他还应想到现代社会中有多少人为了物质利益、生活的重担而辛苦奔走，故他脱口说出了《鲁拜集》中的一句名诗："The bird is on the wing"（鸟儿现正展翅飞翔）。从这句诗中，我们可以看出弗拉德复杂的内心活动，看出他想突破现代生活的羁绊，过一种自由恬适、快意幸福的生活的愿望。在这一部分意识流的发展中，我们看到弗拉德的意识由看到满月而引起对自由的向往，对现代社会中人们生活的压力过重的厌憎。

弗拉德由想到自由的可贵、现代社会的腐败、风气的恶化而导致人们心理压力加大，又进一步想到自己作为美国社会中的一员应对美国社会中所发生的一切有所担当。于是他的意识回到了法国中世纪英雄史诗《罗兰之歌》中所描绘的英雄人物罗兰。这是诗人罗宾逊在诗歌创作中所惯常采用的方法，他因对中世纪文学历史题材的兴趣而经常在诗中穿插使用那时的一些典故来说明现当代生活中所发生的一些事情，以达到借古讽今，借古喻今的目的，这在前一首《米尼弗·契维》的研究中已有论及。弗拉德借对罗兰的回忆和描述隐喻自己要同社会的腐败、世道的黑暗作勇敢的斗争，直至死亡，生命不息，战斗不止，同时他还表达了自己对生的渴望。他虽已年老，忍受着孤独的痛苦，世道又是那么的混乱无常，但他却不想就此消亡，他希望能有人来拯救这个衰微、堕落的世道，这与他在《米尼弗·契维》中所追忆远古时亚瑟王捍卫民族主权，打击侵略，回想那些纵横驰骋疆场的战斗英雄的豪情壮举也是相统一的。弗拉德还深知，他即使在与丑恶社会的斗争中死去，他的行为也会受到人们的肯定和礼赞，他往日的朋友会像以前赞美他一样对他表示尊敬、向他致以应有的敬意。

到这里，弗拉德的意识流可以以下列简图归纳一下：满月→鸟儿飞翔（对自由的渴望；对腐败的憎恶）→想起对月举杯→罗兰的故事（与腐败作斗争；对生的期求）→死亡→追悼、致意。弗拉德想到往日的朋友会纪念他，对他表示敬意，对他的死亡表示哀悼，由此他想到了友谊的可贵，正因为有那些理解他的朋友，他才会有这么真诚的友谊。而他现在的友谊虽然是他意识的想象所致，但这一想象也是十分宝贵而有意义的。他的想象是借助于满月时分把酒邀"友"（即心灵的另一个自我）而产生，故这酒，这酒壶应是他一生的钟爱之物，他对酒及酒壶的感情就同一个母亲对待自己睡眠中的婴儿一样。酒壶放在地上若放不稳，会破碎，由此，弗拉德又联想到现代社会中人的生命。20世纪最初二十年的美国社会，一切都是没有定数的，人的生命就如同风中的杨花，飘移不定。像他在《理查德·科里》中所描述的那样，今天风流倜傥、文雅谦和的社会名流理查德·科里，明天就不堪生活和工作的压力而自取灭亡。人世浮沉、世道变迁、社会沧桑巨变，人间的一切都是在变的。

弗拉德由生命的不确定性，社会的沧丧巨变又想到了他与挚友分别多年，彼此都已发生了很多的变化，偶然相遇，他要与他重聚首、再相会，一起尽兴把盏，畅快一场。于是，他又与自己心灵中的另一个自我——弗拉德先生高兴地饮酒欢宴，对方（其实还是弗拉德自己）也十分激动，以致声音颤抖，答应与其饮宴。毕竟是多年才遇，时光飞逝，世事沧桑，对方欣然应允，但他说，为了彼此间的友谊地久天长，只是稍许来点儿，不会多喝。这正合弗拉德的心愿，于是他一边喝酒，一边唱了起来。当月晕现象出现的时候，他唱得自信起来，风景的优美绝伦，月色的绚烂多彩，天地山川一片光亮如昼，使弗拉德觉得人间是一派温柔和谐的气象。当深深地沉浸在歌曲那隽永温暖、婉转悠扬的意境中时，弗拉德感到异常的兴奋，他需要友谊，他觉得整个世界都需要友谊，人类需要相互间的温抚、关爱。但当歌曲唱完，弗拉德才知道这一切都是幻象，现实生活是冰冷的，这里并没有什么友谊、温暖、同情和关爱。刚才的一切都是虚幻。于是，他非常遗憾地又一次举起了酒壶，这一次他没有饮，他摇了下头，又一次地像本诗刚开头时那样寂然一身。弗拉德的意识完全回归到自身，他预感到，前方，即以后的人生之路已没有什么盼头，而山下的镇子里也没有什么可值得他留恋、想往的人和事了，因为很多人都已向他关上了门。

到这里，弗拉德的意识已走完了全程，本文下面将这后一部分意识流的全部内容，即从"追悼、致意"开始直至诗的末尾，以简图形式归纳一下：追悼、致意→轻轻慢慢地安放酒壶（友谊的可贵；酒壶宛若母亲的婴儿）→酒壶放稳，不致倒地破碎→感觉人生命的不确定性→偶遇多年未曾谋面的朋友→很多变化→饮酒时高兴→兴奋（声音颤抖）→友谊的宝贵→异常的兴奋（风景优美；歌唱《友谊地久天长》）→觉天地和谐→遗憾（唱毕，回归现实自我）→孤寂→预感（凄凉、悲哀）。

从上面对弗拉德意识流全部内容的分析，我们可以看到，他的意识从一个片段流向另一个片段，有时虽有很大的跳跃性，但深入地研究一下诗歌的内容意蕴、内涵要旨，我们发现，片段与片段之间是存在着内在的逻辑联系的，不论跳跃性大还是小，片段与片段之间的内在联系都是非常紧密的。每一个片段的意识流产生都是由上一片段意识流内容、情感的触发而自然引起的。通过这很多琐碎、飘浮、独立的意识片段的串联，一个丰富生动、具体细致、复杂深邃的弗拉德的心理世界图景十分完好地呈现在读者面前。意识流的成功创作，人物意识活动惟妙惟肖的描绘，各种微妙的心理活动的精细描写，变化多端的心绪念想的刻画让我们看到了一个栩栩如生、丰满实在的人物形象。意识流的创作技巧确实为文艺作品中的人物刻画提供了一种十分真实有效的方法，在小说创作中，这种技巧展现了其独特的艺术魅力，在诗歌创作中，从爱略特和罗宾逊两位诗人对之的精彩、聪慧的应用中，我们又一次地领略到了它那种卓尔不群、华彩四射的艺术光芒。

该诗描写了弗拉德先生于一个静谧安宁的月夜，拿着一壶酒，独自一人向山上小屋——他的家爬去，在半山腰，他停了下来，看到迷人的月色，他邀请自己想象出来的另一个自我开了个酒会。在该首诗中，诗人在人物形象的刻画上，除了成功地使用意识流创作技巧而使弗拉德形象变得生动形象、丰满立体外，还在以下几个方面也取得了突出的成就。

罗宾逊在诗中对人物动作的描写十分细腻逼真，通过一个个细小的动作的精心描绘，诗人将主人公的性格特点、复杂的心理感受和情感变化等十分生动地再现了出来。如在第一节，诗人在写到弗拉德于半山腰停下来时，他用"paused warily"（小心翼翼地停了下来）一语。这里"warily"一词能让我们想到他的年龄和心态。他此时已年老，处事谨慎，做事缓慢。还在第一节，弗拉德在邀请他所想象出来的另一个自我饮酒时，诗人用"said aloud"（大声、朗声地说出）一语。弗拉德因看到满月时分，大地一片光明，因而心情十分愉快，竟大声地说出他的想法。在第二节，弗拉德的另一个自我在答复弗拉德的邀请时，用"answered huskily"（以嘶哑的嗓音回答道）。这里，诗人用"huskily"一词很能反映弗拉德心理变化的过程及准备饮酒时的心态。

弗拉德由想到了鸟儿飞翔蓝天的自由而想到了自己及美国社会里的其他人不自由，进而对社会现实产生憎恶之感，对自己的身世和命运的凄凉而倍感哀戚，故他的声音变得嘶哑起来。一开始他看到月色皎皎，心情高兴，声音朗朗，但经历了上述的心理变化，他的声音开始嘶哑。

在第四节，弗拉德先生在安放酒壶时，诗人用了"set the jug down slowly at his feet"（将酒壶慢慢地放在自己的脚旁）和"with trembling care"（颤抖着双手，小心翼翼地）。这里，诗人选用"slowly""at his feet"及"trembling"等词，十分准确传神地揭示出弗拉德细微的心理状态。酒壶是他终生所不能离弃之物，有了酒壶，才会有友谊，才会有他所感兴趣的朋友聚会，才会有情感的合理宣泄，故弗拉德先生在安放酒壶时，会以百倍的小心爱护他。

在第五节，当弗拉德再次举杯对月，邀请心灵中的另一个自我饮宴时，他的另一个自我进行了答复。诗人写道："And with an acquiescent quaver said"（他默许了，然后以一种颤抖的声音说道）。这里，诗人用"quaver"一词，反映出弗拉德对友谊的极其珍视，老朋友分别多年，人世沧桑，彼此不知道经历了多少的风风雨雨，现在意外相逢，这能不让弗拉德先生感到兴奋吗？分别时，彼此都正值青春年华，而现在双方皆已双鬓染霜，老之已至，时光荏苒、岁月如梭，任何一位当事人都会感慨万千。这里的"quaver"一词对弗拉德先生心理状态的反映和揭示是十分恰如其分、传神达意的。

在第七节，诗人在描写弗拉德即将唱完歌曲时，写道："The last word wavered"（最后一个词语颤抖地唱出）。诗人这里选用的"wavered"一词，反映出其对友谊的极其热爱、珍惜，同时又因冷酷、严峻、唯利是图的社会现实使得人与人之间的友谊荡然无存而致其心灵倍感痛苦、哀伤。《友谊地久天长》能给他以很多美好的回忆，让他想起昔日的朋友们在一起欢聚，在一起徜徉于高山、荡桨于碧波之上的愉快情景，他在吟唱时会沉浸在歌曲所描绘、他自己在往昔也曾有过的幸福的场景之中，但当歌曲即将结束，他要面对现实的冰冷、自私、无情时，他的声音会变得颤抖起来。

以上这些动作描写用墨十分简洁、精炼，有时只用一个词语就能将主人公复杂、微妙、精细的心理情感十分形象、深刻地揭示出来。用语少而精，简而深，这符合诗歌创作的特点，因诗要受格律、篇幅的限制，诗人不好大肆地铺陈泼墨，所以一般诗人，尤其是杰出高明的诗人都会在词语锤炼上很下功夫，以极其简约的遣词用语来反映、表达丰富、深邃、细致的思想内容，让读者从一片树叶的飘零而知秋的到来，从一粒嫩芽的破蕾而知春之降临人间。诗在遣词方面的特点其实对散文、短篇小说、长篇小说的创作也是颇有借鉴意义的，虽然这些文学体裁在用词方面可以慷慨豪爽、恣意挥洒，但对文学创作而言，简洁精炼、恰当巧妙不论在何种场合都永远是一种值得人们肯定、赞美、孜孜以求的美学风格。

像在《米尼弗·契维》中一样，诗人在该首诗中也采用了借古喻今的创作方法。诗人在第三节中将弗拉德的思绪拉回到中世纪的英雄罗兰身上。诗人描写了罗兰同敌人进行英勇斗争，虽然希望非常渺茫，身体疲劳过度，但仍于路的中间同敌人进行战斗。罗兰即使在生命垂危时刻，仍对生怀抱着强烈的希望，他吹响了求援的号角。罗兰无疑是隐喻诗人自己。诗人同腐恶、浑浊、险象环生的社会现实作勇猛不懈的斗争，身心倍感疲倦，精神上忍受着孤寂、失落的痛苦，但他仍渴望着自由美好的生活。诗人这一借古喻今的创作方法用得十分恰当。

诗人在诗中还使用了象征。如在第二节中，诗人用的"bird"一词就是个很好、很确切的象征。"bird"象征着"自由""诗人对自由的渴望"。在第四节中，诗人用的"jug"也是个很好的象征，它象征着诗人的心爱之物，进一步引申为"诗人对友谊的珍视、喜爱"。在第四节，"most things break"（很多东西都会破碎）象征着美国现代社会之混乱，整个社会无统一、和谐的局面，是个喧嚣嘈杂、传统价值观都已解体了的社会。在第七节，有"Where strangers would have shut the many doors That many friends had opened long ago."两句诗行。在这两句诗行中，有"关上了很多门"和"打开了很多门"这两种意思。"关上了很多门"象征着"镇子上很多人都视弗拉德为陌生人，他们不愿与他接触、交往、交流"；这里隐喻现代社会人与人之间的关系冷漠、疏远，人与人之间没有关爱、温暖。"打开了很多门"象征着"很多年以前，镇子上的人愿意与弗拉德为友，他与大家的关系和谐相融"。

诗人在写景方面也有独到之处，他不是详细地描写自然风景，而是简单地提及一下具有代表性特征的风物，让人根据自己惯常的思维方式联想到这些自然风物所具有的审美功能、审美功效。看到这些自然风物，读者能迅即联想、理解、摸索出弗拉德在特定的审美情境中的心理状态、情感特点。这些自然风物皆起到景中寓情，情景交融的美学作用。如在第二节，诗人仅用"the harvest moon"（满月）一语，便使我们联想到弗拉德兴致高涨，对月邀友，饮酒欢愉的缘由。在第六节，诗人用"two moons"（月晕）一语，使我们联想到弗拉德信心大增、趣味盎然、高歌一曲、颂赞友谊，并认为山川景物交融和谐的缘由。在这两处的描写中，诗人都将景的简单描绘同弗拉德的情感表达紧密地结合起来，做到以景写情，景中蕴情，情景交融。

罗宾逊在该诗中还成功地使用了一些修辞技巧，如明喻、移就等。请看：

1. 明喻（Simile）

（1）Alone, as if enduring to the end

　　　A valiant armor of scarred hoped outworn,

　　　He stood there in the middle of the road

　　　Like Roland's ghost winding a silent horn.

这几行的意思：一名勇敢的、身着盔甲的战士，全身已精疲力竭，对生和胜利的希望已残破不堪，但他仍然挺立在路的中央，好像要坚持战斗到最后，他就像罗兰的魂灵一样，吹响了求救的号角。在这几句诗行中，诗人用了两个明喻，其明显的标记词为"as if"和"Like"。

（2）Then, as a mother lays her sleeping child

　　　　Down tenderly, fearing it may awake,

这两句诗行的意思是：就像一位母亲温柔地将她熟睡中的婴儿放下，担心他会时刻醒来一样，……这里用的也是明喻，诗人将放置酒壶比喻成母亲安放婴儿。

2. 移就（Transferred Epithet）

在第三节中，"scarred hopes"为移就修辞格，"scarred"为"受了伤的"意思，本用来修饰在战场上负了伤的战士，但这里把该词移来描写与人有关的抽象事物"希望"，说明希望已残破不堪，取得胜利和生的希望已十分熹微。该辞格的使用突出了战争的残酷，生和胜利的希望就如同人的躯体一样在战争中被击得满目疮痍，遍体鳞伤。

3. 共轭搭配（Zeugma）

在第六节中，"the silver loneliness"为共轭搭配修辞格。所谓"共轭"，即类似汉语中的"拈连"修辞格，都是以一个词强行地支配、修饰或搭配两个词，如在"stretch not only the eye but the soul"（不但拓宽眼界而且拓宽心胸）中，"stretch"不仅支配"the eye"，而且还支配"the soul"。"共轭搭配"有两种主要的形式，一种称为"严式拈连"，即既有前提部分，又有后续部分，还有一种称为"宽式拈连"[5]，即前提部分被省略了的拈连。像上面所举的"stretch not only the eye but the soul"即为一种"严式拈连"。"宽式拈连"在英语中用得也非常多，如在德莱赛的《嘉莉妹妹》中，赫斯渥在看了一封信后，作者写道：Hurstwood read his doom. 这里"read his doom"即为一种"宽式拈连"，若改为"严式拈连"，应为"read the letter and his doom"[6]再如，"除夕夜，城市空中璀璨的烟火暖透了所有人的心"，在这句中，"烟火暖人心"也是一种宽式拈连，若改为"严式拈连"，应为"烟火暖透了整个城市和所有人的心"。

"the silver loneliness"亦为一种"宽式拈连"，用"严式拈连"来表达，它应为"the silver light and loneliness"，即银白色的月光和清绝孤高之感。以"silver"直接修饰"loneliness"强调弗拉德的孤独非常的清奇、凄切、高洁，这里实际上暗含着弗拉德的人品非常的干净、高尚，像月色那样洁白。

全诗为八行诗节，共七节，每节均押 abcbdefe 韵式，这是一种传统的英语格律诗中八行诗节的常见韵式。罗宾逊的诗歌格律基本上全部按传统英语格律诗的形式来创作，在艺术形式上并没有进行任何改造创新，这一点，他与弗罗斯特大不一样。弗罗斯特虽也按格律诗的传统来创作，但他能在传统的基础上进行一定的创新，自创一种崭新的格律形式，读起来与常见、经典的格律形式一样朗朗上口、音韵自然流畅。不论是弗罗斯特在传统格律形式基础上的改革、创造，还是罗宾逊对传统格律形式的忠实依循，在现代主义文学蓬勃发展时期，当传统的价值观、传统的艺术形式受到人们的质疑、消解和破坏之际，能不忘初心，坚守传统或始终将传统的原理、方法和形式牢记于心并在此基础上做大幅度的或一定程度的改造创新，都是十分必要，也是十分重要的。因为文学的发展不能离开传统，即使需要突破传统，打破传统文化中一些不利于新生事物发展的东西，传统中一些有价值的、有丰富滋养性的东西也仍然需要保留下来，并加以继承和发扬。该诗语言简洁流畅，诗句句法规范，像他的其他诗歌一样，不用或很少用诗歌创作中所经常使用的省略、倒装等创作技巧。全诗连贯自然、紧密，上下行之间连接紧密，这些特点在诗歌中是十分难得而罕见的。诗虽采用意识流技巧创作而成，但语言形式、格律形式则非常的传统。从这里，我们可以看出，意识流并非一种非理性的创作方法，其语言、格律形式的规范整齐也说明了其意识片段之间的衔接是富有逻辑性、合理性的。罗宾逊这首诗在艺术形式上的这些特点从一个侧面证明了意识流创作方法的科学性。对意识流的创作，不能因其探讨的是人的意识层次的东西就将其斥之为非理性的、唯心主义的。我们应持一种开放公正的态度来看待它，开放公正的态度是文学研究中科学的态度。

全诗流畅、优美的音韵还得益于以下一些辅助性音韵的使用。请看：

1. 头韵，如在第一节，第二行的 between–below、第二行的 the–the、第三行的 the、第四行的 That 和第六行的 The，第二行的 hill、第三行的 hermitage、第四行的 held–he、第五行的 home、第六行的 his，第七行的 having 和第八行的 hear，第一行的 Flood 和第三行的 forsaken，第一行的 night、第四行的 know 和第六行的 not–native–near，第五行的 warily 和第六行的 was–with，第八行的 Tilbury–town；在第二节，第一行的 Well–we、第二行的 we 和第三行的 wing，第一行的 have–harvest、第二行的 have、第四行的 have–here、第六行的 he–had 和第七行的 huskily，第一行的 Mister–moon 和第二行的 may–many–more，第一行的 the、第三行的 The–the–the、第五行的 the–the 和第六行的 The–that，第三行的 bird、第四行的 before 和第五行的 bird，第三行的 says、第四行的 said、第六行的 so 和第八行的 Since，第五行的 to–to 和第六行的 to，第七行的 Well 和第八行的 will；第六行的 far–fill 和第七行的 Flood；在第三节，第二行的 hopes、第三行的 He、第四行的 horn、第五行的 him 和第六行的 him，第二行的 scarred、第三行的 stood、第四行的 silent 和第七行的 salutation，第三行的 there–the、第五行的 the 和第七行的 the，第六行的 friends 和第七行的 phantom，第三行的 road 和第四行的 Roland's，第六行的 days、第七行的 dead 和第八行的 dim，第四行的 winding、第六行的 Where 和第八行的 were；在第四节，第一行的 mother、第二行的 may 和第四行的 most，第一行的 sleeping、第三行的 set–slowly 和第六行的 stood，第一行的 her 和第三行的 He–his，第二行的 Down 和第三行的 down，第四行的 With、第五行的 when 和第八行的 with，第三行的 the、第四行的 that、第五行的 that 和第六行的 the，第三行的 his 和第八行的 his–hand；在第五节，第一行的 Mister–met 和第二行的 many，第一行的 Well–we、第三行的 was、第四行的 We–Welcome、第五行的 with、第七行的 with 第八行的 Well，第一行的 like、第二行的 long、第三行的 last 和第六行的 light，第二行的 time 和第三行的 To，第二行的 come、第五行的 Convivially 和第七行的 quaver，第三行的 To、第四行的 together 和第六行的 to，第八行的 Mister-might；第五行的 returning 和第六行的 raised；在第六节，第二行的 syne-sir、第四行的 so、第五行的 soon-silver、第六行的 sang 和第七行的 secure，第一行的 Mister 和第二行的 more，第一行的 Flood、第二行的 For、第三行的 for 和第五行的 For，第二行的 that、第三行的 the、第五行的 the 和第八行的 the，第五行的 loneliness、第六行的 lifted、第七行的 listening 和第八行的 landscape，第三行的 time、第四行的 too 和第七行的 two，第六行的 he-his 和第八行的 harmonious-whole；在第七节，第一行的 The、第二行的 The-the、第三行的 the、第五行的 There-that、第六行的 there-the、第七行的 the 和第八行的 That，第一行的 weary、第二行的 word-wavered-was、第四行的 was、第五行的 was-was、第六行的 was 和第七行的 would，第一行的 syne 和第二行的 song，第三行的 He、第四行的 his-head、第五行的 him 和第八行的 had，第五行的 much、第七行的 many 和第八行的 many。

2.行内韵，如在第一节，第二行的 the-the，第四行的 as-as；在第二节，第三行的 The-the，第五行的 to-to，第八行的 I-I；在第五节，第六行的 the-the；在第六节，第二行的 For-more；在第七节，第二行的 The-the，第四行的 And-and，第五行的 was-was。

在该首诗中，诗人用了大量的头韵和一些行内韵，这些头韵和行内韵虽属一些辅助性的音韵，但它们在诗的韵美形成过程中起着十分重要的作用，若没有它们，我们在朗读该诗时，是一定会觉得诗的音乐性要减弱了许多。一首诗中，韵式固然非常重要，但也要配以一定的辅助性的音韵，它们会让诗更加得动听，诗的意境、情感也会得到更为完满的表现和抒发。

下面分析一下该诗的节奏。

Mr. Flood's Party

Old Ebén | Flood, ‖ clím | bing alóne | one níght ↓

Λ Ó | ver the híll | betwéen | the tówn | belów ↓

Λ Ánd | the forsá | ken uplánd | Λ hér | mitáge ↓

That héld | as múch | as hé | should é | ver knów ↓

On éarth | agáin | of hóme | , ‖ ∧ páus | ed wá | rilỳ.

The róad | was hís | with nót | a ná | tive néar;

And Ebén | , ‖ ∧ háv | ing léi | sure, ‖ sáid | alóud,

For nó | man élse | in Tí | lbury Tówn | to héar;

 "Well | . ‖ Mís | ter Flóod | , ‖ we háve | the hár | vest móon ↓

Agáin | , ‖ and wé | may nót | have má | ny móre;

The bírd | is ón | the wíng | , ‖ the pó | et sáys,

And yóu | and í | have sáid | it hére | befóre.

Drink tò | the bírd | ." ‖ He ráised | up tó | the líght ↓

The júg | that hé | had góne | so fár | to fíll,

And áns | wered hús | kilỳ | : ‖ "Well, Mís | ter Flóod,

Since yóu | propóse | it, ‖ í | belíeve | I wíll."

Alóne | , ‖ as íf | endú | ring tó | the énd ↓

A vá | liant ár | mor of scárred | hopes outwórn,

He stóod | there ín | the míd | dle óf | the róad ↓

Like Rolánd's | ghost wínd | ing a sí | lent hórn.

Belów | him, ‖ ín | the tówn | amóng | the trées,

Where fríends | of óth | er dáys | had hó | nored hím,

A phán | tom sà | lutá | tion óf | the déad ↓

Rang thín | ly tíll | old Ebén's | eyes were dím.

Then, ‖ ás | a mó | ther láys | her slée | ping chíld ↓

Down tén | derly, ‖ féar | ing ít | may awáke,

He sét | the júg | down slów | ly át | his féet ↓

With trémb | ling care, ‖ knów | ing thát | most things bréak;

And ón | ly whén | assúred | that ón | firm éarth ↓

It stóod, ‖ ás | the uncér | tain líves | of mén ↓

Assúred | ly díd | not, ‖ hé | paced awáy,

And wíth | his hánd | extén | ded páused | agáin:

"Well, ‖ Mís | ter Flóod | , we háve | not mét | like thís ↓

In a lóng | time; ‖ and má | ny a chánge | has cóme ↓

To bóth | of ús | , ‖ I féar | , ‖ since lást | it wás ↓

We hád | a dróp | togé | ther. ‖ Wél | come hóme!"

Conví | viallỳ | retúr | ning wíth | himsélf,

Agáin | he ráised | the júg | up tó | the líght;

And wíth | an àc | quié | scent quá | ver sáid:

"Well, ‖ Mís | ter Flóod | , ‖ if yóu | insíst | , ‖ I míght.

"ón | ly a vé | ry lít | tle, Mís | ter Flóod—

For áuld | lang sýne | . ‖ No móre | , ‖ sir; ‖ thát | will dó."

So, fór | the tíme | , ‖ appá | rentỳ | it díd,

And Ebén | ʌ é | videntlỳ | thought so tóo;

For sóon | amíd | the síl | ver lóne | linèss ↓

Of níght | he líf | ted úp | his vóice | and sáng,

Secúre | , ‖ with ón | ly twó | moons lís | tenìng,

Untíl | the whóle | harmó | nious lánd | scape ráng—

"For áuld | lang sýne." | ‖ The wéa | ry thróat | gave óut,

The lást | word wá | vered, ‖ ánd | the sóng | was dóne.

He ráised | agáin | the júg | regrét | fullỳ ↓

And shóok | his héad, ‖ and wás | agáin | alóne.

There wás | not múch | that wás | ahéad | of hím,

And thére | was nó | thing ìn | the tówn | belów—

Where strán | gers wóuld | have shút | the má | ny dóors

That má | ny fríends | had ó | pened lóng | agó.

　　该诗的基本节奏为抑扬格，大多数诗行的节奏为抑扬格五音步，仅有少数例外，其中个别的为抑扬格六音步，其余的为抑扬格四音步。该诗的节奏变格较多，其中抑抑扬格替代的共有二十七处，单音节替代的共有六处。抑抑扬格替代的出现在以下的一些诗行音步中：在第一节，第一行第一、三音步，第二行第二音步，第三行第二、三音步，第七行第一音步，第八行第四音步；在第三节，第二行第三、四音步，第四行第一、三音步，第八行第三、四音步；在第四节，第二行第二、四音步，第四行第二、四音步，第六行第一、二音步，第七行第四音步；在第五节，第二行第一、二、三音步；在第六节，第一行第二音步，第四行第一、三、四音步。单音节替代出现在以下一些诗行音步中：在第一节，第二行第一音步，第三行第一、四音步，第五行第四音步，第七行第二音步；在第六节，第四行第二音步。

　　该诗总的诗行数为五十六，节奏变格多达三十三处，因此，该诗的节奏变格应是较多的。该诗节奏变格较多是同诗的思想内容、情感意境紧密相关的，因为该诗触及了主人公内心的孤独、寂寞的情感，描写了主人公事业奋斗后的失败，以及他对自由、友谊、幸福生活的热烈向往，并触及了主人公对生命不确定性的担忧。诗中对这些情感因素以及它们的变化都进行了生动而细致的描写。诗对它们的描写是通过主人公的意识流的细致描绘来实现的。诗人通过主人公月下自酌自饮，并同自己所想象出来的另一个自我的对话将其意识流动的途中所经历的一个个阶段、场景以十分细腻的笔墨生动而形象地再现了出来。因是一首意识流诗，诗中所描写的情感及情感的变化又非常复杂，故诗在节奏的编排上就不可能是和谐流畅、自然通达的，这就像溪水在河道中流动一样，若河道通畅无阻，澄溪潺潺流淌、叮咚向前，一切均十分的自然谐顺；但若河道中出现一些浅滩、石块，则流水必然会有时湍急奔腾，有时波平浪静。诗的节奏是由诗的思想感情、内涵意蕴所决定的。

　　节奏变格较多的为诗的第一节、第三节和第四节。之所以这三节节奏变格处要明显地多于其他几节，这也同这三节的思想内容，情感意蕴有关。在第一节，一开首几行就为我们描绘了一位老人于夜晚独自一人往山上已废弃很久的隐居小屋爬行的情景。这几句诗行可以说一开始就揭示出诗的一个关键主题：孤独、凄凉。诗的头三行，节奏变格多达八处。短短的三行诗句，就有八处节奏变格，诗人一开始就将节奏的特点同诗的思想情感紧密地结合起来，以节奏的不断变格传达出诗中主人公那与外界不协调、那不容于外界社会喧嚣嘈杂的孤寂、凄清、落寞的心理状态、情感特征。在节奏的运用上，可以说诗人在一开始就将诗中所蕴藏的情感特点、思想意境体现了出来。在第三节，弗拉德将自己比作中世纪时的罗兰，他同敌人进行了殊死的搏斗，在他的战友已全部壮烈牺牲的情况下，他仍坚持到底，决不屈服。虽然希望之光十分微弱，他已全身精疲力竭，但他仍不愿放弃，对生仍抱有强烈的期盼。弗拉德还想到他死后，会有一位至爱亲朋祭奠他，这使他老眼泪光模糊。这一节所描写的情感是悲壮的，令人震惊、让人同情、使人唏嘘再三。而最后的祭奠又让人悲悯异常、扼腕长叹。这样的思想内容、情感色彩若配以和谐流畅的节奏，无疑会不伦不类。只有以较多的节奏变格才能较为合理地传达出该节内在的精神实质、思想情愫。在诗的第四节，诗人首先描写了弗拉德对酒壶的珍视、爱护的心理。弗拉德对酒壶的珍爱可以说达到了情感的极限，他视酒壶为一个母亲怀抱中熟睡的婴儿。只是简单地将酒壶放置到他的脚旁这一行为，弗拉德做时都那么的小心翼翼，就像母亲放下她怀抱中的婴儿，生怕他会醒来一样，他极其小心谨慎地放下他的酒壶，双手颤抖，唯恐酒壶破碎。在该节的第二部分，弗拉德由酒壶的放置又联想到了人的生命。现代社会的复杂多变、人际关系的冷漠使得生命具有极大的不确定性。酒壶放得如何，弗拉德能加以操控，但现代社会中人的生命如同风中的柳絮、水上的浮萍一样是弗拉德所难以驾驭和操控的。这无疑加剧了弗拉德内心的恐惧、紧张感。这一节，弗拉德心理的变化是较为复杂的，一开始他担心酒壶会放不好，引起酒壶破碎，而酒壶如同他的另一个生命一样，没有了酒壶，他就没有办法借酒浇愁，没有办法对月畅饮，没有办法与心目中的另一个自我对话同歌，他的生命将陷入极度的，或者说是难以容忍的孤独、寂寞之中。酒壶放好后，他看到酒壶稳稳地立在那儿，心里踏实安宁了许多，但他突然又由酒壶联想到了人的生命，这样的联想对于弗拉德来说应是十分自然合理的，因为酒壶恰如母亲的孩子，酒壶象征着友谊、生命，但想到生命，弗拉德知道，在现代社会中，人的生命又是不确定的，一个人的生命不像他安放的酒壶那样可以坚实稳当地立在地上。一个人虽今天是光鲜耀眼的明星、大腕，而到了明天，则可能会破产倒闭，跳楼自杀或沦为贫民窟中的弃儿，就像罗宾逊在《理查德·科里》中所描绘的理查德·科里那样。这一节，弗拉德的心理经历了细致、复杂的变化，而伴随着这一变化的是他的担心、恐惧、不安和紧张。要适应这样的情感特征、思想内容，在节奏的安排上，诗人只能配以多处变格，只有这样，才能将弗拉德内心世界的真实图景、弗拉德脉搏跳动的变化切实有效、生动具体地再现出来。

在这首诗中，有两节一处节奏变格都没有，它们是诗的第二节和第七节。这同这两节的思想情感，内涵意蕴也是紧密相关的。在第二节，弗拉德见到天空一轮满月，想到佳景不会常有，良辰不会常来，他情绪高涨，遂举壶与心目中的另一个自我对月畅饮。他由饮酒想到了俄默·伽亚姆（Omar Khayyam）的一首诗，继而想到了诗中"鸟儿振翅飞翔"的名句，他愿与自己心目中的另一个自我同为鸟儿干杯，鸟儿让他想到了自由的可贵。在这一节，弗拉德的心情是愉快的，溶溶的月色，难得的佳时美景让他想到要把酒尽兴，还让他想到了自由的美好，故而在这一节的节奏安排上，诗人以和谐流畅的节奏表达其中所蕴藏的情感内容。该节每句诗行均采用抑扬格五音步，无一处变格，读之非常的自然优美，这与该节的意境、情感正相谐配。在第七节，诗人因看到美丽无比、十分难得一见的月晕现象，心情再次愉悦、兴奋起来，他再次邀请心目中的另一个自我——这一次是一位与自己分别多年的挚友开怀痛饮，饮酒时，因酒精的作用及眼中美好的自然风光，他情不自禁地唱起了《友谊地久天长》，这首古老而隽永的苏格兰民歌。歌曲唱完，他虽有点儿遗憾，但想到一切都将归于平静，他的前面已不会再有多少有价值、有意义的东西值得他去奋力追求，镇子上的人都已向他关上了大门，也没有什么值得他去留恋，他的心态也就安宁了下来。此时，弗拉德的心态应如一位处于弥留之际、即将步入另一个世界中的人一样，相当的宁静，因为他知道，人生的帷幕即将落下，一切都将归于虚无，以往和现今，外界的一切喧哗和骚动对他来说都将停息下来，他不久将步入另一个世界，这时他的心态应是一种出奇的宁静、安稳。这一节的情感虽有明显的变化，但在节奏的运用上不适宜采用变格，因为起初的情感是一种愉快、高兴，后来的那种平静的心态对于弗拉德来说也是一种愉悦，这是一种即将摆脱尘世的痛苦，进入另一个世界时所具有的一种愉悦心态。故在这一节，诗人以每行抑扬格五音步的节奏来反映这种心态和心情。

诗中使用了不少"行内停顿"及"跨行"技巧。上文分析诗歌节奏时，凡是打有"‖"符号的都为"行内停顿"，凡是打有"↓"符号的都为"跨行"。该诗共有五十六行，不算短，在诗节中适当地用了一些"行内停顿"，有助于语气的和缓，语速的适度，这样便于读者一边阅读，一边理解、欣赏和涵泳。"跨行"的有效使用加强了诗行之间在语法、意义上的联系，使诗读起来流畅自如，有一气呵成之感。

四、结语

该诗发表于 1920 年，这时，英美现代主义文学已进入鼎盛时期。由于受在这之前人类历史上发生的最惨烈、破坏性最大、波及的国家和地区最广的世界大战的影响，西方人在道德伦理观、文化价值思想方面都发生了重大的改变，传统的东西都遭到了严重的破坏和解体，很多人在精神方面堕入沉沦、颓废的状态。他们对前途感到迷茫，对人生感到困惑或失去信心，对社会感到愤恨、绝望。其中，有不少青年知识分子怀着遗憾、失落的心情离开了祖国，前往欧洲去探求改变美国社会状况、振兴美国文化的道路和方法，还有些知识分子留在了国内。不管是属于这两种人中的哪一种，战后很多人对社会、人生的普遍心态是痛苦的、失望的。伴随着这种痛苦、失望心情的就是强烈的孤独、寂寞。整个社会人与人之间的关系已没有了往日的温情、友爱，人与人之间缺少友谊、交流和关怀。有的人虽身处闹市或芸芸众生之中，但心灵却异常的孤寂，和居住在高山隐士居所里的弗拉德没有什么两样。罗宾逊所刻画的弗拉德应是一战后美国很多知识分子的典型。弗拉德的精神、心理、欲望和追求都非常准确而贴切地反映了战后美国知识分子，尤其是"迷惘的一代"人的性格特征。罗宾逊在这首诗中的人物刻画是符合鼎盛时期英美现代主义文学的创作特点的。文学是反映现实社会、时代环境的，现实主义文学如此，现代主义文学亦不能例外，弗拉德内心的痛苦、孤寂正是现实社会中那一代人心理状态的真实写照。

同鼎盛时期现代主义文学在艺术风格上不一致的是这首诗的艺术形式。

罗宾逊没有像其他的现代主义作家、诗人（弗罗斯特不在此列）那样，对传统的艺术风格进行大幅度的、富有实验性的改革，他仍忠实地继承传统的格律诗的艺术形式，以传统的形式来书写现代的内容。诚如罗伯特·弗罗斯特所言："Robinson stayed content with the old way to be new" [7]（即罗宾逊仍满足于以旧方法写出新内容）。这里尤为引人注意的是，该诗的艺术内容是通过主人公的意识流来完成的。意识流是现代主义文学发展的产物，在诗歌创作中，爱略特筚路蓝缕，首度于 1915 年创作了意识流长诗《杰·阿尔弗雷德·普鲁弗洛克的情歌》，罗宾逊在数年之后又以意识流创作了《弗拉德先生的酒会》。虽都是用意识流来创作，但这两位诗人在艺术形式上都有一个共同点，即基本上不离传统。爱略特的长诗《杰·阿尔弗雷德·普鲁弗洛克的情歌》中使用传统格律诗的成分特别多，而罗宾逊的这首诗则为典型的传统格律诗中的八行诗节诗。

在现代主义文学蓬勃发展的时期，当很多作家、诗人追随时代的潮流对传统的文化价值思想、文学表现的方法和方式—包含传统的诗歌格律形式进行解构、破坏之际，罗宾逊坚守传统的创作形式，努力使他所认为的传统文化中那些有价值的东西能不因时代环境的改变而消隐，能在现代主义的狂涛巨澜中保持住自己的艺术青春，并使之在不同的时代发射出永恒的、夺目的艺术光华，让不同时代，尤其在他以后的各个时代的读者、作家、诗人们从中吸吮到传统文化丰富的营养，这应是罗宾逊对美国民族主义文学的发展所做出的一份十分宝贵的贡献。现代主义文学的历史很长，从 1890 年的萌芽一直延续到 20 世纪 60 年代的文学改革运动时期，时间跨越了两个世纪，长达 70 多年。在如此之长的时期内，若对传统的文化内容和形式一直进行挑战，始终保持锐猛的消解、破坏的态势，而其中又没有人对之加以继承、保护和发扬，那么传统的东西，不论是精华、还是糟粕都会被现代主义的文学浪潮冲垮得支离破碎、片甲不留的。罗宾逊的坚守使优良的传统得以永续，传统的格律诗不致在发展中断流。

第一次世界大战是人类历史上罕见的空前浩劫，它摧毁的不仅仅是西方社会的物质世界，而且还有西方人经过多少代的辛勤努力所培植起来的文化价值观、思想道德准则。就美国来说，美国人从 1776 年建国起就开始构筑辉煌的美国梦，到一次大战期间及战后的 20 世纪第二个十年，已被摧毁得仅剩一点海市蜃楼般的幻想了。一战带给美国的是很多美国士兵的死亡还有很多人精神上的创伤。很多知识分子的迷惘、沉沦、失望、哀叹以及心灵的空虚、孤独和寂寞使他们对美国梦的实现确实已失去了很大的信心。有的漂泊海外，有的像弗拉德成了山林隐士。但我们透过这些知识分子表面的言行，深入到他们内心世界的深处，我们除了感受到他们内心的哀伤、痛苦及深深的孤独感之外，还能真切地感受到他们胸腔所勃勃跳动着的、那颗对未来美好生活，对自由、友谊、秩序、文明所怀有的热烈期盼的心灵。这样的心灵，弗拉德身上就有。有了这样的心灵，说明人未老；有了这样的心灵说明希望还在。有希望，有理想，就有重整山河、再绘蓝图、再度策马驰骋的那一天。万事起源于基于现实的理想，有对未来的美好憧憬，就有冲天的干劲儿，理想高于天。庞德、爱略特、欧内斯特·米勒·海明威（Ernest Miller Hemingway, 1899—1961）、弗朗西斯·斯科特·基·菲兹杰拉德（Francis Scott Key Fitzgerald, 1896—1940）、约翰·多斯·帕索斯（John Dos Passos, 1896—1970）等人同罗宾逊所塑造的弗拉德一样，他们对未来都有强烈而美好的期望。他们的迷惘、孤独及不愿与世同醉、不愿苟活于世都说明他们对未来的认识是积极的，他们要以自己纯洁的、未受丑恶世道所污染的心灵去感召他人，启迪后来者，让他们能勇敢地拿起构筑美国梦的接力棒，为梦想的实现去奔跑、冲刺。

参考文献：

[1] 卡罗尔·帕金，克里斯托弗·米勒，等．美国史（中册）[M]．葛腾飞，张金兰，译．上海：东方出版中心，2013：525.

[2] 卡罗尔·帕金，克里斯托弗·米勒，等．美国史（中册）[M]．葛腾飞，张金兰，译．上海：东方出版中心，2013：532.

[3] 卡罗尔·帕金，克里斯托弗·米勒，等．美国史（中册）[M]．葛腾飞，张金兰，译．上海：东方出版中心，2013：544.

[4] 李维屏．英美意识流小说 [M]．上海：上海外语教育出版社，1996：5.

[5] 李国南．英汉修辞格对比研究 [M]．福州：福建人民出版社，1999：381.

[6] 李国南．英汉修辞格对比研究 [M]．福州：福建人民出版社，1999：382.

[7] 吴定柏．美国文学大纲 [M]．上海：上海外语教育出版社，1998：113.

第四节　论埃德温·阿灵顿·罗宾逊和他的《山上小屋》

The House on the Hill

Edwin Arlington Robinson

They are all gone away,

    The House is shut and still,

There is nothing more to say.

Through broken walls and gray

    The winds blow bleak and shrill:

They are all gone away.

Nor is there one to-day

    To speak them good or ill:

There is nothing more to say.

Why is it then we stray

    Around the sunken sill?

They are all gone away,

And our poor fancy-play

    For them is wasted skill:

There is nothing more to say.

There is ruin and decay

In the House on the Hill:

They are all gone away,

There is nothing more to say.

前三节，本书论述的都是罗宾逊的人物肖像诗，第一首和第二首诗的标题都直接以人物的姓名来命名，第三首的标题为《弗拉德先生的酒会》，通过弗拉德先生与其心目中的另一个自我举办酒会，来描绘、揭示弗拉德内心的孤独、寂寞及其对自由、友谊、幸福美好生活的向往，从实质上来说，第三首也主要是写人，也属于人物肖像诗。弗拉德除写作人物肖像诗之外，还创作了不少其他类型的诗，上面的《山上小屋》便属于这一类型的诗。下面，本节研究一下该诗。

一、大意解读

第一节。他们早已离去，但房子却静静地立在那儿，屋子的门窗紧闭着。再没有什么可以说的了。从这短短的几行，我们可以推知，诗人某日来到山上的这座小屋，去拜访昔日的朋友，即小屋的主人，但人去屋空，门窗闭着，一切显得寂静、凄清。诗人知道，此次拜访已成虚行，再也找不到可以与之一叙的朋友了。

第二节。透过残破、灰暗的墙壁，阴冷的风刺耳地吹着，一切显得那么的荒凉、凄切。他们早已离开了。诗人与屋主人分隔已久，音讯皆无，未曾想他们早就弃屋远去了。

第三节。今天，在这里一个人都没有，屋主人已不在，要是有个邻人或其他常出没于此、对他们有所认识、有所了解的人在此的话，情况也许会好一些，诗人可以向他打听一下屋主人与他别后的景况，说一说他的好与不好，这样，诗人多少能获知老朋友这些年的一些情况。但此处的山上，除了呼啸的寒风、破旧不堪的房屋外，没有一点生的气息，一切都是那么的寂寥、凄惨，诗人觉得再没有什么可说的了。

第四节。那么，我们为什么还要在此逡巡呢？这儿窗沿皆已陷落，现在仍在这里徘徊、走动已没有什么必要了，屋主人都已离开了。

第五节。我们拙劣的幻想游戏对他们来说已是才能的浪费。再没有什么可以说的了。诗人于往昔，或许是童年或少年时期，曾于屋主人在一起玩一些游戏，那些游戏当然都是些简单的，无须很高智力水平就能做的游戏，主要是为了取乐，满足童真、少年贪玩的心理需要，诗人此次来拜访他们，我们从诗的字里行间可以推知，他打算与屋主人再玩一玩往日的游戏，回味、追忆一下童年时代或少年时代那纯真、有趣、美妙的时光。但人走屋空，此地寂静、冷清，再没有什么可以说的了，再也找不到往日的乐趣了。

第六节。这里满目疮痍、废墟一片，到处是残壁破瓦，屋主人都已离开了这座山上小屋，再没有什么可说的了。

二、主题思想讨论

该诗的内容很简单，诗人于某日拜访一座山上小屋，那里曾居住着他往日的朋友，但当诗人抵达那里时，发现那里是一片荒凉、凄楚的景象。冷风呼啸，门窗紧闭，沿边塌陷，屋里空无一人。诗人所看到的这幅凄清的图景让他倍感哀痛，他不断地重复着：再没有什么可以说的了。诗人的这些描写无疑是具有很强的象征意义的。

该诗最初发表于 1894 年，诗中破旧不堪的山上小屋应是影射当时国内的政治、经济形势和美国大部分工人群众整体的生存状况。

内战结束以后，美国政府对国内的政治制度、联邦政府与各州之间的权力关系、种族关系等及南部地区政治、经济和社会结构进行了重建，重建给美国人带来了希望和生活水平总体上的提高，但也带来了沮丧和眼泪。从 1865 年到 1899 年间，"人均国内生产总值几乎是原先的三倍"。[1] 但这些增长带有很强的偶然性因素。经济整体上经历着扩张与收缩相互交替的周期性变化。从 1873 年开始了经济萧条，从该年至 1879 年间，很多银行倒闭，企业破产，许多工人失了业。有一位马萨诸塞州工人曾这样描述他家在 1875 年时的经济状况："为了买课本让孩子们继续上学，我不得不减少孩子们及全家人的食物。我赚的每一分钱都用于家庭花销，而我在最近的八个月里却连一个月吃两次肉的情况都不能保证。"[2] 经济增长的不稳定，时而繁荣，时而萧条给人民的生活带来了巨大的灾难。

美国工业化的发展需要铁路里程的延长加大，而铁路里程的延长加大又带来了钢铁工业的迅速发展，由此美国进入了钢铁时代。19 世纪 70 年代的钢铁时代是由出身贫寒的安德鲁·卡耐基所代表的。卡耐基狂热地信奉斯宾塞的社会达尔文主义，认为个人主义和自力更生能促进人类文明的进步；为此卡耐基通过他的"降低价格；挖掘市场；满负荷运行"及改良技术成了美国最大的钢材制造商。与此同时，卡耐基也成了美国富有的产业家、产业大亨的杰出代表。但在当时像卡耐基这样从赤贫到暴发户的人是极少的，大部分的富豪、企业家都来自中产阶级或上流社会。这些富豪通过他们自身在商业上的成功也为社会积累了大量的财富。但"在巨大的财富积累中，人们因饥饿而死"这一现象并没有消失，"物质上的进步不仅未能消除贫穷，它实际上制造了贫穷"。[3] 美国人当时的贫穷从上一段马萨诸塞州一位工人的描述中已可十分清晰地看出。

美国当时很多人为了维持生计，工作的节奏也快得惊人，每天需工作 10 或 12 个小时，繁重的工作使得很多人疲惫不堪，由此还引发了工厂事故频发、多发，伤亡率也普遍升高。

罗宾逊《山中小屋》中那荒寂衰颓的小屋，那凄厉冰冷的山风、那塌陷的窗沿以及小屋废墟上那阴沉颓然的氛围都极其生动具体地象征了美国 19 世纪下半叶，尤其是从 70 年代到 19 世纪末整体的国内经济状况以及人民的生存状态。这样的经济状况及人民的生存状态是不容乐观的，它让人压抑、使人哀叹，这和诗中所描绘的意境、所揭示出的情感是泯然无别、圆融如一的。

诗中反复说："他们都已离开"，屋主人到哪里去了呢？结合美国当时的社会形势，本文这样推理，他们一定是到城市及工业发达的地区去打工谋生去了！美国内战结束以后，随着工业化进程的加快，国内对劳动力的需求也在加大。需求量最大的就是工业部门。为这些部门工作的不少劳动力均来自农村地区。那时因政府将发展的眼光大部分集中于城市的工业上，故而农村的农业经济发展得非常缓慢，很多农民毕生以务农为业，却发现难以养家糊口，像《山中小屋》中的屋主人就应属于这一类生活贫困的农民，他们无钱住上像样的、体面的住宅，只能栖居于山上。城市工业发展的步伐在加快，这催促着这些山民、贫困户离乡背井、迁往城市或工业发达地区去打工谋生。那时，除了很多的成年男性加入劳动大军，从事采矿、制造及运输业外，不少妇女儿童也不得已成为劳动大军中的成员。"大多数女童工每周工作 70 个小时，每天只挣 10 至 20 美分。"[4] 很多男性的收入也非常低微，难以维持一个家庭的基本生活需求。因此，这些农业人口尽管搬迁到城市地区工作，但生活依然贫困，工作的紧张度、压力依然很大。

从美国内战结束到 19 世纪末，随着美国政府的重建、一系列重大的经济和社会变革以及工业化进程的加快，美国的经济总体上向前跃进了一大步，社会上出现了一批生活富裕的中产阶级，还诞生了一大批像卡耐基这样的工业大亨，但贫富之间的悬殊也越来越大，财富积累的同时也加大了贫困人口和人口的贫困化。罗宾逊虽是一名多产的诗人，但在其个人的生活状况、经济条件方面，则应属于这些贫困人口中的一员。这一点，本书在第二节已有较为详细的阐述。作家、诗人的创作都会反映现实社会、时代环境的特点，他们自身作为特定的时代、特定的社会环境中的成员，在其创作中，必然会把自己个人的生活遭际、个人对那个时代和那个社会所具有的认识态度反映到自己的作品中来，因此，我们在罗宾逊的诗中会读到美国社会贫穷、阴暗的一面，这就应是十分自然、正常的事了。

那么，造成这些贫困现象的根本原因是什么呢？本文认为，根本原因还在于社会的腐败日趋加深、严重。而社会腐败的根源还在于政治制度的不够先进及官商勾结，不法商人及腐化堕落官员从中牟取暴利。美国的政治其实就是政党政治，两大政党热衷于相互争斗，整日在喧哗、吵闹、论战、争执、烦琐冗长的演讲中鼓吹自己政党的优点、施政方针的英明和管理国家的卓越能力，但是无论是共和党还是民主党都不主张对当时新兴的工业企业进行有效且必要的管制、限制或征税。19 世纪下半叶，美国工业发展速度加快，很多企业都随着工业化进程的加快而迅速地诞生、发展且日益壮大起来，这时，政府若不对之加以有效的管理，那么，经济上的腐败必然会应运而生，且变得越来越严重。19 世纪六七十年代最为严重的腐败就体现在官商勾结上。1872 年至 1873 年，这方面的丑闻频繁地曝光于公众视野，引起了国人的愤慨和巨大震动。如在 1868 年，格兰特就任美国总统之前，有几个著名的国会领袖担任了联合太平洋铁路公司所创建的一家建筑公司的股东，由于能得到美国国会领袖的支持，所以这家建筑公司便很顺利地拿到了由太平洋铁路公司授予修建铁路的合同。这样，公司的大股东们就从这项工程建设中捞到了不少的油水。由于有了那几个国会领袖的保护，这项协定在执行过程中又逃避了国会议员的监督，同时，公司又以打折的价格将部分股票卖给了国会里一些主要的成员。那些"购买者包括一些主要的共和党人"。[5] 除了这样的丑闻外，还有像特威德集团的丑闻，更是触目惊心。特威德作为一个政治组织，经常通过收受贿赂、索要回扣、虚报账目、挪用公款等，赚取国家大量的钱财。那时，很多工程都有政府插手，工程建设同腐败紧密地结合在一起，使得经济的发展受到了很大的阻碍。此外，还有像威士忌集团（Whiskey Ring）同联邦官员勾结而酿成的逃税案，也骇世惊俗，给国家的经济发展造成了非常不利的影响。

腐败的严重、经济发展的受阻、社会贫困化的加剧、贫富悬殊的日益加大必然会被作家、诗人们以艺术的方式反映到作品中来。罗宾逊的很多作品都十分生动形象地暴露了这些社会问题，这首《山中小屋》也是一首非常有名的、揭示美国社会贫困现象的诗作。

从美国内战结束直到 19 世纪末，在这将近半个世纪的发展过程中所累积起来的社会问题，其中包括美国政治的腐败，可以说已达到十分严重、若不解决美国这台机器将无法继续正常运转的地步。由此，从 1900 年开始，美国政府开始着手政治改革，力图铲除制约国家发展的障碍，整个美国开始迈开了进步主义时代的步伐。在这过程当中，美国 19 世纪下半叶现实主义作家、诗人及从 1890 年开始的美国现代主义诗人纷纷对美国现实问题进行反映、揭露和批判，应该说，也为美国政府下决心进行进步主义时代的改革做出了自己应有的贡献，他们同奋战在新闻宣传战线的新闻记者一样都为政府的改革、国家的建设做出了自己的贡献。与新闻记者不同的是，作家、诗人对社会问题的报道是以艺术的方式来进行的，诗人以一首首生动、流畅的诗歌反映了一个个典型突出的社会问题，引发、启迪人们对这些问题加以关注和重视。由此我们可以看出文学、诗歌对社会的发展的重要性。

在每个社会腐败严重、很多人为基本的生计苦苦挣扎的时代，人们会感到生活的压力在加大，人们通常每天都生存于高强度的工作状态，在这样的时刻，很多人会怀想往日岁月的美好，他们会追忆童年、少年时代那纯真、浪漫的岁月，并从这些怀想、追忆中排遣自己心头的压抑、烦闷、紧张之感。《山中小屋》的主人公前往山中拜访昔日的朋友，应该就是怀抱着这样的心理、情感前去的。他想象着能与少时的朋友在一起叙话家常，并在一起再玩一玩儿时的幻想游戏。尽管对已长大成熟的他们来说，那些游戏是那么拙劣，但是应能勾起他们对往日富有童趣的岁月的追忆和怀念。他们会在一起戏谑、欢笑，甚至手舞足蹈，那是多么幸福愉快的事啊！那又是对过去生活多么美好的一种纪念啊！从这里，我们可以看出，该首诗触发了怀想往事、珍视友谊这样的主题，这样的主题在上一首《弗拉德先生的酒会》中就已触及。在社会贫困加剧、人的生存境况紧张、工作压力加大的情况下，人们会于繁忙的劳动之余产生怀旧心理，念想往日的友谊，这是一种正常的心理。该诗也是对这种具有普遍性、典型性心理的一种生动反映。但是，使诗人倍感意外的是，他并没有造访到昔日的朋友，他所看到的是断垣残壁、冷风萧萧的废墟，那儿空无一人，这无疑使诗人深感痛楚、失望。简单的情节构成了诗歌悲凉、凄清的艺术意境，也烘托了诗歌的悲剧主题。"悲""痛"是现代主义作家、诗人所经常触及的主题，该诗对这方面的涉入十分鲜明地显示了现代主义文学的主题特色。

三、艺术特征分析

该诗语言简单，句法结构也很简易。像罗宾逊的其他诗歌一样，诗的句法非常的规范，同散文的句法特征一样，诗人在诗中没有采用诗歌中所常见的倒装、省略等技巧，从开头到结尾，语言十分的流畅、自然，犹如一泓清溪，潋潋流淌。诗的词语选择十分的精切贴意、达旨传神。诗人所选用的"broken""gray""bleak""shrill""sunken""ruin"和"decay"等词语，十分形象地表达出山上小屋荒凉、凄清、冷寂的景况及那里令人悲戚、颓丧的氛围。选词烘托了诗悲凉、寂寥的意境，加强了诗的主题思想。

该诗在语言特色方面最为引人注意的是"重复"修辞技巧的使用。诗中"They are all gone away"重复了四次，"There is nothing more to say"也重复了四次，这两句诗行的重复加强了诗的悲剧氛围，真切地道出了诗人内心的失望、无奈，以及那种往事难追、童趣不再，一切都如流水落花一样一去不复返的惆怅心情。

诗中所使用的"重复"是由该首诗的诗体所决定的。该诗是采用"The villanelle"（十九行二韵体）———一种在中古英语时期为英国诗人曾模仿，后在维多利亚女王（1819—1901）时代又为很多英国诗人所采用的法国诗体所创作而成。全诗共六个诗节，十九行。前五个诗节，每节三行，称为"三行诗节"（tercet），第六个诗节为一个"四行诗节"（quatrain）。全诗仅用两个韵脚，押韵格式为：A' bA abA' abA" abA' abA" abA' A"。该诗的结构小巧玲珑，最大的特点就是运用上文所说的"重复"，"重复"这一技巧是通过"叠句"的反复出现而达成的，这种诗体"在行中或行末常用叠句"。[6] 我们来看一下该诗"叠句"的使用：第一诗节的第一行"They are all gone away"应是一叠句，它在诗的第六、第十二、第十八行出现。第一诗节的第三行"There is nothing more to say"作为一叠句在第九、第十五和第十九行出现。

诗的韵脚只有两个，一个为 /ei/，另一个为 /il/，这两个韵脚在每一节中频繁出现，读起来往复再三，回环悦耳，因诗的意境、情感十分的悲凉、凄恻，故这两个韵脚所形成的音调十分完好地再现出了该诗的意美和特定的情感特征。诗的情感、主题带有怀旧的意味，诗人选用欧洲文学中一种十分古老的、充溢着浓郁的英法文化格律美的诗体来表达诗人的情感、诗歌的主题，这样的选择也是十分恰切的。诗人在内容上的怀旧同在形式上的怀旧完满地统一了起来。当人处于生活的重压、环境的困苦中时，人会产生怀旧心理，此时要表达这种心理，人们也往往用一种古雅的形式。这是日常生活、文学创作所常见的现象。

该诗强烈丰沛的音韵美还与下面一些辅助性音韵的使用有关，请看：

1. 头韵，如在第一节，第一行的 They、第二行的 The 和第三行的 There，第二行的 still 和第三行的 say；在第二节，第一行的 walls 和第二行的 winds，第一行的 broken 和第二行的 blow-bleak，第一行的 gray 和第三行的 gone，第二行的 The 和第三行的 They；在第三节，第一行的 Nor 和第三行的 nothing，第一行的 to-day、第二行的 To 和第三行的 to，第一行的 there、第二行的 them 和第三行的 There，第二行的 speak 和第三行的 say；在第四节，第一行的

Why-we，第一行的 then、第二行的 the 和第三行的 They，第一行的 stray 和第二行的 sunken-sill；在第五节，第二行的 them 和第三行的 There，第一行的 fancy-play 和第二行的 For；在第六节，第一行的 There、第二行的 the-the、第三行的 They 和第四行的 There，第二行的 House-Hill。

2. 行内韵，如在第二节，第三行的 They-away；在第四节，第三行的 They-away；在第六节，第二行的 the-the，第三行的 They-away。

诗中用了不少的头韵，行内韵也用了一些。这些韵同韵脚一道加强了诗的乐感，使诗读起来非常的流畅、顺口。下面，本文分析一下该诗的节奏。

The House on the Hill

They áre ｜ all góne ｜ awáy,

　　The Hóuse ｜ is shút ｜ and stíll,

There is nóth ｜ ing móre ｜ to sáy.

Through bró ｜ ken wálls ｜ and gráy ↓

　　The wínds ｜ blow bléak ｜ and shríll:

They áre ｜ all góne ｜ awáy.

Nor ís ｜ there óne ｜ to-dáy ↓

　　To spéak ｜ them góod ｜ or íll:

There is nóth ｜ ing móre ｜ to sáy.

Why ís ｜ it thén ｜ we stráy ↓

　　Aróund ｜ the sún ｜ ken síll?

They áre ｜ all góne ｜ awáy,

And óur ｜ poor fán ｜ cy-pláy ↓

　　For thém ｜ is wást ｜ ed skíll:

There is nóth │ ing móre │ to sáy.

There is rú │ in ánd │ decáy ↓
　　In the Hóuse │ on the Híll:
They áre │ all góne │ awáy,
There is nóth │ ing móre │ to sáy.

该诗的基本节奏为抑扬格，除最后一节第二行为抑扬格二音步外，其余各行均为抑扬格三音步。该诗的节奏变格共有七处，它们分别出现于：第一节第三行第一音步；第三节第三行第一音步；第五节第三行第一音步；第六节第一行第一音步；第六节第二行第一、二音步；第六节第四行第一音步。这些变格都属于抑抑扬格替代。其中，最后一节变格处最多，共有四处。这节变格多同该节的内容情感紧密相关。这节可以看作是全诗的一个总结。诗人在山上的这座小屋处看到的是荒芜的废墟、衰败凄惨的景象。屋里的主人全都已离去，人去屋空，人去屋倒，那还有什么可追忆的呢？本来怀抱着与屋主人愉快地见面，然后玩一玩童年、少年时的游戏，追述过往的趣事，叙谈别后的情景，但看到眼前的景观，诗人说道，已不再有什么可以说的了。这一节对诗歌的主题做了总结性的揭示，也对全诗的意境做了生动而具体的呈现。故这一节的节奏变格用得最多。

诗中用了一些"跨行"技巧，上文分析诗歌节奏时，凡是打有"↓"的都属于"跨行"。"跨行"加强了诗行之间的连贯性，使诗行之间的意义圆融一体、自然衔接，也使全诗读起来更加的顺畅自如。

四、结语

该诗发表的 1894 年正是美国现代主义文学风生水起的时期。1890 年开始的美国现代主义文学一开始就以迅猛的势头向传统的文学创作方法、创作风格进行了挑战，那时文学创作中的很多传统，虽已运行了几百年，乃至更长的时间，但是它们在现代主义文学大潮的冲击之下，一个个都面临着解体。像诗歌创作中的传统格律，在 19 世纪中下半叶虽经惠特曼自由诗的冲击，但在惠特曼时期及惠特曼以后的时期内，它仍能保持着相对稳固的地位，但是当现代主义浪潮席卷而来的时候，这一具有悠久、辉煌历史的文学传统却未能很好地守住自己的阵脚，有不少诗人都追随着时代的脚步，告别了传统的格律诗而开始在诗歌的艺术形式上进行大胆的、富有创新性的变革。但是，本章研究的罗宾逊却未能与当时的同行诗人并肩前行，他仍将审美的视野投向传统，以传统的艺术形式来反映现代社会万花筒般的生活，以传统的格律来演奏现代人那复杂的情感、心理、意志、欲望、理想和追求。

该诗由法国诗体十九行二韵体写成，这是一种非常古老的诗体。诗人在 19 世纪末以这样一种古老的诗体来创作，从艺术形式上能反映诗人的一种怀旧的心理，这样的心理与诗歌的艺术内容也是泯然无别的。在很多诗人没能守住传统文化的阵脚的情形下，罗宾逊以其对欧洲文化的喜爱，以其对传统的怀念却牢牢地坚守传统，这在当时也是一种极富创新精神之举。很多人抛弃传统，追求艺术形式的奇异、新颖，这固然是一种创新，但对优良传统的坚守，并能以传统来书写现代生活，这在 19 世纪末和 20 世纪初的年代里，也是一种创新。这种创新应是罗宾逊对美国民族主义文学所做的一份独特的贡献。

美国内战结束以后的重建、一系列的经济和社会变革，以及对赫伯特·斯宾塞等人社会进化论思想的推行确实使社会积累了大量的财富，社会上由此产生了一大批中产阶级以及像安德鲁·卡耐基这样的工业巨头，但社会的两极分化十分严重，社会上的贫困人口也在上升。对于那些生活富裕的中产阶级以及那些大富豪来说，美国人几百年来所一直为之而奋斗的美国梦似乎已经实现了，生活对他们处处展露出快乐的笑脸，他们有豪华别墅、豪车，还有十分理想的工作条件。他们已沉浸在美国梦那优裕美好、五彩斑斓的梦境中了。但对于那些穷人来说，美国梦则是海市蜃楼般的虚幻，是一段永远无法抵达目的地的路程。美国梦是一个民族国家的梦，这个民族、国家只有一部分人自以为实现了梦想，这还是远远不够的，还有相当一部分人过着十分拮据、连基本生活都难以维持的日子，社会的贫富两极悬殊如此之大，从一个民族、国家的梦想来说，美国梦还是远远没能达到其最终目标的。罗宾逊以诗歌的形式暴露社会的黑暗面、曝光美国社会贫穷、困苦的一面，这会促使人们警醒，激发人们去改造、变革社会的经济、政治状况，去为一个真正的美国梦，一个民族、国家的伟大梦想去奋斗、追求。美国政府从 1900 年开始的进步主义时代改革正是基于 19 世纪下半叶，尤其是 19 世纪末期美国社会的经济、政治状况，以及美国梦的召唤而做出并在全国展开的。而美国政府对当时经济、政治状况的了解，并下定决心要进行政治改革，这其中应有美国的知识分子，包括罗宾逊等人的一份功劳。

参考文献：

[1] 卡罗尔·帕金，克里斯托弗·米勒，等. 美国史（中册）[M]. 葛腾飞，张金兰，译. 上海：东方出版中心，2013：186.

[2] 卡罗尔·帕金，克里斯托弗·米勒，等. 美国史（中册）[M]. 葛腾飞，张金兰，译. 上海：东方出版中心，2013：189.

[3] 卡罗尔·帕金，克里斯托弗·米勒，等. 美国史（中册）[M]. 葛腾飞，张金兰，译. 上海：东方出版中心，2013：204.

[4] 卡罗尔·帕金，克里斯托弗·米勒，等. 美国史（中册）[M]. 葛腾飞，张金兰，译. 上海：东方出版中心，2013：209.

[5] 卡罗尔·帕金，克里斯托弗·米勒，等. 美国史（中册）[M]. 葛腾飞，张金兰，译. 上海：东方出版中心，2013：221.

[6] 吴翔林. 英语格律及自由诗 [M]. 北京：商务印书馆，1993：206.

第二章　卡尔·桑德堡和他的经典诗歌

第一节　论卡尔·桑德堡和他的《芝加哥》

Chicago

Carl Sandburg

Hog Butcher for the World,

Tool Maker, Stacker of Wheat,

Player with Railroads and the Nation's Freight Handler;

Stormy, husky, brawling,

City of the Big Shoulders:

They tell me you are wicked and I believe them, for I have seen your

painted women under the gas lamps luring the farm boys.

And they tell me you are crooked and I answer: Yes, it is true I have

seen the gunman kill and go free to kill again.

And they tell me you are brutal and my reply is: On the faces of wom-

an and children I have seen the marks of wanton hunger.

And having answered so I turn once more to those who sneer at this my

city, and I give them back the sneer and say to them:

Come and show me another city with lifted head singing so proud to be

alive and coarse and strong and cunning.

Flinging magnetic curses amid the toil of piling job on job, here is a tall

bold slugger set vivid against the little soft cities;

Fierce as a dog with tongue lapping for action, cunning as a savage

　　pitted against the wilderness,

　　Bareheaded,

　　Shoveling,

　　Wrecking,

　　Planning,

　　Building, breaking, rebuilding,

Under the smoke, dust all over his mouth, laughing with white teeth,

Under the terrible burden of destiny laughing as a young man laughs,

Laughing even as an ignorant fighter laughs who has never lost a battle,

Bragging and laughing that under his wrist is the pulse, and under his

　　ribs the heart of the people,

　　　　laughing!

Laughing the stormy, husky, brawling laughter of Youth, halfnaked,

　　sweating, proud to be Hog Butcher, Tool Maker, Stacker of Wheat,

　　Player with railroads and Freight Handler to the Nation.

　　罗宾逊以一名杰出的现代主义诗人所特有的敏感，将同情的笔触伸向了美国社会中普通的工人、群众那艰难困苦的生活中，描写了他们心理的孤独、寂寞，描写了他们物质生活的贫穷和颓败，也描写了他们不甘寂寞、一心想改变腐恶的社会现实，追求自由幸福、充满友爱的生活理想。与罗宾逊同时代的弗罗斯特也是一位极善描写普通人平凡生活的伟大诗人，但他更多的应是一位田园诗人，他将笔触指向了他所生活的新英格兰农村，常以诗意的抒情、浪漫的想象描绘新英格兰农村地区的人、事、物。罗宾逊的诗让我们感觉生活的悲凉、贫困、孤寂，而弗罗斯特的不少诗则让我们感受到生活的诗情画意、丰润甜美，尽管弗罗斯特常常会通过自然风景的精彩描绘揭示出带有一定启发意义的深刻哲理。本节所研究的卡尔·桑德堡也是一位贴近普通人平凡生活，描写普通人身上闪光的品质，再现他们真实而伟大的思想感情的诗人。

　　上述三位诗人的共同点都在于他们对美国社会中占人口多数的普通民众、

工人农民的同情和赞美上。卡尔·桑德堡除了在这方面与他们具有共同点外，他在诗的内容、风格、形式以及他本人的思想感情上还与美国浪漫主义时期著名的诗人惠特曼（Walt Whitman, 1819—1892）具有很多的相似之处。卡尔·桑德堡早年便十分喜爱惠特曼的诗，他不仅拜读了惠特曼的很多诗，而且还做了精深的研究。惠特曼对美国普通民众，如机械工、木匠、泥瓦匠、船夫、剃头匠等怀有深深的感情，在诗歌中热情地讴歌了他们为美国的建设所做出的重要贡献，惠特曼对美国的大好山河、风土人情和美国的人民以饱蘸浪漫主义诗情的笔触进行了热烈的赞美，他对美国这个年轻、充满朝气的民族充满着强烈的自豪感和信心。所有这些都给桑德堡留下了深刻而持久的印象，这印象也在很大程度上影响了他的人生观、世界观，还影响了他诗歌题材的选择、诗歌主题内容的确立和描写，进而极大地影响了他诗歌的艺术风格。下面，本文通过《芝加哥》一诗的研究更深入地了解美国现代主义时期的这位重要诗人。

一、大意解读

在前五行，作者写道，芝加哥是世界级的供应猪肉的屠户，它是工具制造者，它还是一名堆放、储存小麦的堆垛工。它规划着全国的铁路建造，是这个国家的货物管理者。它有着暴风雨般的激情，强健而有力，它还有着沸腾热闹的生活。这是一个肩膀宽阔的城市。

在这几行，诗人对芝加哥这个城市的特性、城市的作用、城市的担当做了十分生动而真实的描写。芝加哥在 19 世纪下半叶及 20 世纪初是美国发展非常快的一个城市。芝加哥原来只是一个有 3 万居民的小镇，但到 1880 年时，它已发展成为全国第四大城市，拥有 50 万人口，而到 1890 年时，它的人口数在全国仅次于纽约。"1900 年，它已拥有 170 万人口"。[1]，芝加哥在 19 世纪末 20 世纪初，是美国中西部及大部分地区的铁路中心。全国有 20 多条铁路线将芝加哥同美国几乎所有的地区和加拿大的大部分地区连接起来。所以诗人说它是铁路的规划建设者。既然有这么多的铁路与它相连、相关，那么它在人力、物力运输方面当然也就起着不小的作用了。交通的发达也带动了制造业、商业的发展，芝加哥成了全国主要的制造业中心。而制造业、商业的发展又使芝加哥在农业设备生产、机械制造、服装制作方面领先于全国其他城市。农业设备的先进、其种类的齐全和交通运输业的便捷使芝加哥成了当时"世界最大的粮食市场"。诗人说它是小麦的堆垛工，即是指芝加哥储存了全国众多的粮食。铁路网的四通八达还"使芝加哥成为全国最大的肉类加工业中心"。[2] 来自中西部和南部各地区的牲畜都在芝加哥巨大的屠宰场宰杀，肉类加工好后，运往全国各地及欧洲的一些地区。诗人说芝加哥是世界屠户，即是指芝加哥凭借纵横交错的铁路网在肉类加工、供应方面在欧洲和本国起了十分重要和显赫的作用。由于芝加哥在上述各领域的快速发展使得该城市一直是一个充满激情、活力、阳光的城市。它给人的感觉像是一个健壮结实、精力旺盛、拥有无限发展前景的小伙子。他能经受住暴风雨的侵袭、困难挫折的淬炼；它有着宽厚的肩膀，能担当起社会的一切重担；它从早到晚都像波涛汹涌的大海一样，浪花四溅，潮水一浪高过一浪。它激情奔涌，活力四射，热闹沸腾。

从第六行至第十一行，诗人写道，有人告诉他，芝加哥是邪恶的，诗人相信了他们。因为诗人曾看见芝加哥的娼妓们在煤气灯下勾引乡下的孩子。那些人还告诉他，芝加哥恶毒不正派，会坑蒙拐骗，这一点，诗人也相信了他们，因为他曾看见枪手杀人，并未受到任何惩罚，后又持枪再次行凶。他们还告诉他，芝加哥野蛮残忍，诗人的答复也是肯定的，因为在这个城市，在那些妇女和儿童的面孔上，诗人曾看到了那种渴求伤害别人、玷污别人的印记。

在这部分，诗人描写了芝加哥城市黑暗的一面。这里有出卖肉体的妓女，有玷污、亵渎纯洁灵魂的娼妇，有以伤害别人为乐的妇童，还有一些屡屡杀人的罪恶凶手。这些构成了芝加哥阴险、恶毒的一面。

从第十二行至第三十行，作者在对那些嘲笑芝加哥，这个他所生活的城市的人做出了回答之后，他亦以嘲笑回敬了他们，他对他们这样说：

来吧！请你们让我看一看另一座城市，它也像我们的芝加哥那样，高高地昂起头，骄傲地唱着歌，是那么地充满着青春的活力，又是那么地粗犷豪放、强壮有力、聪慧机智。在那些堆积如山、艰深繁杂的工作当中，它会抛出富有魅力的咒骂，与那些渺小娇弱的城市相比，芝加哥是一个高大魁梧、勇敢凶猛的击球手。它像一只狗那样，伸出舌头，准备着猛咬，进攻他人或他物，它又像一个野人那样狡猾，同荒原作勇猛顽强的斗争。它光着头，铲除、清扫着障碍物，它毁坏着陈旧的东西，规划着未来，建造着、破坏着、再建造。在浓烟下，它劳动着，满嘴布满了灰尘，它还露出雪白的牙齿大笑着，在命运可怕的重负下，它像一个年轻人那样大笑，笑得那么勇敢、豪爽。它甚至像一个从未输过一次战斗，无知无识的战士那样率真朴实、憨厚爽快地笑着。它夸夸其谈、朗声大笑，腕下是跳动着的脉搏，肋骨下是人民的心脏。

从第三十一行至第三十三行，作者承接着上一部分芝加哥在大笑，继续写道，它在大笑，那笑声是暴风雨来临时的巨大声响，时而深沉沙哑，时而喧天震地，这是一个年轻人的笑声，他半裸着上身，汗水淋漓，他以如下的身份而感到自豪骄傲：世界的屠夫，工具制造者，小麦堆垛者，铁路的规划建设者，国家货物的管理者。

二、主题思想讨论

该诗可分为上述三个部分，第一部分，诗人描写了芝加哥的特性、作用。作者用短短的五句诗行将芝加哥最引人瞩目、最能象征着一个新兴的工业城市所应具有的秉性、特点、影响、作用等十分清晰、生动地告诉给了读者。读了之后，我们能立刻感受到那种扑面而来的雄浑、博大、刚猛的气息。第二部分，诗人以诚实、质朴的语气和诗句向我们讲述了芝加哥这个大城市所具有的缺陷和不足。芝加哥的发展速度是惊人的，它从原先的一个小镇迅速地发展成为美国的第二大城市，这里的人民无疑是勤劳的，他们制造工具，生产、储备着粮食，规划修造铁路，运送全国各地所必需的货物，还为本国及欧洲大部分国家供应着新鲜的肉食，这些都是芝加哥人勤奋工作、努力建设国家的典型例证。作者在第一部分所描写的几个方面，从表面上看是在突出芝加哥作为一个城市所具有的重要而显著的特点，但从深处来看，它是在赞美芝加哥人民的辛勤耕耘，为人类不知疲倦地工作精神。但芝加哥也有它自身的不足。这一不足也反映了芝加哥人民在当时所存在着的严重缺陷。人民身上有阳光的一面，但在有些人的心灵深处，在其言语行为方面，也存在着阴暗罪恶的一面。人民身上及心灵深处的阴恶应与这个城市及这个国家当时整体的发展形势有着很大的关系。在19世纪下半叶，美国加快了工业化进程，国家的经济发展取得了飞速的进步，社会诞生了一大批中产阶级及不少的企业家、银行家等，但社会的不平等也在加剧，社会的贫富两极分化日益严重，在我们领略到别墅的精致秀美、汽车的豪华别致之时，我们应想到那些贫民窟的破旧残缺，想到那些流浪街头的乞丐。有很多穷人那时凄惨地挣扎在贫病交加、为一日三餐而忧愁烦恼的生活状态下。仓廪实而知礼节，反之，生活的贫困必然会酿就邪恶、欺诈等危害社会的现象。芝加哥城中那些丑恶的社会现象，归根结底，应是社会的贫穷所造成的。要根除芝加哥城中的丑恶、腐旧，政府应努力消除社会的贫富两极分化过于严重的现象，这一现象从美国内战结束时，就已产生，及至 19 世纪下半叶已达到非常突出的地步。政府若只将发展的眼光凝注在那些富裕阶层，而不注意那些贫病交加的穷人，那么社会的矛盾会变得越来越尖锐，这样，社会整体的发展也会受到很大的阻碍。另外，在 20 世纪头 10 年间，美国政府正加大力度改革政治，这一次的改革涉及了全国各个领域，波及到社会的各个阶层，改革主要是针对 19 世纪下半叶所逐渐累积起来的社会弊病、主要的社会矛盾进行的。因社会问题较多，且非常严重、存在的时间也长，故在改革之初必然会搅起社会上的沉渣污淖，引起社会上的喧哗、骚动、混乱。在这样的情况下，会出现一些丑恶的现象，或犯罪率升高，这都是十分正常的事情。尽管芝加哥存在这样或那样的缺陷和不足，但诗人对这个城市仍抱有非常乐观的心态，对城市的发展充满着信心。他在第三部分以细腻、逼真、形象的笔触对芝加哥的性格特征又继续进行深入的描绘。诗人认为，同其他城市相比，芝加哥仍然有它独特闪光的一面。这里有着难以计数的工作岗位，它以其开放的胸怀接纳着来自全国各地，乃至世界各地的人们来为它工作、服务，人们在工作中，尽管会说些粗话，但那是富有磁性感的，颇具吸引力的。诗人还将芝加哥比成一个勇敢的击球手，他以其勇猛的战斗作风显示其与弱小的运动员（这里比喻那些小城市）之间的差距。诗人又将芝加哥比作狗，它是那么地凶悍，随时准备着进攻，它又像一名野人，同荒凉粗野的自然环境做坚强的斗争，它为了生存与发展，赤膊上阵，开荒劈山，垦田种林，规划蓝图，建造了又拆毁，然后再行建造。诗人的这几句诗行名义上是写芝加哥，实质上是在写整个美国，所有的美国人。美国是个移民国家，自哥伦布发现北美大陆时起，就有来自世界各地，主要是欧洲的人，他们一代又一代，一年又一年地来到北美大陆。他们起初到达时看到的是荒蛮的土地，绵延千里的原始森林，在这一片空旷、陌生的土地上，他们凭借顽强的品格同恶劣的自然环境进行了英勇的斗争。面对强敌，他们像狗一样的凶猛，好斗、能斗。面对野蛮的生存环境，他们没有退缩，没有畏惧，而是像那些生活在原始丛林中的野人那样同一切恶劣的环境，包括天气、野兽、工具的匮乏等进行斗争，克服、战胜它们，以取得生存的权利，拓展发展的空间。在这片荒芜而美丽的土地上，他们规划着人生的蓝图，描绘着未来的国度，进行着永无休止的建设。在后来的发展过程中，他们为了捍卫自己的领土，维护自己的尊严，又同英殖民者进行了英勇的战斗，以取得自身的独立、自由，成立属于自己的美利坚合众国；为了实现整个民族、国家中人与人之间的平等，他们在国家的南北之间还进行了战争。这些战争给他们已创建好了的文明的确也带来了极大的破坏，但他们没有气馁，没有抱怨，破坏了再建设；再破坏，再建设。在进步主义时代，美国政府和美国人民能针对本国所存在的一些阻碍发展的问题大刀阔斧地进行改革，力图缩短贫富之间的差距，让富人能尽其所能帮助那些贫困者。改革中，妇女们能增强自身的自主性，走出家庭生活狭窄的圈子，摆脱文化传统给她们所指定的角色，投身社会、政治活动，为社会的发展贡献自己的力量。一些杂志出版商、作家、知识分子对政治的腐败、企业的违规经营还进行了勇敢的揭露和批判，有时揭露和批判得十分尖锐、猛烈，终使政府采取了一系列有效的改革措施。当时，城市政府和州政府都进行了大幅度的改革。这些改革使诗人看到了美国的希望，看到了美国梦那玫瑰色的霞光已出现于东方的地平线上。在这几句诗行中，诗人歌颂了芝加哥，也可以说歌颂了整个美国人不畏千难万阻，务实勤恳、锐意进取的高尚精神，正因为有了这样的精神，才会有芝加哥人，也可以说正因为美国人那高昂自豪的神姿，那种刚硬、强健而又机智聪敏的品格，也才会有他们对全世界的人类所做出的杰出贡献。在接下来的几句诗行中，诗人描写了芝加哥人在浓烟中，灰尘满面地干活，他们不怕脏，不嫌累，没有悲伤、哀泣，反而大笑着，重活、脏活带给他们的不是眼泪，而是爽朗的大笑；面对生活的重担，他们没有丝毫的胆怯，而是像一个年轻人那样大笑着。这里诗人赞颂了芝加哥人，也可以说是个美国人，他们所具有的热爱劳动，不辞辛苦，不惧险恶的环境而忘我地工作的精神，还赞扬了他们面对压力而勇于担当的英雄风尚、壮士胸怀。在下句诗行中，诗人说芝加哥人就像一名战士那样，在战斗中从未输过，尽管他没有什么文化水平。这里诗人是在赞美美国人的务实主义精神，很多美国人都有着很强的动手能力，他们凭借自己的一双手战天斗地，战胜了一切恶劣的环境因素，建设了自己的美丽家园。这种品格应是他们的祖先，即那些在殖民地时期从欧洲移民至北美大陆的拓荒者们一代又一代地遗传下来的。这些拓荒者们，他们坚定地信奉美国清教主义思想，节俭勤奋，务实坚强，硬是凭借一双坚硬、耐磨、耐打的手在北美大陆那片原始蛮荒的土地上存活、发展、壮大了起来。芝加哥人在劳动中会夸夸其谈、大笑着。这里的"夸夸其谈"不是指"海阔天空般的胡吹"，而是指芝加哥人在劳动中不畏艰险、不怕繁重、不惮困苦的豪迈乐观精神，在他们的手腕下跳动着奋进的脉搏，他们是祖国的建设者、文明的创造者，他们以"大干、快干、苦干、实干"为乐，他们的心脏在永不止息地跳动着，那是一颗热爱祖国、努力建设祖国、报效祖国的心。

在最后三行，诗人对第一部分的内容进行了重复。这一重复也说明，本诗开头的五句诗行应是该诗的题旨。芝加哥在很多方面都有着非常突出的成就，它像一个体格健美壮实、朝气蓬勃的年轻人那样，半裸着上身、汗流浃背地为国家工作着、大笑着，它以它的成就而自豪。

在该诗中，诗人以火一般燃烧的激情描写了美国新兴的工业城市芝加哥。诗人的描述让我们觉得芝加哥颇像早晨八九点钟时的太阳，光芒万丈，冉冉上升，尽管有时天边会飞来些许乌云，遮住一点光亮，但它那火炬般的光辉很快就会穿透云层洒向人间的每一个角落。它那急速运行的态势顷刻间就会将乌云撇在一边，继续向人间展露其灿烂的笑脸。桑德堡赞美了芝加哥，赞美了芝加哥的人民，更赞美了美国人民，是人民创造了芝加哥的伟大，是人民缔造了美国的繁荣强大。在芝加哥的肋骨下（under his ribs），也就是说在芝加哥的各级组织机构、各行各业中，跳动着的是人民的心脏，是人民在主导、领航着芝加哥的发展，是人民决定着芝加哥的现在和未来；没有人民，芝加哥城中的一切就会停止。桑德堡对芝加哥、对人民的礼赞同惠特曼极为相像，我们在惠特曼的短诗《我听见美国在歌唱》（*I Hear America Singing*）及其《草叶集》（*Leaves of Grass*）中，都能领略到桑德堡那诚挚的感情，浪漫奔放如火山喷发般的激情。像惠特曼一样，桑德堡对草叶也寄寓着无限的深情。他曾写过一首小诗"*Grass*"

（《小草》）。他在这首诗中像惠特曼在《草叶集》中一样也将"小草"比作"普通的民众"或"人民"。他说：I am the grass Let me work（我是草，让我工作！）。他还认为，人民的力量是巨大的，宏阔无边，他在诗中这样说道："I am the grass；I cover all"（我是草；我覆盖一切）。从这些，我们能看出桑德堡是个人民诗人，他与惠特曼一样，是个歌颂人民的诗人。

三、艺术特征分析

该首诗从形式上来看应属一首自由诗，但与惠特曼的自由诗相比，该诗在形式上显得更为自由、洒脱、奔放不羁。惠特曼的自由诗与传统的格律诗相比，在形式上确实要自由得多，诗行长短不齐，不讲押韵格式，各行不计算音节多少。诗的节奏以诗歌语言的自然节奏来安排，这样的节奏跟诗歌思想感情的起伏变化相适应。该诗在诗行的长短方面变化的幅度要比惠特曼的自由诗大得多。整体看上去有些不像诗，倒与散文有些接近。前五行，诗行虽不太整齐，但还像诗的形式。从第六行至第十九行，该部分在形式上很像散文，句子偏长，作者多用较为整齐、语法较为规范的散文句式来表达自己的思想情感。从第二十行至第二十四行，在这一部分，前四行每行仅有一个词，最后一行包含三个词语。从第二十五行到第二十九行，这一部分的形式又是散文的形式，句子长，结构也偏向复杂。第三十行仅有一个单词，在最后几行又出现了散文的形式。整首诗的艺术形式可以说汪洋恣肆、狂放不羁，这种艺术形式对传统格律诗艺术形式的突破要比惠特曼的自由诗对传统格律诗艺术形式的突破大得多了。该诗诗行安排较为随意，有些行末单词被一分为二，词的第二部分在下一行开首，这一特点与惠特曼的自由诗非常相像。

与惠特曼自由诗相似的是，该诗中用了不少平行结构，如在开头的三行中，诗人一连用了五个平行结构：Hog Butcher for the World, Tool Maker , Stacker of Wheat , Player with Railroads and the Nation's Freight Handler；接着又用了三个词语并列：Stormy, husky , brawling。在下面一部分，诗人又用了一些平行结构，如：They tell me you are wicked...They tell me you are crooked...They tell me you are brutal...还有：I have seen your painted women...I have seen the gunman...I have seen the marks…

下面的一些结构也属"平行结构"如：Fierce as a dog…,cunning as a savage…还有 laughing as a young man laughs，Laughing even as an ignorant fighter laughs…等都属"平行结构"。

"平行结构"在该诗中用得特别多，它使这首在形式上显得散乱无序的自由诗取得了一定的有序性，获得了一定的对称美，对自由诗形式上的洒脱不羁进行了有限度的平衡。另外，"平行结构"因其语句的对称、结构的整齐划一使全诗读起来具有较强的诗味，这一创作方法的使用对于自由诗来说是极其可取的，因自由诗相对于格律诗来说，传统的诗的韵味削减了不少，适当地或大量地使用一些"平行结构"能增强自由诗作为诗所独有的艺术韵味，使诗不仅在形式上富有平衡对称的美感，而且读起来也富有一种磅礴的气势。

该诗的节奏，同惠特曼的自由诗一样，也是通过诗的语言节奏来设定的。通过长短句的合理安排，通过一系列富有表现力、洋溢着诗人充沛的思想感情的词语的恰当使用，诗人使自己感情的节奏跌宕起伏，或疾或徐，或重或轻，这样的节奏特点将诗人自己的声音、格调、语调充分地体现了出来。

长短句的合理安排，以及重复技巧的使用使诗还具有演讲词的风采。这同惠特曼的自由诗也一样。演讲词中，演讲人有时会激情澎湃，慷慨激昂，有时又会低沉哽咽；有时会娓娓道来，有时又会愤怒斥责。这样的特质就需要演讲词在句法安排上能适应演说人思想感情及演讲内容的变化。演说者不应千篇一律地使用同样长度的语句，句法的长短变化应合理、科学。演讲词中"重复"亦是必不可少的，因"重复"能突出某一问题的重要性，引起听众的注意。《芝加哥》一诗中也使用了"重复"，诗开头的几行在诗尾重复了一下，这是因为这几句诗行阐述了该诗的题旨。

同惠特曼一样，诗人注重的是诗的思想感情，诗的主题内容，而不是诗的形式。诗的整体形式颇像一幅镶嵌图案（mosaics）。诗人将一块又一块包含一定的思想内容的图片镶嵌在诗篇中，从而使整首诗就像一幅由大小不等的图片镶嵌起来的图案一样，图案中笔墨浓淡有异、线条粗浅有分。

该诗在语言方面最引人注目的就是一些修辞技巧的巧妙使用。其中最突出的是拟人手法的使用。诗人在诗的一开首就将芝加哥比拟成世界的屠户、工具制造者、小麦堆垛工、铁路的规划建设者、国家货物的管理者。还将这个城市比拟成具有宽大肩膀的人，有着暴风雨般的激情，强健的体魄和爱吵闹的脾性。接着诗人一会儿将它比拟成昂首高歌、充满自豪感的人，一会儿又将它比拟成勇敢的击球手；一会儿将它比拟成野人，一会儿又将它比拟成正在干活的工人；一会儿将它比拟成一名没有文化水平但却骁勇善战的战士，一会儿又将它比拟成一位半裸着上身、大汗淋漓地干活、爽朗大笑的青年人。通篇，诗人使用"拟人"来描写芝加哥这个城市的特点、秉性、风采。

诗人在诗中还使用了"明喻"（simile）手法，如将芝加哥比成一只狗，十分勇猛，伸出舌头，随时准备攻击：Fierce as a dog with tongue lapping for action。比喻用得十分形象。

诗歌语言平易晓畅，有的语句简短有力，有的虽然较长，但并不烦琐，句中各语法成分十分明朗，关系清楚、正确，符合逻辑性。

该诗没有统一的韵式，行末不押韵，但诗中用了不少的头韵和行内韵，请看：

1. 头韵，如在第一节，第一行的 world、第二行的 Wheat 和第三行的 with，第一行的 Hog、第三行的 Handler 和第四行的 husky，第一行的 Butcher、第四行的 brawling 和第五行的 Big，第二行的 Stacker、第四行的 Stormy 和第五行的 City，第一行的 the、第三行的 the 和第五行的 the；在第二节，第一行的 They–them 和第二行的 the‐the，第一行的 you–your，第一行的 wicked 和第二行的 women，第一行的 for 和第二行的 farm，第二行的 lamps–luring，第一行的 believe 和第二行的 boys；在第三节，第一行的 they 和第二行的 the，第一行的 crooked 和第二行的 kill–kill，第一行的 you–Yes；在第四节，第一行的 they–the 和第二行的 the，第一行的 me–my 和第二行的 marks；在第五节，第一行的 those–this 和第二行的 them–them，第一行的 more–my，第一行的 having–who，第一行的 sneer 和第二行的 sneer–say；在第六节，第一行的 city 和第二行的 strong，第一行的 Come 和第二行的 coarse–cunning；在第七节，第一行的 toil–tall，第一行的 job–job，第二行的 slugger–set–soft–cities；在第八节，第一行的 Fierce–for，第一行的 with 和第二行的 wilderness；在第九节，第一行的 Bareheaded 和第五行的 Building–breaking，第三行的 Wrecking 和第五行的 rebuilding；在第十节，第一行的 with-white、第三行的 who，第一行的 mouth 和第二行的 man，第一行的 laughing、第二行的 laughing-laughs、第三行的 laughing-laughs-lost、第四行的 laughing 和第六行的 Laughing；在第十一节，第一行的 stormy、第二行的 sweating-Stacker，第一行的 husky-halfnaked、第二行的 Hog 和第三行的 Handler，第一行的 brawling 和第二行的 be-Butcher，第二行的 Tool 和第三行的 to，第二行的 Wheat 和第三行的 with。

2.行内韵，如在第二节，第一行的 I-I，第二行的 the-the；在第三节，第一行的 I-I，第二行的 kill-kill；在第五节，第一行的 I-my，第二行的 and-and，第二行的 them-them；在第六节，第一行的 me-be，第二行的 and-and-and；在第七节，第一行的 job-job；在第八节，第一行的 as-as，第一行的 a-a；在第十节，第三行的 as-has，第四行的 under-under，第四行的 his-is-his，第四行的 and-and。

这么多头韵和行内韵的使用给这首自由诗增添了韵味，这一特征也符合惠特曼自由诗的特点，或者说，在自由诗中应用大量的辅助性音韵应为惠特曼所独创。自由诗突破了格律诗运用固定的韵式的习惯，以较大数量的头韵、行内韵或一些腹韵的使用来取代韵脚，使其带上一定的韵美，让人们在阅读时能有些微的口角生香之感，使听者在聆听时能产生一定的音乐美感。可见，人们在突破传统时，又能在其他方面做些弥补，以使人们不致感到过于唐突而难以接受，同时又能使传统的一些优点得到一定的保留。

四、结语

该诗发表于 1914 年的《诗刊》（Poetry）上，被誉为桑德堡的成名作。1914 年是现代主义文学达到鼎盛期的年份。在这一时期，现代主义在政治、宗教、哲学、美术等领域已全面崛起，各种新的思想观念、新的技巧方法、新的风格特点等纷纷地出现于文学创作领域，传统的价值观、审美观、美学形式等被现代主义文学的狂飙巨澜冲垮得面目全非、踪迹皆无。从桑德堡的这首《芝加哥》诗中，我们已能十分清晰地看到现代主义文学的巨大影响。

在当时的诗歌创作领域，很多诗人为了突破传统艺术形式的羁绊，采用他们的前贤惠特曼所开创的自由诗，惠特曼的自由诗在惠特曼的时代门庭冷落，但到了 20 世纪最初二十年却车马云集，大受诗人们的青睐。但不少诗人在创作自由诗时，能在吸取惠特曼自由诗的一些特点的基础上进行一定的创新，桑德堡便是这样的诗人。如前所述，本节所研究的《芝加哥》在艺术形式上就比惠特曼的自由诗要自由、奔放得多。据说，该诗发表时，曾获得毁誉参半的效果，对之诋毁的人是那些对传统的艺术形式存留怀念的人，但不久，人们便能欣然地接受了它，因为毕竟时代不同了，20 世纪最初二十年现代主义文学嘹亮的号角已鸣响于所有人的耳际了。桑德堡的这首自由诗是符合时代发展的要求的，它是现代主义文学发展到鼎盛期的必然产物。

现代主义运动在人文社科的各个领域都进行了解构、创新，诗歌创作当然也必须适应运动发展的要求。桑德堡走在了现代主义文学发展的前沿，把握住了新时代发展的脉搏，以一首比惠特曼的自由诗还要自由的自由诗响应了现代主义文学发展的新要求，这在美国民族主义文学发展史上应是写下了十分重要而辉煌的一页。当一股艺术潮流来临之时，其他的艺术领域纷纷响应，破旧立新，推出新人新作，消解旧有的风格形式，创建崭新的时代趣尚，但唯独自己的领域万马齐喑、故步自封，这对该专业领域的发展无疑是不利的。桑德堡追逐时代的脚步，并成功地创作了终为人们所喜爱的这首自由诗，应是为美国民族主义文学的发展做出了重要的贡献。

该诗创作的年代属于美国进步主义时期。在这一时期，美国政府和美国社会各界对各个领域中所存在的痼疾顽症进行了清除医治，全社会动员起来投身到这场声势浩大的政治改革中，人们对政府、企业中所存在的腐败、不合法的现象能大胆地进行揭露、批判，并能及时敦促政府进行改革。桑德堡从这场改革中应是看到了国家的希望，美国梦所放射出的曙光。诗人在诗中激情喷涌、豪迈旷达、浪漫自豪，他热情地讴歌芝加哥，歌唱芝加哥的伟大勤奋、不屈不挠、英勇无畏、富强开放。尽管他也意识到芝加哥有它自身的缺陷和不足，但从整体上看他还是十分肯定芝加哥所独有的城市魅力。从这里，我们可以看出，改革有助于社会的前进、文明的发展；改革符合一个民族、国家多数人的利益；改革有利于一个民族、国家梦想的实现。桑德堡对时代的赞美应是符合了美国当时多数人的心理愿望的，因为人们从他那热烈的诗句、铿锵的节奏中能看到美国梦梦想成真的灿烂前景。

注释：

[1] 卡罗尔·帕金，克里斯托弗·米勒，等．美国史（中册）[M]．葛腾飞，张金兰，译．上海：东方出版中心，2013：196.

[2] 卡罗尔·帕金，克里斯托弗·米勒，等．美国史（中册）[M]．葛腾飞，张金兰，译．上海：东方出版中心，2013：198.

第二节　论卡尔·桑德堡和他《雾》

Fog

Carl Sandburg

The fog comes

on little cat feet.

It sits looking

over harbor and city

on silent haunches

and then moves on.

　　卡尔·桑德堡深受美国浪漫主义时期的诗人瓦尔特·惠特曼的影响，他不但在艺术风格上吸取了惠特曼自由诗的很多特征，而且在艺术内容上也借鉴、吸取了惠特曼诗歌的很多特点，如赞美美国的人民，歌颂他们勤劳勇敢的高尚品格；歌唱美国的大好山河和美国社会的快速发展。我们从《芝加哥》一诗中能读到惠特曼那浪漫奔放的激情、旺盛的青春活力。除此，卡尔·桑德堡还深受意象主义诗歌运动的影响，他于 20 世纪最初二十年写下了好几首著名的意象主义诗歌。桑德堡从事诗歌创作的早期正是意象主义诗歌运动蓬勃发展的时期。1908 年，英国哲学家和作家托马斯·欧内斯特·休姆（Thomas Ernest Hulme，1883—1917）于英国伦敦创办了诗人俱乐部，他要求诗人们在诗歌创作中通过使用一个主要的意象来表达自己瞬间性的、短暂的反应和印象，这次事件代表着意象主义运动的发端。自此，诗人们对维多利亚诗歌和传统的创作技巧进行了反叛，创造了一种新颖的、简洁的诗歌形式。上面的《雾》便是一首典型的意象主义诗歌，它发表于 1914 年。意象主义从 1908 年开始，到 1917 年宣告结束，1914 年正是很多诗人热烈地信奉意象主义诗歌创作原理，并在实践中进行大量创作的时期。下面，将深入地研究一下该诗。

一、大意解读

第一节，雾像猫一样踮着脚步缓缓而来。

第二节，它蹲坐着，俯视着港口和城市。它在那儿默默地蹲着，然后又继续往前走。

二、主题思想讨论

作者曾长期生活在密执安湖畔的港口城市芝加哥，他对芝加哥的城市秉性、特点，城市的历史，城市的各式人物，城市的风俗习惯都十分熟悉，他每天注意观察城市里的人、物、事，关注城市的变化发展，体察城市从晨曦洒满人间到太阳落山时的自然景观。雾也是桑德堡所观察的一个非常突出的自然景观。作者对雾做了十分细致的观察。首先，诗人用了一种暗喻修辞技巧，它将雾比喻成一只小猫，它踮着脚，从远处，从密执安湖上轻轻地向港口、城市走来。雾灰蒙蒙的，像轻纱，像淡淡的烟云，它慢慢地移走。雾的到来会使一切处于朦朦胧胧、混沌不清的状态。雾覆盖一切，人和自然界的一切物体都会隐没其中，人和动物会互相看不清对方，也看不清前进的方向。有雾的日子，没有阳光，没有温暖，大地上的一切都阴暗、潮湿。雾的脚步有时会停下来，它就像一只小猫一样俯视着港口和城市，港口和城市是它即将覆盖的目标，这里，雾给人的感觉是一种危险、危机，它的俯视预示着一种攻击、侵占。尽管它默默无声，但那是暴风雨来临前满天的黑云，它的蹲坐是一种即将发起攻击的准备，给人一种威慑感，造成一种心灵的战栗。接着，雾便继续向前缓缓地移动。它将以一种坚定的、不以任何人的意志为转移的脚步全方位地占领大地上的一切，植物、生灵、港口、城市、山川和田野。

这里的雾无疑具有一定的象征意义。那么，它象征着什么呢？

根据前一节的论述，我们知道，1914 年是美国进步主义时期，在这个时期，美国政府进行了大幅度的政治改革，改革无疑是符合美国大多数民众的心愿的，因为美国的各个阶层，很多的个人和群体都加入了这场声势浩大的政治改革运动。改革无疑也是符合桑德堡的心愿的，从《芝加哥》一诗中，桑德堡对芝加哥蓬勃发展的形势的赞美，从他对这座新兴的工业城市所怀抱着的自信、充满着的乐观主义情绪，我们能清楚地看出桑德堡对从 1900 年开始的政治改革运动的支持和拥护。但改革的形势并不是一切都非常的完美，改革因要触及社会多年的顽疾，要触动不少人的物质利益，故它所带来的负面影响也会是很大的。旧有的体制要废除，不合理的社会现象要纠正，一切的社会观念要抓紧修改，新的政治理想要进行大胆的实验，所有这一切在改革刚起步的时候都会使社会产生剧烈的动荡，让很多人倍感迷茫困惑。人们在短时期内甚至会对改革产生怀疑，人们会怀疑，它到底能不能给社会带来一个和谐、繁荣、昌盛的局面，能不能让美国梦的光辉普照人间。桑德堡在《雾》一诗中所描写的雾，它悄悄地游动、移走，弥漫于湖面、港口、城市，弥漫于芝加哥城市中一切的地方，这很像那时弥漫于芝加哥人们心头、那种对社会形势的发展所产生的困惑、不解，很像那时人们对因强力地推行政治改革而产生社会动荡所产生的不安、迷惘之感。人们心头的这些负面情感会让人感到压抑、孤寂、沉闷，这就像四处漂移，冥冥地笼罩于城市上空的灰蒙蒙的雾一样，让人低沉、抑郁。

桑德堡对雾的描写暴露了当时美国社会的一些弊端，揭示了美国人民对这些社会问题的心理态度。在《芝加哥》一诗中，桑德堡描写了芝加哥城中的一些丑恶，那里有妓女勾引乡下男孩，有枪手杀人却逍遥法外，还有渴求伤害别人的一些妇童，那么，普通的民众对待这些丑恶是什么样的态度呢？除了愤怒外，那就应当是上文所说的压抑、孤独和消沉了。这些负面的情感态度是一个社会在发展过程中很多人会自然而然产生的，但也是社会应努力加以消除的。

诗中的雾还象征着第一次世界大战的烽烟，及人们对战争的恐惧。1914年是第一次世界大战爆发的年代，因 1914 年 6 月 28 日萨拉热窝事件的影响，在协约国（英国、法国和俄国）和同盟国（德国、奥匈帝国和意大利）之间爆发了为重新瓜分殖民地和势力范围、争夺世界霸权的第一次世界大战。其实在 1914 年之前，最远可追溯至 19 世纪末 20 世纪初，发生世界大战的可能性就已在孕育之中。那时，各资本主义国家，如本书前面所论及的美国，在经济方面都得到了快速的发展，它们在物质财富的积累方面，在生产和资本的集中方面都已达到相当高的程度。各个国家都诞生了一批金融寡头、工业大亨、银行家等，如美国的铁路巨头、钢铁巨子安德鲁·卡耐基，他们因拥有雄厚的资本，而成为各国实际的领袖。那时，这些国家都觉得自己的领土面积、势力范围与本国家的经济实力、物质财富不相称，于是都积极地推行对外扩张和侵略别国政策，它们纷纷靠自己的军事力量在世界范围内争夺殖民地，以致整个世界的领土被它们瓜分殆尽。但各帝国主义国家所强行夺取的殖民地在数量上是不均衡的，有的很多，有的很少，而有的则没有，于是在这些帝国主义国家之间产生了尖锐的矛盾，这些矛盾因涉及它们的领土、势力划分，在本质上是不可调和的，有的在 19 世纪 80 年代之前尚没有殖民地的，提出要以武力重新瓜分殖民地。在 1898 年至 1905 年内间，先后发生了美西战争、英布战争和日俄战争，这些战争从实质上来说都起源于领土、殖民地、势力划分，它们也可以说是第一次世界大战的前奏。另外，在这些资本主义国家内部，经常发生经济危机，加上国内贫富两极分化现象都十分严重，这些都加剧了国内形势的动荡、骚乱，人心的不稳。为了将人们关注的焦点问题从国内转移到国外，这些帝国主义国家都想通过发动一场大规模的侵略战争来实现国内社会矛盾的缓和、危机的最终解决。

由于上述这些原因，在欧洲，发生一场世界级的大战可以说一触即发。《雾》中慢慢移游的雾应是从 19 世纪末 20 世纪初就开始萌生的战争火星随着世界形势的演变发展、各国间日积月累的矛盾以及国内逐渐累积起来的社会矛盾的日益加剧而一天天变得强烈起来的战争烽火。对这一于 1914 年 8 月，世界上所谓的主要的文明国家纷纷投入的战争，"许多美国人感到震惊、悲伤和反感。"[1]美国一开始没有参战，美国人在大力地推进政治改革之际，看到欧洲的很多国家陷入了战争的漩涡，他们在感到震惊、悲伤和反感之余，也感受到了丝丝的恐惧、深深的迷茫，他们估计到，欧洲战场的烽火迟早要蔓延到美国、扩展到全世界，美国也必将加入这场战争中，那时全社会的政治改革必将陷入停顿。那轻轻移动的雾，那时而坐着俯视，沉默无语，时而继续游动的雾就象征着 1914 年前逐渐蕴积起来的世界大战和 1914 年爆发以后，逐渐蔓延到美国的战争烽火，它还象征着人们对战争的困惑、恐惧之感，因战争要影响到国内正在进行的经济、社会变革，战争要带来死亡、破坏。

诗中的雾还象征着诗人对社会、人生的一种忧虑感，那种慢慢移动、即将覆盖一切的雾就好像一种潜在的危险在逐渐逐渐地逼近。桑德堡出身于社会底层，父母皆为瑞典移民，从未受到过完整、正规的学校教育。1898 年，他曾入龙巴德学院学习，并与同学们一起"讨论马克思的《资本论》"[2]，这为他日后同情劳动人民的世界观的形成奠定了思想基础。为了维持家庭的生计，他一生做过很多工作，17 岁时，就成了一名流动工人，在货车行业做些零时工作。在其一生当中，他曾做过很多种艰苦的工作，如牛奶工、木工、漆工，街边水果摊贩，在剧院做过布景工，还曾做过士兵、记者、市长助理等工作。身世的卑微、家境的贫困及广泛的社会阅历使他对美国下层人民群众的疾苦忧患有着十分真切的了解和认知，因他与他们朝夕相处，同呼吸、共命运，他还深知，美国 19 世纪下半叶及 20 世纪最初二十年的社会是富人的天堂，但对于像他这样的穷人来说，生活则如波浪翻滚、险象环生的大海上的一叶扁舟，随时都有可能倾覆、或触礁沉没。人生的一切，未来的一切都是不确定的。社会的喧哗与骚动、豪华别墅里恣意的狂笑、贫民窟中穷人的哀号、街头乞丐的眼泪、奔驰在公路上的汽车那刺耳的笛声，这一切都会加剧穷人心头的悲苦、哀怨，他们会觉得危险随时都会降临到他们的头上，他们随时都会被解雇、失业而不得不流浪街头，他们也会随时因找不到工作而面临着挨饿或死亡。这样的忧虑感、悲愁情绪会时时地困扰着桑德堡这样的穷人，它们会像雾一样逐渐地占据他们的心头，让他们迷茫、烦闷、悲戚。

三、艺术特征分析

该诗为一首典型的意象主义诗歌，诗的意象具体生动，遣词用语十分经济简练。全诗仅两节，共六行，二十一个词。作者以精细、锐敏的观察将映入脑海中的一连串的意象以简洁的语言表达摄入笔端。这些意象具有强烈的可视性、具体可感性。一个个相互关联的意象于片刻间闪现于诗人的脑部，它们是那么地充满着活力，给人以极其深刻、清晰的印象。首先映入脑际的意象是雾，然后是像猫一样缓缓移动的雾的速度意象。接着是停止不动的雾（像坐在某个地方的猫），由坐着的猫，产生了下一个意象——港口和城市，然后仍由猫出现了猫的沉默无语和蹲坐着的意象，最后映入脑际的意象是猫（即雾）的继续移动。诗人在呈现这些意象时是以一种直截了当的方式来进行的，所用的词语小而简单、朴实而清新，但非常精确、贴意、传神，诗中避用大词、丽词或一些陈词滥调，形容词用得极少。读者在读时，每遇到一个意象，反应便自动产生。诗读完，一连串的反应便形成读者对这首诗意义的一种理解。意象主义诗歌侧重于意象的简约、快捷性，侧重于意象给诗人的即刻反应。意象主义诗歌创作强调创作的生物学性、科学性，诗仿佛于实验室中制作完成。诗人创作时无须发挥自己的艺术想象力，无须浓墨重彩似的描绘，诗以传达意象为根本的目的。诗的意义是通过意象给读者造成的反应来形成的。此外，意象主义诗歌大都具有很强的隐喻性、影射性。这首《雾》也不能例外，从上文的讨论当中，我们已能看出它丰富的托物喻旨的功能。意象主义诗歌表达直接、意象明确可见，但它的隐喻意义深刻、含蓄。它的隐喻意义要靠读者对意象的理解，对意象与意象之间关系的认识来挖掘、阐发。作者对所观察到的客观事物的描述是忠实客观的，其中因用语的简约及不用或少用形容词、副词等修饰语，故作者在诗中所呈现的客观物质世界的图形在外表上是粗糙而简单的，但那些意象及意象与意象之间的关系所构成的情感内容、意境思想则深深地蕴藏于诗的艺术形式之中，读者读诗时，需根据这些意象及意象与意象之间的逻辑联系，发挥想象力，挖掘出诗歌的美学意蕴。

意象主义诗歌大多采用自由诗的形式，该首《雾》也是一首自由诗，诗行长短不齐，没有韵式，各行无法分辨音步。诗的节奏是采用日常语言的自然节奏，或疾或徐均根据句群、词语的大小、诗的思想感情和意义内容的变化来定。

诗中不用韵脚，但用了一些头韵，如：在第一节，第一行的 fog 和第二行的 feet，第一行的 comes 和第二行的 cat；在第二节，第一行的 sits、第二行的 city 和第三行的 silent，第二行的 harbor 和第三行的 haunches。这些头韵给这首不押韵的小诗增添了不小的韵味，加上一些富有乐感词语的使用，如"on"的三次重复，"and"的两次重复，使该诗读起来韵味浓郁，非常地通达、顺畅和自然。

四、结语

该诗发表于 1914 年，是现代主义文学发展到鼎盛时期最为典型的现代主义作品。英美现代主义文学发展到鼎盛时期，在文学创作领域出现了一些新的流派，其中有超现实主义、立体派、表现主义、达达派、漩涡画派、后印象主义等，还有就是本节所探讨的意象主义。这些称为流派也好，称作新的思潮也好，它们均追求艺术表达形式的新颖、文学技巧的革新。总而言之，这些流派所创作出来的艺术作品与传统的维多利亚时代所创作出来的艺术作品在作品的风格、作品的主题方面都呈现出很大的不同。其中最大也是最为显著的不同应是作品的风格，主要是因为作品的语言表达、作品的结构形式均较前有了重大的改革和创新。意象主义诗歌《雾》就与传统的诗歌在艺术风格上具有了非常突出的差异，这在第三部分已做了深入的探讨。

意象主义诗歌大都用自由诗创作而成，但作为自由诗，它与一般的自由诗又有不同，比较《雾》和《芝加哥》我们应能看出这两首自由诗之间的差异。一首很长，有的像散文，而另一首则非常短小精干；一首中的语句有的比一般的散文语言还要复杂，还要长，而另一首的语句最长的也就四个单词。从语意方面，我们也能看出它们之间的差异，一首继承了惠特曼自由诗的创作特点，语意表达得十分直接、明朗，情感奔放、自然，直抒胸臆，而另一首同庞德的《在地铁站》一样，语意表达得隐晦，诗人采用的是托物喻义的创作方法，深藏的语意要靠读者运用联想，发挥艺术想象力去挖掘。虽然都属于自由诗，但在形式与内容方面，意象主义的自由诗与传统的自由诗是有不小区别的。

意象主义是现代主义文学发展到高潮时期的产物，桑德堡追随意象主义运动的领袖庞德创作了不少的意象主义诗歌，其诗歌在艺术特征及艺术主题方面都符合意象主义的创作原理。这首《雾》同庞德的《在地铁站》在很多方面都有相似之处，不论是在语言表达、艺术风格方面，还是在艺术主题方面。《雾》是时代的产儿，也是现代主义文学运动的发展所诞生的必然结果。当意象主义运动应时代的发展产生、壮大、成熟之际，桑德堡不落伍于时代，以一首首成功的意象主义诗歌响应了时代的呼声，从这个意义上来说，桑德堡为美国民族主义文学的发展做出了重要的贡献。

1914 年，美国正处于进步主义改革时代，美国各阶层全力以赴，力图铲除制约社会发展的体制障碍，但改革尚未完成，一战的烽火已于欧洲战场即将或已经燃起。一战的威胁无疑是巨大的，本来因经济和社会改革所引起的社会震荡尚未完全平息，现在美国又将面临着一场世界大战的危险，此际，人们心头的忧虑、恐惧、紧张、困惑、不安无疑会加剧起来。这些负面的情感因素会如同那产生于海面或湖面上的迷雾一样，笼罩在人们的心头，笼罩在城市、乡村的上空，它会让人们迷茫，看不清前进的方向。在实现美国梦的征程上，不可能一年四季都是春光明媚，风霜雨雪、艰难曲折在所难免。关键是每一个人都应明确自己的奋斗目标，将自己的信仰和理想融入全民族伟大的梦想之中，不论风起云涌、惊涛骇浪，还是风平浪静，都应善于掌好生活之舵，撑起前进的风帆，勇敢地去除前进道路上的迷雾，奋力向前，矢志不渝地追逐并实现自己的梦想。莎士比亚曾说过："光荣的路是狭窄的，一个人只能前进，不能后退；所以你应该继续在这一条狭路上迈步前进，因为无数竞争的人都在你背后，一个紧随着一个。"迷雾、狭路并不可怕，可怕的是人的胆怯、愚昧和糊涂，一个人在迷雾中只要头脑清醒、理想坚定、目标明确，就一定能从迷雾中辨别方向，最后迎来雾散光照的皦皦晴日。

参考文献：

[1] 卡罗尔·帕金，克里斯托弗·米勒，等．美国史（中册）[M]．葛腾飞，张金兰，译．上海：东方出版中心，2013：502.

[2] 杨金才．新编美国文学史（第三卷）[M]．上海：上海外语教育出版社，2002：24.

第三节　论卡尔·桑德堡和他的《港口》

The Harbor

Carl Sandburg

Passing through huddled and ugly walls

By doorways where women

Looked from their hunger-deep eyes,

Haunted with shadows of hunger-hands,

Out from the huddled and ugly walls.

I came sudden, at the city's edge,

On a blue burst of lake,

Long lake waves breaking under the sun

On a spray-flung curve of shore;

And a fluttering storm of gulls,

Masses of great gray wings

And flying white bellies

Veering and wheeling free in the open.

卡尔·桑德堡在《芝加哥》一诗中，给我们描绘了一个朝气蓬勃、浪漫奔放、豪迈热情，充满无限的青春活力、无穷的发展空间的新兴的工业城市——芝加哥。该诗让我们看到了美国人勤劳、勇敢、粗犷、豪放的品格。但该诗并没有将芝加哥描绘成一个完美无缺、洁白无瑕的城市，他在热情赞美的同时，也给我们描绘了芝加哥的阴暗、丑陋和凶蛮。芝加哥的缺陷在《港口》一诗中得到了进一步的张扬。除此，诗人并未将视野仅仅局限于芝加哥的城市，他在对城市中的景象做了一番描绘以后，游目于城外，而城外带给我们读者的则是另一番景观，这景观也是，《芝加哥》一诗所未能呈现的。下面，让我们来详细地研读一下该诗。

一、大意解读

通过拥挤、丑陋的城市街墙，路过家家户户的门口，可以看见那里的妇女们用因饥饿而深陷的眼睛向外面的行人凝视，那眼光里还闪现着一个个因饥饿而形体消瘦的身影。我走出了拥挤、暗黑的城市街墙，突然来到城市的边缘，看到了一片蓝色的湖泊。湖中，长长的波浪涌动着，阳光下水花四溅，拍打在弯弯曲曲的湖岸上。这时，一群海鸥像暴风雨般"呼啦"一下振翅飞翔，那群海鸥在空中自由地翱翔，时而转身，时而翻滚回旋，展露其硕大灰色的羽翼和雪白的鸟腹。

二、主题思想讨论

该诗可分为两部分，第一部分从第一行至第四行；第二部分为诗的其余部分。桑德堡在该诗的第一部分描写了美国城市中的贫困。因诗人出身于社会底层的贫民、工人阶层，故他对美国城市中的贫穷现象有着十分热切的关注。诗人用寥寥的四行诗句向我们概括性地介绍了美国城市中穷人的生活境况。很多人忍受着饥饿，他们憔悴不堪、身形枯槁，他们没有工作可做，生活得不到温饱，只能每天呆坐在自家的门口，呆呆地望着外面的一切。他们的居住条件十分地拥挤，环境肮脏破旧。桑德堡因自身就是他们中的一员，因此他对这些情景的描写是真实可信的，19 世纪 90 年代，美国爆发了金融恐慌（financial panic），仅 1893 年，全国就有 1.5 万多家的企业破产倒闭，创 19 世纪 70 年代经济萧条以来的历史新高。从 1893 年到 1894 年，芝加哥的失业人数达到了 10 万多名，几乎每五个工人当中就有两人失业。经济的衰退使很多人陷入了生活的困境。当时，有一个堪萨斯农民的妻子，叫苏珊·俄卡特（Susan Orcutt），她已怀有九个月的身孕。她曾这样来描述自己当时的生存状态："我提起笔，是为了让你知道，我们正要饿死。太惨了，这地方没有任何吃的东西，天哪……我的丈夫出去找工作，昨天晚上回来，他说我们不得不挨饿。他去了十个县都没有找到工作。"[1]找不到工作的人有的只好待在家中，有的则流浪街头，而有的则拥挤在货车的车厢里。到此诗发表的1914年，社会各界包括美国政府虽进行了大幅度的改革，其中像定居救助之家（the Settlement House）为美国的穷人提供了不少必要的、有益的帮助，但因进步主义改革挑战了美国当时的利益集团，故整个社会处于动荡不安、喧嚣嘈杂的状态，社会的贫穷因政治的腐败、企业从事的不法勾当并没有从根本上得到解决。那时，在美国的东部城市，有些工厂被称之为"血汗工厂"，所谓的"血汗工厂"，即指一些商店或工厂，其中的雇工不得不在恶劣的条件下工作很长的时间，而所得到的工资则非常低。那时，一些无技术和半技能工人、南部的佃农、女性工人、非洲裔美国人，还有一些来自南欧和东欧的"新移民"等都深受美国的资本家的残酷剥削，而生活异常地贫困。他们即使为社会做了不小的贡献，但他们的价值和劳动却长期为政府所忽视。

诗人在第一部分对美国社会贫穷困境的描写是饱含着血和泪的，情调是令人压抑、悲悯的。作者的描写显示了其作为一名美国人民诗人，对人民贫困生活的同情，也显示了他与美国的普通人民群众心连心、水乳交融的情感关系。但桑德堡是一名乐观、自信的诗人，这从他的《芝加哥》一诗中我们已能看出诗人的这种个性特征。他是不会让他的情绪永久地沉浸在一种低沉、压抑的状态中的。他在让读者为他所挚爱的美国人民贫困生活洒一掬同情之泪后，笔锋一转，让读者拨开笼罩在芝加哥空中、读者心头的迷雾而看到亮丽、灿烂的风景天光。

在诗的下一部分，诗人吸取了浪漫主义诗人喜欢写自然，并从美好的自然风景的描写中力图揭示出某种生活哲理、寄予一定的人生理想的创作方法，对城市边缘那片蔚蓝色的湖泊中优美的自然风光进行了浪漫的描绘。诗人喜欢惠特曼诗歌，年轻时就研究过他的诗，并深受其诗风的影响，他不仅借鉴了惠特曼自由诗的不少形式特点，而且在内容题材的选定上也吸取了不少，这里对芝加哥城边一片蓝色湖泊的描写就显示了其对浪漫主义诗人惠特曼诗歌意境内容的借鉴和效仿。

诗中写了湖水的碧蓝如玉，写了波浪的奔涌、水花的四溅，写了湖岸的透迤妖娆，最后诗人又以细致的笔触描绘了海鸥的自由飞翔，写出了海鸥在天上那自由自在、洒脱惬意的身姿。诗人的笔调是愉悦的、轻松而潇洒的。

　　这两部分的内容融合于一首诗中，看似互相矛盾，不相关联，但实际上是交融一体、契合两忘的。第一部分，诗人着墨于人民的苦难和贫穷，情调哀怨、伤痛，人民因饥饿而眼窝凹陷，整日痴痴地凝望窗外，他们在望什么呢？他们在期待着、企盼着什么呢？无疑，他们在期盼着美国社会的巨变，他们在盼望福音能降临人间，能降临到他们的生活中来。他们在期盼着有朝一日能走出这拥挤、肮脏、破败的城墙，看到一片清新光亮的天地。据此，诗人在第二部分的描写应是城中老百姓朝思暮想的情景，应是贫苦百姓对美好生活热烈向往的一种象征。那蔚蓝色的湖水、那拍岸的雪涛、那四溅的碎珠飞玉，还有那展翅翱翔的海鸥都象征着一种生活的美好、健康、活泼、愉快。贫苦百姓因生活的贫困已失去了生活的乐趣、活力，生命的健康，人生的愉悦，但自然界中的湖水、浪涛、海鸥却给予了他们希望。这就是说，美国社会的贫穷是暂时的，全社会正在进行着经济、社会变革，政治的腐败正在被人们揭露，被政府整治，美国的各行各业都在进行着进步主义改革，贫穷不是永恒的，它会随着时代的发展、文明的进步，随着人民的觉醒和耕耘而逐步得以消除。当饥饿成为历史，当贫穷灰飞烟灭，人们将迎来一个崭新的、富裕的、美丽的春天，那时的人们会像飞翔于蓝天上的海鸥一样，自由自在地放飞自己灿烂的梦想。最后几行有关海鸥飞翔的内容象征着美国梦的梦想成真，象征着人们在美国梦梦圆之日无限自由、无限欣悦的心情。对那些生活在城里的穷人来说，现实是阴暗困窘的，但这种境况是暂时的，人们已经迎来一个崭新的时代，这一时代不久就会将人们带入一个繁荣、自由的时期。

　　诗人在第一部分曾两度提到"拥挤、丑陋的墙壁"，其实，该词语是具有象征意义的，它象征着美国城市环境的肮脏、污染的严重。芝加哥是一个新兴的工业城市，"1900年它已拥有170万人口"[2]，成为中西部及至全国大部分地区的铁路中心，钢铁工业发展很快。工业的发展往往会带来自然环境的严重破坏，以往的绿水青山、鲜花葱树会为鳞次栉比的摩天大楼所取代，会为整日冒着浓浓黑烟的工厂所吞没。而且污染会不仅仅局限于市区城内，随着工业的进一步发展，它会逐渐地蔓延到城市边缘、郊区或更远的乡野地区。我们在诗中读到的城市边缘的蓝湖、海鸥，若城市的污染不加控制，不久就会消失得无影无踪。因此，诗人在诗中对两部分内容的描写有警示美国政府在发展工业，着力改善国民的生活的同时应注重自然环境的保护，注重城市的环境美化问题。这里，我们可以看出，桑德堡不仅吸取了浪漫主义诗人惠特曼的一些创作特点，而且还吸取了浪漫主义诗人维廉·柯伦·布莱恩特（William Cullen Bryant,1794—1878）等人的一些创作特点。布莱恩特在《哦！乡村最美的姑娘》（*Oh Fairest of the Rural Maids*）一诗中就对乡村最美姑娘所生存、生活的森林环境做了浪漫化、抒情性的描写，这一描写也有警示美国政府在 19 世纪二三十年代发展工业文明的同时应注意生态环境保护这一问题。

该诗还有勉励、告诫美国的人民要努力摆脱生活的重压，到优美自然的环境中去寻找心灵上的慰藉、精神上的自由之义。自然是人类的母亲，她不仅是人类赖以生存、生活的物质居所，而且她还是人类的精神家园，自然界中的山鸟虫鱼、飞禽走兽、花草河田能给人以美感愉悦，给人以精神上的陶冶。它们能抚慰人们因工作的压力和生活的重担而产生的焦虑、烦躁、紧张乃至痛苦、愁烦的情绪。因此，人类应热爱自然、保护自然。政府在发展工业文明的同时应注重生态文明建设。

三、艺术特征分析

该诗也是一首自由诗，诗行长短不齐，各行的音步数难以分辨，全诗没有统一的韵式。诗歌的节奏按诗歌语言表达所产生的节奏来确定，即根据朗读时的意群和读者对诗歌各处思想感情的理解来确定节奏的疾徐、轻重。这是一般自由诗都具有的诗歌节奏特点。该诗也是一首意象主义诗歌，诗人通过自己精锐的观察，将摄入眼帘的意象十分确切、真实地呈现了出来。同《雾》相比，该诗略长了点，所描写的意象也较多了些。归纳一下，该诗所涉及的意象有如下一些：walls-doorways-women-hunger-deep eyes-shadows-the city's edge-blue lake-wares-the sun-spray-curve of shore-fluttering gulls-gray wings-white bellies-Veering and wheeling-the open。随着诗人视野的变化，这些一连串彼此相关的意象一一地呈现于诗人的脑海，也呈现于读者的面前。诗人通过这些意象的呈现，以较为简约的语言，让我们了解了美国穷人所面临的凄惨现实与美好梦想之间的巨大差异。

但与《雾》相比，我们可以看出，该首意象主义诗歌在有些特征方面其意象主义的风格不够突出、典型。如一般意象主义诗很少用一些形容词，但该首意象主义诗歌却用了不少的形容词，如 huddled and ugly ,hunger-deep、blue、long、spray-flung、fluttering、great、gray、white 等，除此，诗中还用了一些副词，如 sudden、free 等。这些形容词、副词的使用加强了诗人对这些意象的情感性评价，和其在文中对诗歌的主题所具有的阐释、说明功能。一般的意象主义诗歌通过一些关键的意象词的使用能给读者呈现出一幅图画，这些意象词因选用得十分精切一般都能触动人们的五官感觉，激发人们的想象和联想，人们看了这幅画能迅即产生丰富的联想，将这幅线条简约的图画丰满化、立体化、具体化，也就是说人们会使用一些修饰性词语如形容词、副词、现在分词、过去分词等将这些意象词语对诗的意境、情感、主题意义等的烘托作用十分具体而详实地再现出来。这样的烘托作用的再现是由读者来完成的，而不是由作者。该诗修饰性词语使用较多使意象主义诗歌简约性、客观性的风格特征未能很好地发扬出来。

该诗第二部分的描写具有浪漫主义诗歌的特征，虽然在艺术形式上与第一部分一样，仍是自由诗诗体，但在艺术内容和艺术意境的描绘方面具有浪漫主义诗歌写自然、讴歌自然的特点。之所以说它具有浪漫主义诗歌的色彩，是因为它宣泄了诗人的一种主观感情。在这一部分，诗人将自己对自然的情愫，对碧蓝的湖水、飞溅如玉的浪花、翱翔碧落的海鸥的满腔喜爱十分洒脱地倾注笔端。因此，诗人在这里是以十分直接的方式表达了感情，在这一部分，一些表现力极强、充满着丰富感情的修饰性词语也较第一部分用得多。这一特点与意象主义诗歌的一些创作原理是相违背的。意象主义诗歌一般不注重感情的倾诉，诗歌用语十分简约，表达注重简洁性、科学性、具体性，还要具有力感。诗人的感情蕴藏于诗的字里行间，它需要读者通过意象词语的巧妙使用展开想象和联想去挖掘。

该诗与《雾》一样，一般被归为意象主义诗歌，它具有意象主义诗歌的一些简单的特征。诗偏短，诗体用的是自由诗诗体。对诗歌题材的选择较为自由随意，没有刻意地去精心挑选、雕饰斟酌，如通过城市的围墙，路过家家户户的门口，看到了妇女的眼睛和骨瘦如柴的身影，来到城市边缘，看到了湖水和海鸥，这些描写非常地随意，没有精心安排的痕迹，这些描写也非常地生活化，读后，觉得此类事情在日常生活中会经常地出现。这些描写同庞德在《在地铁站》中写到他走下拥挤的地铁车厢，看到了人群中一个又一个美丽的女人的面庞和儿童那天真的面孔一样，都是十分随意和生活化的。诗的意象非常地具体，描写非常清晰、自然，另外诗人对这些意象进行描写时，能注重它们之间意义上的前后关联，注重一连串意象的次第呈现。每一个意象都非常生动，饱含着丰富、深邃的感情，用语普通，选词十分精确。诗句的表达较为直接、文法简单。再者，诗中有些词语的使用具有音乐性，如 "huddled and ugly walls" "hunger" "from" "on" "and" 等词语均进行了有效的重复，它们的重复使得诗具有了一定的乐感。以上这些特点都符合意象主义诗歌的创作原理。

根据以上这些特点，将该诗归为意象主义诗歌也是适宜的，但该诗中一些有违意象主义诗歌创作特征的要素也很明显，这在上文已做了详细的分析。那么，诗人为什么在创作意象主义诗歌时会采用一些非意象主义的东西呢？

一般来说，当一股新的文学潮流来临之时，以往一些传统的原理、方法、特征都会被文学大潮所冲垮，作家、诗人们会按新时代新的文学流派的一些要求去满足人们对新生事物的渴求、热爱。这时，他们会创作出一些在主题、风格、方法等方面与传统的文学作品有着巨大差异的文学作品来。这些作品由于它们与传统的作品有着惊人的差异而会给人们的审美期待视野带来剧烈的震动，给人们的心灵带来新鲜的刺激。像庞德的《在地铁站》，诗一出，就备受人们的注意、喜爱，其主要原因就是因为它与传统诗歌的显著不同。但在文学流派的发展过程中，或在新的文学潮流退潮之后，人们在创作新诗、新作品，吸取新的文学流派的一些新鲜的方法、特征的基础上，又会自觉不自觉地想起一些传统的东西，于是他们在创作实践中会将一些传统的艺术元素糅合进自己的新作品中去，这样，作品因一些历时已久，长期为人们所喜爱的传统元素的补充而显得语义丰满、情感充沛、美学意蕴深厚绵长。这其实也是文学潮流产生、发展的根本意义所在。新的文学潮流的产生并不意味着传统的东西全部消亡，也许在文学潮流刚开始大潮涌动的时刻，传统的东西的确会被人们所抛弃，但过了一段时间，传统中一些有价值的元素会再度引起人们的兴趣而进入文学作品的璀璨殿宇。这样，文学的发展就会在继承传统的基础上又有了新的发展。

像《港口》一诗，诗人在创作中在满足意象主义创作的一些基本要素的基础上，又吸纳了传统诗歌中喜用一些修饰性词语以使表达具体生动，还吸纳了19世纪浪漫主义诗歌擅长抒情的特点，这样，该首意象主义诗歌就在坚持艺术创新的同时，又继承了传统中的一些精华，而使其在现代主义的诗坛上绽放奇异、新颖的艺术光彩。

该诗押了一个全同韵，如第一行末尾的 walls 和第五行末尾的 walls，这两个 walls 又和第九行末尾的 shore 押了腹韵。此外，第八行末尾的 sun 和第十行末尾的 gulls 也是腹韵。

该诗还运用了不少的头韵，如，第一行的 walls、第二行的 where-women、第四行的 with 和第五行的 walls，第一行的 huddled、第三行的 hunger-deep 和第四行的 Haunted-hunger-hands，第二行的 doorways 和第三行的 hunger- deep；第六行的 sudden-city's，第七行的 blue-burst 和第八行的 breaking，第七行的 lake 和第八行的 Long-lake，第九行的 spray-flung 和第十行的 storm，第九行的 spray-flung、第十行的 luttering、第十二行的 flying 和第十三行的 free，第十一行的 great-gray，第十一行的 wings、第十二行的 white 和第十三行的 wheeling。

全同韵、腹韵和头韵的使用使这首不押完全韵的自由诗带上了不小的韵味，读完全诗，读者仍觉诗的韵味犹存，悠扬的音韵回荡耳际，久久不绝。

诗的第一部分，诗人通过自己的观察，直接告诉人们美国城市穷人所遭受的生活苦难，这一部分的创作方法带有现实主义的鲜明特点，作者将自己的笔触直接伸入现实生活，再现真实具体的场景，生动地描写典型环境中的典型人。第二部分的描写，如前所述，是一种浪漫主义的抒情，这一部分，诗人明显地采用托物喻义的创作方法，借自然环境的描写来寄托自己心中的理想、情感和志趣。这两部分的描写从创作技巧来看，属于一种对比手法，因为诗人对不同环境的描写存在着强烈的反差，诗人以城墙的拥挤、破败、丑陋来对照城市边缘那片湖泊的秀美，通过这样强烈的对比，诗人力图说明自己的创作题旨，这一创作题旨在"主题思想讨论"中已做了深入的探讨和分析。

四、结语

该诗同《芝加哥》《雾》一样都被收入 1914 年出版的《芝加哥诗集》（*Chicago Poems*）。《港口》和《雾》一样都属于意象主义诗歌，这是西方现代主义文学运动发展到高潮时期，诗人追随现代主义文学发展的脚步而创作出来的一首成功诗作。从一定意义上来说，《港口》一诗的艺术价值要高于《雾》，因《港口》一诗，根据上文的分析，我们可以看出，诗人兼容了传统和现代的诗歌创作的养料，有着丰富的美学意蕴，所阐述的道理要更为丰富深刻，提供给读者阐释、解读、想象、联想的空间也更为广阔。《雾》一诗，同庞德的《在地铁站》一样，都属于十分典型的意象主义诗歌，它们的创作风格、语言运用、创作技巧等都与意象主义的创作原理圆合无间，它们对传统诗歌创作各个方面的解构是大胆的，对传统的颠覆在力度和幅度方面都是十分巨大的，应该说，《雾》和《在地铁站》对美国现代主义诗歌的发展都起了领先的作用，它们为美国诗歌的发展在新时代发挥了勇开先河的功能。桑德堡和庞德筚路蓝缕，在文学发展的重要时期，引领了文学新潮流，为美国民族主义文学的发展都做出了自己杰出的贡献。《港口》也按意象主义诗歌的创作要求写就，但诗人能善于吸收传统的文学养料，使这首意象主义诗歌同其他的意象主义诗歌相比，别具一格，别有一番独特的美学风味，这是桑德堡为美国民族主义文学的发展所做出的又一难能可贵的贡献。

在 1914 年的进步主义改革时期，美国政府和美国各个阶层的人民都在大力推进政治改革，改革的浪潮汹涌澎湃，它因对社会利益集团的触动而在全社会引起了不小的震动，社会出现了骚动、不安，尽管一些顽症痼疾，如工人、农民生活的贫困不能在短时期内得到根本性的、全面的解决，但政府改革的锐意丝毫没有削减，因此贫穷只能是暂时的。桑德堡在诗中对社会的贫穷作了现实主义的描写后，以清新、浪漫、乐观、奔放的笔触描写了自然环境的优美，这一描写让人们看到了生活的希望，看到了美国梦的辉煌前景。现实存在着阴暗、丑陋的一面，但会随着政府改革的深入、文明的发展而逐渐缩小，乃至最终消失。碧蓝的湖水、四处飞洒的水珠碎玉、腾飞的海鸥都在昭示着未来生活的美好，处于现实困境中的人们应怀着一颗充满希望和自信的心去为美国梦的最终实现而努力，而奋斗。另外，政府在政治改革、国家建设过程中，应注重生态环境的保护、治理，应努力铲除城市发展中所产生的污染严重、肮脏丑陋这样的问题，让市区与郊区都处在优雅、美丽的环境中，让城市既有工业化城市的文明先进，又有乡郊的清新、甜美、安适。这样的人居环境才能让美国人真正品尝到美国梦的佳酿琼浆。

参考文献：

[1] 卡罗尔·帕金，克里斯托弗·米勒，等．美国史（中册）[M]．葛腾飞，张金兰，译．上海：东方出版中心，2013：392.

[2] 卡罗尔·帕金，克里斯托弗·米勒，等．美国史（中册）[M]．葛腾飞，张金兰，译．上海：东方出版中心，2013：196.

第四节　论卡尔·桑德堡和他的《迷失》

Lost

Carl Sandburg

Desolate and lone

All night long on the lake

Where fog trails and mist creeps,

The whistle of a boat

Calls and cries unendingly,

Like some lost child

In tears and trouble

Hunting the harbor's breast

And the harbor's eyes.

卡尔·桑德堡的意象主义诗歌除前面所研究的《雾》和《港口》非常有名外，还有一首《迷失》（*Lost*）也非常受读者喜爱。这些意象主义诗歌都与芝加哥有关，诗人凭借自己对芝加哥的一草一木、一山一河的谙熟，将自己对该城市中的一切，哪怕是极其细小、微乎其微的东西摄入作品中，并努力从自然界这些景物给自己的瞬间反应中揭示出某种生活的哲理，体现出自己对社会底层百姓艰苦生活的同情，并昭示出未来美好生活的灿烂前景。因此，桑德堡的诗，精读细品，能催人泪下，也能激发起人们对未来生活的一种热切的期盼，还能激发起人们砥砺前进，奋勇克难，努力为美国梦的梦想成真而刻苦工作、勤奋劳动的巨大热情。下面，我们来看一看该首《迷失》。

一、大意解读

长夜漫漫，湖面上一整夜都飘动着雾，那雾在轻轻、缓慢地爬行，一切都是那么地凄凉、孤寂。小船的汽笛在无休止地嘶鸣、哭喊着，就像一个迷失的孩子，满腹烦恼，泪流满面，在找寻着港口的怀抱和港口的眼睛。

二、主题思想讨论

该首短诗可分为两个部分。前三句为第一部分，后六句为第二部分。在第一部分，诗人给我们描绘了一幅雾气迷蒙、凄清阴暗的画面。黑夜长长，湖面上又升起了雾，这更加剧了夜的暗黑。那雾在慢慢地移动，就像诗人在《雾》中所描写的那踮着脚在缓慢地移动的小猫一样，雾即将覆盖湖面，然后再由湖面移动到港口、市郊……夜及冥冥的雾让整个世界显得混沌不清、阴暗沉闷。

诗人对夜和雾的生动描写无疑影射了他所生活的那个时代和那时的社会现实。该诗同前面的三首一样都收入在 1914 年出版的《芝加哥诗集》。1914年的美国进步主义改革固然取得了不小的成就，如在缩短贫富差距，改善穷人的生活状况，揭露、曝光政府执政、企业经营的腐败现象方面都有一些颇为先进、文明的举动，但这一次改革给全社会带来的震荡也是非常巨大的，很多人感到困惑、迷茫、不解，这在前面有些章节已有论及。人们的迷惘就像湖面上升起的雾一样，在慢慢地滋生、慢慢地游动，驱之不尽、挥之不散。再加上当时美国社会私刑泛滥，从 1900 年至第一次世界大战期间，有超过 1000 人被私刑处死，一些白人暴徒的暴力行为猖獗凶蛮、甚嚣尘上，不仅杀害了一些黑人而且还破坏了黑人企业，另外，工人的罢工斗争也时有发生，但又常常遭到政府的残酷镇压，因此整个社会如波涛汹涌的大海上的一只小船，动荡不宁、摇摆不定，人们似生活在无边无际、黑漆漆的长夜一样，四面都是厚厚、沉沉的夜幕，看不见一丝灯光。在这样的环境中，人们感受到的是凄凉、孤独和寂寞。

　　1914 年还是第一次世界大战爆发的年代，在当时欧洲的几个主要的帝国主义国家之间爆发了一场大战本早就是意料之中的事情，但是当战争真的如期而至时，很多人还是认为，在被西奥多·罗斯福所称为的世界"文明"国家之间发生战争，这是不可思议的。因此，在 1914 年 8 月，当那几个主要的"文明"国家纷纷投入战争之时，许多美国人感到惊讶、悲哀和反感。这样的感觉会加剧美国人对黑暗世道的认识，使他们在对现实感到困惑不解、怅惘若失之余，对前途感觉恐惧、担忧。这样的心理情感无疑会使美国人度日如年，天天如生活在漫长的、永远见不到黎明曙光的黑夜中一样，夜色本来就黑，夜间所升起的雾又加剧了夜色的浑浊，人们对现实社会、前程未来的认识不仅黑暗一片，而且模糊混沌，人就宛如生活在遮风蔽日的阴间、地狱中一般。人们常把一战期间及战后的欧美国家比喻成人间地狱，其实，就在 1914 年，或 1914 年之前约十年的一段岁月里，欧美国家很多穷人的生活就如人间地狱中的生活一样。桑德堡在《迷失》一诗前三句的描写是对这种人间地狱生活的诗意概括。

　　能打破这种黑夜静寂的是小船汽笛的嘶鸣，那嘶鸣犹如无止境的哭喊。小船在黑夜的大海上，因大雾弥漫，看不清前进的方向，它发出长久的嘶鸣，无疑是在发出求救的信号，但四周都是沉沉的夜幕，四周都是浓重的雾霾，何处才可以找寻到落脚安身的地方呢？何人能于此际驶到它的身旁将它引向避风港呢？这里，诗人无疑是将船比拟成了美国现实社会中的人们，他们自19 世纪下半叶以来就一直生活在贫穷、艰难的困境中，当20 世纪拉开序幕时，进步主义改革虽让人们看到新世纪灿烂的晨曦，但社会的动荡不宁、贫困的处境依然未变，这使他们感到绝望、哀怨、悲愤，他们呐喊过、斗争过、挣扎过，但谁才是他们的福音呢？谁能让他们走出现实的困境呢？他们感到惝恍、痛苦和郁闷。诗人在诗的后几句，用了一个比喻，以加强人们对诗隐含意义的认识。诗人将海上的这只小船比拟成迷了路的小孩，他满腹烦恼、困境重重、泪如雨下，在寻找母亲温暖的怀抱和她那双慈爱的目光。这里，诗人用了拟人修辞格，他将 harbor 拟人化为母亲，因大雾蒙蒙、黑魆魆的海上，小船处于十分危险的境地，若波涛汹涌，它随时都会沉没海底，此际，它急需能找到一个避风的港口，在那里安然地停泊，因此，这港口就如母亲对小孩一样的重要，母亲的怀抱，甘甜的乳汁是孩子得以生存的条件，母亲慈祥的目光是孩子烦躁不安心灵的镇静剂。那怀抱是温热的摇篮，那目光是孩子生存的勇气。小船如迷路的稚童找寻母亲一样在找寻着港口，在追逐着希望。从这里，我们可以看出，尽管现实黑暗如长夜，但人们并没失去生活的信心和勇气，他们哀叹过、哭泣过，但他们仍在不断地挣扎、奋斗，追逐生的火光。他们会奋力拨开厚重的雾幕，点燃起一支支明亮的蜡烛，去照亮前进的航道，找到生存的希望彼岸和温暖的港口。

这首诗的标题及主题思想还影射了一战后所出现的"迷惘的一代"（the Lost Generation）。尽管诗发表于 1914 年，那时一战才刚刚爆发，但桑德堡根据那时的现实状况、社会形势，感受到社会上弥漫着一种失望、迷茫的情绪，而且作为一名作家、诗人，他也应凭着自己对社会人生的敏锐直觉，预料到这种情绪会因战争给西方世界秩序的破坏而成为一种遍布全社会的迷惘、失落、悲伤的情感。一战后有这样情感的，大部分是一些关心国家前途和命运的青年知识分子，他们对战后美国社会的发展状况普遍感到不满，对当时盛行的保守主义和文化、政治现状感到失望和幻灭，他们不得已离开了祖国，前往欧洲，成了有家难归、漂泊无依的流浪者、弃儿。这些人后来被旅居巴黎的美国文学评论家格特鲁德·斯坦因（Gertrude Stein,1874—1946）称之为"迷惘的一代"。他们在国外，就如同桑德堡在诗中所描述的湖中的小船一样，那湖面上天色黑暗、雾气蒙蒙，而他们就如同小船在寻找港口一样，寻找着改变美国现实状况的真理，同时也在渴望着能早日返回祖国，为社会的发展贡献自己的力量。桑德堡的这首《迷失》是对一战后在美国产生的"迷惘的一代"的心理、思想状况的诗意描摹。

三、艺术特征分析

该诗为一首自由诗，诗行长短不齐，全诗没有规范的韵式，各行无法分辨音步数。按传统格律诗对节奏的要求，该诗无法确定统一的节奏类型，即到底属于抑扬格还是扬抑格无法断定。该诗的节奏体现为诗歌语言所形成的自然节奏，即根据诗人在各行诗句中所使用的词语及诗人在每一行或每一个词语中所表达的情感和思想来确定诗歌的节奏。如在前三句，诗人在描写深夜湖面上升起大雾时，朗读者在朗读时，节奏可以放慢，语气宜轻缓。在第四、五句，诗人在描写汽笛长鸣时，节奏可以放快，语调宜高、尖，这会给人的心理造成一种紧迫感，也会加剧人们对某种危险即将到来时的恐惧感。从第六至第九句，诗人在描写小船如迷路的孩童在寻找港口母亲时，节奏宜再次放慢，语调应轻柔、缓和，充满同情、疼爱的味儿。这样的节奏变化全由诗各个部分所体现的思想感情以及一些词语的长短、意群关系来确定。

该诗为一首意象主义诗歌，采用的诗体是自由诗，一般的意象主义诗歌都以自由诗作为其诗歌的艺术形式。诗中描写了一个又一个意象，如 night－lake－fog，mist－whistle－boat－child－tears－trouble－harbor's breast－harbor's eyes。这些意象以一连串的方式快捷地闪现在诗人的脑海中，呈现于读者的面前。意象与意象之间在情感、意义上紧密相关，显示出诗歌意义表达、情感变化的流畅性、逻辑性。每一个意象都能在读者的心理产生瞬间的、清晰而深刻的印象，每一个意象都能为诗歌主题意义的揭示、情感意蕴的表现起到有益的作用。诗人选词十分精切、传神，每一个词语都包含着情感的力量，如"desolate""lone"让我们体会到湖面环境的凄清，诗人内心深深的寂寞和茕茕孑立之感。"Calls and cries unendingly"让我们体察到美国穷人因饥饿贫困所发出的凄惨的呐喊，聆听到他们对生存环境的艰辛所发出的无休止的哭泣。"Hunting the harbor's breast And the harbor's eyes"让我们理解了美国的穷人们于颠沛流离、无家可归的状态中寻找家的温暖的那份急切的心情。诗人在这首诗中，用的修饰性词语不算多，词语使用较为经济，也较为朴素，没有什么华艳、陈腐的辞藻，词语选用非常符合意象主义诗歌的创作原理。

　　全诗通过一系列意象的使用，促发读者的想象，加深读者对诗义的理解。一般的意象主义诗歌，如桑德堡的《雾》、庞德的《在地铁站》，诗人一般只是客观地记录下自己的观察结果，将呈现于自己意识中的意象直接地、具体地、实实在在地记录下来，诗人一般不像在传统诗歌中那样会发表一些感想和评论或做一些阐释说明。但在《港口》一诗中，桑德堡还是吸取了一些传统诗歌的创作特点的，在该首《迷失》一诗中，桑德堡又一次地吸取了传统诗歌的创作特点。如在诗的最后四句，为了加深诗的悲凉气氛，也为了突出小船在危机四伏的大海上力图求生、不甘就此沉没海底的决心，诗人采用了传统诗歌创作中所经常采用的解释说明功能，使用了比喻修辞手法，"Like some lost child... And the harbor's eyes"。这一修辞手法的使用深化了诗歌的主题意义，丰满了诗歌的意境、情感。意象主义注重意象的简洁、精炼，这固然有其突出的优点，也很符合"简洁为诗歌的灵魂"这一创作宗旨，但若过于简洁、客观，诗的意义会显得单薄，适当地采用一些传统的诗歌创作手法，对意象主义诗歌意象所包含的情感意义的丰满和具体化是有好处的。

　　该诗用了一些腹韵，如第一行末尾的"lone"和第四行末尾的"boat"，第六行末尾的"child"和第九行末尾的"eyes"；除腹韵外，该诗还用了一些头韵，如第一行中的"lone"和第二行的"long-lake"，第三行中的"where"和第四行的"whistle"，第三行的"creeps"和第五行的"calls-cries"，第六行的"Like-lost"，第八行的"harbor's"和第九行的"harbor's"，第八行的"the"和第九行的"the"。另外，像其他一些意象主义诗歌一样，该诗也用了一些富有乐感的词语。这些词语的乐感是通过重复来实现的，如诗中"and"和"harbor's"的重复。腹韵、头韵及一些富有乐感的词语给这首短诗增添了韵味和音乐性，使全诗读起来十分的流畅、顺口，听起来也悦耳动听。

　　诗中用了一些修辞手法，如前所述，后四行，诗人用了比喻，即明喻修辞手法。在"mist creeps" "The whistle of a boat Calls and cries unendingly"中，诗人用了拟人修辞格，诗人将"mist"和"The whistle of a boat"都比拟成人。这些修辞格的使用使语言表达生动、形象，使主题更为突出，也使情感表达得更为真切、动人。

四、结语

该首意象主义诗歌是桑德堡对美国现代主义文学发展的一大贡献。它以其诗歌篇幅的短小，以其意象的生动鲜明性，以其词语的简约、精确性响应了意象主义对诗歌创作传统的打破。桑德堡又以其对传统诗歌创作方法一些优点的继承，创新、改造了意象主义诗歌的创作风格。在 20 世纪最初二十年的西方现代主义文学的发展大潮中，桑德堡独树一帜，他既是意象主义运动的拥护者、支持者，又是意象主义诗歌创作风格的革新者。从这个意义上来说，桑德堡为美国民族主义文学的发展应是做出了非常突出的贡献的，从他所创作的这几首意象主义诗歌来看，其贡献的大小绝不亚于意象主义诗歌运动的领袖庞德。

桑德堡在这几首意象主义诗歌中，都表达了对人民苦难的同情，像这首《迷失》，它所唤起的人的怜悯之情是让人肝肠寸断的。诗中的嘶鸣、呐喊、哭泣、眼泪以及对母亲怀抱、目光的追寻是那么地催人泪下，让人对美国穷人所遭受的痛苦、迷茫、困厄有着切肤之痛。桑德堡不愧为"人民的诗人"这一称号，他在意象主义诗歌中对美国穷人艰辛生活的真切描写为美国现代主义文学写下了光辉、独特的一页。

美国梦是美国全民族、全体国人的梦。在 20 世纪最初二十年，美国非但没有消除贫穷这一现象，反而在这一时期，贫穷在某些地区、领域像一个顽症一样长期地困扰着国人，似乎久治不愈。社会进行了改革，但改革未能完全奏效，贫穷未能得到根治；另外一些地区暴力犯罪、社会腐败又特别严重，这些都会影响到美国梦的构筑。一战的到来也违背了很多美国人的意愿，因为他们知道，战争的烽火迟早要燃烧到他们的祖国，影响到美国梦的辛勤构筑。了解了上述这些因素，政府在进步主义时代的改革中应对症下药，具体问题具体解决，这样就能使实现美国梦的伟大工程迎难而上，突破重重障碍，顺利前行。

第五节　论卡尔·桑德堡和他的《在获月下》

Under the Harvest Moon

　　Carl Sandburg

Under the harvest moon,

　　When the soft silver

　　Drips shimmering

Over the garden nights,

Death, the gray mocker,

Comes and whispers to you

　　As a beautiful friend

　　Who remembers.

Under the summer roses

When the flagrant crimson

　　Lurks in the dusk

Of the wild red leaves,

Love, with little hands,

Comes and touches you

With a thousand memories

　　And asks you

Beautiful, unanswerable questions.

　　桑德堡的很多诗都注重自然风景的描写，他往往通过特定的自然环境中花草虫树、山川湖海、风雨雾月的精心描写，创造出一种意境，这意境有时迷蒙混暗，有时明丽清新；有时隽永柔婉，有时奔放浪漫。即使他所创作的是一些意象主义诗歌，但我们仍会时常领略到诗人所精心构造的艺术意境。上面的这首《在获月下》又一次地将我们领入一种特定的诗意境界。下面，本文详细地研究一下该诗。

一、大意解读

夜晚，花园笼罩在一片夜色之中，这时银色的月光轻柔地洒向地面，发出耀眼的光芒，这是获月的光辉。圆圆的月亮挂在蓝色的天幕上，人们于收获之日看到了这轮圆月，其景色之美妙、劳动的人们心情之喜悦是可想而知的。这时死亡，一个阴郁的嘲弄者，他来到你的身边，就像一位记起了什么的美丽朋友悄悄地对你耳语。在夏日的玫瑰下面，当黄昏来临，那奔放、热烈、像血一样的红叶潜伏在暮色之中，爱情，来到你的身边，用她那纤纤玉手触摸着你，她携带着千万个记忆，问你很多美丽，而又无法回答的问题。

二、主题思想讨论

该诗可分为两个部分。第一部分从"Under the harvest moon"至"Who remembers"，第二部分从"Under the summer roses"到"Beautiful, unanswerable questions"。在第一部分，诗人首先给我们描绘了一个优美的月圆之夜。那是人们在一年的秋收正在进行，或已告结束之际，见到了蓝色的天宇上显露出一轮圆圆的月亮，这仿佛是上天对那些勤奋耕耘、在充满芳香的土地上洒下了辛勤汗水的人们所赐予的一份深情绵厚的礼物。劳动的人们在夜晚沐浴在那如乳似的轻柔流淌的月光中，欣赏夜色的美丽、回味劳动的辛苦、品尝丰收的乐趣。但就在此时，死神，一个阴郁的嘲弄者，来到了人们的身旁。他并没有像人们所预想的那么凶神恶煞、那么阴毒奸诈，却像一位美丽的朋友向人们低声耳语，让人们会想起一些往事。死神，一般在人们的心目中是恶的化身，但在这里，诗人并没有将它描写成一个恶魔。他被描写成一个朋友，诗人为什么要这样描写死神呢？

月有阴晴圆缺，人有悲欢离合。在人的一生中，会有阳光灿烂、春风拂煦的晴日，如当人们收获胜利的果实，品尝爱情、婚姻的幸福时，人们会充分地享受到生活的馈赠，人们整个身心会沉浸在无比的幸福喜悦之中，但有时乐极生悲，一些不易觉察的危险因素往往会潜藏于生活的某个阴暗角落，它们会适时地发作，给人们的幸福生活带来某种意想不到的灾难，使原本的幸福、美满、和谐蒙上一层黑黑的阴影。因此，当人们在高兴之时，要想到悲伤，遇喜，高兴得不能过度，过分的高兴会酿成惨痛的悲剧。否极泰来，反之，当泰达到极限之时，否也会不期而遇。桑德堡这几句诗行揭示了一个非常朴素的生活辩证法，即人们要以一颗平常、淡然、超脱的心态去应对生活中的"否"和"泰"，无论是"否"还是"泰"，人们都不能陷之太深。淡泊地对待生活中的一切是一种成熟的心态。

1900 年，当美国政府启动政治改革，社会进入进步主义时代，很多人，尤其是美国的穷人当初的感受一定是高兴、兴奋，因为这场改革要向社会长期培植起来的利益集团挑战，但当改革真正启动时，社会却产生了动荡、骚乱，这出乎很多人的意料。进步主义时代，人们对种族问题也抱有良好的愿望，因一些白人进步主义者一开始就极力反对种族隔离，但恰恰就在这一时期，南部的白人进步主义者却反其道而行之，率先订立了种族歧视法律。而私刑和暴力依然是广大的非洲裔美国人所要面临的残酷现实。可见，对一事物抱有过高的期望，并为之而庆贺，感到高兴之时，惨烈的悲剧、令人痛心的事情也会随之而到来。再如，当全社会各阶层同心协力致力于政治改革，努力实现美国梦的美好梦想，这时，第一次世界大战却在欧洲战场意外地打响了，美国的人们于紧张的劳动、平静的生活状态中顿然感到了即将到来的战争灾难的影响。这些事实都告诉我们，当人们沉浸在人生的平和、安宁、幸福之中时，要想到有可能发生的某种危机、危险。只有想到这一点，并对之加以防范，采取必要的应对措施，才能使幸福、平安得到保护，并得以长期地维持下去。

人自出生之日起，就在一步步地向死神逼近，人的一生是极其短暂的，逝去的时光就像那滚滚东去的长江之水一样，一去不复返。在人的一生中，应时时刻刻珍惜每一秒、每一刻的时间，时间就是生命，时间就是金钱。人们只有时时刻刻想到死神这一朋友，想到死神对人生的嘲弄，对人生的打击、征服，人们才会以百倍的精力去工作、去学习、去为社会作贡献，因为他们知道，这个世上，没有人能战胜得了死神，没有人能永久地回避死神的造访。死神随时都会降临人生，而一旦死神到来，人的一生就会迅即终止。想到死神这一美丽朋友对人的提醒、忠告，每一个人都应在风华正茂之年奋发努力，为人生奏响生命的精彩乐章。

诗人在这里将死亡描写成一个正面的人物形象，这是一种十分独特的创新。死亡是令人恐惧的，死亡作为生命的终结，也是一个必不可少、必然而遇的组成部分。死亡同时也是文学一个永恒的主题。在无数的作家、诗人笔下，在无数的文学作品之中，死亡都是作为一个消极的、负面的、让人不寒而栗的事物、因素而存在的。人们歌颂生，诅咒死，但在桑德堡的笔下，死亡却成了人类的朋友，尽管它阴郁，嘲弄人生，但其用意及行事的效果则是善意的、积极的。

在第二部分，诗人为我们描绘了一幅浪漫的爱情画面。在某个夏日的黄昏，玫瑰花绽放出嫣红的笑靥，那热烈、奔放、血红的红叶在暮色中显得异常的芬芳美丽。当你流连于玫瑰树下，欣赏她那诱人的姿容、品鉴她那扑鼻的芳香时，你的情人悄悄地来到你的身边，她是应约而来的，她用她那特有的温存抚慰你的心灵，用她那温柔、纤细的玉手抚摸着你，给你以呵护，给你以关爱。她让你回忆起很多美好的过往，让你回忆起童年时的稚嫩、少年时的纯真、青年时的热情冲动。她还会问你很多美丽的，而你又无法回答的问题。总之，你们在一起会谈兴正浓，有着数不清的话题要谈，有着绵绵不尽的情话要叙。这一部分是桑德堡诗中较为罕见的、有关情爱内容的描写。这一部分的描写反映出桑德堡对美好爱情、幸福生活的热烈向往。社会现实有其阴暗的一面，政治管理、企业经营均存在着严重的腐败现象，社会上还存在着大量的穷人，黑人和白人之间的种族对立尚很严峻，但这些并没有影响桑德堡对真善美的追求和憧憬。在《港口》一诗中，他对蓝色湖泊和翱翔的海鸥的描写就显示了他对美好未来的一种热烈期盼。就是在《迷失》中，即使小船所处的自然环境十分的恶劣，夜沉沉、雾蒙蒙，但船儿并没有失去对生的追求，她在竭力寻找港口母亲的怀抱和眼睛。在这首《在获月下》诗人对生活中美好东西的追逐、期望可以说达到极致。

爱情是人生中重要的组成部分。爱情如鲜花一样使生活五彩缤纷，妖娆灿烂。爱情如美酒，她使生活香醇绵永，精神焕发。没有爱情的生活是单调、枯燥和寂寞的，就如这个世界没有了鲜花，就没有了色彩，没有了馥郁的芳香一样。诗人以抒情的笔触描写了爱情，显示了他对人生中最美好东西的肯定和追求。

没有爱情的人生是不幸福的人生，也是不完满的人生。人生的意义有很多，但有了爱情的人生，人生的意义会更为充实、具体、丰满；有了爱情的人生，人生会绽放出奇异、夺目的光华。爱情之于人生，应该说，仅次于生命。

三、艺术特征分析

这是一首自由诗，诗行长短不齐，全诗没有统一的韵式。各行音步难以分辨，没有统一的、传统格律诗所能认定的节奏。诗的节奏依各部分的思想内容、情感意蕴来定。如当读到 "Death, the gray mocker,…Who remembers." 时，节奏宜慢，语调应严肃、冷峻，因这里，死神来到你的身旁，要破坏你的兴致，告诉你一些客观真理性的东西。当读到 "Love ,with little hands,…Beautiful, unanswerable questions." 时，节奏也应放慢，语调应轻柔、舒缓，充满着深情厚谊。因这里，爱神来到你的身旁，她要给你以温暖、爱抚。

诗用了全同韵，第六行、第十四行和第十六行末尾均押了 "you" 全同韵。诗中还用了一些头韵，如第一行的 the、第二行的 the、第四行的 the 和第五行的 the，第四行的 garden 和第五行的 gray，第六行的 whispers 和第十行的 When，第八行的 remembers 和第九行的 roses，第十一行的 Lurks、第十二行的 leaves 和第十三行的 Love- little，第十二行的 wild、第十三行的 with 和第十五行的 With。全同韵和头韵一道使该诗充溢着一股音韵的乐感，这乐感与诗歌所描写的月夜的优美及夏日黄昏玫瑰的嫣红一样都增添了诗歌意境的优美、怡人。

该诗通过一些自然景物的精心描绘，营造出了流淌着轻柔、舒缓乐调的意境，尤其是第二部分，诗人以真挚的情感抒写了爱情的温婉、玫瑰花的浪漫奔放，使诗隽永的意境达到了审美的极致。第一部分开头几句对获月时的夜色、温和月光的描写也饱含了诗人诚挚、热烈的情感，通过对这些自然景物的描写，诗人也间接地描写了人，赞美了劳动的人们庆祝丰收的喜悦。第一部分，由于死神的到来，固然使这喜悦、欢快的场景黯淡了许多，但却使全诗的思想情感平添了理性的成分。死神这里并没有以一种凶恶的本性来摧毁人们的幸福和甜蜜，它却以一种冷峻的神情，美丽朋友的身份给处于欢乐中的人们以提醒，这提醒是善意的。死神的提醒也使诗意增添了辩证的意味，阐说了诗人对人生乐与悲、福与祸的辩证看法。

统观全诗，两位造访者，一个是死神，另一个是爱神，它们都对人类给予了关怀，尽管方式不同，但目的、用意和效果是一致的。它们的关怀都能使人生变得平安、温馨及和悦。尤其是死神的关怀要比爱神的关怀更具有教育、启迪意义。人的一生不可能永远是一马平川、春风骀荡。有时会遭到一些挫折、磨难，经受风刀霜剑的打击，但这些不应成为人生的敌人，它们应是人的良师益友，风雨过后见彩虹，在经受了人生的一些痛苦折磨后，人会变得成熟理智、自信沉稳、聪明多智，人能经受住更大的暴风雨的袭击，并在风暴过后，迎来满天彩霞，迎来璀璨的彩虹。人生中的不幸有时会孕育出大幸。这应是诗中死神的造访给予我们的重要启迪。死神和爱神，看似矛盾对立却都为人类的幸福做出了贡献。

诗人的这一创作手法启迪人们，人应有包容之心，应理性地看待一切对己似乎不利、不友好的事物，并能善于从这些事物身上挖掘出对己有利、有益、友好的东西，不能只凭事物的外表而对之加以拒斥、排挤，应包容它们，它们也是自己的朋友，只不过它们待人处事的方式不同而已。

诗人用了拟人修辞格，这使诗意表达更为生动、传神、形象。诗人以景抒情，情中寓景，全诗情景交融。诗虽为一首现代主义诗歌，但在艺术内容上，吸取了19世纪浪漫主义诗歌的重要特点，即将充沛的感情蕴藏于诗人所接触到、观察到的自然风景中，营造出一种景为人在，人在景中生，景与人和谐一体的优美意境。

四、结语

当现代主义文学蓬勃发展之际，传统的诗歌形式已被人们进行大幅度的改造和革新了，以往的格律诗已很少见于广大读者的审美视野，很多的诗人以

19 世纪浪漫主义诗人惠特曼为榜样，学习和研究他的诗歌风格，创作自由诗。桑德堡的这首自由诗就是适应文学潮流的这一变化而诞生的。诗不但在艺术形式上与惠特曼的自由诗相似，而且在艺术内容上也在很大程度上步武了惠特曼的浪漫主义诗歌。诗人在该诗中以自然界中的月光、夜色、玫瑰、红叶和黄昏作为自己的审美观察对象，柔美细致、温情脉脉地抒发了自己的浪漫主义情感，丰富了西方现代主义文学的美学内容。

很多的现代主义文学作品都在描写欧美社会的阴暗面，触及社会的贫穷、人民心灵的苦痛，鞭挞一战对西方文化的破坏，揭示战争的创伤及人民的迷惘、幻灭和悲观情绪。但这首《在获月下》与很多诗人所探讨的创作主题不一样，它让我们看到爱情的甜美，收获劳动成果的喜悦。读了这首诗，我们感到，在一战后阴霾密布、雾气沉沉的欧美大地上，东方的一轮太阳即将于地平线上冉冉升起，那灿烂的光辉即将撒向宇宙大地，雾霾、阴云都将渐渐消散，人民不久就会沐浴在杲杲的日光下。这首诗带给人们的是对美好生活的热烈向往。因此，这首诗在现代主义文学作品中是不可多得的，它的主题内容、思想意义在现代主义文学作品中闪耀着别具特色的光辉。该诗显示了桑德堡杰出的创新才能。

从上述意义来说，桑德堡为美国民族主义文学的发展是做出了巨大的贡献的。创新驱动发展，唯有创新、改革才能推动文学的巨轮不断向前迈进，才能使文学的百花园里鲜花常在、枝繁叶茂。现代主义对传统文学的反叛大都表现在艺术形式上，在艺术内容上继承了批判现实主义对现实的批判性，但它同时也加剧了对现实批判的悲剧性。很多现代主义作品让人悲痛、令人唏嘘、引人感慨，但该首《在获月下》继承的不是批判现实主义对现实的批判性，它继承的是浪漫主义作品的抒情性，因而与其他的现代主义作品相比，《在获月下》显示了它独有的艺术魅力，在现代主义诗歌的艺术园圃里，它散发出独特的、异样的芬芳。

该诗触及了朴素的辩证法思想，即对乐与悲、否与泰要持一种辩证的态度。乐极生悲，否极泰来，人们在沉湎于快乐中的时候，不要忘却一切，要防止一些事物潜在的负面因素会不失时机地破土而出，并发展壮大起来，以致酿成祸端，造成人间的悲剧；在为某一事物的成功而万分欣喜之时，要考虑到事物的其他方面可能不尽完美，考虑到该事物在某一方面令人称道的创新会导致另一方面的混乱无序。美国自1900年开始的进步主义改革一开始就吸引了社会各阶层人民的兴趣和注意，赢得了多数人的热情支持，但它在一个并不算短的时期内造成了社会普遍的动荡不安。作为当时的人们，对此要持一种辩证的态度，不能因为社会的动荡就否定当时的政治改革，也不能因为当时正在推行政治改革就否认动荡、骚乱的存在。应以一种客观的眼光、辩证的态度来看待当时的改革和由改革而引起的社会震动。这样才能采取具体的措施，一方面既推动改革，另一方面又减少社会动荡的发生，减轻它的影响。

　　想到改革，想到遍及全国各地的定居救助之家的工作者们为亿万贫困家庭所提供的无私帮助，想到进步主义时代新女性为争取平等与个人自由主义所作的勇敢斗争，并最终赢得了女性选举权，想到杂志出版商们对腐败的揭露，当时的人们就应想到希望，想到美好的人生正在向他们招手，想到美国梦会扬起腾飞的羽翼。据此，人们应为美好生活、幸福爱情的到来，美国梦的灿烂前景去拼搏、去奋斗。

第六节　论卡尔·桑德堡和他的《是的，人民》

From　THE PEOPLE, YES

Carl Sandburg

The people will live on.

The learning and blundering people will live on.

They will be tricked and sold and again sold

And go back to the nourishing earth for rootholds.

The people so peculiar in renewal and comeback, You can't

laugh off their capacity to take it.

The mammoth rests between his cyclonic dramas.

The people so often sleepy, weary, enigmatic.

is a vast huddle with many units saying:

"I earn my living.

I make enough to get by

And it takes all my time.

If I had more time

I could do more for myself

and maybe for others.

I could read and study

And talk things over

And find out about things.

It takes time.

I wish I had the time."

The people is a tragic and comic two-face: hero and hoodlum:

phantom and gorilla twisting to moan with a gargoyle mouth:

"They buy me and sell me...it's a game...sometime

I'll break loose..."

Once having marched

Over the margins of animal necessity,

Over the grim line of sheer subsistence

Then man came

To the deeper rituals of his bones,

To the lights lighter than any bones,

To the time for thinking things over,

To the dance, the song, the story,

Or the hours given over to dreaming,

Once having so marched.

Between the finite limitations of the five senses and the endless yearnings of man for the beyond the people hold to the humdrum

bidding of work and food while reaching out when it comes

their way for lights beyond the prison of the five senses, for

keepsakes lasting beyond any hunger or death.

    This reaching is alive.

The panderers and liars have violated and smutted it.

    Yet this reaching is alive yet

      for lights and keepsakes.

The people know the salt of the sea

and the strength of the winds

lashing the corners of the earth

The people take the earth

as a tomb of rest and a cradle of hope.

Who else speaks for the Family of Man?

They are in tune and step

with constellations of universal law.

The people is a polychrome,

a spectrum and prism

held in a moving monolith,

a console organ of changing themes,

a clavilux of color poems

wherein the sea offers fog

and the fog moves off in rain

and the Labrador sunset shortens

to a nocturne of clear stars

serene over the shot spray

of northern lights

The steel mill sky is alive.

The fire breaks white and zigzag

　　shot on a gun-meal gloaming.

Man is a long time coming..

Man will yet win

Brother may yet line up with brother:

This old anvil laughs at many broken hammers.

　　There are men who can't be bought.

　　The fireborn are at home in fire.

　　The stars make no noise.

　　You can't hinder the wind from blowing.

　　Time is a great teacher.

　　Who can live without hope?

In the darkness with a great bundle of grief the people march.

In the night, and overhead a shovel of stars for keeps, the people

　　march:

　　　　"Where to? What next?"

　　卡尔·桑德堡歌颂了工业文明，如他在《芝加哥》一诗中对新兴的工业城市芝加哥进行了激情洋溢的赞美，但他对工业文明发展中所产生的不文明现象，如对工人、农民的贫穷寄寓了深挚的同情，对城市环境的肮脏、破败还表示了厌憎。桑德堡出身贫寒，做过很多社会底层的人所做的工作，因此他一生都坚定地站在普通的人民群众的立场上，描写他们的苦难，揭露社会的不公，并满怀自信地为穷人们昭示美好的未来，激励他们为幸福、自由去奋斗、努力。他的大部分诗歌都触及这些主题。桑德堡还写过《是的，人民》一诗，直接将"人民"字眼放在诗的标题上，全诗探讨的就是人民的问题。

一、大意解读

第一节，人民是会活下去的，人民一面学习，一面犯错误，但是他们会活下去的。他们会被欺骗，会被一次又一次地出卖，最后会回到滋养他们的大地上，寻找立脚的根。人民在东山再起，重新开始自己的事业和生活时，会显得那么地独特，对于他们在这方面的能力，你是无法一笑置之的。你应该严肃认真地看待人民所具有的这种能力。猛犸在两次旋风般剧烈的事件之间休息，人民也一样，他们通常会昏昏欲睡、身体困倦、神秘莫测，他们是一大群人，其中会有很多人这样说："我赚钱谋生，所赚的钱够得上勉强生活，这要占去我所有的时间。如果我有更多的时间，我会为自己做得更多，为他人也许会做得更多，我会阅读、学习，同别人讨论问题，了解一些事情。这需要时间，我希望我有这些时间。"

在这一节。诗人指出，人民要继续地活下去，在生活的道路上，他们要学习，学习的时候，他们也会犯些错误。但犯了错误并不能影响他们的生活、劳动、工作，他们在吸取错误的教训的基础上，总结经验，会继续地活下去。人民在美国社会生活在底层，他们常常会受到资本家、雇主们的欺骗，并被一次又一次地出卖。他们生活贫困、凄惨，境况悲凉，但他们会回到大地的怀抱，从大地母亲那里得到生命的养料，找到立足之地。人民来自土地，当他们在生活的道路、事业的拼搏中遭遇挫折时，他们会重返土地，土地是他们的根基，土地是他们东山再起的基石。当他们再一次焕发青春、振作精神、扬帆远航时，他们会显得那么地志气昂扬，与从前大不相同。对于他们这样的能力，对于他们的变化，你只能发出"三十年河东，三十年河西"的感叹。你只能以一种慎重严肃的态度来看待，你是不能对此一笑置之、轻慢罔顾的。人民在休养生息的时刻，是会显得身心疲倦，行动让人感到神秘莫测，但当他们一旦振作起精神，就会爆发出冲天的能量和干劲儿。他们是一个大群体，其中的每个人都有强烈的谋生、学习、阅读、与他人讨论问题、为他人和自己多劳动、了解更多的真理和掌握更多的知识的要求。每个人都希望能有足够多的时间来从事上述活动。

在第二节。人有两副面孔，一副是悲剧角色的面孔，另一副则是喜剧角色的面孔。人既可以是英雄，又可以是一名暴徒；既可以是幽灵，又可以是一个扭动着身躯，张着丑恶的嘴巴的大猩猩。人民会说："他们买了我，又卖了我……这是一场游戏，将来的某个时刻，我会挣脱枷锁……"人一旦越过维持动物生存需要的边缘，越过维持最基本生存需要的冷酷的底线，就会瘦得皮包骨。人会来到圣灵亮光的前面，这亮光比他身上的任何一根骨头都还要亮。这时，人有时间仔细地思考一些事情；他也会有时间回想一些快乐的事情，如舞蹈、唱歌、讲过的故事。这时，人还会有时间去梦想，回首从前所走过的路，经历过的这些事情。

人有两副面孔，是说人的本性是复杂的，不是单一的，人有英雄的一面，也有恶徒的一面，关键要取决于人所生存的环境。在一定的环境下，人会张扬自己性格中英勇顽强、救死扶伤、为公众的利益而不惜牺牲自我的英雄主义精神的一面，这时我们看到的是一个伟大的、崇高的英雄形象；但若环境发生变化，人会让自己性格中恶徒的特性变得显著突出，我们看到的是一个蛮不讲理、骄横跋扈、自私自利，甚至是残忍毒辣的恶徒形象。在美国，生存环境优裕，社会稳定，经济快速发展，贫富悬殊小，人民整体的生活水平较高时，社会上会出现较多的有知识、有文化、讲道理、讲文明、有礼貌的人；反之若环境发生变化，社会上暴力事件就会频发多发，暴徒、恶棍就会比以往来得多。在美国，有不少穷人长期生活在贫苦困窘的状态中，有不少黑人是从非洲贩卖到美洲的，又在美国作为奴隶被奴隶主们随意地买卖，过着非人般的生活，他们内心对美国的社会制度怀有深深的仇恨，他们朝思暮想的就是要挣脱自己手脚上的锁链，突破囚禁他们的牢笼，与压迫剥削他们的剥削阶级作殊死的斗争。从美国政府的角度来看，这些人会是一群暴徒，因为他们要扰乱社会的统治秩序，打破他们的体制、习俗，但是，从美国的民众角度来看，这些人也是英雄，因为他们能敢于斗争，敢于同不合理的、吃人的制度习俗作勇猛的斗争、抵抗。因此，从这里，我们可以看出，人到底是英雄还是暴徒，还要取决于不同的人如何看待他们，不同的人所取的角度、所站的立场。从桑德堡的立场来看，这些人能勇于同不合理的、剥削人的体制抗争，他们应是英雄，因为桑德堡与他们一样，是生活在美国的社会底层，一直同情人民群众的不幸遭遇，他看到美国当时的贫穷已达到十分严重的地步，人民要挣脱锁链，追求自由幸福是合理的、正当的。

人一旦连基本的生存需要都难以满足，挣扎在饥寒交迫的生存状态中，瘦得只剩骨架子，像一个骷髅，这时人就已来到死亡的边缘。人在临死之际，会回想自己所经历的一切，会思考自己贫病交加、贫困潦倒的原因。但即便在此时，人也不会失去对未来美好生活的向往，他会想到歌舞、故事会，想到自己所曾有过的、现在仍然有的美好的梦想。这里，我们可以看出，桑德堡不是个悲观主义诗人。他对美国的未来抱有坚定的信念。

第三节。人的五官感觉是有限的，但人对外在的、遥远事物的渴望是永无止境的。人们伸出手去要工作、要食物，因为让灯光在五官感觉的限制之外闪耀，让所得到的纪念品能维持在超出饥饿或死亡的范围，这对维持生计、养家糊口是非常有用的。因此，人们对工作和食物持有一种恶徒式的要求，即他们对工作和食物的要求是贪得无厌的，工作的机会和食物越多越好，工作量越大，所得的食物就越多。灯光在五官感觉之外闪耀，即所得到的工作机会和食物超出正常的范围，因此人的生活水平也就能维持在超出饥饿或死亡的范围。在那时的美国，因经常爆发经济危机，工作的机会少，很多工人失了业，食品短缺，伸手要工作和食物是一件很难的事，要想使所得到的工作机会和食物超出正常的范围，使自己的生活过得稍微好一点，那更是"蜀道难，难于上青天"，这几乎是一个恶徒才会提出的一种非分的请求。伸手要工作和食物是一种积极的、维持生存和发展的重要且必要的手段。拉皮条者和撒谎者已经破坏了人的这一生存法则，玷污了它们的纯洁性。伸手要工作和食物会让生命之火常亮，让纪念品能保持不断地供给对生命的延续和健康的保持是重要也是必要的。

第四节。人民了解海盐，了解猛烈冲击地球各个角落的风的威力。人们将地球当作安息的坟墓，希望的摇篮。还有谁为穷人们去说话，去据理力争？这些穷人才是同众多的宇宙法则步调一致，同谐共振的。海水的重要成分是盐，因此这里的"海盐"暗喻"社会上的中坚力量""社会成员中重要的组成部分"，即指社会上的普通的人民群众。

人民了解自己的力量，这一力量是巨大的，在未爆发前，它潜藏于美国社会的底层，当这一力量由于长期的蓄积而达到其最大值时，它会适时地喷涌而出，就如同火山最终喷发一样，其威力是十分巨大的，它会如秋风扫荡落叶一样，它会如席卷全球，冲击地球每一个角落的狂风巨飙一般，势不可挡，锐不可摧。地球对于人们来说既是安息的坟墓，又是希望的摇篮。人民会为自己的生存而战，死后将长眠于大地，给大地以滋养。肥沃的土壤又会长出金灿灿的稻谷，葱郁的鲜花、树草，给人们带来生存的机会和希望。在这个社会里，只有穷人才会为自己说话，只有穷人才会为自己的权利、尊严、自由去据理力争、去努力奋斗。穷人同宇宙的法则相合拍。普通的人来源于土地，依靠土地而生存、发展，土地是穷人的根，是穷人的家园，普通的人与自然和谐一体、息息相关。

第五节。人是固定在移动的独石柱上的彩色艺术品、光谱和棱镜，人是不断变化主题的管风琴，是根据不同色彩的诗歌弹奏出的不同的音调。在诗里，诗人会写道，大海生出雾，而雾又在雨中消散，金色的黄昏缩短，有着明亮星星的夜晚会早一点儿来临，在北极星所播洒的短暂的光辉里，一切都是那么地平静。钢铁厂的天空是充满生机活力的，在黑灰色的薄暮里，火花迸射出白色的、之字形的光线，是那么地夺目、耀眼。人还要等待很久才会赢得美好的生活、尊严和自由，但人终究会胜利的，兄弟们终究会团结起来，站在一起的。

随着独石柱的移动，彩色艺术品、光谱和棱镜会展示其不同的色彩、色调、图案和平面（包括侧面、主截面等）。这里，诗人隐喻人具有复杂的性格特征，且有多方面的潜能。同样的一个人，他身上既包含科学家的素质和能力，又包含文学家的天赋和才华，同时他还可能具有政治家的纵横捭阖、经天纬地的才能。事实上，历史上的这些科学家、文学家和政治家等也都出身于普通人。人是一架管风琴，它可以演奏不同的主题，人是创造世界历史的动力，人能上天入海，上天能巡天遥看一千河，入海则可五洋捉鳖，同样的一个人，他既能领导一个团体，克服艰难，取得经济发展、文化进步方面的显著成就，又能在文学创作、科学研究方面取得辉煌成果。诗歌有不同的色调，有明丽的、有灰暗的，由诗歌谱成音乐，其音调也会大不相同，人的性格也如同诗歌弹奏出不同的音调一样，会呈现出不同的特征，如在一定的环境下，人能成为万众敬仰的英雄，人能践礼修德，温文尔雅，创造出举世瞩目的成就，但就是这样的人，若处于变化了的环境下，其性格也会发生很大的变化，他会从一个英雄迅速地变成一个恶魔，蛮横无理、冥顽不化。桑德堡曾写过《雾》一诗，诗中海面上升起了雾，雾让人困窘、迷失、消沉、压抑，这正如人生活在社会的巨大压力之下，整日为生存奔波、操劳、焦虑一样，但若一场暴风雨突然而至，那渐渐弥漫的雾就会迅即消散、隐去。这意味着若社会突然发生巨变，那么人的生存境况将会为之一改，以往的迷惑、压抑等就会消失殆尽。这时，人们在明亮星星照耀的夜晚，沐浴在和平的环境中，享受着北极光带来的皓然天光，岁月的静好、安谧。

钢铁厂的天空是一片活跃、热闹的氛围，那里，火花迸射出的之字形光线雪白耀眼，它映衬着黑灰色的薄暮。钢铁工人在紧张、繁忙、认真地劳作。他们在为祖国的建设贡献着自己的青春和热血。但他们社会地位低下，并没有因为自己辛劳的付出而获得相应的报酬。他们在忍耐着、劳动着，相信总有一天，他们的劳动能得到社会的全面、等价认可，他们能得到一个劳动人所应有的尊严、自由和报答。人民终会取得胜利，兄弟姐妹们终会团结在一起，共同实现人的价值、人的理想。

第六节。古老的铁砧会嘲笑很多敲坏了的铁锤。有些人是你无法收买的。出生于火里的人，他在火中能处之泰然。星星总是静寂无声，你是无法阻止风的吹拂的。时间是一个伟大的老师，谁能不抱希望地活着呢？

这里的"古老的铁砧"暗喻"老百姓"，普通的人民群众，他们生活在美国社会的底层，遭受着统治阶级无情的压迫和欺凌，"铁锤"暗喻美国社会的统治阶级，资本家、银行家、工业巨头等。人民尽管受尽欺压、盘剥、歧视和极端的偏见，但他们像古老的铁砧一样，坚韧刚毅、不屈不挠、风雨不摧，而那些资本家们则如铁锤一样会在人民坚强、勇敢、无畏的精神面前屈服。人民出生于火的环境中，习惯于火的淬炼，他们百炼成钢，他们也是任何力量所收买不了的。他们对人和事有自己独立的、正确的认识，他们不会随波逐流、趋炎附势，他们不会为一些蝇头小利、一点点物质利益的诱惑而出卖自己的灵魂和人格。他们有做人的尊严、节操和风骨。他们像星星一样为人间播散自己的光辉，不会为待遇的不公、贫富的悬殊、生活的苦难发出什么声音，他们在为祖国的发展、文明的进步忘我、无私和勤勤恳恳地工作着。但是风总会吹拂的，人间的苦难是有一定的限阈的。人民反抗不合理的社会现实的斗争总会发生，时间是伟大的老师，时间会告诉人们一切，时间会告诉人们这场斗争何时会发生。谁能对未来不抱任何希望地活着呢？每个人都在憧憬着、希望着，他们坚信将来的某一天，他们能过上美好的生活，踏上光明的人生之路。

第七节。在黑暗中，人们满怀忧伤地行进着；在夜晚，一抬头，人们会看到满天的星星，人们在大踏步地行进着。"我们到哪里去？下一步该到哪里？"

人们忍受着美国社会剥削阶级的欺压，他们生活在茫茫的黑暗之中，满怀着痛苦和哀伤，但是人们在这一片黑暗中能看到天上的星星在闪烁，人们能透过黑暗的夜幕，看到光明的星空。生活尽管是艰苦、贫穷的，但是未来并不是没有希望的。然而，尽管人们怀抱着希望，对未来的路该如何走，如何走出目前的困境，如何解决目前所遇到的困难，仍感到困惑不解。

二、主题思想讨论

在第一节中，诗人强调，人民为了生存，要不懈地奋斗、学习、锻炼。在人生的历程上，他们一面学习，一面工作。在这当中，他们也会犯错，他们也会被欺骗或被出卖。但他们在遭遇人生的挫折以后会回到土地，从土地中汲取营养，向土地要知识，要技术，向农人学习。人民依靠生他们、养他们的土地，恢复原有的生机活力，重新发展壮大自己。人民的力量是无比强大的，因这力量来自土地，这力量能开创崭新的局面，能创造新生事物。这里诗人赞美了土地，赞美了自然、土地，自然是人的生命之根，生命的源泉，人民来自土地，而人民的力量是巨大的。人民与自然和谐一体，即如母和子、鱼和水一样，存在着密不可分的紧密关系。诗人还肯定了人民学习的重要性，人民不仅仅为了生存要工作，要劳动，他们还要学习、深造、读书、参与讨论。学习可以提高人民的文化知识水平，增长人民的才干，培养他们认识事物、辨别真假、解决问题的能力；学习还可以拓宽人民的视野，让他们了解更多的事物，掌握真理，修正错误。诗人还赞美了人民无私的品格，人民不仅仅是为自己谋生、工作，他们还会努力为他人勤奋劳动。

在第二节，诗人认为，人是个两面体，他既会是个英雄，也可能成为一个暴徒、恶棍。人的性格具有复杂性，而非单一性。这里，我们可以看出桑德堡朴素的辩证法思想，诗人能以一种辩证的观点来看人，不把人看成某种单一的、纯然的、属于某种特定类型的人。他能看出人的性格是由多种特征组合而成的，任何人的性格都不具单一性。在特定的环境下，人能成为一名英雄，但若环境发生变化，他又能变成一个恶棍。这里，桑德堡隐含性地希望美国政府能改善人所生存的环境，缩短贫富之间的差距，人民的物质生活水平改善了，社会上的犯罪现象就会减少，社会上践礼尚法、尚文遵法的事例就会越来越多。桑德堡希望政府能重视思想文化建设，解决好种族问题，不要把黑人当作奴隶或工具，应把他们当作人，当作与白人享有同等地位的人。消除贫困，解决好人民群众的温饱问题，解决和妥善处理好种族矛盾、种族冲突，这是桑德堡对美国政府的希望。桑德堡站在人民的立场上，对于那些勇于突破体制、习俗藩篱的人给予了充分的肯定，认为他们就是英雄，而不可能是恶徒。桑德堡尽管充分认识到美国社会黑暗的一面，熟悉、了解和同情美国穷人苦难的生活，但他乐观、自信的天性使他对美好生活的到来怀有坚定的信念。穷人在临终前，仍会想着歌舞、故事会等一些令人愉快的事，这充分说明了桑德堡对美国未来所抱有的信心，对美国梦终将实现所怀有的自信。

在第三节，诗人对美国社会的黑暗进行了进一步的揭露。他告诉人们，人民失业，工作机会少，食品短缺，人民忍饥挨饿。美国社会的贫穷已到了十分严重的地步。诗人在该节还肯定了人民群众对工作和食品的要求，认为这种要求是正当合理的，因这种要求反映了人民为了生存、发展而不懈努力、坚持不放弃的精神。生命是最可宝贵的，尽管生存环境险恶，但人能通过自己的奋斗，努力维持生命之火常燃，这是一种诚实的、正当的和合乎人自然本性的行为。

在第四节，诗人告诉我们，人民了解自己的力量，人民会起来反抗压迫、剥削，反叛不合理的社会体制，美国政府不应低估、轻视人民群众的力量。诗人在这里再次显示了自己的人民立场，他出身于穷人阶层，时时为穷人讲话，对穷人的遭遇深表同情。他也熟悉人民身上所蕴积的巨大能量，这一能量一旦爆发出来，就能摧枯拉朽，打破一切旧有的习俗、体制，突破一切阻止人类文明发展、社会前进的障碍。诗人在这一节还再一次地声明了自己的自然观，人和自然是一体的。他热爱土地，亲近土地。土地养育了人类，人也滋养了土地，土地是人类的归宿，也是人类的摇篮。诗人认为，人民群众的思想言行符合宇宙、自然的法则。在这里，诗人隐含性地认为，美国政府应顺应自然的法则进行改革、建设，应体察人民的愿望、要求，顺应人民的理想、希冀构筑美国梦。

在第五节，诗人通过彩色艺术品、光谱、棱镜、移动的独石柱、变换主题的管风琴等的诗意描写，揭示出人民群众身上蕴藏着各方面的潜能这一真理。诗人的这一揭示也暗示着美国政府应努力创造条件和环境，让人民各方面的潜能都能发挥出来。人民应有机会在社会的大舞台上施展各方面的特长和能力，在社会的各个领域都能发光发热。美国政府应勇于打破不合理、不合适、不正确和不适宜人民发展的统治规范，以巨大的创新精神去为人民潜能的发挥创造理想的条件。

诗人在该节还再次显示了自己乐观自信的立场。雾霾终将散去，光明一定会到来。劳动人民一定会取得胜利，他们会团结起来，迎来灿烂的明天。诗人还热情地赞美了劳动。劳动创造了世界，劳动创造了生活的美好。尽管外部的生存条件恶劣，但人民在劳动中会沉湎于劳动所带来的喜悦之中，那四溅的钢花、钢铁厂内那热闹活跃的气氛都象征着人民群众内心所蕴含的幸福感、喜悦感。

在第六节，诗人赞美了劳动人民"千磨万击还坚劲，任尔东西南北风"的韧性、刚性和硬性，礼赞了他们不畏压迫欺凌、勇于斗争的精神。诗人还赞美了劳动人民不随波逐流、不为物质利益的诱惑而出卖自己灵魂的刚毅精神。人民群众具有钢铁般的意志，他们经过了大火的淬炼、艰苦环境的砥砺，他们能忍耐一切不公，即使在困厄险难中依然像星星一样散发光芒，照耀人们前进的方向。人民终会起来反抗不合理的社会现实，改变丑恶阴暗的世道。桑德堡再次表达了自己的希望。

在第七节，诗人在该节再一次地认为，现实是让人痛苦的，现实充满着黑暗，但未来则是充满着希望之光的。但诗人不知道人民该如何摆脱困境。从这里，我们可以看出诗人世界观的局限性。诗人同情劳动人民的不幸遭遇，对美国资产阶级的黑暗统治深怀不满，他在诗中还谴责了社会的不公，批判了资本家的欺骗性及他们对劳动人民的剥削。从这里，我们可以看出，诗人的世界观是十分接近一名马克思主义作家的世界观的。他站到了工人、农民这些被剥削阶级的立场上，为他们的遭遇呐喊。诗人在同情和揭露的同时，还对未来寄予了希望。他认为，人民必胜，不合理的社会现实终会如海上的雾一样慢慢散去，这些都符合马克思主义作家所应具有的世界观。但诗歌最后的疑问句则显示了诗人世界观中的局限性。诗人并没有真正接受过马克思的唯物史观的教育，他有朴素的辩证唯物主义和历史唯物主义思想，但没有真正研读，并全盘接受马克思唯物史观系统而深刻的理论。他不理解，要真正让劳动人民获得应有的尊严、自由和公正的社会待遇，让劳动人民，尤其是黑人与统治阶级享有同等的待遇，让社会上贫富的悬殊得以铲除，是要打破、根除资本主义制度，是要劳动人民能拿起武器来推翻这一社会制度，而不是消极地忍耐、等待。只有拿起武器进行斗争，劳动人民才能真正地实现自己的理想。

三、艺术特征分析

该诗为一首自由诗，像惠特曼的自由诗一样，诗行长短不齐，没有统一的韵式，各行无法分辨音步数，诗的节奏由诗歌在各处所表达的不同的情感内容来确定。该诗中用了一些"平行结构"，如在第二节，"Over the margins of necessity , Over the grim line of sheer subsistence"和"To the deeper rituals of his bones , To the lights lighter than any bones , To the time for thinking things over , To the dance , the song , the story"；在第三节，"the salt of the sea and the strength of the winds"和"a tomb of rest and a cradle of hope"；在第四节，"a polychrome, a spectrum and prism" "a console organ of changing themes , a clavilux of color poems" "the sea offers fog and the fog moves off in rain" 和"a nocturne of clear stars...the shot spray of northern lights"。所有这些都是"平行结构"，它们使诗歌语言结构变得整齐、规范，尽管是一首自由诗，诗行有长有短，但由于这些"平行结构"的使用，诗的整体语言结构于纷乱芜杂中显出一定的秩序，同时它也使诗读起来具有较强的诗味，这是因为平行结构使语调铿锵有力，富有乐感。

该诗也具有演讲词的风采，除了是因为一些"平行结构"的巧妙使用外，还有就是"重复"技巧的恰当使用。如在第一节，第一句用了"The people will live on"，在第二句，在插入修饰语"learning and blundering"之后，又将第一句重复了一下，这一重复强调了人民要继续活下去的决心和意志。尽管条件险恶、环境艰苦，但是，人民并未被这一切所吓倒，他们仍要努力，仍要顽强地活下去。在第二节，在用了"Once having marched"之后，诗人在"marched"前加了一个"so"，又将该句重复了一下，这里的"重复"是突出美国的穷人们走过了人生的一段路程，他们在困难、贫穷面前并没有退缩，仍然勇敢地踏上人生的旅程。在第三节，诗人将"This reaching is a live"进行了重复，突出穷人们"伸手要工作，要食物"的正当性和合理性。在严酷的生存环境下，穷人们并没有坐以待毙，并没有消极等待，而是能主动地伸手去要，去争取。为了能活下来，穷人们想尽办法，做了自己所能做的一切努力，这是一种不屈服于险恶环境、充满旺盛生机的斗争精神。在第七节，"the people march"重复了一次，该句的重复强调了"美国的穷人在人生之路上不懈地、坚定地行走"这一决心和行为。在夜晚，四周都是黑漆漆的，穷人们满怀着哀伤的情绪，但他们并没有停下脚步，在艰难的人生旅程上，他们仍在坚定地向着理想的目标迈进。当他们看到头顶上照耀他们的星星时，他们会加快行走的步伐，他们知道，这是美好的梦想在向他们展露灿烂的笑容，他们在向着美国梦的实现迈进。

该诗也很像一帧镶嵌图画，每一节都很像一张纸片，其规格、形状、长短都不一致，有的即使在同一节中，也会出现规格、形状、长短不同的片段，它们拼贴、黏结在一起，形成了一帧图案。诗人联结这些不同的板块片段，靠的是它们的思想内容、情感意蕴，而不是其形式。这是自由诗强调思想内容而不是艺术形式的一种典型表现。

惠特曼的自由诗经常使用第三人称来书写自己的经历。在该诗中，桑德堡用第三人称书写美国人民的人生经历、思想感情，因桑德堡也是美国下层劳动人民中的一员，故这一点也符合惠特曼自由诗的创作特色。

该诗有些句子特别长，就像一棵树的枝丫在春天蔓延生长一样，如在第三节开首第一句长达数行，惠特曼的自由诗中也有类似的句法结构。诗人在创作时不考虑每一句的节奏音步，他考虑的是思想内容的表达。

从上述自由诗的一些特征来看，桑德堡是一名深受惠特曼影响的诗人，该诗中的很多特点都充分地说明了这一点。

诗中用了象征，如在第一节，诗人以"mammoth"（猛犸）来象征"美国的人民"，暗指美国的人民具有猛犸的力量，在第三节，以"the salt of the sea"（海盐）来象征"社会的中坚力量，社会中善良诚实的人们"，海水的成分中以盐为主，在一个社会群体中，起主要的中坚作用的是普通的大众，是人民，他们以其品质、人格而在一个社会中起着十分重要的作用。在第三节，诗人以 "the strength of the winds"（风的力量）来象征人民的力量，人民一旦起来反叛不合理的社会体制，就会如同狂风一般，扫除道路上的一切腐木朽叶。在第五节，诗人以 "polychrome" "spectrum" "console organ of changing themes" "clavilux of color poems" 来象征人民身上所蕴藏的各种潜能，这些潜能在适宜的环境下会充分地发挥出来。诗人以 "fog"（雾）来象征 "人民心头的迷惑不解" "忧虑" "愁思" 等，以 "rain" 来象征 "轰动性的、具有革新性的事件的发生"。一旦发生具有重要意义的事件，人们心头的困惑，忧思等就会消散殆尽。诗人以 "a nocturne of clear stars"（有明亮星星的夜景画）和 "serene over the shot spray of northern lights"（北极光所发射出的一片宁静的晖光）来象征 "美好生活的到来" "美国梦的梦想成真"。以 "white and zigzag shot" 来象征 "人民沉浸在劳动中的喜悦、幸福" 和 "未来生活的美好"。在第六节，诗人以 "This old anvil"（这古老的铁砧）来象征 "美国的人民"，以 "many broken hammers"（很多敲碎了的铁锤）来象征 "美国的资本家"。以 "The fireborn"（火里出生的人）来象征 "出生于恶劣环境并在此环境中劳动、锻炼、成长起来的美国人民"，以 "fire" 来象征 "恶劣的环境、美国的资本家对工人、农民所实施的残酷的压迫和剥削"。以 "The stars make no noise"（星星没有发出什么噪声）来象征 "美国的人民尽管深受欺压，过着困苦的生活，但他们依然像星星一样发出明亮的光辉，依然在为社会、为他人贡献自己的青春和力量，他们能忍受一切的不公、不平等"。以 "the wind" 来象征 "人民的反叛力量" "人民的威力"。在第七节，诗人以 "the darkness"（黑暗）和 "the night"（夜晚）来象征 "美国的人民所身处的现实社会"，以 "a shovel of stars"（很多的星星）来象征 "正在闪耀光芒的美国梦；充满希望的未来生活"。

诗中还用了一些暗喻，如在第三节，诗人以 "the humdrum bidding"（恶徒式的请求）来暗喻 "贪得无厌的要求"，形容美国的人民急需工作和食物的紧迫心情。在第五节，在 "The people is a polychrome, a spectrum and prism held in a moving monolith, a console organ of changing themes, a clavilux of color poems" 中，诗人用了暗喻修辞格，将人比拟成 "固定在移动的独石柱上的彩色艺术品、

光谱、棱镜，根据不同色彩的诗歌弹奏出的不同的音调"。在第六节，在"Time is a great teacher"（时间是一个伟大的老师）中，诗人将"Time"比拟成"一个人"。

诗中还运用了明喻修辞格，如在第四节，在"The people take the earth as a tomb of rest and a cradle of hope"中，诗人将大地比喻成"安息的坟墓和希望的摇篮"。

所有这些象征、暗喻和明喻手法的使用使得诗的语言非常生动、形象，也使诗的语言非常文雅、神采斐然。这些手法也使诗的"托物喻义"功能得以充分的发挥。诗人描写了众多的场景，有的诉说了人民在经历挫折后，重返土地，从土地中汲取营养，养精蓄锐，然后再度开始创业的历程；有的讲述了人民不但要辛勤工作，而且要读书、学习，不断地增长见识，提高自己了解事物、认识真理的能力的愿望；有的部分以十分沉痛的笔调讲述了人民的苦难，阐述了人民忍饥挨饿，但对未来仍抱有美好的希望，为了谋生，力图要求得到工作和食物的不屈精神；有的部分写出了人民的伟大和在社会中所起到的重要作用，写出了人民中所蕴藏的巨大能量；有的部分以十分抒情的笔调写出了人民投身于沸腾的劳动生活的场景，赞美了人民热爱劳动的品格；有的部分赞颂了人民的忍耐精神，人民不怕欺压、不怕折磨的坚毅品格；有的部分写出了人民的团结精神，所有穷苦的人会紧密地联合起来，取得最后的胜利；还有的部分写出了人民在黑暗中前进，满怀着悲苦，但他们对未来仍心存美好的理想。所有这些不同的部分以流畅、优美的语言串合在一起，意境时而低沉、凄婉、哀伤，时而刚毅、坚定，时而又明亮、富有激情。所有这些将诗人对美国人民的礼赞，对他们精神品格的肯定、颂扬十分充分地展示了出来。

诗中用了不少的韵，虽然没有正规的韵式，但这些韵脚都属于一些辅助性的音韵，如全同韵、行内韵、腹韵和头韵等。请看：

1. 全同韵，如在第一节，第一行末尾的 on 和第二行末尾的 on，第十二行末尾的 time、第十三行末尾的 time、第十九行末尾的 time 和第二十行末尾的 time；在第二节，第九行末尾的 bones 和第十行末尾的 bones，第五行末尾的 marched 和第十四行末尾的 marched；在第四节，第三行末尾的 earth 和第四行末尾的 earth；在第七节，第一行末尾的 march 和第三行末尾的 march。

2.行内韵，如在第一节，第三行的 and－and，第十行的 I－my，第十一行的 I－by，第十八行的 out－about，第二十行的 I－I；在第二节，第三行的 me－me，第十二行的 the－the－the；在第三节，第一行的 the－the－the，第二行的 the－the－the，第四行的 the－the，第四行的 for-five－for，第七行的 and－and，第八行的 this－is，第八行的 Yet－yet；在第四节，第一行的 The－the－the，第二行的 the－the，第三行的 the－the，第四行的 The－the，第五行的 a－a，第五行的 of－of；在第五节，第十七行的 Brother－brother；在第七节，第一行的 the－the，第二行的 the－the。

3.腹韵，如在第三节，第五行末尾的 death 和第八行末尾的 yet，在第六节，第五行末尾的 blowing 和第七行末尾的 hope。

4.头韵，如在第一节，第一行的 The、第二行的 The、第三行的 They、第四行的 the、第五行的 The、第六行的 their、第七行的 The 和第八行的 The，第一行的 people 和第二行的 people，第一行的 will、第二行的 will 和第三行的 will，第一行的 live 和第二行的 live，第三行的 sold－sold 和第五行的 so，第四行的 rootholds、第五行的 renewal 和第七行的 rests，第五行的 comeback－can't 和第六行的 capacity，第七行的 cyclonic、第八行的 so－sleepy 和第九行的 saying，第七行的 mammoth 和第九行的 many，第七行的 his 和第九行的 huddle，第八行的 weary 和第九行的 with，第十行的 my、第十一行的 make、第十二行的 my、第十三行的 more、第十四行的 more-myself 和第十五行的 maybe，第十二行的 time 和第十三行的 time，第十四行的 for、第十五行的 for 和第十八行的 find，第十七行的 things 和第十八行的 things，第十七行的 talk、第十九行的 takes－time 和第二十行的 time；在第二节，第一行的 hero－hoodlum，第一行的 The 和第三行的 They，第一行的 two－face 和第二行的 phantom，第二行的 moan－mouth 和第三行的 me－me，第二行的 gorilla－gargoyle 和第三行的 game，第三行的 sell－sometime，第三行的 buy 和第四行的 break，第五行的 marched、第六行的 margins 和第八行的 man，第六行的 the、第七行的 the、第八行的 Then、第九行的 the、第十行的 the－than、第十一行的 the、第十二行的 the－the－the 和第十三行的 the，第七行的 line 和第十行的 lights－lighter，第九行的 bones 和第十行的 bones，第十一行的 thinking－

things，第十二行的 song - story 和第十四行的 so，第九行的 To、第十行的 To、第十一行的 To - time、第十二行的 To 和第十三行的 to；在第三节，第一行的 Between、第二行的 beyond、第三行的 bidding、第四行的 beyond 和第五行的 beyond，第一行的 finite - five、第二行的 for、第三行的 food 和第四行的 for - five - for，第一行的 the - the - the、第二行的 the - the - the 和第四行的 their-the-the，第二行的 hold - humdrum，第三行的 work - while - when 和第四行的 way，第一行的 limitations、第四行的 lights 和第五行的 lasting，第二行的 people 和第四行的 prison，第三行的 comes 和第五行的 keepsakes，第六行的 This、第七行的 The 和第八行的 this，第六行的 reaching 和第八行的 reaching，第七行的 liars 和第九行的 lights；在第四节，第一行的 The - the - the、第二行的 the - the、第三行的 the - the 和第四行的 The - the，第一行的 salt - sea 和第二行的 strength，第三行的 corners 和第五行的 cradle，第四行的 take、第五行的 tomb 和第七行的 tune，第六行的 for - Family，第六行的 speaks 和第七行的 step，第五行的 hope 和第六行的 Who；在第五节，第一行的 people - polychrome 和第二行的 prism，第三行的 moving - monolith，第四行的 console 和第五行的 clarilux - color，第六行的 fog 和第七行的 fog，第六行的 the、第七行的 the、第八行的 the、第十行的 the，第六行的 sea、第八行的 sunset、第九行的 stars 和第十行的 serene - spray，第八行的 shortens 和第十行的 shot，第九行的 nocturne 和第十一行的 northern，第十二行的 The 和第十三行的 The，第十二行的 steel - sky，第十四行的 gun - metal - gloaming，第十四行的 gun - metal、第十五行的 Man、第十六行的 Man 和第十七行的 may，第十三行的 white、第十六行的 will - win 和第十七行的 with，第十五行的 long 和第十七行的 line，第十七行的 Brother - brother，第十六行的 yet 和第十七行的 yet；在第六节，第一行的 This、第二行的 There、第三行的 The、第四行的 The 和第五行的 the，第一行的 many、第二行的 men 和第四行的 make，第一行的 broken 和第二行的 be - bought，第一行的 hammers 和第三行的 home，第四行的 no - noise，第一行的 hammers、第三行的 home 和第五行的 hinder 和第七行的 Who - hope，第三行的 fireborn - fire 和第五行的 from，第五行的 wind 和第七行的 without；在第七节，第一行的 the - the 和第二行的 the - the，第一行的 great - grief，第一行的 people 和第二行的 people，第一行的 march 和第三行的 march，第四行的 Where‑what，第二行的 night 和第四行的 next。

以上这些韵的有效使用使得该首自由诗平添了一种音韵美。自由诗因不押韵，没有统一的韵式，所以与传统的格律诗相比，它在音韵的悦耳、怡人方面明显地要弱了许多，但诗人们一般会在一些辅助性音韵方面多下功夫，这样也会使自由诗带上一定的韵美，自惠特曼始，很多自由诗的作者就这么做，桑德堡也这么做了。反复地吟咏该诗，并注意这些韵的使用，我们觉得诗人的这些努力确实起到了较好的美学效应。这些韵加强了诗的乐感。

四、结语

该诗发表于 1936 年，这是英美现代主义文学发展的鼎盛时期，桑德堡响应了现代主义文学发展的要求，创作了自由诗体，诗在很多方面都吸取了惠特曼自由诗的艺术特征，这一诗体在很多方面都显示其与传统的格律诗在艺术形式方面的巨大差异。在文学潮流随着时代的推进而蓬勃发展之际，诗人们能顺应这一潮流，对传统的文学形式、文学风格等进行改革，这是符合文学发展的规律，也是与时俱进的一种典型表现。时代在前进，文学要革新，推陈出新，百花齐放，任何企图扼杀新生事物的行为都会为历史所唾弃。在一个新的时代里，只有以锐敏聪慧的目光，观察事物，观察人生，只有以开放的心胸去接受新生事物，只有以不懈的精神去追逐新时代的脚步才能为新的时代做出巨大的贡献，对于文学来说，也才能为文学的改革和创新做出重要的贡献，为一个国家和民族的文学发展起到有益的推动作用。

该诗发表的年代是美国经济大萧条的时期。在 20 世纪第二个十年整个十年的时间内，美国的铁路、纺织及钢铁呈萧条状态，另外农业、采矿业也持续地保持亏损的态势，从 1921 年至 1928 年，全国有 5000 家银行停业，及至 1928 年年底，美国的农业也逐渐进入危机状态。到 1929 年的 10 月份，股票市场狂跌，美国经济全面崩溃，大萧条拉开了它令人伤痛的序幕。经济萧条导致了大量的工人失业及银行和企业的倒闭。为此，政府推出了新政，力图恢复经济并支持贫困的工人和下层老百姓。但因新政在"促进法律与社会平等方面过于犹豫",[1]因此并没有能最后挽救经济,失业人口还是与日俱增,到1932年,全国约有"1100万失业的美国人"。[2]企业的破产、银行的倒闭,工人的失业使得很多工人、农民生活在水深火热之中,有的一战退伍的老兵居然不得不靠在街头摆摊卖水果来维持生计。桑德堡在该诗中所描述的人民凄惨的生活状况,为了谋生,勇敢地伸手要工作,要食物的情形,因饥饿而瘦成皮包骨头的形状,都是非常符合经济大萧条时的时代特征和美国国内的生活状况的。

1929年所发生的经济大萧条所波及的不仅仅是美国,而是整个的欧洲和当时除苏联以外的全世界。危机发生的根源在于资本主义世界迅速扩大的生产同劳动人民相对缩小的支付能力需求之间的矛盾,这一矛盾的发生有其客观性。当这一危机发生的时候,美国的政府能采取多种措施来缓解危机的严重性,并力图解决劳动人民的生活困难问题,但也由于种种原因,这些措施所产生的效果并没有能很好地奏效。但美国政府应庆幸,他们的国家拥有一大批高素质的人民,他们不怕挫折,不怕贫穷,不惧生存条件的恶劣艰辛,能勇敢地面对灾难。他们身上有着巨大的潜能,他们还有着惊天动地的壮志雄心来力图改变自己的命运,改变国家所面临的危难状况。政府应体察人民的实际需求,了解他们的思想感情、他们的心理欲求,采取有效的政策、方针去应对危机、解决危机。否则,按桑德堡诗中所说,人民会如狂风一样扫遍美国的每一个角落,会摧毁、砸烂一切阻碍生存、发展的东西。那时,工人们的罢工、抗议集会及一战退伍老兵们要求通过退役金法案而进行抗议的行为都说明了人民身上所蕴积的巨大能量。

美国的人民即使在经济大萧条期间仍忍受着资本家的欺压、身体上的饥饿、心理上的压抑,但他们仍然热爱着劳动,憧憬着美好的未来,甚至在奄奄一息之际,仍对美好的生活抱着灿烂的梦想,在黑夜的旅程上,尽管满腹哀痛,但对未来的信心仍然没有失去,对美国梦的腾飞、起航仍抱有执着的信念。有梦想,就会有动力;有希望和憧憬,就会有勇气和毅力去克服目前所遭遇到的一切困难和曲折。美国人民的这些精神上的乐观、自信,奔梦、筑梦的执着是一定会让美国梦重新扬帆起航、去走向光芒四射的明天的。

参考文献：

[1] 卡罗尔·帕金，克里斯托弗·米勒，等．美国史（中册）[M].葛腾飞，张金兰，译．上海：东方出版中心，2013：621.

[2] 卡罗尔·帕金，克里斯托弗·米勒，等．美国史（中册）[M].葛腾飞，张金兰，译．上海：东方出版中心，2013：635.

第三章　华莱士·史蒂文斯和他的经典诗歌

第一节　论华莱士·史蒂文斯和他的《坛子的轶事》

Anecdote of the Jar

Wallace Stevens

I placed a jar in Tennessee,

And round it was, upon a hill.

It made the slovenly wilderness

Surround that hill.

The wilderness rose up to it,

And sprawled around, no longer wild.

The jar was round upon the ground

And tall and of a port in air.

It took dominion everywhere.

The jar was gray and bare.

It did not give of bird or bush,

Like nothing else in Tennessee.

弗罗斯特、罗宾逊和华莱士·史蒂文斯同为美国现代主义文坛上成就卓著、硕果累累的诗人，他们三人也都是哈佛大学的"选科生"（即非攻读学位的学生），但他们三人在创作的方法，切入问题的角度、创作的风格等方面都各有其不同的特点。从创作的主题来看，弗罗斯特以其富有浪漫主义诗情的笔触描绘了新英格兰农村那美丽如画的自然风景，描写了农民们艰辛、劳苦但却甜蜜怡人的农活儿、农事，在对日常生活场景、生活方式的精细观察和细致刻画中，努力揭示出一定的生活哲理，发人深思，启人心智，弗罗斯特还会从对田园劳动富有诗情画意的真实描写中来影射现实社会中所存在着的残酷、紧张、无序的一面。罗宾逊主要着力于刻画"蒂尔伯里"镇人物的悲剧命运，描写了他们的人生奋斗历程，再现了他们的贫穷、困苦、凄惨的生活，从这些人物所经受的生活磨难、命运不公来批判美国 20 世纪最初二十年工业化进程的加快所带来的社会的两极分化给人们造成的无穷灾难，给整个社会所造成的严重腐败问题。从艺术风格上来看，弗罗斯特能在继承英国传统格律诗的神韵、风采的基础上进行大胆的创新，读他的诗，既能体察到传统文化的巨大魅力，又能明显地感到与传统格律诗所存在着的不同之处。罗宾逊的诗基本上就是英国传统格律诗精致、完美的翻版，他完全继承了英国传统格律诗各方面的特点，每一首诗都洋溢着英国传统文化的风神，散发着英国传统文化的艺术芬芳。那么本节所研究的华莱士·史蒂文斯，他在主题、艺术风格上又有什么样的追求、什么样的特点呢？

一、大意解读

第一节。我在田纳西州的一座小山上放了一个坛子，这坛子是圆形的。它使凌乱不堪、无节制蔓延、混杂无序的荒野环绕着小山。

第二节。荒野上的野草、野花、野树等都在向上生长着，意欲达到坛子的高度。这些野生植物在它的周围向四处无计划地蔓生着，它们不再像以前那样狂放野性，而是具有了一定的规范性。坛子在地上圆圆的，显得很高大，上面有一个风门，空气流通。

第三节。坛子统治了周围的一切，它外表灰暗、赤裸，没有受到什么滋扰、污染。它不会生长出或吸引鸟儿，也不会长出森林，它与田纳西的一切事物都不一样。

二、主题思想讨论

该诗从表面上看去，探讨了坛子与周围环境的关系。圆圆的坛子放置于一座小山的山顶上，周围是蔓延无边、混乱污秽的荒野。但不久，环绕着小山的野生植物便有了秩序，它们不再像先前那样狂野地生长，而是有了秩序，野生植物的发展呈现出规范、协调、整齐的态势。不仅如此，这些野生植物都在努力向上生长，并期望能达到山顶上坛子的高度。从这里可以看出，山顶上的坛子对周围的环境产生了影响，坛子改变了环境，它使原先的混乱无序、毫无计划、恣意发展变成有序、有计划、有目的了。而且，坛子还发挥了带头作用、看齐作用、核心作用，它使山周围的野生植物能普遍地向上生长，并能力求达到它那样的高度。坛子的形象是高大的，它所产生的气场也是强大的，它规范了环境，改善了不合理的生长、发展的势态，并使环境能向高度发展。对于山区的野生植物来说，花草树木不但生长规范有序，而且还能一天天不断地长高、发展壮大，以致最后形成一片郁郁葱葱、清香四溢的自然风景，这无疑是好的，它标志着生态环境的健康、优美。它能美化地球、美化人类的生活。从这里，我们可以看出坛子所发挥的领头人的功能。坛子不但形象高大，所发挥的作用也强大、正面、积极、健康，而且它具有开放性，它能吸纳自然界的空气，使自己永葆旺盛的青春活力、生命力，自然界的阳光、风、雨等不仅能滋润坛子的外表，而且还能滋润到坛子的心灵世界。坛子在自然界中能健康地生存着，它同山周围的那些花草树木一样吸收了自然界的丰富养料，承受着大自然无限的恩惠和关爱，幸福地生活着。

由于阳光的照耀、雨水的洗刷，坛子没有受到什么滋扰和染污。它外表赤裸，保持原先的色调。它以其洁净、本色的外表形象昭示周围的环境，它永远不忘初心，永远以刚来到山顶上时所具有的品质、才能来影响它们、来领导它们。

但坛子的能力、影响力、领导力还是有限的，它不能生长出善鸣会语、振翅飞翔的鸟儿，也不能创造出、生长出莘莘森林。无论在山上，还是在广阔的平原上，能有一片茂密的长林，林间飞鸣着众多的鸟儿，整日能欣闻到林木花草的清香，还能聆听到百鸟齐鸣，看到鸟儿们展翅翱翔，这无疑是一件赏心悦目的事情，要是坛子能以其超凡的能力产生这样的奇观，那么它对人间、自然界的贡献无疑将会是无与伦比的。但坛子凭自身的才华能力无法创造出这一伟大的、惊世骇俗的奇迹。它对环境的影响、改造、引领是有限度的。它具有鲜明的独立性，不随波逐流，不趋炎附势，能以其独特的个性特征、特有的才能素养影响、领导着环境，它与田纳西州的其他一切事物都显示了不同之处。在田纳西，虽然坛子不能创造出或生长出茂密的森林，但有别的事物则能实现这一目的。这就是说，有比坛子更优秀、更有领导能力的人或集体在，他们能最终完成坛子，也就是说代表坛子的政治文化力量所未竟之事业。诗人在此表达了对这一力量出现的深切期冀。

该诗发表于 1919 年，后收入华莱士·史蒂文斯的第一本诗集《簧风琴》（*Harmonium*，1923）。1919 年是第一次世界大战结束后的第二年。美国于 1917 年被迫宣布参战，到 1918 年停战这短短的一年时间内遭受了几十万人员伤亡的巨大损失，战争给美国人精神上、心理上造成的损失则更为巨大。战后很多美国人精神沉沦、心理消沉沮丧，对人生、社会失去了信心，对未来感到迷惘。一些传统的价值观、文化思想都遭到了颠覆。新的价值观念又尚未形成。除此之外，从 1913 年至 1919 年，商品的价格翻倍地增长，国内的通货膨胀导致了严重的劳工动乱。许多工人举行了罢工斗争，其中最为引人瞩目的是美国钢铁公司举行的工人罢工。工人们每天工作时间长，但工资十分低微。他们向钢铁业管理者"要求承认工会、集体谈判、八小时工作日，以及更高的工资"。[1] 此次罢工于 1920 年被政府残酷镇压，有一些工人被杀害。1919 年，一些无政府主义者还在全国制造反政府的恐惧，如通过邮局将炸弹寄给一些社会名流，有些炸弹也确实伤及了人的生命，摧毁了建筑物。战后，种族矛盾依然非常尖锐。有些出国参战的黑人士兵回国后居然被南部的暴徒处以私刑。到 1919 年年底，美国的很多地方都爆发了种族骚乱，很多黑人在骚乱中被杀害，很多的房屋被焚毁。社会上私刑泛滥，新三 K 党危害一方。

现实的混乱、黑暗让很多人将自己的目光投向了圣经中所宣扬的万能之神上帝，他们期望上帝能出面为他们指引方向，为他们排忧解难，但苦苦的祈求、礼拜并没有唤来上帝的出现，他们的境遇并没有得到丝毫的改善，于是 19 世纪末德国哲学家尼采的"上帝死了""一切价值重估"和"权力意志论"的声音又在他们的耳边响起，很多人又开始信奉尼采的学说，摒弃了信奉已久、顶礼膜拜的上帝，对权力意志崇拜、敬重有加，将之视为世界的主宰。但信奉权力意志，就得忍受腐败政府的残酷统治、不合理的制度、风习的压制和打击，这使他们连最起码的生存权利都难以得到维护，为了生存，他们不得不进行反抗，进行斗争。那时，叔本华的唯意志哲学也很有市场，他有关世界的本质是非理性意志的观点影响了很多人的人生观、世界观，人们按他的观点，一任自己的意志驱使，追逐所谓的人生快乐、幸福，追求名利权力，但结果发现，这些欲望却永远无法满足，于是人们整日陷于痛苦的泥潭中，为无法实现的意志欲望而奋力挣扎着。

总之，战后的美国，人们的思想状况、精神心态以及美国国内的社会现实都呈现出一幅混乱无序的景观。史蒂文斯诗中所提及的"凌乱不堪、无节制蔓延、混杂无序的荒野"正是这一景观真实的诗意体现。在这种情况下，美国的人民无疑都希望能有一种力量出现来整治、规范人们精神上及社会现实中的荒野。诗中的坛子应是这一力量的象征。具体而言，坛子应是稳定当时社会秩序的一种富有创新性、领导性，同时还有强大感召力、个性魅力的政治、文化力量，这样的力量可以由一个人或一个团体来担任充当。在 20 世纪最初二十年的美国的社会秩序比较混乱的情形下，这样一种代表先进文化、先进思想，反映人们要求改革社会现实愿望和理想的力量能迅即扭转颓败的社会局势，使美国人重新振起为实现美好的美国梦而努力奋斗的精神和勇气。坛子使旷野上野生野长、无计划、无节制生长发展的花花草草、树木丛林能变得有计划、有条理地发展，使它们有规律性地生长，还使它们能努力向高处发展，并最终达到坛子的高度，这是坛子所发挥的巨大的影响力。先进的文化、政治力量对现实、人的作用也会像山顶上的这只坛子一样对美国的现实、美国人的精神状态和价值观念发挥它的规范、引导和影响作用。它会以其鲜明的时代性、先进性发挥掌舵人的作用，将美国这艘于惊涛骇浪中艰难行驶的巨轮扭转好、教调好前进的方向，不致触礁沉没。先进的文化、政治力量会善于吸纳一切崭新的思想观念，不断地更新自己、提高自己、丰富自己，这样会使自己不断地得到先进的科学文化知识的滋养，而永远立于时代大潮的前头，永远地保持旺盛的青春活力。先进的文化、政治力量以其与时俱进的品质永远给人民指引正确的前进方向。

坛子在山顶上能永远保持洁净、本色的外表，它统领各方。代表先进的文化、政治力量的个人和集体，他们善于吸纳新的思想观念，能不断地锻造自己、不断地改善自己，因而他们能永葆肌体的清洁、健康，他们在发展自己、丰富自己的同时，还能永葆自己的本色，这也是他们能青春永驻、永远地领导人民从一个胜利走向另一个胜利的根本原因所在。史蒂文斯在这里寄希望于这些个人和集体的出现，因为美国当时黑暗不公、野蛮骄横、混乱无序的社会现实已使众多的人民群众饱受心灵上、生活上的折磨，人民需要安宁、稳定、和谐的生活，社会要发展，因此，此时的美国比以往任何时候都更需要一名能代表先进的文化、政治力量的领袖或这样的团队出现来拯救美国，拯救美国的人民。

但是，史蒂文斯也十分清醒地知道，这样的个人或团队，他们的影响力、自身的能力都还是有限的，即使他们能出现的话。正如坛子不会产生鸟儿或森林一样，这些个人或团体也不会很快地创造出繁荣发展、蒸蒸日上的社会局面。鸟儿啁啾、展翅翱翔，森林一片葱郁，这无疑是大自然中的美丽景观。社会上莺歌燕舞、人口稠密，这无疑是一个民族、一个国家兴旺发达、昌盛腾飞的美好景观。这些个人或团体能进行一定的社会改革，鼎新革故，铲除腐败，稳定社会秩序，促进经济、文化和社会发展，就像进步主义时代的改革家那样在全社会推行政治改革，那些改革为现代美国政治和政府的发展奠定了基础，起到了减小贫富悬殊、缓和社会矛盾的作用，但是它们离美国人对美国梦的期待仍存在着很大的距离。代表先进文化、政治力量的个人或团体，若能创造出上面所说的一个民族、一个国家的美好景观，那么这个民族、国家的宏伟蓝图，灿烂的国家梦应该说就接近于完满实现了。

三、艺术特征分析

该诗语言简易清新，情调乐观。诗人以朴实的语言谱写了一首轻松、流畅的诗歌。诗的画面感很强，这是诗人在诗歌创作中善于吸收绘画上的一些技巧特点所致。诗的一开始就为我们呈现出一幅清晰的画面，田纳西的一座小山顶上有一只圆圆的坛子，山的周围杂草丛生、乱树满目。诗的画面感有助于读者理解诗的语言意义和诗的意境。史蒂文斯的这一特点同中国古代的很多山水诗人的特点也相一致，山水诗人大多注重诗意的画面呈现，诗人往往通过寥寥数笔就能为读者描画出一幅栩栩如生的自然风景图，这样的图画便于读者吃透诗歌的深层含义，也便于读者深刻地把握诗歌的审美意蕴。

诗中充满了象征。最大的象征莫过于"the Jar"（坛子）。"坛子"象征"具有创新性、领导性，稳定规范社会秩序的先进的政治、文化力量"。"the slovenly wilderness"（杂草丛生、树木四处蔓延的荒野）象征"美国20世纪最初二十年混乱无道、黑暗野蛮的社会现实"。"a port"（风门）象征"开放的国门"或"开放的思想意识"。"gray"（灰色的）象征"本色的，原有的特性、态度和人生观等"。"bare"（赤裸的）象征"洁净的外表，纯洁的品质，未受污染的思想等"。"bird or bush"（鸟和森林）象征"莺歌燕舞、兴旺发达的社会局势"。

象征手法是诗歌中所经常采用的创作手法，象征的有效使用可加强诗托物喻义的功能，因它通常是借助于自然界中某物的具体形象来表达某种抽象的思想情感，阐发诗歌的深层意蕴。象征使诗歌的美学意义蕴藉隽永，能给读者留有无限丰富的阐释空间，读后让人回味无穷，口齿留香。该诗中诗人对代表先进的政治文化思想的人的出现怀有深深的渴求之感，他以山顶上坛子的形象和其所发挥的功能来寄托自己的这一深层的思想感情。这一象征手法的使用非常的新颖独到，可谓别开生面、别具一格。

该诗带有寓言的特征，诗人将坛子写成了一个具有无限的人格魅力、超凡卓绝的领导才能的人或团体，它置身于山顶之上，俯瞰山下的一切，能使周围原本无序生长、四处蔓延的野花杂草、乱树荒丛变得规范、齐整、有序，并能使它们尽量向上生长，以达到它那样的高度。他还将坛子写成了一个具有开放思想的人，不故步自封，不因循守旧，善于接受、吸纳新鲜的空气、一切新奇的思想意识。诗人的这一写法很符合寓言的创作特征。寓言中的动物、植物、物体都能像人一样会说话、行事、处理问题。寓言作者通过它们的言行举止试图阐述一定的生活道理、人生哲理，表达自己的理想抱负、情感意志。史蒂文斯在诗中通过坛子的所作所为、统治领导才能说明了自己的理想、情感，表达了自己意欲拯救混沌黑暗的美国社会现实的愿望。

该诗在末尾用了一个明喻修辞格，即"It did not give of bird or bush, Like

nothing else in Tenessee."最后一行说明了坛子领导能力的限度和其独立性，也表达了诗人期望能有比坛子更为优秀的人或事物最终出现这一理想。

该诗没有统一的韵式，但也押了一些韵。如在第一节，第二行末尾和第四行末尾押了一个全同韵，即 hill-hill；第一行末尾的 Tenessee 和第三行末尾的 wilderness 能算作一个眼韵。在第三节，第一行末尾的 everywhere 和第二行末尾的 bare 算近似韵。

诗中还用了一些头韵、行内韵，请看：

1. 头韵，如在第一节，第二行的 was 和第三行的 wilderness，第三行的 slovenly 和第四行的 surround，第二行的 hill 和第四行的 hill，第三行的 the 和第四行的 that；在第二节，第一行的 wilderness、第二行的 wild 和第三行的 was，第一行的 The 和第三行的 the-the，第一行的 rose 和第三行的 round，第一行的 to 和第四行的 tall；在第三节，第一行的 dominion 和第三行的 did，第二行的 gray 和第三行的 give，第二行的 bare 和第三行的 bird-bush。

2. 行内韵，如在第二节，第三行的 the-the，第三行的 round-ground，第四行的 and-and。

以上这些韵的有效使用加强了诗的乐感和诗句的流畅性，也使诗的意境更为优美。

下面分析一下该诗的节奏，请看：

Anecdote of the Jar

I pláced | a jár | in Tén | nessée,
And róund | it wás | ,upón | a híll.
It máde | the sló | venly wí | ldernèss
Surróund | that híll.

The wí | lderness róse | up to ít,
And spráwled | aróund | , no lóng | er wíld.
The jár | was róund | upón | the gróund

And táll │ and óf │ a pórt │ in áir.

It tóok │ domí │ nion é │ verywhère.
The jár │ was gráy │ and báre.
It díd │ not gíve │ of bírd │ or búsh,
Like nó │ thing élse │ in Tén │ nessèe.

    该诗的基本节奏为抑扬格，抑扬格四音步的诗行占多数，抑扬格三音步、抑扬格二音步的诗行占少数。诗的节奏变格处很少，仅有三处用了抑抑扬格替代，它们是：第一节第三行第三音步；第二节第一行第二音步；第二节第一行第三音步。在这三处用了节奏变格，同这三处诗歌的思想内容也有着密切的关联。因为在第一节和第二节第一行，我们知道，为荒草杂树、野花乱枝所环绕的小山顶上来了一位陌生的客人，坛子。坛子的到来使得周围的环境发生了变化，那些荒树、乱草、野花开始紧紧地围绕着小山，并且开始不断地向上生长。荒野原本的生存方式、生活方式开始发生了变更，原来无序的状态开始变得有序，原来没有中心、没有目标现在变成有中心、有奋斗的目标了。环境、景观处于变化之中，故而在诗歌的节奏上，诗人用了几处变格。从第二节第二行开始，荒野变得不再荒芜杂乱了，花草树丛开始有序、有条理地生长，坛子以它那高大的形象、开放宽大的心胸巍然地挺立在自然界的小山、旷野之上，统领八方，规范一切。因此从第二节第二行开始，各行的节奏都采用和谐的抑扬格节奏，各行、各音步无一处使用变格。

    诗的节奏总的看来比较流畅自如，同诗的主题思想、情感意境也相适应。诗歌短小，但包含的思想内容则十分深刻、丰富。诗以浅显的语言、较为流畅的节奏、带有寓言式的艺术表达流淌地反映出现实，并要求积极改造现实的思想内容。

    诗人的想象力是丰富的，他以其神奇的想象叙述了一个带有寓言色彩的故事。诗人将现实生活中的矛盾、希冀、理想、情感带入想象的世界中，在想象的世界中描绘现实生活中的一切或即将发生的一切，在想象的世界中预测现实生活中可能会发生的一切。吴定柏先生在《美国文学大纲》中对史蒂文斯的创作观曾这样阐述道：

He held...that the poet should be an observer of reality,and a creator of reality . He defended the right and duty of the artist to tell things as he sees them.[2]

他认为……诗人应当是现实的观察者和现实的创造者。他捍卫艺术家按自己所观察到的东西进行描述的权利和责任。

史蒂文斯细致地观察了美国 20 世纪最初二十年的社会现实，并将这一现实在诗歌中加以创造，采用了一种类似寓言的方式反映了现实的矛盾，表达了自己对未来的期望。诗人的描写是忠实的，创造又是基于现实基础上的创造。吴先生的上述观点是符合史蒂文斯的创作实际的。

但吴先生在上述引文的下方又说道：

He was very different from the social realistic writers. He was interested in the questions of art, rather than in social and economic problems.[3]

他同社会现实主义作家很不一样。他感兴趣的是艺术问题，而不是社会经济问题。

根据笔者在前文对该诗的主题思想和艺术特征的讨论和分析，我们知道，史蒂文斯之所以发挥想象力，创作出《坛子的轶事》这首诗，正是出于他对美国 20 世纪最初二十年社会现实的热切关注，出于他对美国当时现实的混乱、人民生活的贫困、社会动荡的担忧，他期望能有一种代表先进的政治文化思想的力量出现来挽救现实、消除混乱和动荡。从这里，我们可以看出，史蒂文斯同很多的现实主义作家一样，都是将现实作为自己创作的源泉和根基的。他们的创作都立足于现实，反映现实，体现人们力求改变不合理的现实的愿望和理想。可见，史蒂文斯所感兴趣的首先还应该是社会经济问题。艺术问题只是他反映现实、创作诗歌的一种美学形式问题。如该诗他是采用类似寓言的美学形式来反映美国当时的现实问题，来表达他的政治理想的。因此，吴先生上述的论点是颇有商榷的必要的。

四、结语

该诗诞生于现代主义文学发展的鼎盛期。1919 年，第一次世界大战已于前一年结束，一战在人类历史上是史无前例的，它给人类尤其是欧美国家造成的破坏是惊世骇俗的。一战虽然结束了，但它给欧美世界所带来的物质上的破坏是不能在短期内得以修复和重建的，它给欧美国家的人们心灵上所造成的创伤则更是不能在短期内得以抚平和愈合的。一战摧毁了传统的价值观念、道德伦理思想，一战导致了很多欧美人士精神上的迷惘、心理上的失落。很多人自甘堕落、沉沦。整个社会的秩序呈现出一派混乱、骚动的局面，整个社会人的精神状态消沉、低落。史蒂文斯，作为一名善于观察现实的诗人，对美国 20世纪最初二十年人们的精神风貌，对美国当时的社会现实风貌可谓洞若观火、精熟于心，他接受了现代主义文学一个极其现实、极其锐敏的观点，即生活是混乱的。这混乱不仅体现在社会的贫穷、治安的无序骚乱上，而且还体现在人心的动荡不宁、迷惘失望上。以往一些统治美国人精神世界多年的价值观念已消失殆尽，那么美国人现在应以什么样的道德思想来取而代之呢？旧的已归于阒寂，而新的又尚未出现，未来应追求什么样的人生理想呢？什么样的政治文化思想才能为美国人指引人生奋斗的目标，才能让骚乱不已的美国社会风平浪静？什么样的人或团体能引领美国人走出失败的阴影，重启美国梦的伟大征程？这些是很多现代主义作家和诗人所深思熟虑的焦点问题，也是史蒂文斯所宵衣旰食、日夜反复思考的问题。史蒂文斯以一首《坛子的轶事》短诗生动而形象地再现了其对现实的精细观察，表达了其内心的期冀。

该诗在主题思想上是符合现代主义文学创作特点的。在艺术形式上，它吸取了传统格律诗节奏分明、流畅，语言清新自然的特点。但在音韵上，它没有采用传统格律诗韵式规整齐一的特点。诗人采用了不完全韵，还有其他的一些辅助性音韵来使全诗具有一定的音乐美感。史蒂文斯之所以不用规范的韵式，是因为他觉得韵式会影响诗人思想感情的自由表达，真切的流露。这一点同很多现代主义作家一样。有不少现代主义作家喜用自由诗，还有不少喜用半自由半格律诗，还有的乐于创作一些现当代格律诗，他们之所以这样做，都是因为觉得传统的格律诗在音韵格律上束缚太大了，诗人所要表现的艺术内容，所要阐发的生活哲理，所要弘扬的艺术情感在格律韵式的牢笼里不能得到恣意的发挥。就诗歌的体裁而言，这首《坛子的轶事》应属一首英语现代格律诗，诗行的节奏音步具有明显的可分辨性，大多采用抑扬格四音步，每节均为四行诗节，不用统一的韵式，但用了一些不完全韵和头韵及行内韵。因此该诗归为现代格律诗是适宜的。

该诗用了大量的象征，含义蕴藉，这也符合现代主义文学的艺术特点。现代主义文学的文本意义，主题思想大都不像浪漫主义文学、现实主义文学那么明朗、直接，这一般地应归于现代主义文学中多用象征、喜用隐喻这些特点。这首《坛子的轶事》是以象征的妙用、多用而突显了现代主义文学巨大的艺术魅力的。

史蒂文斯为美国的民族主义文学是做出了重要贡献的。文学是反映现实的，文学又是表现情感的。史蒂文斯在该诗中以精炼的笔触反映了美国20世纪最初二十年的社会现实，表现了自己的人生理想、社会抱负，该诗作为美国那个时期民族主义文学的一朵灿烂的艺术奇葩应是当之无愧的。

一战摧毁了西方人的传统价值观念，西方的文化也遭到了无情的破坏。一战后，艺术商业化，传统的艺术遭到了贬值，优雅、高尚的传统文化遗产从人们的生活、工作和劳动中消失了。艺术家从事艺术创作的积极性受到了严重的打击，他们的艺术情感受到了伤害。文学艺术中一些具有辉煌传统的东西似乎被人们永远地从文学的殿堂中驱逐出去了。但史蒂文斯似乎同当时一些追逐现代时尚的人们不一样，仅从《坛子的轶事》这首诗中，我们即可看出，史蒂文斯并没有完全抛弃传统，传统格律诗中的一些闪闪发光的东西，史蒂文斯还是继承了下来，如在这首诗中，诗歌共三节，每节均为四行，各节的诗行基本上长短相间，长短距离相差小，诗整体上看去，结构较为规整。节奏，各行清晰分明，非常流畅。诗中还用了一些音韵。史蒂文斯在现代主义文学的惊涛骇浪猛烈袭击传统文化之际，并没有完全被浪潮所席卷，他于喧嚣的闹市中保持一片安静的心灵圣地，让传统文化的艺术芬芳依旧飘散在美国的诗苑中，他这样做的目的，就是要让西方文化的发展不致断流，西方文化的神潭圣泉永不干涸。从这里，我们能看出史蒂文斯对美国民族主义文学的发展所付出的艰辛努力，所凝聚的浩然心血。

一战夺走了十几万美国人的生命，使美国国内正在进行的进步主义时代改革被迫中断，还使美国平白无故地耗损了巨大的物质财富。更重要的是，美国人的心灵受到了巨大的创伤。本来进步主义时代改革使许多美国人看到了美国梦的希望之光，但这场惨绝人寰的战争将这盏希望之灯彻底地扑灭了。美国社会的混乱，人们精神上的压抑消沉便是希望之火黯然无光的最好证明。然而美国梦是美国的先民们从 1776 年建国之初就确立的民族之梦、国家之梦，美国梦灿烂的火种是一代又一代的美国人传递下来的，一战的狂涛巨浪虽能暂时地扑灭这盏明灯，但战后美国梦的火焰依然要重新点燃起来。史蒂文斯通过坛子对混乱秩序的整顿、规范、管理，通过坛子高大雄伟的形象召唤代表先进的政治文化力量的出现，而这一力量的出现必然会燃起人们对新生活的热烈期盼，必然会使美国梦重新振起腾飞的羽翼，必然会使美国梦在这一力量所掀起的春风吹拂下燃起希望的火苗，进而璀璨夺目、灿烂辉煌。

参考文献：

[1] 卡罗尔·帕金，克里斯托弗·米勒，等. 美国史（中册）[M]. 葛腾飞，张金兰，译. 上海：东方出版中心，2013：544.

[2] 吴定柏. 美国文学大纲 [M]. 上海：上海外语教育出版社，1998：110.

[3] 吴定柏. 美国文学大纲 [M]. 上海：上海外语教育出版社，1998：110.

第二节　论华莱士·史蒂文斯和他的
《在基韦斯特的秩序的思考》

The Idea of Order at Key West

　　Wallace Stevens

She sang beyond the genius of the sea.

The water never formed to mind or voice,

Like a body wholly body, fluttering

Its empty sleeves; and yet its mimic motion

Made constant cry, caused constantly a cry,

That was not ours although we understood,

Inhuman, of the veritable ocean.

The sea was not a mask. No more was she.

The song and water were not medleyed sound

Even if what she sang was what she heard,

Since what she sang was uttered word by word.

It may be that in all her phrases stirred

The grinding water and the gasping wind;

But it was she and not the sea we heard.

For she was the maker of the song she sang.

The ever-hooded, tragic-gestured sea

Was merely a place by which she walked to sing.

Whose spirit is this? We said, because we knew

It was the spirit that we sought and knew

That we should ask this often as she sang.

If it was only the dark voice of the sea

That rose, or even colored by many waves;

If it was only the outer voice of sky

And could, of the sunken coral water-walled,

However clear, it would have been deep air,

The heaving speech of air, a summer sound

Repeated in a summer without end

And sound alone. But it was more than that,

More even than her voice, and ours, among

The meaningless plungings of water and the wind,

Theatrical distances, bronze shadows heaped

On high horizons, mountainous atmospheres

Of sky and sea.

It was her voice that made

The sky acutest at its vanishing.

She measured to the hour its solitude.

She was the single artificer of the world

In which she sang. And when she sang, the sea,

Whatever self it had, became the self

That was her song, for she was the maker. Then we,

As we beheld her striding there alone,

Knew that there never was a world for her

Except the one she sang and, singing, made.

Ramon Fernandez, tell me, if you know,

Why, when the singing ended and we turned

Toward the town, tell why the glassy lights,

The lights in the fishing boats at anchor there,

As the night descended, tilting in the air,

Mastered the night and portioned out the sea,

Fixing emblazoned zones and fiery poles,

Arranging, deepening, enchanting night.

Oh! Blessed rage for order, pale Ramon,

The maker's rage to order words of the sea,

Words of the fragrant portals, dimly-starred,

And of ourselves and of our origins,

In ghostlier demarcations, keener sounds.

　　从第一节的论述，我们得知，华莱士·史蒂文斯所生活的 20 世纪最初二十年的美国社会是一个政治、经济、文化秩序混乱、人们在思想意识上也混乱无序的社会。史蒂文斯作为一名现代主义诗人对美国当时的社会现实表现出了热切的关注，他在《坛子的轶事》中触及了秩序的问题，在这首《在基韦斯特的秩序的思考》一诗中再一次触及秩序的问题，从诗的标题当中，我们就可清楚地看到这点。秩序是一个社会繁荣发展的前提，也是实现一个国家宏伟梦想的重要基础。对文学艺术而言，秩序也是其繁荣进步的重要条件，文化贬值，文坛上商业气息浓厚，一切向钱看，文艺作品美学价值、思想价值低下，传统文化中的一切都被弃之如敝屣，新的价值观又未能及时地出现，这样的混乱秩序无疑是不利于文学艺术的正常发展的。因此，史蒂文斯对秩序的关注是一个关心国家前途命运，关心文化事业发展的知识分子对美国民族主义文学发展负有责任心的重要体现。下面，我们来研究一下该诗。

一、大意解读

　　第一节。她的歌声超出了大海的精灵，但是海水从未在脑中或声音里成形。就像一个人的躯体一样，它是完完整整一个人的躯体，她挥动衣袖时，衣袖里却是空空如也。她有模仿著名歌唱家的才能和行为。她的模仿能引起持续的喊叫，这喊叫不是我们的，虽然我们也能理解她的意思，这喊叫是非人类的喊叫。在浩如海洋的人类世界中，有些人属于人类的渣滓，他们会对她的模仿性歌声产生激烈的反应。

　　她的歌声很美妙、很动听，能超出大海的精灵，但是她的歌声并未在观众、听众中产生什么反响、什么效果，在人们的思想上、话语上都未对她的歌声做出什么回应。这就像一个人他虽有完整的躯体，但在挥动衣袖时，衣袖却是空荡荡的，即他并没有用手臂挥动，因此他在挥的时候，人们见到的是衣袖飘飘，但却没有什么力度。挥衣袖的动作是美的，衣袖轻扬，随风飘动，这就像她的歌声一样，比大海的精灵所唱的歌还要优美，但它们都没有什么力度，在观众、听众的心中都没有产生什么效果。她能模仿著名的歌唱家，这里隐喻一个社会改革家能模仿古代的英雄的言行。她的模仿能引起一些观众强烈的反应，但这些观众却并不是人类中的善良、正义、进步之辈，他们是人类的渣滓。这里是说一些改革家的改革未能在那些代表社会正义、进步力量的人中产生什么影响，却相反赢得了一些社会渣滓的欢迎和支持。

第二节。大海不是一只面具。她也不再是只面具。她唱的歌声与海水并未融为一体，即使她所唱的是她所听到的。由于她所唱的是一个词一个词发出的，因此可能会出现这样的情况：在她所唱出的每句话中都好像有海水翻腾，怒涛拍岸，海风呼啸。但我们听到的仍然是她的声音而不是海水的声音。

大海不是一只面具，它没有对她的歌唱做出什么回应，这是一种真实的态度。她一开始会模仿著名歌唱家演唱，但现在她不再戴这只面具了，她要让大海聆听到一个真实的声音。但是遗憾的是，她的歌声和海水依然不能相融。这里，海水是听众的象征，她的歌声在听众当中依然得不到什么响应。即使她自己听到了自己的歌唱，但别人，听众却似乎并没有对她的歌唱有什么反应。她唱的时候态度十分认真，吐字清晰，就好像声音中有海水的潮涌浪卷、狂风的嗥鸣呼啸之声，但听众听到的只是她的声音而不是大海做出的什么回应之声。

诗人这里隐喻听众对她的歌唱，即人民对社会改革家的举措所做出的反应是真实的，没有伪饰的成分。社会改革家一开始可能模仿了古代的英雄，但现在他们已不再戴这个面具了，社会改革家们要以一个真实的面貌出现于公众面前，他们要让人民能理解、支持他们的行为。但是，人民群众在当时仍然不能接受他们的言行。这里是说，社会改革家一开始的改革之途是充满坎坷曲折的，他们的一些言行，在他们看来是十分恰当合理、符合美国当时的国情的，但是社会大众对他们却不能理解，在情感上表现出冷漠，在行动上表现出拒绝。改革家们在实施改革之时，态度是慎重的，是经过了深思熟虑、反复酝酿的，在实践中，他们能稳扎稳打，依计而行，但他们的这些行为依然没能得到人民大众的理解、拥护和支持。他们的言行只能是一种自弹自唱、自我欣赏而已，与受众之间不是一种相映成趣、相得益彰的和谐关系。

第三节。她是她所吟唱的歌曲的制作人，那一直罩着厚厚的云雾，显示某种悲剧会发生的大海，只是这么一个地方，在它的旁边，她会一边走过，一边唱着歌曲。这是谁的精神？因为我们知道，这种精神正是我们所寻求的，而且我们也知道，在她歌唱的时候，我们也应当经常问这样的问题，故此，我们要问，这是谁的精神？

她创制了所演唱的歌曲，是她筚路蓝缕，开创了一个崭新的局面。这里，诗人隐喻社会改革家制定了改革美国当时社会现实的方案、政策，开创了一个新时代，一种新的气象。改革家们走过芸芸众生，发现有不少人是混沌愚昧的，他们对形势看不清楚，对他们的改革不理解，其中有的人随波逐流，有的人慵懒懈怠，他们都是悲剧式的人物。改革家们所力图倡导的是一种什么精神呢？这种精神是代表正义、进步力量的人民大众所一直追求的，但是芸芸众生中有不少则是昏聩不明的。

第四节。如果这只是大海低沉的声音，它从海上升起来了，甚或被层层波浪所产生的声响所增色；如果这只是白云飘飘的天外之音，或陷沉的珊瑚给水墙所围而激起的声音，这些声音尽管非常清晰，那也只会是一种深沉的气流所发出的声音，一种风吹气流所产生的起伏跌宕的声音，或漫长的夏日所产生的一种单调乏味的夏日声音。这些声音只是声音而已。但情况不只是这样，所产生的声音不只是她的声音和我们的声音。在海水和风无谓的颠簸之间，在海面和天空长长的距离之间，当高高的地平线上堆积着青铜色的阴影，当海洋和天空之间存在着沉重厚实的大气，这时狂风巨飙猛烈地吹动着大气，吹动着地平线上的青铜色的阴影，那时所产生的声音即是我们所能听到的她的歌声。

在这一节，我们看到她的歌声已开始在听众，在全社会产生了反响，一开始她的歌声在人民大众之间、改革家的改革行动在社会上不被人们所理解和接受，人们以一种冷漠的态度来对待她的歌声，对待改革家的改革。为了让人们能理解她的歌声，理解改革家们的思想理论、改革蓝图、改革实践，她甚至会模仿著名歌唱家的歌声，改革家们会模仿古代英雄的思想言行，但他们的努力却只会在一些社会的渣滓中间引起一些反响，受到他们的无意义的追捧，她的歌声和听众、改革家们的改革和人民群众永远做不到相融相谐。她和改革家们都感到芸芸众生之中有不少都是愚昧无知，喜欢随波逐流。他们看不清时势，正在扮演悲剧中的角色。

但随着时间的推移，随着她和社会改革家们不断地努力、奋斗，她的歌声和改革家们的改革终于在社会公众之间产生了反响。这一反响是巨大的，它不是一种海面上风吹气流所产生的起伏跌宕的声响，它不是漫漫夏日里所听到的那种重复、单调、乏味之声，如树上的蝉鸣，池塘里的蛙叫，它是狂风吹动海洋和天空之间那股重如山脉的大气层所产生的巨大声响。由此可见，她的歌声让群众激情沸腾、昂奋，那泓宏的歌声在群众中产生了强烈的共鸣，台上台下山呼海叫，如万马奔腾、如大海汹涌澎湃。改革家的改革得到了人民群众的热烈拥护和有力支持。这一改革触动了社会的不法利益集团，搅动起了社会的沉渣腐水，让群众看到了社会混乱、人民贫困的症结所在，他们不再昏聩愚昧，他们不再迷茫，他们能以对这些改革家的改革行为的拥护、赞许而对社会的腐败表示应有的愤恨和否定。他们还能积极地投身改革，铲除造成秩序混乱的弊病。

第五节。正是她的歌声使得天光即使在消逝时仍然非常的锐利。她能按时间测定出天光有多寂寞。她了解天光，她能用歌声让天光不再孤寂，能发出耀眼的光亮。她是这个世界唯一的工匠，她在这个世界中歌唱。当她歌唱之时，大海，无论它拥有什么，都会成为她的歌声本身，即大海会与她的歌声融为一体，因为她是这个世界的设计师，她是歌曲的创制者。她创制了歌曲，给听众进行了颇富激情的演唱，听众由原先的不理解、不接受到现在的理解，并受强烈的感染。这是她的演唱所取得的显著进展。但她是孤独的，当我们看到她孤独地在那儿大踏步地前进的时候，我们知道，那儿没一片属于她的天地。人们听到的只是她的歌声，她的歌唱给她创造了一片属于她的世界。

社会改革家的改革能改天换地，他们的改革能使天光消失的夜空发出锐利的光芒，他们能像她了解天空的孤独一样了解社会大众的孤独、贫困、迷惘。他们能通过自己思想理论的宣传、通过自己的改革实践让社会大众去除心灵中的迷雾，振奋精神，焕发蓬勃的青春力量，积极地参加改革实践。改革家是这个世界唯一的设计师、蓝图的规划者、国家方针政策的制定者。他们的改革能为人们所接受，能为人们谋福利，人民大众能从他们的改革中看到希望的曙光，看到美国梦的鲜花绽放。他们与人民大众心心相印，水乳交融。但我们经常看到的改革家却是一个孤独的行路人，他们为社会、为人民创造了幸福的生活，但他们自己的生活、心灵却是异常孤独的。在这个社会上似乎并没有他们存在、发展的天地。只有在改革实践中，我们才能看到这些改革家的身影。

这里，诗人对改革家的改革进行了高度的评价，他们的改革能创造人类历史的新纪元，他们的改革也能赢得亿万人民的心，尤其是那些孤独无依、穷困潦倒的人能从他们的改革中看到皦皦光辉。但诗人对社会大众对这些改革家们的劳动未做什么回报，间接地提出了批评。他们为社会带来了幸福，但他们自己却没有属于自己的天地，他们忍受着心灵、物质生活的孤寂，他们也需要温暖，需要友爱和关怀。这里，诗人隐含性地批判了美国社会的冷酷，人与人之间的不和谐。

第六节。雷蒙·弗南戴应是个智者，他告诉人们一切。当她的歌声结束，我们转身面向城里之时，他会告诉人们为什么停泊在海上的渔船会闪烁着明亮的火光。当夜色降临之时，这在空中摇曳的渔火会控制着黑夜，平分着海洋，这灯火会划定哪些是明亮的地带，哪些是炽热的两极。这灯火会规划着黑夜，使未被火光照亮的黑夜部分更加得黑，也使这夜色加深、迷人。

社会改革家的改革会对整个宇宙、会对全人类发挥着重要的影响。他们的改革能为五大洲、四大洋的人们所接受、所称赞。人们按他们的指引去规划蓝图，创造美好的明天，开创充满希望的未来。他们的改革正如那在风中摇曳的渔火一样，能控制着黑夜中的一切，给夜色中的人们指引航向。他们的改革会使那些未能贯彻他们宏伟的改革蓝图的地区和人们感受到改革的光辉是明亮耀眼的，同时他们那里的愚昧、落后又会吸引着改革家们去开拓、去创造，去实施宏大的梦想。

第七节。雷蒙狂热地追求秩序，他因对秩序的迷恋、热爱而变得脸色苍白。这是一个创造者对描写海洋词语规范的狂热追求，什么样的词语可用来描述散发着芬芳的门，门上闪烁着点点暗淡的星光，什么样的词语可用来描绘我们自己及我们的先祖。创造者在描述时会十分明确，犹如鬼神划定的界限。

这里，"规范描述海洋的词语"隐喻"规范世界秩序的蓝图"。创造者狂热地追求规范世界秩序的蓝图，在秩序的蓝图上，哪里是芬芳四溢的大门，哪里是属于我们及我们祖先的地方，都会一一标注清楚。这里，诗人隐喻在世界浩瀚的疆域内，不同的国家都占有一席之地，哪里是我们现在所生活的国度和地区，哪里又是我们的先祖所生活和居住的地区或国度，一切都标注得十分明确，犹如鬼斧神工。每一个所标注的地方都占有它所应占有的位置，都享有它所享有的地位、权限。这里，诗人隐含性地告诉人们，世界不应有侵略战争，一国不能强行地侵占他国的领土，侵夺他国的主权。每一国、每一地区都享有它应享有的一席之地和权利，国与国之间应平等相待，这样，世界的规整秩序才能得到维护。

二、主题思想讨论

该诗通过海边女孩的歌唱来隐喻社会改革家的改革。改革家改革的主要对象是美国自一战结束以后所出现的社会秩序的混乱，如前所述，该诗又一次地切入对社会秩序的思考。

该诗发表于 1934 年，1935 年收入《秩序的观念》（*Ideas of Order*, 1935）。美国自一战结束以后，社会秩序出现了空前的混乱，人们在思想上出现了极度的迷惘、心灵上出现了极度的空虚。这在前文研究《坛子的轶事》时已有详细论及。随着 1929 年世界经济大萧条的开始，这一混乱更为加剧了。1929 年的大萧条导致了失业人数及未充分就业人数的剧增，而罗斯福政府所推行的、着力恢复、救济和改革经济的"新政"（New Deal）又未能奏效，这样，美国的经济从 1929 年开始便迅速地跌入低谷，几乎无一处不受经济恐慌的影响。那时，股市猛跌，铁路、纺织、钢铁业盈利少，农业渐入危机，在"1921 至 1928 年间有 5000 家银行关门"。[1] 而"在 1929 至 1933 年间，失业人数以及银行和企业倒闭的数量持续增长。到 1933 年时，9000 多家银行已经倒闭，失业率达到了 24.9%，还有 9 万多家公司关门"。[2]

大萧条引起了社会秩序的混乱。一些因经济持续恶化而义愤填膺的农场主加入了由麦洛·里诺（Milo Reno）所领导的农民假日协会，他们破坏庄稼，使用暴力，抵制银行和其他机构取消抵押品的赎回权（foreclosures），对农业的艰难处境及政府支持的不力而进行了强烈的抗议。在全国各地，出现了市民的罢工、抗议集会等，他们要求有更多的工作机会、更高的工资待遇和救济金，在底特律的一次工人与警察和保安人员的冲突中，有"三名工人死亡"。[3] 在华盛顿特区所发生的数千名一战退伍老兵，为了要求政府通过退役金法案，而举行了抗议活动，并与军队发生了严重的冲突，在战斗中，老兵们遭受骑兵队的冲击、步枪、催泪瓦斯及刺刀的伤害，其中有"100 多名老兵受伤"。[4]

战后所出现的混乱及 20 世纪二三十年代所出现的人民经济上的贫穷困苦、全国多个地方所出现的动乱是史蒂文斯创作该诗时所昼夜思索，并设法加以消除、解决的主要问题。针对美国当时的社会现实，政治、经济、文化状况，史蒂文斯热切地盼望能有一些具有强烈的社会责任心、不屈不挠、才华出众的社会改革家出现，就像他在《坛子的轶事》中热烈地期望能有一些代表先进的政治文化思想的个人或群体出现一样。他在《在基韦斯特的秩序的思考》一诗中，塑造了一位在海边歌唱的女歌唱家形象，这一形象的身上寄托了诗人对社会改革家的期盼。女歌手面对大海高声歌唱，然而，她的歌声却未能被大海所理解，为了让大海能理解、吸纳她歌唱的精神内容，让大海对她的歌声引起兴趣，她甚至模仿著名歌唱家的演唱，但社会大众似乎仍未能对她的歌声产生什么兴趣。她最后脱下了面具，以真实的自我形象、真实的声音出现于大海面前，但她的歌声仍未能与海水的涛声融为一体。社会改革家们对社会的改革一开始也会遇到与女歌手面对大海歌唱时同样的困境和问题。因社会的弊病存在的时间太长，社会局面及人精神上的混乱存在的时间太久，改革家的改革尽管一开始就是对症下药，在规划、实践中都着力解决目前社会所存在的痼疾，但人民大众对之的反应却会异乎寻常的冷淡，因为人们对之不能理解，不能接受。但只要改革家们能持之以恒、坚持不懈，就一定会像诗中的女歌手一样最终赢得受众的拥护支持，并在社会上引起强烈的反响。

女歌手深为观众的迷茫愚昧而困惑，正像改革家们于改革之初深为社会大众的昏聩不明、随波逐流而倍感懊丧一样，但只要他们砥砺奋进，不断地淬炼意志，就一定能开创一个崭新的局面。女歌手的歌唱引起了疾风骤雨般的磅礴力量，能使海水咆哮，能使即将消逝的天光锐利刺目。改革家的改革最后也会收到晴天霹雳、地动山摇般的效果，他们的改革能引起大众强烈的共鸣，激发起大众改天换地、敢教日月换新天的英雄主义精神，他们的改革会如黑夜江上的渔火，闪耀着光辉，刺破黑暗，给人指引航向。人们按他们的改革蓝图去开创未来。改革家的改革具有世界性、全面性的特点，它着眼于世界的秩序，不只是某一国家、某一地区的秩序，局部的秩序也是世界秩序的一部分，只有世界秩序稳定了才能保证局部的稳定，而局部的稳定又有助于世界整体秩序的稳定。世界秩序蓝图的每一部分都应享有它的一席之地，彼此之间应有明确的界限，相互平等，一方不可随意地侵占另一方的领土和权限，否则，整体稳定的秩序就难以维持。

这里，我们可以看出史蒂文斯对一战的思考，一战的发生主要就在于欧洲的有些国家企图侵占他国的利益，认为自己的殖民地少或没有殖民地而觊觎他国，于是发动侵略战争，以达到重新瓜分势力范围，改变世界原有的版图规划，把全世界纳入由他们几个霸权国家所操控的版图范围之内。这样做无疑会引起骇人听闻、史无前例的世界大战，进而打乱世界的秩序。

诗人对秩序的首肯和倡导体现了他对战争、对侵略的憎恶，战争、侵略、骚乱导致了秩序的动荡不宁，也导致了人们精神上的空虚和迷失。只有秩序得以维持，人们才能在稳定、和平的环境中生活、生存。而良好的秩序诞生需要社会改革家坚韧不拔的改革创新，需要人民大众的鼎力支持，这就是该诗所阐发的重要题旨。

三、艺术特征分析

该诗最大的艺术特征是隐喻的使用。全诗充满了隐喻。最大的隐喻是以海边女孩的歌唱来隐喻社会改革家的改革，以聆听女孩歌唱的大海隐喻社会大众。还有一些小隐喻分散在诗的有关诗节之中，如在第一节，诗人以 "the water never formed to mind or voice"（在思想或声音上，水没有成形），来隐喻"社会大众对改革家的改革没有产生什么反应"；在第二节，诗人以 "the song and water were not medleyed sound"（歌声和水没有融为一体）来隐喻"社会改革家的改革没有被人民群众所理解和接受"；在第三节，诗人以 "she was the maker of the song she sang"（她是她所演唱的歌曲的创制者）来隐喻"这些改革家就是他们宏伟的改革蓝图的设计师"，改革家们不是搬用、沿袭别人的改革计划、改革蓝图，他们是针对美国国内的实际情况制订了改革的蓝图。还在这一节，诗人以 "the ever-hooded, tragic-gestured sea"（一直笼罩着迷雾，显示着悲剧征兆的海洋）来隐喻"那些愚昧昏聩、对世事不明、喜欢随波逐流的悲剧式人物"；在第四节，诗人以 "the dark voice of the sea"（大海低沉的声音）、"the outer voice of sky　And cloud"（白云飘飘的天外之声）、"a summer sound Repeated in a summer without end"（在无尽的夏日重复的夏日之声）来隐喻"普通的声音""没有什么感召力、影响力，单调乏味的声音"；在第五节，诗人以"her voice that made The sky acutest at its vanishing"（她的声音能使天光在其行将消逝之际变得锐利耀眼）来隐喻"社会改革家的改革能使世道在其黑暗的时候发生改变，发出耀眼的光辉，改革家的改革能驱散人们心头的黑暗，使人们看到灼灼的阳光"。"its solitude"（苍天的孤独）隐喻"天下苍生的孤寂"。诗人以"She was the single artificer of the world In which she sang"（她在这个世界中歌唱，她是这个世界唯一的工匠）来隐喻"社会改革家是这个世界的工匠、劳动者，他们同普通的社会大众一样都在建设这个世界，他们不只是改革蓝图的设计师，而且还是这一蓝图的实施者"。"And when she sang, the sea, Whatever self it had, became the self That was her song"（当她歌唱的时候，大海，不管它拥有什么都会与她的歌声融为一体）这里隐喻"改革家的改革会为人民大众所理解、接受，会得到他们的拥护和支持"。

"there never was a world for her Except the one she sang and, singing, made."（从来没有属于她的天地，她只有在歌唱的时候，才会拥有一片天地）隐喻"社会改革家孤独的、没有什么人生乐趣的生活"，也隐含性地告诫社会公众应对改革家的付出和牺牲做出一定的回报，应对他们表示关怀，送上诚挚的温暖，这样才是对他们的劳动一种真正的、友好而诚恳的支持；在第六节，诗人以"The lights in the fishing boats at anchor there, As the night descended, tilting in the air"（停泊在岸边渔船上的灯火，随着夜色的降临，在风中摇曳）来隐喻"社会改革家的改革如黑夜中的火把，照亮人们前行的道路，它刺破浓浓的夜色，指引着人们向前，去开拓充满希望的未来"；在最后一节，"order words of the sea"（规范描述海洋的词语）隐喻"规范世界的秩序"。诗人还以"Words of the fragrant portals, dimly-starred, And of ourselves and of our origins"来隐喻"不同的国度、民族"，以"ghostlier demarcations"（鬼神划定的界限）来隐喻"国与国之间的界限分明，如鬼斧神工一般"。

　　诗中还用了一个明喻修辞格，即："The water never formed to mind or voice, Like a body wholly body, fluttering Its empty sleeves;"（海水在脑海或声音上从来都没有成形，就像一个完完整整的身体，挥动着衣袖，但衣袖里则是空空荡荡的）。女孩悦耳动听的歌唱，对于海水来说，却并未引起什么反应，亦即观众对她的歌唱不理解、不欢迎，她的歌声在观众中没有引起什么反响，这就像一个人在挥动衣袖时，并未用手臂去挥动一样，没有一点儿力感，衣袖里空空如也，人们看到的仅是轻飘飘的衣袖。诗人的这一比喻十分生动形象。

诗歌的语言清新、优美，这和上述隐喻和明喻的巧妙使用有着密切的关系。此外，诗歌选词十分精致、华艳，想象力十分丰富、感情充沛，尤其是第四节，诗人对狂风吹动海面上厚重的大气层、高高的地平线上那青铜色阴影的描写气势磅礴，笔底似有千钧之力。第六节，诗人对江面上泊船的渔火在风中摇曳的描写给我们再现了一个清雅、隽永、迷蒙的意境，而最后一节，诗人对规划世界秩序宏伟蓝图的描写则让我们领略了一个澄廓、宏大的意境，诗人犹如横空出世的英雄领袖在规划着世界的蓝图，在指引着人们如何维持好世界的秩序。这些不同部分的意境描摹和艺术再现有效地烘托、阐发了诗歌的主题意义，显示了诗人杰出的创作本领。

全诗没有统一的韵式，但就韵脚而言，除最后一节外，其余各节每一节也都有一定的特点。如在第一节，第四行末尾的 motion 和第七行末尾的 ocean 押韵；在第二节，第三行末尾的 heard、第四行末尾的 word、第五行末尾的 stirred 和第七行末尾的 heard 押韵；在第三节，第一行末尾的 sang 和第六行末尾的 sang，第四行末尾的 knew 和第五行末尾的 knew，它们都押全同韵；在第四节，第一行末尾的 sea 和第十三行末尾的 sea 押全同韵，第七行末尾的 end 和第十行末尾的 wind 押近似韵；在第五节，第一行末尾的 made 和第十行末尾的 made 押全同韵，第五行末尾的 sea 和第七行末尾的 we 押韵；在第六节，第四行末尾的 there 和第五行末尾的 air 押韵。

除上面的韵，该诗还押了头韵和行内韵，请看：

1.头韵，如在第一节，第一行的 sang-sea 和第四行的 sleeves，第一行的 the-the 和第二行的 The，第一行的 beyond 和第三行的 body-body，第四行的 mimic-motion 和第五行的 Made，第五行的 constant-cry-caused-constantly-cry，第六行的 was-we；在第二节，第一行的 The 和第二行的 The，第一行的 sea、第二行的 song-sound、第三行的 sang、第四行的 Since-sang 和第七行的 sea，第一行的 was-was、第二行的 water-were、第三行的 what-what、第四行的 what-was–word–word、第六行的 water–wind 和第七行的 was–we，第一行的 not–no 和第二行的 not，第一行的 mask–more、第二行的 medleyed 和第五行的 may，第一行的 she、第三行的 she–she、第四行的 she 和第七行的 she，第五行的 that、第六行的 the–the 和第七行的 the；在第三节，第一行的 she–she、第三行的 she 和第六行的 should–she，第一行的 was、第三行的 was–which–walked、第四行的 we–we、第五行的 was–we 和第六行的 we，第一行的 maker 和第二行的 merely，第一行的 the–the、第二行的 the、第四行的 this、第五行的 the–that 和第六行的 that–this，第一行的 song–sang、第二行的 sea、第三行的 sing、第四行的 spirit–said、第五行的 spirit–sought 和第六行的 sang，第四行的 knew 和第五行的 knew；在第四节，第一行的 was、第二行的 waves、第三行的 was、第四行的 water–walled、第五行的 would、第七行的 without、第八行的 was 和第十行的 water–wind，第一行的 dark、第五行的 deep 和第十一行的 distances，第一行的 voice、第三行的 voice 和第九行的 voice，第一行的 the–the、第二行的 That、第三行的 the、第四行的 the 、第六行的 the、第八行的 that、第九行的 than 和第十行的 The–the，第一行的 sea、第三行的 sky、第四行的 sunken、第六行的 speech–summer–sound、第七行的 summer、第八行的 sound 和第十三行的 sky–sea，第二行的 rose 和第七行的 repeated，第二行的 colored、第四行的 cloud–coral 和第五行的 clear，第二行的 by、第五行的 been 和第十一行的 bronze，第八行的 more、第十行的 meaningless 和第十二行的 mountainous，第十一行的 heaped 和第十二行的 high–horizons；在第五节，第一行的 that、第二行的 The、第四行的 the–the、第五行的 the、第六行的 the、第七行的 that–the–then 、第八行的 there、第九行的 that–there 和第十行的 the，第一行的 was、第四行的 was–world、第五行的 which–when、第六行的 Whatever、第七行的 was–was–we、第八行的 we 和第九行的 was–world，第二行的 sky、第三行的 solitude、第四行的 single、第五行的 sang–sang–sea、第六行的 self–self、第七行的 song 和第八行的 striding，第三行的 She、第四行的 She、第五行的 she–she、第七行的 she 和第十行的 she，第六行的 became 和第八行的 beheld，第一行的 her、第七行的 her 和第八行的 her，第九行的 knew–never；在第六节，第一行的 tell、第二行的 turned、第三行的 toward–town–tell 和第五行的 tilting，第二行的 singing 和第六行的 sea，第二行的 why-when-we 和第三行的 why，第二行的 the、第三行的 the-the、第四行的 the-the-there、第五行的 the-the 和第六行的 the-the，第一行的 know、第五行的 night、第六行的 night 和第八行的 night，第五行的 descended 和第八行的 deepening，第六行的 portioned 和第七行的 poles，第一行的 Fernandez 和第七行的 fixing-fiery；在第七节，第一行的 rage 和第二行的 rage，第一行的 for 和第三行的 fragrant，第一行的 pale 和第三行的 portals，第二行的 words 和第三行的 words，第三行的 dimly-starred 和第五行的 demarcations，第二行的 sea、第三行的 dimly-starred 和第五行的 sounds。

2. 行内韵，如：在第一节，第一行的 She-sea，第一行的 the-the，第三行的 body-body 第五行的 cry-cry；在第二节，第一行的 sea-she，第一行的 was-was，第三行的 what-what，第三行的 she-she，第四行的 word-word，第六行的 the-the，第七行的 she-sea-we，第七行的 but-not；在第三节，第一行的 she-she，第一行的 the-the，第四行的 is-this，第四行的 we-we，第六行的 we-she；在第四节，第一行的 the-the；在第五节，第四行的 the-the，第五行的 she-she-sea，第五行的 sang-sang，第六行的 self-self，第七行的 she-we，第七行的 was-was；在第六节，第三行 the-the，第四行的 the-the，第五行的 the-the，第六行的 the-the；在第七节，第四行的 of-of。

诗中用了大量的头韵和行内韵，尤其是头韵的大量使用很符合美国诗人创作诗歌时的特点。在美国文学的浪漫主义时期，惠特曼在自由诗中就运用了很多的头韵，来弥补自由诗因不用韵脚而致全诗韵美、音美偏弱这一缺陷。史蒂文斯的诗一般都没有规范的韵式，因为他觉得韵式的规整会限制诗人思想感情的自由表达。有时他也会用一点韵脚，但没什么规整性，他同惠特曼一样，也在头韵上下了点功夫，同时行内韵也用了不少。这些韵同不规整的脚韵一道，给诗增添了不少的音韵美。下面，我们来看一下该诗的节奏。

The Idea of Order at Key West

She sáng | beyónd | the gé | nius óf | the séa.

The wá | ter né | ver fórmed | to mínd | or vóice,

Like a bó | dy whól | ly bó | dy, ‖ flút | terìng ↓

Its émp | ty sléeves | ; ‖ and yét | its mí | mic mó(tion

Made cón | stant cry | , ‖ caused cón | stantlỳ | a crý,

That wás | not óurs | althóugh | we ún | derstóod,

Inhú | man, ‖ òf | the vé | ritable | océan.

The séa | was nót | a másk | . ‖ No móre | was shé.

The sóng | and wá | ter wére | not méd | leyed sóund ↓

Λ É | ven íf | what shé | sang wás | what she héard,

Since whát | she sáng | was út | tered wórd | by wórd.

It máy | be thát | in áll | her phrá | ses stírred ↓

The grínd | ing wá | ter ànd | the gásp | ing wínd;

But ít | was shé | and nót | the séa | we héard.

For shé | was the má | ker òf | the sóng | she sáng.

The é | ver–hóo | ded, ‖ trá | gic–gés | tured séa ↓

Was mére | ly a pláce | by whích | she wálked | to síng.

Whose spí | rit ís | this? ‖ Wé | said, ‖ becáuse | we knéw ↓

It wás | the spí | rit thát | we sóught | and knéw ↓

That wé | should ásk | this óf | ten ás | she sáng.

If ít | was ón | ly the dárk | voice òf | the séa ↓

That róse | , ‖ or é | ven có | lored by má | ny wáves;

If ít | was ón | ly the óu | ter vóice | of ský ↓

And clóud | , ‖ of the sún | ken có | ral wá | ter–wálled,

Howé | ver cléar | , ‖ it wóuld | have béen | deep áir,

The héa | ving spéech | of áir | , ‖ a súm | mer sóund ↓

Repéa | ted ìn | a súm | mer withóut (end ↓

And sóund | alóne | . ‖ But ít | was móre | than thát,

More é | ven thàn | her vóice | , ‖ and óurs | , ‖ amóng ↓

The méan | ingless plúng | ings of wá | ter ánd | the wínd,

Theá | tricál | distán | ces, ‖ bronze shá | dows héaped ↓

On hígh | horí | zons, ‖ móun | tainòus | atmósph(eres ↓

Of ský | and séa.

It wás | her vóice | that máde ↓

The ský | acút | est àt | its vá | nishìng.

She méa | sured tò | the hóur | its só | litùde.

She wás | the síng | le ár | tificèr | of the wórld ↓

In whích | she sáng | . ‖ And whén | she sáng | , ‖ the séa,

Whaté | ver sélf | it hád | , ‖ becáme | the sélf ↓

That wás | her sóng | , ‖ for she wás | the má | ker. ‖ Then wé,

As wé | behéld | her strí | ding thére | alóne,

Knew thát | there né | ver wás | a wórld | for hér ↓

Excépt | the óne | she sáng | and, ‖ síng | ing, ‖ máde.

Ramón | Fernández | , ‖ tell mé, ‖ | if you knów,

Why, whén | the síng | ing énd | ed ánd ‖ we túrned ↓

Towárd | the tówn | , ‖ tell whý | the gláss | y líghts,

The líghts | in the físh | ing bóats | at án | chor thére,

As the níght | descénd | ed, ‖ tí | lting ìn | the áir,

∧ Má | stered the níght | and pór | tioned óut | the séa,

∧ Fíx | ing emblá | zoned zónes | and fí | ery póles,

Arráng | ing, ‖ deep | enìng | , ‖ enchánt | ing níght.

Oh! ‖ Blés | sed ráge | for ór | der, ‖ pále | Ramón,

The má | ker' s ráge | to órd | er wórds | of the séa,

∧ Wórds | of the frá | grant pór | tals, ‖ dím | ly-stárred,

And òf ｜ oursélves ｜ and òf ｜ our orí(gins,

In ghós ｜ tlièr ｜ demarcá ｜ tions, ‖ kéen ｜ er sóunds.

全诗的基本节奏为抑扬格，绝大部分诗行均为抑扬格五音步。全诗节奏变格共有三十四处，其中抑抑扬格替代的共有二十六处，它们是：第一节第三行第一音步、第一节第七行第四音步、第二节第三行第五音步、第三节第一行第二音步、第三节第三行第二音步、第三节第四行第四音步、第四节第一行第三音步、第四节第二行第四音步，第四节第三行第三音步，第四节第四行第二音步，第四节第七行第四音步，第四节第十行第二、三音步、第四节第十一行第四音步，第五节第四行第四、五音步，第五节第七行第三、五音步，第六节第一行第四音步，第六节第四行第二音步，第六节第五行第一音步，第六节第六行第二音步，第六节第七行第五音步，第七节第二行第五音步，第七节第三行第二音步，第七节第五行第三音步。除抑抑扬格替代外，还有四处单音节替代，它们是：第二节第三行第一音步，第六节第六行第一音步，第六节第七行第一音步，第七节第三行第一音步。最后，还有四处超音步音节替代，它们是：第一节第四行末尾，第四节第七行末尾，第四节第十二行末尾，第七节第四行末尾。

第一、二、三节，诗的节奏变格较少，在这三节中，女歌手在大海边对着翻腾汹涌的海水辛勤地唱着动人的歌谣，歌声能在海水中激起一定的反应，但并未产生与海水融为一体的理想效应，海水似不能理解她的歌声，尽管她时而模仿歌唱家的歌唱，时而卸下面具，用真挚的情感动情地歌唱，但海水仍未能对之做出什么反应。海水仍是原先的海水，她的歌声依旧飘荡在大海的上空。女歌手是她所演唱歌曲的实际制作人。海面上笼罩着幂幂雾气，海水对歌手的演唱依旧昏聩不明，反应平淡无奇。在这三节中，我们看到歌手与海水之间的关系是一种淡而无味、你是你，我是我的关系，它们之间没有理解，没有交流，没有情感、心理上的沟通、融合、和谐。可以说大海对女歌手的演唱反应与它没听其演唱时的反应没有太大的区别。而整首诗所探讨的就是歌手的演唱与大海之间的关系问题。诗人以此来隐喻社会改革家的改革与社会现实和公众生存境况之间的关系问题。若演唱与听众—大海之间的关系非常的平淡，演唱没能产生预期的理想效应，那么在诗的节奏中不用或少用变格那应当是合理的，这三节节奏变格少与它们的思想内容是紧密相关的。

在第四节，节奏的变格突然的多了起来了，因为在该节，我们发现，女歌手的歌唱开始产生了明显的效果了。诗人首先采用一种比较的方法来说明，这声音不是一种普通的声音，它不是大海低沉的声音，不是白云飘飘的天外之音，也不是夏日里重复出现的那种漫无止境的单调声响，这些声音只是一种普通的声音，而她的声音则并非这些声音所能比拟，这声音也不是她和我们的声音，而是高高的地平线上那重重叠叠的青铜色影子、那云雾水汽混合所产生的巨大气流经狂风吹动而引起的海水和风之间的震荡，所形成的一种巨大的能量。从这里，我们可以看出，她的歌声在海洋的上空，在海水中引起了强烈的反应，也就是说社会改革家的改革在社会大众中间引起了巨大的反响。在该节的前七行中，因诗人用的是一种虚拟性的假设，同实际情况相反，故在这一部分，诗人用了六处节奏变格来适应此处的内容。在该节的余下几行中，诗人用了四处节奏变格，因这里，女歌手的歌唱产生了显著的、异常激烈的效果。原先歌手与海水之间平静、单调、你我界限分明的关系开始被打破了，女歌手的歌唱引起了海水和狂风之间的猛烈的颠簸，引起了海水和天空之间沉重的大气层的剧烈移动和震荡。

在接下来的第五节中，我们在一开始就领略了女歌手的歌唱所带来的突出的效果，它使天光在行将消逝之时能变成锐利的光芒。原先的关系被打破，原先的秩序被扰乱，取而代之的是一种天翻地覆的变化，是狂风巨澜，是气流震动和快速的位移。因此在这一小部分，诗人在节奏上也采用了较多的变格，这是恰当合理的。

在第六节，诗人继续探讨女歌手的歌唱所产生的效果。女歌手的歌声犹如停泊在大海里的渔船上的渔火，那渔火在空气中摇曳，它能控制住夜色，它能对海洋进行分配，它能划定哪些是明亮的地带，哪些是炽热的两极，那歌声能加深夜色，能使夜色更加迷人。女歌手的歌声在平静的现实环境中产生了巨大的影响，它能将现实中原有的秩序打破，从而创造出一种崭新的、合理的秩序。旧事物被破坏，新生事物应运而生，在这种新旧交替时期，社会无疑是一面不平静的大海，故诗人在这一节也用了较多的节奏变格。

在最后一节短短五行诗句中，诗人共用了五处节奏变格。这一节同上一节一样仍然是在探讨女歌手的歌声所产生的影响，诗人借此来说明社会改革家的改革在本国，乃至全球所产生的巨大而深邃的影响。诗人借女歌手的歌唱试图对全球的秩序进行规划，通过规划的蓝图，诗人对地球上不同的种族、不同的国家之间的界限进行了明确的划分，对地球上一些重要的建筑物所应占有的位置都进行了标记。诗人借此是想说明，地球是应有规整的秩序的，国家和民族也是应有规整齐一的秩序的。没有了秩序，社会是黑暗无光的，人民是会生活在贫穷困苦之中的。诗人的这一划分无疑是对现实秩序的一种打破，一种颠覆，故在这里，诗人也用了较多的节奏变格。

诗人对原有的秩序不满，继而进行有力的破坏，并试图建立一种新颖的、规范的秩序，这应是诗人的一种想象，这种想象是合理的、积极的，它表现于文艺作品之中，与美国现存的社会环境之间无疑存在着较大的距离。要改革美国的社会现实，要使社会文明有序、规范地发展，诗人的这一想象无疑会为改革家们的改革提供有益的启迪和指导，诗人通过女歌手的歌唱及大海对之的反应在想象和现实之间架起了桥梁。

该诗较长，诗中用了不少的"行内停顿"（caesura）。上文分析诗歌节奏时，凡是打有"‖"符号的都是"行内停顿"。"行内停顿"加强了诗的节奏感，使语气和缓，不致过于急促，这在长诗中是一种非常必要的创作技巧，它的有效使用能使读者于停顿的片刻理解上文的诗意，并能对下文的诗意进行预测。该诗中还用了不少的"跨行"（enjambement），上文分析诗歌节奏时，凡是打有"↓"符号的都是"跨行"。"跨行"加强了诗行在语法形式、语意上的关联，它的多用能使诗前后连贯一致，读起来顺畅自如。诗的语言在语法形式上与散文的语言有着很大的差别，但若采用较多的"跨行"，能使诗吸取散文在美学形式上的一些特点，使诗的语言不仅明白晓畅，而且行与行之间联系密切。

四、结语

从该诗发表的时间来看，该诗应是英美现代主义文学发展到鼎盛时期的产物。该诗在艺术形式上与其他现代主义诗歌相比，保留了较多的传统格律诗的神韵美。诗行大多数采用抑扬格五音步，这是很多英国诗人在创作中喜用的一种节奏音步。另外，诗中虽没有规整的韵式，但有不少诗行的行末押了一些韵。此外，头韵和行内韵用得也非常多，这些韵都加强了诗的韵味，韵味是传统格律诗具有代表性的一种艺术特征，它能使诗富有音乐美感。该诗在一定程度上吸取了格律诗在这方面的特点。总的来说，该诗在表现形式上应属于英语现当代格律诗。在艺术内容上，该诗探讨了社会变革的问题，针对美国现实社会秩序的混乱，人们在思想上的迷茫，在经济上的贫困，诗人通过海边女歌手对大海的歌唱，大海从一开始的漠然相向、懵然不懂到最后倾心接受，并与歌声融为一体的精心描写阐述了社会改革家对美国现实社会艰辛、富有创新性的改革历程，再现了改革家勇立时代大潮的前头、统揽大局、纵横捭阖、指挥若定的光辉形象。诗在艺术内容、主题思想的探讨上与同时代的很多现代主义作品具有相似的艺术特点。在这个意义上，它应是一首典型的现代主义诗歌。

在艺术特征上，该诗也具有很多现代主义诗歌的特点，如诗中用了很多的象征，使诗的意蕴丰富深刻，诗的语言华美，文采斐然，诗的意境变化多端，这些都非常符合现代主义诗歌的风格特点。

诗人在现代主义文学发展的辉煌时期，用一首现代主义文学风韵浓厚、现代主义的琴音悠扬悦耳的诗作响应了现代主义文学在多方面的要求，诗人在这一点上应是为美国民族主义文学的发展做出了巨大的贡献的。诗人以自己独具艺术风神的个性为美国现代主义文学增添了华美的一章。

第一次世界大战及 1929 年爆发的经济大萧条都是史无前例的世界性的灾难，一战结束后留下的战争创伤是异常严重的，西方人传统的价值观念遭到了严重的颠覆，传统的文化观念和生活方式遭到了巨大的破坏，而新的价值观念、文化思想、新的生活方式又未能适时、适宜地诞生，人们精神上的迷惘，心理上的空虚可谓达到了极致，1929 年刮起的飓风——大萧条席卷了美国的各行各业，导致了大量的工人、农民、商人等的失业、难以计数的银行和企业的破产倒闭，这一次萧条加重了社会的贫困化。这两次西方世界的悲剧，人类历史上空前的灾难都造成了人们精神上的哀痛、社会的无序化，也使美国梦的宏伟蓝图受到了巨大的损害。可以说，美国从 1776 年建国就开始的美国梦征程在这两次灾难中遇到了罕见的狂涛巨澜，撞上了暗礁冰山，美国梦凄惨地搁浅了。

但美国梦这艘巨轮上的人则没有全部丧失生的希望、丧失复兴的勇气。从 20 世纪前三四十年所涌现的一批现代主义作家中，我们似能十分清晰地看到美国梦的火炬在熊熊燃烧后所留下的依然炫目的星星之火。他们在对社会现实表达悲痛性认识的同时，仍怀着深切的期冀，希望西方文化能重新振作起坚强的羽翼，顶风冒雪，将西方人引出迷宫，驱散他们思想意识上的迷雾。华莱士·史蒂文斯面对现实的混乱、秩序的失范，没有悲伤，没有气馁，也没有沉沦，他在艺术作品中发挥了非凡的艺术想象力，构筑起秩序规整的世界，他在文艺作品中的塑造能改革时弊、领导芸芸众生的时势英雄，他的这些努力都是希望美国的现实世界能出现变化，美国的现实环境、社会情势能变得像其诗歌作品中所描绘的那么多姿多彩、那么惊心动魄、那么规范有序。他的这些努力都是希望美国梦的羽翼在遭受暴风雨的打击后能迅速痊愈，并展翅翱翔。现实世界与想象世界是有距离的，想象世界不能代替现实世界，但理想高于天，史蒂文斯的梦想是一定能绽放绚丽夺目的光芒的。

参考文献：

[1] 卡罗尔·帕金，克里斯托弗·米勒，等. 美国史（中册）[M]. 葛腾飞，张金兰，译. 上海：东方出版中心，2013：627.

[2] 卡罗尔·帕金，克里斯托弗·米勒，等. 美国史（中册）[M]. 葛腾飞，张金兰，译. 上海：东方出版中心，2013：632.

[3] 卡罗尔·帕金，克里斯托弗·米勒，等. 美国史（中册）[M]. 葛腾飞，张金兰，译. 上海：东方出版中心，2013：633.

[4] 卡罗尔·帕金，克里斯托弗·米勒，等. 美国史（中册）[M]. 葛腾飞，张金兰，译. 上海：东方出版中心，2013：634.

第三节 论华莱士·史蒂文斯和他的《冰激凌皇帝》

The Emperor of Ice-Cream

Wallace Stevens

Call the roller of big cigars,

The muscular one, and bid him whip

In kitchen cups concupiscent curds.

Let the wenches dawdle in such dress

As they are used to wear, and let the boys

Bring flowers in last month's newspapers.

Let be be finale of seem.

The only emperor is the emperor of ice-cream.

Take from the dresser of deal,

Lacking the three glass knobs, that sheet

On which she embroidered fantails once

And spread it so as to cover her face.

If her horny feet protrude, they come

To show how cold she is, and dumb.

Let the lamp affix its beam.

The only emperor is the emperor of ice-cream.

史蒂文斯创作诗歌对素材的选择非常独特，这一独特不是体现在极其突出鲜明的事物上、非常著名并且具有深远影响力的人物身上。他所选择的素材直接取自于现实生活，取自于生活中微不足道、极其普通平常的一些物体或生活中非常简单常见的一些事情上。如前两节，本文所探讨的《坛子的轶事》和《在基韦斯特的秩序的思考》，其中素材的选择便具有上述特点。还有一些诗如《彼得·昆斯弹琴》（*Peter Quince at the Clavier*, 1915）、《看乌鸫的 13 种方式》（*Thirteen Ways of Looking at a Blackbird*，1917）、《我叔叔的单片眼镜》（*Le Monocle de Mon Oncle*，1918）、《石棺里的猫头鹰》（*The Owl in the Sarcophagus*，1947）和《纽黑文的普通黄昏》（*An Ordinary Evening in New Haven*，1949）等都具有上述鲜明的特点。诗歌素材的选择十分简单、普通和寻常，但史蒂文斯同弗罗斯特一样能善于从普通平凡的事物和人物身上及细微渺小的事件上，揭示出一些深奥艰深的、对现实颇具启示意义的哲理来。史蒂文斯在自己想象的世界里讲述这些普通常见的事物和平凡的小人物的故事，有时史蒂文斯甚至会采用一种类似寓言的形式来使自己的故事生动有趣，富有吸引力。这首《冰激凌皇帝》讲述的也是生活中普通的人，平凡的事物的故事，但含义也是十分深刻的。下面本文研究一下该诗。

一、大意解读

第一节。叫那个嘴里叼着大雪茄，并将雪茄在嘴上左右转动、身材壮实的汉子过来，告诉他在厨房的杯子里搅动一下那能激起强烈肉欲感的冰激凌。让风流少妇们穿着她们常常习惯穿的花哨艳丽的服装闲荡着走过来，让小伙子们用上个月的报纸裹着鲜花过来。就让幻象永远地结束吧！我们唯一的皇帝是冰激凌皇帝。

第二节。从那缺少三个玻璃把手的松木梳妆台上拿下那条床单，床单上她曾绣上了扇尾鸽子的精美图案，然后将床单铺展开，蒙在她的脸上。如果她那双性感的双脚没有蒙住，伸在了外面，那会表明她有多么冷。这会让我们感到恐惧，以致说不出话。让我们点亮灯吧！我们唯一的皇帝是冰激凌皇帝。

二、主题思想讨论

从该诗中，我们可以推知，一位妓女不幸去世了，人们，主要应是她的一些好友为她举行了祭奠仪式。一般的祭奠仪式，气氛应是哀戚、悲痛和庄重的。但该诗中，人们似乎尽量避免有什么悲痛的情感流露或倾泻出来。人们似竭力要让这祭奠仪式带有一种浪漫、乐观和喜庆的色调。诗的前三行就让我们想到这祭奠仪式所具有的独特性。仪式上，有一个肌肉发达的壮汉，他丝毫没有什么悲伤之情，而是嘴上叼着雪茄，并顽皮性地将雪茄在嘴上转来转去。有人叫他在厨房的杯子里搅动冰激凌，这冰激凌是能激起肉欲性感的。激起人的肉欲性感是妓女们所经常玩弄的伎俩，现在有一名妓女死了，但人们不想她所擅长的伎俩就此消失，通过让壮汉，对女性也别具性感意味的猛男去搅动冰激凌，让人们记住这位妓女，记住她的独到本领。

为了让这祭奠仪式具有喜庆热闹的气氛，人们还安排让那些习惯穿花哨衣服的妓女也前来参加祭奠。还让小伙子们用旧报纸裹着鲜艳的花朵过来参加。鲜花，穿着妖媚、闲荡而来的风流少妇，这些都使祭奠仪式蒙上了一层鲜亮、欢乐的色彩。

诗人为什么要让这原本应肃穆悲痛的祭奠仪式带上喜庆的色调呢？在第一节的最后两行，他给出了答案：幻象（即人的外表形象，或人的肉体）结束了，就让它永远地结束吧！肉体消亡，灵魂升天，肉体已不再能重新复活，我们唯一的皇帝就是冰激凌皇帝，冰激凌能刺激人的肉欲，妓女虽死，但人的性力仍在，性力会永远地存在、发展下去。冰激凌能刺激性欲，它也能体现一个人性欲的存在、性欲的强盛。妓女的死，带走的仅是她的肉体，但人的性力还是依然存在的。

一个人的死，仅是其肉体的消亡，他的影响还在，他的生活方式，他的职业爱好兴趣还在，他带给人们的生命活力、青春力量、欢乐幸福还在。这些应是这个死者留给人们的宝贵遗产，具有创造、创新的力量。人们不应为死者的死感到悲伤，沉湎于哀戚、忧烦的心境中，而应珍惜死者所留下的遗产，继承他的遗产，庆祝他为生者所做的这份杰出的贡献。冰激凌皇帝是性欲的象征，也是一个人生命力、青春活力的象征。每一个人都应崇拜它、敬重它和发展它，使它强大无比。

为了加强仪式的喜剧色彩，诗人又在妓女的尸体上蒙上了一床绣有鲜艳的、扇尾鸽子图案的被单，图案是死者生前亲自绣上的。死者虽然去了，但她的杰作依然在，依然在闪耀着光辉，这光辉照耀着死者，也给那些祭奠者带来喜悦。它会启示生者去追求生活中美好、灿烂的东西，去追求人生的幸福。人都会在某一天突然故去，但生者不应为此而感到悲伤，应保持乐观、喜悦的心态去继续追求生命中的美。

祭奠者对妓女都甚为关心，他们都应是她的生前好友，看到她性感的双脚伸在外面，他们都担心她会嫌冷。她不应凄冷地离开，即使她已不在，但他们依然要给她以温暖，给她以亲友般的关怀。她若感到冰冷，他们会恐惧得说不出话来。从这里，我们可以看出，祭奠者竭力使死者的离去笼上喜庆的氛围，并不是出于对妓女的戏谑、厌恶，而是别有深刻的用意。他们关心着妓女，这是他们的亲密朋友，但对她的死，他们不是沉湎于悲痛的情感之中，代之而起的是欣悦、喜庆。因为他们深知，死是每个人一生中都必然、终究要经历的事，死是不可避免的。对于这种必然之事，每个人都不应感到伤痛，而应以灿烂的笑脸、鲜美的芬芳、华艳的刺绣去迎接它。一个人死去了，他的遗产需要别人去继承，他生前的活力、美貌需要别人去发扬光大，他的工作别人要继续去做，去完成。

灯要点亮，妓女应在一片璀璨的光辉中离开人世，进入天国，生者应在一片璀璨的光辉中继续他们的工作，用旺盛的生命活力去完成他们的事业。

该诗触及了文学中一个永恒的主题，即死亡。死亡是人生活中常遇的事，死亡也是文学一个永恒的主题。对死亡，一般人们的态度是悲痛、哀伤，因死意味着生命旅程的终结，死将人带入一个现世的人们所未知的世界，这一世界与人世永远是南辕北辙，天地悬殊。但该诗中，人们对死亡的态度则别具一格，人们对这位亲友的故去不是哀痛，不是顿足捶胸、泪流满面，或涕泣不止，相反的，人们用尽各种方法将妓女的故去涂抹上一层浪漫、喜庆的色彩。从这里，我们可以看出，诗人意欲告诉读者，人们不应总把死亡看作一件稀奇、令人悲伤的事。死在人们的日常生活中是常见的、自然的事，也是必然的事。既然它会常常发生，而且又是无人所能避免的，那么，人们对死就不应感到悲伤、哀痛，不应感到震惊，只要将死者的未竟之事完好地做下去，就是对死者的一种最好的祭奠，最好的追忆。

该诗发表于 1922 年，那是一战刚刚结束后的第四年。一战给美国带来

12.6 万人员的死亡，在 1918 年全球性流感肆虐期内，又有 50 万名美国人被夺去生命。那时，在全世界范围内，还有数百万人（包括平民）因饥饿和疾病而痛苦地死去。死亡给人们带来的无疑是巨大的悲痛，高山为之而垂泪，江河为之而倒流，亲人们会为之而哀伤，这是人之常情，发自肺腑之感。但人们若一味地沉浸在悲痛之中，这不但会影响自己的健康，也会影响事业的开展。在该诗发表的前不久，美国乃至全世界有那么多人的死亡，死亡似乎是一件人们日常生活中的寻常之事，一有死亡，人们便哀号痛哭，继而举行盛大、庄严、令人悲痛欲绝的祭礼，这无疑会让全社会长期地，或经常性地笼罩在一种感伤、悲悯、哀戚的氛围之中。而这无疑会对社会的进步产生严重的负面效应。美国在一战结束后，人们精神上迷惘，文化价值观遭到了严重的破坏，社会秩序也出现了严重的失常，在这种情况下，若人们再整天地为一些死者的离去而哀伤不已，神情恍惚、心灵悲痛，这无疑会使美国的社会发展出现停顿或倒退。在这首诗中，史蒂文斯通过参加祭礼的人吃冰激凌来号召人们要重新焕发旺盛的生命活力，诗中，这一活力是以性力来体现的，妓女能激发人的性力，而吃冰激凌能激发起人们的性力。妓女虽然死去，但性力却不能随之而逝去。人的活力，人的青春能量不能因一些亲人的离去而熄灭其灼灼的光辉，人们不能沉浸在丧亲的悲痛之中，而应化悲痛为力量，重新振作起勇气和力量，愉快地投身到社会的建设中去，以饱满的激情、充沛的活力去工作、去生活、去迎接狂风暴雨的考验和挑战。

亲人离世后，人们应点亮明灯，展望未来，不应存有丝毫的悲痛之感。人们应光大死者生前所留下的宝贵的活力，将这活力视为死者离世后人们所应珍视、遵从的唯一的、有价值的东西。这活力是一种正能量，它不同于悲哀、痛哭、肝肠寸断，那是一种负能量。生者应继承正能量，投身到社会现实的改造中去。

该诗对史蒂文斯所生活的那个时代的人有着强烈的警示作用。在一个疾病横行、生活贫困、狼烟四起的时代，死亡是可怕的，但却是较为普遍的现象，但社会仍要发展，生者仍然要继续地生存发展下去，在这种情况下，人们若一味地哀痛，那其所酿成的后果一定是无法以各种形式加以弥补的。只有继承、发扬正能量，才能于事、于时、于世有益、有补。

三、艺术特征分析

同前两首诗一样，该诗也用了不少的象征。如在第一节中，"The muscular one"（肌肉发达的人）象征"性力旺盛、青春活力强健、生命力健康劲猛的人"；"the emperor of ice-cream"（冰激凌皇帝）象征"能给人带来性力、能量、生命力的东西"。在第二节中，"the dresser of deal, Lacking the three glass knobs"（缺少三个玻璃把手的松木梳妆台）象征"较为贫穷的生活"。在资本主义社会中，妓女们社会地位低下，为生计所迫，她们才不得已而走上出卖肉体的道路。"embroidered fantails"（绣上扇尾鸽）象征"妓女热爱美好生活"。"Let the lamp affix its beam"（让灯点亮吧！）象征"创造光明灿烂的生活"。"her horny feet"（她性感的脚）象征"妓女的美丽和性感"。

此外，诗人还采用了"对照、衬托"（Contrast，foil）的方法，如在第一节，在"flowers in last month's newspapers"（用上个月的报纸裹起来的花朵）中，诗人以旧报纸来衬托花朵的鲜艳，以加强祭礼的喜庆色彩。诗中还使用了"重复"（repetition）修辞手法，如第一节末尾的"The only emperor is the emperor of ice-cream"在第二节末尾重复了一次。该句的重复进一步加强、说明诗歌的主题意义，生者应继承、发扬、光大的是生命的活力、青春的能量，这活力、能量是人们投身社会改革和建设的正能量。

诗中象征的使用增添了诗歌含义的蕴藉性，也使诗的意境带上一种朦胧的美。诗歌遣词简单朴素，语句清新。很多句子颇具散文的句法特征，结构规整。史蒂文斯作诗时，有自造新词的习惯，主要出于词语声音上的考虑。在这首诗中，史蒂文斯也创造了一个新词"seem"，根据上下文的句意，该词应为"seeming"（外表、形象）。诗人不用"seeming"，而用"seem"，应是考虑该词要与下行的"cream"押韵。

全诗没有规整的韵式，史蒂文斯的诗一般都具有这样的特征。但有些诗行末尾也押了些韵。如在第一节，最后两行的末尾押韵。在第二节，第五行末尾的"come"与第六行末尾的"dumb"押韵，第七行末尾的"beam"和第八行末尾的"ice-cream"押韵。除了这些押韵外，诗中还使用了头韵、行内韵，请看：

1.头韵，如在第一节中，第一行的 Call 和第三行的 kitchen-cups-concupiscent-curds，第一行的 big 和第二行的 bid，第一行的 the、第二行的 The、第四行的 the、第五行的 they-the 和第八行的 The-the，第一行的 cigars 和第四行的 such，第二行的 whip、第四行的 wenches 和第五行的 wear，第四行的 Let、第五行的 let、第六行的 last 和第七行的 Let，第五行的 boys 和第七行的 be-be，第六行的 flowers 和第七行的 finale；在第二节中，第一行的 the、第二行的 the-that、第五行的 they、第七行的 the 和第八行的 The-the，第一行的 from、第三行的 fantails、第四行的 face 和第五行的 feet，第二行的 sheet、第三行的 she 和第六行的 show-she，第三行的 which-once，第四行的 spread-so，第四行的 her、第五行的 her-horny 和第六行的 how，第七行的 Let-lamp。

2.行内韵，如在第一节中，第七行的 be-be，第八行的 The-the，第八行的 emperor-emperor；在第二节中，第四行的 so-her，第八行的 The-the，第八行的 emperor-emperor。

上述这些音韵的使用使这首没有规范韵式的短诗带上了韵美。尤其是第一节的最后两行和第二节的最后两行都押上了韵，读起来悦耳，看上去也很对称整齐。史蒂文斯的诗一般都没有规整的韵式，但他的诗中并不是不使用韵，他会在诗行中采用一些不完全韵，或零散的韵脚，然后再配上大量的头韵和一些行内韵，以使诗歌具有音乐美感，这样的乐感当然没有传统的格律诗乐感那么强，但在现代主义诗歌中，在很多诗人写诗不用韵式或创作自由诗时代，史蒂文斯的诗还是保留了诗歌传统上所具有的音乐美感这一特点的。

下面分析一下该诗的节奏。

The Emperor of Ice-Cream

∧ Cáll | the ról | ler òf | big cigárs,

The mú | scular óne | , ‖ and bíd | him whíp ↓

In kí | tchen cúps | concú | piscent cúrds.

∧ Lét | the wén | ches dáw | dle ìn | such dréss ↓

As théy | are úsed | to wéar | , ‖ and lét | the bóys ↓

Bring flów | ers ìn | last month's néws | papèrs.

Let bé | be fín | ale of séem.

The ón | ly ém | peror ís | the ém | peror òf | ice-créam.

Take fròm | the drés | ser of déal,

∧ Láck | ing the thrée | glass knóbs | , ‖ that shéet ↓

On whích | she embrói | dered fán | tails ónce ↓

And spréad | it só | as to có | ver her fáce,

If her hór | ny féet | protrúde | , ‖ they cóme ↓

To shów | how cóld | she ís | , ‖ and dúmb.

∧ Lét | the lámp | affíx | its béam.

The ón | ly ém | peror ís | the ém | peror òf | ice-créam.

  该诗的基本节奏为抑扬格，但节奏变格很多，有不少属于单音节替代和抑抑扬格替代。单音节替代的有下面几处：第一节第一行第一音步、第一节第四行第一音步、第二节第二行第一音步、第二节第七行第一音步。用抑抑扬格替代的有：第一节第二行第二音步、第一节第三行第四音步、第一节第六行第三音步、第一节第七行第三音步、第一节第八行第三、五音步、第二节第一行第三音步、第二节第二行第二音步、第二节第三行第二音步、第二节第四行第三、四音步、第二节第五行第一音步、第二节第八行第三、五音步。总的节奏变格共十八处。

  该诗的节奏变格较多与该诗所探讨的主题思想、情感内容有密切关系。诗中描写了一名妓女死亡后的葬礼仪式。参加祭奠的都是妓女的生前好友。好友去世，是人生的一大悲事。人与人之间多年的相处，会培养成深厚的情谊，但若一位友人突然离世，这无疑会给他的亲友带来悲痛、遗憾和哀怨。这种情况发生时，人们一般会举行较为庄重、盛大的祭奠仪式来表达逝者的亲友对逝者的追悼和纯洁、无尽的哀思。为什么要举行这样的仪式，主要是因为人们想通过这样难得的场合来倾诉一下自己对逝者的深切感情，来表达一下自己对逝者远归天堂之旅的衷心嘱托，以及逝者日后再不能重回自己身边的遗憾之情。对于这样的思想感情、主题内容，诗人们在创作时一般是不会采用和谐悦耳、流畅自然的节奏的。在正常情况下，诗人们会用一些节奏上的变格来与诗的内容情感相适应。在这首诗中，我们所看到的祭奠仪式与一般逝者的祭奠仪式大不相同。参加祭礼的人们不是哀容满面、神情哀痛，他们也没有竭力使仪式变得庄重肃穆，相反他们似乎尽力使祭礼的气氛变得活泼、浪漫、明艳、奔放些。诗的一开始，诗人就让一位肌肉发达的男子，嘴上叼着一支雪茄烟，烟在嘴唇上转来转去，还让他到厨房去搅动冰激凌，而这冰激凌能刺激人的性欲。接下来的鲜花、被单上的刺绣以及明亮的灯光都加强了祭礼的喜悦气氛。从这些描写，我们可以看出，祭礼的仪式与一般祭礼的要求和形式大不一样，而且与事情的本质也不相同。亲友离去，人们应倍感伤痛，但这里人们却感觉愉快、欢悦，所举办的祭礼也尽量带上喜庆的色彩。形式与内容出现了巨大的反差，作者在这里采用了反讽（irony）修辞手法。使用这种手法时，应该说，诗人在创作节奏时采用较多的节奏变格是比较恰切适宜的。

以上两个因素，尤其是第二个因素都会促成诗的节奏变格多。多处节奏变格能适应诗的情感、思想和意境内容。

诗中用了一些"行内停顿"和"跨行"，"行内停顿"有助于语气的和缓，节奏的放慢，使前后节奏变得更为自然。"跨行"有助于诗行之间的连贯，加强了诗句的流畅性。

四、结语

该诗发表于现代主义文学发展的鼎盛年代——1922 年。在现代主义文学的各种流派中，象征主义是其中很重要的一种。象征主义是 19 世纪末于法国兴起的文学流派，因其哲学基础为主观唯心主义，因而它表现了 19 世纪末一部分西方知识分子颓废没落的思想感情。在艺术方法上，它推崇神秘主义哲学家提出的"对应论"的观点，并对之进行了发扬光大，从而在 20 世纪二三十年代当现代主义文学大潮激流勇进之时而成为现代主义文学中一个重要的分支流派。象征主义把自然万物视为一种"象征的森林"，它可以向人们发出各种各样的信息，通过想象、对比、联想、暗示等手段，它可以传达诗人内心的情感、思想，表达诗人对人、事、物所具有的特定的看法。

史蒂文斯的诗大多使用象征手法，这首《冰激凌皇帝》也没有例外。诗中的冰激凌、扇尾鸽、灯光都是很重要的象征，这些自然物通过暗示及读者的想象表达了诗人特定的思想感情，烘托了诗的主题意义。象征因其特有的含蓄、蕴藉，因其对自然物巧妙的利用、优美的描写而使诗的文学性大大地增强，使诗的意境更加的隐约、朦胧，也更加的隽永。

这首诗的主题带有乐观主义的情调，诗中描写的是一名妓女的死亡，但诗人没有按通常的做法将其描写成悲痛哀戚的事件，相反，诗人将她的祭礼描写成一个充满着欢快、喜庆氛围的事情。这种乐观主义的情调同现代主义文学探讨悲剧性主题是截然相反的。一般现代主义作家诗人因对 20 世纪初及 20 世纪二三十年代传统价值观的被颠覆、信仰的缺失、一战对资本主义世界物质、精神上的摧毁和打击怀有深深的失望、遗憾和悲悯而在其作品中表达了对人类社会、现实人生的悲观主义看法，像英国的哈代、本书在第一章所研究的埃德温·阿灵顿·罗宾逊都属于这一类作家、诗人。还有不少作家、诗人，即使其作品中悲观主义色彩不浓，但作品的深层结构、艺术意蕴中仍包含着深沉的悲观主义情感，因此，悲观主义是 20 世纪二三十年代西方很多作家、诗人所经常触及的主题。但史蒂文斯的诗则很少有悲观主义的色彩，他的诗大多给人以一种明丽、美好、乐观、向上的感觉，他聚焦于现实世界的混乱无序、一战后人们精神上的萎靡不振、失落迷惘，在他的艺术世界里，他竭力创造一个完美、有序的世界，竭力让人们振作精神，焕发旺沛的生命活力，参与社会改革，让人们能看到光明灿烂的未来。从这里，我们可以看到史蒂文斯同其他现代主义作家诗人的相似和不同之处。相似之处是他们都把文学的描写对象聚焦于他们所身处的美国 20 世纪二三十年代的社会，对其混乱无序，对人们的迷惘表示出应有的不满和深深的关切，不同之处在于一方以悲观主义的方式来表现，而另一方则大多以一种欢悦的乐观主义情调来表现。

从这一点而言，史蒂文斯对美国民族主义文学的发展是做出了自己特有的贡献的。在现代主义文学的潮流中，史蒂文斯所激起的这朵浪花是以其外表的明亮而有别于别的浪花的。他在自己的作品中以乐观主义的情感所构筑起来的完美秩序让人们在现实的黑暗和无序中看到黎明的曙光，看到美国梦的熹微晨曦。

一战给西方世界所造成的悲剧是异常惨烈的，它超过西方世界所经历过的任何一次灾难。它带给人们的悲剧除了鲜活生命的消亡、物质财产的巨大损失外，还有就是人们精神上的苦闷、心理上的消沉迷茫。整个美国社会的精神风貌表现为麻痹懈怠、萎靡不振。要发展经济、建设国家、恢复文化艺术昔日的辉煌，这时最需要的就是在全社会激荡起一股冲天的雄风，让所有人振作起来、鼓动起旺盛的生命活力。史蒂文斯的这首诗就具有这样的目的。诗中妓女虽死了，但她生前带给人们的性力不能死，这性力是生命力的一种象征。人们通过吃冰激凌能重新激起性力，能重新焕发起伟大、蓬勃、旺健的生命力。这样的生命力在 20 世纪第二个十年是极其可贵的，它能让暂时搁浅了的美国梦之舟重新扬帆起航，让所有美国人看到美国梦的鲜花绽放灿烂的笑脸。

第四节　论华莱士·史蒂文斯和他的《雪人》

The Snow Man

Wallace Stevens

One must have a mind of winter

To regard the frost and the boughs

Of the pine-trees crusted with snow;

And have been cold a long time

To behold the junipers shagged with ice,

The spruces rough in the distant glitter

Of the January sun; and not to think

Of any misery in the sound of the wind,

In the sound of a few leaves,

Which is the sound of the land

Full of the same wind

That is blowing in the same bare place

For the listener, who listens in the snow,

And, nothing himself, beholds

Nothing that is not there and the nothing

that is

华莱士·史蒂文斯在 1897 年 18 周岁之际进入哈佛大学学习，在长达三年的求学生涯中，他刻苦自励、勤奋钻研，认真地学习了英语写作、法语、德语，并广泛地阅读了文学和哲学方面的很多书籍。在哲学方面，他接触了不少东西方的哲学思想，吸取了不少东方文化的精髓，深受中国古典哲学思想的熏陶和影响。

在中国古代文化中，山水画似乎激起了史蒂文斯强烈的兴趣，山水画画家精湛的创作技巧、创作思想对他的文学创作产生了非常重要的影响。他曾说道，中国山水画画家的创作灵感与他自己构思诗歌时的冲动有着惊人的相似之处。之所以会有惊人的相似，这同史蒂文斯年轻时研习中国传统文化是不无深刻、密切的联系的。前面第一节和第二节所探讨的诗都能归入山水诗，上引的《雪人》也是一首十分精致、优美、深刻的山水诗，下面本文将详细地研究一下该诗。

一、大意解读

一个人必须具有冬日的心境才能欣赏寒霜铺地、松树的枝头挂满皑皑雪花的美丽景观。一个人必须在严寒中度过很长的时间才能欣赏杜松的千枝万叶上覆满冰霜的奇景，才能在遥远的地方欣赏那在一月的阳光照耀下闪闪发亮、但却艰难坚强地挺立在那儿的云杉。一个人在严寒中度过很久，他不会去想象那在寒风席卷大地时自然界中的人、物会经受什么样的苦难。寒风呼啸，落叶飘零，沙沙作响，大地也发出同样的声音。大地上的一切地方都吹拂着同样的风，这风从同样的空旷之处吹来，给自然界中的人、物带来不适、不便，甚至是痛苦，但若一个人在严酷冰冷的环境中生活了很长时间，对凛凛朔风、飒飒木叶、花枝飘落等已看惯、听惯，那么他就不会去顾及、思虑这些自然现象给自己所带来的伤痛和不适。对于雪地里的欣赏者，一个倾听自然之声的人来说，只有抛却自身头脑及心灵中的一切悲痛、仇怨、嫉妒、贪婪、好色、报复等负面性情感，才能欣赏那不存在的虚无和那存在的虚无。

二、主题思想讨论

该诗共一节，可分为三个部分，第一部分从第一行至第三行，第二部分从第四行至第十二行；第三部分从第十三行至第十六行。这首诗探讨了三个方面的问题。第一部分阐述了一个人必须具有特定的心境才能欣赏、观看、品鉴自然界的特定风景的问题。第二部分阐述了一个人必须在特定的环境中生存了较长时间，才能适应这个环境的砥砺、淬炼，进而培养出一种坚硬的品质的问题。第三部分探讨了"虚无"的问题，及"无"与"有"的关系问题。

首先，我们来看一下第一部分。一个人必须怀有冬日的心境，才能观赏美丽的霜景以及那晶莹洁白的雪花覆盖松树的灿烂景观。史蒂文斯在这里触及了文艺美学中的"审美移情"现象。审美涉及审美主体与审美客体两个部分。审美客体作为审美对象在审美活动中受到主体生命的灌注，而成为有活力的、洋溢着勃勃生机的形象。审美主体在审美活动中于审美对象里观照着自我，表现着自己的思想感情，和具有旺盛充沛的生命意识。一个人在冬日里，只有怀有那早就习惯于、陶醉于寒冷的冬日所特有的心情、念想才能赏鉴冬日所特有的自然景观，他才能将自己的情感、心绪、喜好、欲求灌注到冬日里人们所常见的晶莹霜花，和那覆盖青松枝头的皑皑雪花上。也由于审美主体——人深情的灌注，霜花及大雪才会具有生机、活力，才会成为一种美的象征，成为圣洁、无瑕、灿烂、壮美的代表。审美对象由于人的情感外射，生命灌注，而成为人格化的对象。在布满花树、大地上的晶莹霜花身上，在覆盖松树枝叶上的灿烂雪花身上，我们能体察到审美主体的情怀、思想、人格和操守。

当然，要达到这样的审美结果，想象力在整个审美活动中是起着非常重要的作用的。想象是审美主体以其特有的能动知觉能力对审美客体进行认识和体验的一种活动。在审美过程中，审美主体以这种"充满活力的"和"善于综合的神奇的力量"[1]对这种在"本质上是固定的和死的"客体进行"融化、分解、分散"[2]这样的重新组合和创造活动，进而将审美主题的理与情投射、灌注到没有生命的客体之上，以最终达到主客交融、人与自然的和谐统一。

实用主义美学家杜威曾就想象发表了如下的看法。他说："想象是指激发和渗透一切创造和观察过程的一种性质。它是把许多东西看成和感觉成为一个整体的一种方式。它是广泛而普遍地把种种兴趣交合在心灵和外界接触的一个点上。"[3]从这里，我们可以看出，想象能激发审美主体的创造力，它能将审美主体和审美客体调和成一个整体，使心灵和外物交合、融洽在一起。可见，在审美主体的移情过程中，想象起着极其重要的作用。

通过想象，移情使人与自然、审美主体与审美客体圆融如一、契合两忘。在想象的作用下，天地万物成为有情有爱、有理想、有道德的自然万物。灌注了生气、生命、情感、意志的宇宙自然成为生命的家园，人类可亲可爱、可交可处的良朋亲友。人类呵护着自然、热爱着自然，与自然万物同呼吸、共命运，而自然万物以它那特有的青山绿水、缤纷的鲜花、清爽怡人的微风和凉丝丝、湿润润的细雨给人类以滋养、抚慰和亲切。人们所常说的"神与物游"，即是说人与自然所能达到的那种相亲相爱、泯然无别、和谐共生的神迷状态。辛弃疾在《贺新郎》中所说的"我见青山多妩媚，料青山见我应如是"正是上述人与自然关系的最好的诗意表达。在移情过程中，人与自然之间没有了界限，没有了彼此间的隔阂，二者相交相融、相亲相近，实现了"天人合一"。

一个人怀有特定的心境、情感，就能理解、吃透、鉴赏、认识特定环境中的自然景物。"登山则情满于山，观海则意溢于海"，"悲落叶于劲秋，喜柔条于芳春"，这些都是强调审美情感、审美思想对审美对象的灌注、融化作用的。

史蒂文斯在这里倡导了一种回归自然、人与自然融为一体的思想。史蒂文斯提出了这样的看法同美国20世纪第二个十年的社会形势是有着密切的关系的。该诗发表于1922年，20世纪第二个十年是"喧嚣的20年代"，那时，国内的国民生产总值比战争时期有了跳跃性的增长，国民的收入也大都提高了不少。技术进步又促使以消费者为导向的制造业迅猛发展。到了"1920年，所有居民中约有三分之一已经用上了电"。[4]那时，小汽车也慢慢普及，大多数的美国人都能买得起汽车。小汽车、收音机走进了亿万美国人的家庭，文化娱乐如电影业走进了普通老百姓的生活，1922年，作家斯科特·菲兹杰拉德（Scott Fitzgerald）认为，它标志着"更年轻一代的顶点"，并认为年轻的一代是带来了"奇迹的年代"。[5]

生活水平的提高使美国年轻的一代爆发出旺沛的激情和热烈的青春活力。他们对音乐，尤其是富有活力朝气，灵活强劲的爵士乐（jazz）展示出无限的兴趣和喜爱。第二个十年还被称作爵士年代，很多的年轻人整日沉湎于这种节奏感强的音乐中，为它所陶醉，为它所沉迷。那时的男大学生，常常穿着时新的貂皮外套，身上带着非法的烈性酒，同他的女朋友，一位狂放不羁的啪啦女郎走在一起。很多女孩穿短裙、染黑发、涂口红。在婚恋价值观方面，很多的年轻女性也突破文化传统的习俗，追求一种婚外性行为和婚前性交往。城市中，大多数的男女都喝酒、抽烟、跳爵士音乐舞。

但也在20世纪第二个十年，美国一些知识分子，包括很多的青年作家，对战后美国的社会现状深怀担忧和不满，对美国人浅陋的实用主义和不断蔓延的盲目的从众性感到深深的厌恶，他们凄然地离开了自己的祖国，前往欧洲定居。

20世纪第二个十年，美国社会表面上的繁荣，以及由这种表面上经济的繁荣和人民物质生活水平的提高所带来的喧嚣、华艳、虚浮和一些进步作家所怀有的迷惘、失落、哀伤对美国的文化进步、政治建设、社会发展是不利的。在这样的时期，史蒂文斯觉得，人们不应投身于社会的嘈杂纷乱之中，不应随波逐流、与世浮沉，这样只会加剧社会秩序的混乱，加剧社会的喧嚣度，人们应返璞归真，应回归到自然之中，吸取山川日月之精华，品鉴草木花卉之妍姿，观赏田虫河鱼之美态，嗅闻山花之芬芳，体验清泉之甘洌。人们应在美好的自然界中，怡情养性、修身淬品，并以一种优雅清闲的情趣去观赏自然界中的一切，力争将自己融化在自然界的风霜雨雪、暖日清月之中，以达至与自然互为一体、圆融无间。

人与自然一体会创造出一种井然的秩序，整个人类社会与自然之间和谐共生、荣辱与共，成为一个二者紧密相关、不可分割的命运共同体。这样的秩序是一种理想的、有利于人类社会发展的文明秩序。这也应是史蒂文斯在多部作品中所经常探讨，并努力追求的美好秩序，它与史蒂文斯在20世纪第二个十年的现实生活中所观察到的秩序是有着天渊之别的。

诗的第二部分，诗人探讨了一个人要想理解一个在严酷环境中生存，并与环境进行坚决斗争的人的内在品格，就必须在这样的环境中生存或生活过很长的时间这样发人深思的问题。寒冷的冬日，千里冰封，冷风刺骨，杜松的枝枝叶叶上挂满了冰霜，一月的阳光照耀在云杉身上，那云杉不畏一月气候的严寒，坚毅地挺立在啸啸寒风、凛冽寒气之中。要想理解杜松和云杉，要想欣赏杜松和云杉的内在素质和精神，你就必须在严酷、冷寂的环境中生存或生活过许久。

史蒂文斯在此处的描写是有着很强的影射意义的。美国20世纪第二个十年的社会现实，如前所述，充满了嘈杂之音。很多人为一时生活水平的提高而忘乎所以，一味地追求刺激性的物质生活。传统的价值观念被那时的年轻人践踏得破烂不堪。很多人奉行毫无生气、单调乏味的实利主义，从众心理泛滥滋长。一些思想进步的知识分子和作家，忧世愁民，痛感美国的文化被一战的铁蹄所蹂践，心理上经历着严重的失望和幻灭感。在这样的社会形势下，社会上的一些丑恶的现象也开始在各地频繁出现。如那时的新移民，包括意大利人、爱尔兰人，德国人以及犹太人，他们大量地做私酒生意，从事赌博卖淫、放高利贷、敲诈贿赂等犯罪活动，并从这些犯罪活动中牟取暴利、发家致富。在芝加哥，当时还发生了血腥的暴乱，由艾尔·卡彭（Al Capone）所统领的黑帮成员"有近1000名"[6]之多。整个社会的治安秩序显得混乱、失常。

在这样的情势下，美国的政府也断然地采取了一系列的措施来遏制社会恶潮的汹涌突进。如当时政府颁布了禁酒令，尽管收效甚微，但它毕竟在一定程度上减少了公民饮酒的行为，也减少了因醉酒而引起的犯罪现象和大量地酗酒而致中毒致死的人数。还有20世纪第二个十年的美国政府还颁布了有关移民限制的法律，因那时土生居民的自我保护主义意识强，一部分移民在美国又会滋生是非，扰乱了美国的社会秩序，因此美国的政府对移民的数量进行了一定数量的控制。在20世纪第二个十年，还成立了"美国印第安人保护协会"（American Indian Defense Association, AIDA），由于该协会对美国政府施加了一定的政治压力，加上很多印第安人卓有成效的斗争和积极的政治努力，政府在当时颁布了一些有利于印第安人的新法律，自此，印第安人的宗教仪式、风俗习惯、文化传统、道德伦理观念都得到了承认。在第二个十年，有更多的工人阶级妇女走出了家庭，到工作场所工作，挣得家庭所需的工资收入。这表明，政府对妇女的社会角色在认识上有了很大的转变，女性劳动力队伍扩大了，更多的妇女已不再囿于家庭的小圈子，充当相夫教子的角色，而是投身事业，成为工作女性。在第二个十年进化论与基要主义的冲突斗争中，进化论思想逐渐被人们所接受，教师们在课堂上也逐渐地开始讲授进化论思想。

以上这些都是针对美国 20 世纪第二个十年的政治、文化状况所进行的改革，这些改革都是旨在促进文明的进步，社会秩序的稳定合理，促进美国的文化能健康、科学、有序、合理的发展。显然，这些改革都是由当时的社会改革家们所完成的，这些改革家们面对美国当时的社会状况，力图复兴美国在一战后几近崩溃的政治文化，振奋美国人当时业已麻痹、趋炎附势的心灵，发展经济，整顿、规范社会的秩序，在他们这一系列的改革举措中，我们可以窥见到他们身上所蕴藏着的革故鼎新、挽救社会、拯救国人和文化的巨大的精神能量，还可以窥见到他们不畏一切艰难挫折、勇于同险恶环境做勇猛斗争的闪光品格。改革是要付出代价和牺牲的。这些改革家们就像普遍覆盖着冷霜冰雪的杜松，在严寒中坚毅地挺立在那儿的云杉一样，不畏环境的恶劣，不怕冷霜冰雪，勇敢地规划和实施自己的改革蓝图。

作为社会公众，要想理解改革家们的思想和他们的所作所为，就必须亲自参加实践，投身改革活动，排除前进道路上的一切障碍，顶住来自各方的压力，同改革家们一道创造崭新的辉煌。诗中，诗人说，一个人自己必须在严寒的环境中生活过很长的时间，才能观赏覆盖冰霜的杜松，品鉴那在一月阳光照耀下艰难挺立的云杉，影射的就是上述这个道理。史蒂文斯通过人观赏自然风景的描写，意欲号召全社会的公众都能汇入到改革家们所掀起的浩大澎湃的改革洪流中去，使改革成为全民的事业，全民的义务。

当寒风呼啸，落叶纷纷，全国的大地上都会卷起这样的狂风，风也都会从同样的空旷之处吹来，这时杜松和云杉都不会考虑、顾及它们在严冷的环境中会遭受什么样的苦难。改革家们在社会改革的艰难征途上，也会经常经历磨难，遭受困苦，但他们能像杜松和云杉那样顶住环境的压力，克服前进道路上的一切困难，取得事业上的伟大胜利。

社会公众汇入社会改革的浪潮，也应像那些改革的掌舵人那样，不畏环境的打压，不惧条件的艰苦，永远、时时与改革家们站在一起，将改革的事业不断地推向前进。理解了改革家们的情怀理想，就应将自己的理解和认识付诸行动，落实在对他们所从事的辉煌事业的支持上，不顾一切压力，坚定地站在改革家的一边，永不退缩，永不放弃。

在第三部分，诗人认为，对于雪地里的聆听者而言，只有当他自身是空的，意思即只有当他剔除了思想和心灵上的一切私欲杂念，排除了人本性上所具有的一切负面性的东西，如贪婪、好色、嫉妒、仇恨、偏执、报复等，他才能捕捉住那不存在那儿的"无"和在那儿的"无"。史蒂文斯在这儿触及了中国古代玄学理论中的"无"与"有"的思想。

玄学理论在魏晋时期成为名噪一时的显学，由于王弼和嵇康两位思想家的研究而得到了很大的发展。王弼（226—249）是魏晋玄学最为杰出的代表人物和著名的创始者之一。王弼在玄学上提出了一个非常重要的观点，即"以无为本"说。他在《老子注》第四十章中指出："天下之物，皆以有为生；有之所始，以无为本"。[7] 这句话的意思是说，在天下万物之中，无是有赖以存在的根本，无是有存在的本体。那么王弼所说的"有"和"无"具体是指什么呢？

王弼所说的"有"，具体而言，即指大千世界中的万事万物，一切人所能看得见、听得到、闻得到和触摸得到的具体事物，如山林河泽、虫鸟禽鱼、花木田海，还有人间的欢乐悲喜，时代的更替流转，世道的沧桑变化等等。这一切都囊括到"有"的范畴。他所说的"无"是指那些对纷繁复杂的现象、变化多端的物质世界起着决定作用的本体，这本体是五彩缤纷的现象，各种各样的物质所得以产生、发展的最初本源，也是它们得以存在和发展演变的唯一根源，即，事物的本质所在。说得通俗简单点，"有"是物质性的东西，而"无"是精神性的东西。王弼所言的"无"决定"有"，即为精神决定物质，这很显然是一种唯心主义的思想。

王弼对"无"做了具体的阐述，他说，"无""就是'无形无名'、'超言绝象'、'寂然至无'"[8]，即是一种没有形迹，没有名称，超脱了人们的感觉器官所能把握，超脱了物象，脱离了现实世界，人们无法用言语去描绘言说，恬然静谧、寂然无声的形而上境界。这样的"无"，作为一种精神性的东西，是看不到、听不到、闻不到、触摸不到的东西，是无人能通过感觉所能体察得到、把握得到的东西，它存在于一切事物之上，是一切事物所赖以存在的本源，它享有"苞通天地，靡使不经"的"品物之宗主"（《老子微指略例》）的永恒不移的地位。"无"统领、主导、操纵着"有"，是世界上万事万物的"母"，是万事万物的宗主。

现实生活中的人要想捕捉到这种"无"，理解、把握、吃透、认知、赏鉴这种"无"，其自身必须具备"nothing himself"，即脱离了物欲追求、去除了人性中一切恶的因素，达到心灵纯净无瑕、自然无为、淡泊恬然、寂静无欲、超然物外的本体境界，在这样的境界里，他不与外部的现实世界发生任何矛盾和冲突，不追求社会事功，不受世俗的趣尚所羁绊，充分享有生命本真的快乐和心灵的放任自由，进而达到一种"自我超越"的大美境界。有了这样的素质，达到如此大美境界，一个人就能理解这种不存在于雪地上的"无"，就能捕捉住生命的本质所在，就能理解和认识人生的真理。

史蒂文斯在诗末还指出，有了这样素质的人还能捕捉住那存在于雪地上的"无"。这也就是说，这种"无"，虽是一种精神性的东西，但它同具体事物（即上文所言的"有"）并非是一种分离割裂的关系。其实，王弼所崇尚的"无"，也不是一个"完全脱离了具体事物（所谓'有'）的绝对抽象的东西"，更不是"一个绝对的空洞和虚无"。[9] "无"不仅没有脱离"有"，同"有"相对立，相反"无"涵纳了天地间的万事万物，而且它通过它们来显现了自己的本体性地位，统御性的角色身份。"无"通过其自身，这一抽象性的东西，是无法让人感知其存在的，是无法突显其指导、统领、规定作用的。它存在于万事万物之中、之上，通过它们来证明了自己，显现了自己的功能、作用、意义和必要性。万事万物蓬勃发展、生动活泼、春潮澎湃，那是由于它们的本体"无"在其中发挥了其根本性的作用。"无"像基督教中所信奉的上帝一样，是无所不在、无所不包和无所不能的。

诗中的"无"就存于雪地那儿，就蕴藏于或高高地居于松树、杜松、云杉的枝枝叶叶之中或之上。它也存于或高高地位于那覆盖松树、杜松、云杉枝叶上的冰霜晶雪之中或之上。在一月的阳光里，在呼啸的寒风中，在大地的每一个角落都有"无"的存在。

王弼的这一玄学思想，如前所述，具有唯心主义的特质，它强调了精神对物质的决定作用，同我们所信奉的辩证唯物主义和历史唯物主义观点无疑是对立的。他将"无"，这一精神力量所具有的作用片面地扩大，认为它统御人世间的万事万物，万事万物都由它来决定，都由它来支配，它成为物质世界的本源、本质所在，这无疑是错误的。人的精神、理想、意识、思想等受物质世界的决定，没有环境的作用和影响，没有物质世界的沧桑巨变，没有时代的更替，就不会有缤纷多样的意识，就不会有各种各样的思想观念，就不会有璀璨夺目的理论之花。

史蒂文斯吸取了王弼的这一唯心主义的玄学思想，当然从诗义上来说也带上了唯心主义的色彩。但史蒂文斯的这一吸取在 20 世纪第二个十年的美国也是具有一定的积极意义的。

在 20 世纪第二个十年的美国，经济发展较快，住房建设、汽车工业有力地推动了经济的快速增长。美国的经济基本上实现了彻底的工业化，大企业迅速崛起并迈上了繁荣壮大的发展航程，在很短的时期内控制了全国大多数的产业。股票市场日益昌隆，给许多有钱的人从事投资业带来了希望的曙光。技术进步、经济发展提高了人民的生活水平，但也促使很多人将自己的兴趣、人生目标聚焦于物质主义的疯狂追逐上。对于那时很多的年轻人来说，追逐时尚，穿时髦的服装、跳爵士舞、成为像克拉拉那样的啪啦女郎、喝烈性酒、来自中产阶级家庭的大学生和高中生与异性经常约会（dating）、女性婚前和婚外有性行为，这些都被很多人奉为圭臬。传统的价值观念已被年轻人所抛弃。整个社会流行的从众现象使得很多人一切向钱看。物质主义至上、物欲横流、作风势利、金钱就是上帝，这些在当时的社会上十分盛行，整个社会弥漫着一股浓厚的商业气息。那时，很多的知识分子包括不少的作家难以忍受当时的物质至上的社会风习，难以忍受经一战摧毁后的美国文化的堕落萧条状况而悲愤地离开了祖国。

在这样的情势下，史蒂文斯吸取了中国古代玄学思想中的精髓，推崇"无"对"有"的统领、指导作用，强调了人精神境界的纯净、高尚，主张人应努力追求生命的极致快乐和精神自由，进而实现"自我超越"。史蒂文斯的这一吸取无疑是对当时物质至上主义的一种有力的反拨。史蒂文斯意欲通过这样的诗意追求、人生最高境界的追索将国人的人生追求、生活目标、终极理想拉回到精神的塑造上来，这样可以纯洁、净化已被金钱、物质腐化玷污了的社会风气，可以拯救那被一战严重创伤了的、现在需要努力恢复并加以快速发展的美国文化。

从以上的分析，我们可以看到，史蒂文斯所吸取的尽管是唯心主义的哲学思想，带有一定的非理性、抽象性的特点，但在当时的美国社会环境中，史蒂文斯的追求、他的努力是具有积极意义的，它尽管带有一定的偏激性，但却能扭转当时浮躁、虚伪、华艳的社会风尚，却能让当时的美国人意识到，在人生的追求上，除了金钱、物质外，还有比它们更为有趣、更为重要，也更有意义的东西在，那就是高尚的精神境界、快乐自由的心灵世界、超脱了物欲之海的淡泊的人间生活。

我们仔细地审视一下王弼的玄学思想，会发现，这一思想虽是唯心主义的，但却不是极端唯心主义思想。极端唯心主义会极力夸大、扩大、弘扬意识的决定性，以致否定物质的存在，在极端唯心主义看来，物质是虚无的，世界上的万事万物本来是不存在的，是因为有了意识，才有了天地间的山川河流、花鸟虫鱼，但王弼的玄学思想还是肯定物质的存在的。它不但肯定其存在，而且它还认为"无"并不排斥"有"，它并没有与"有"相分离，与"有"抗衡对立，它囊括了"有"，包统了人世间的万事万物。王弼在《大衍义》中指出"夫无不可以无明，必因于有"。[10]"无"对"有"的决定、指导和统御作用是通过存在于万事万物之中或之上，是通过对万事万物的包统、囊括和涵纳的方式来实现的。

以这样的观点来反观史蒂文斯的观点，我认为，史蒂文斯也是承认天地间的物质人事的存在的，如雪地上的杜松云杉、一月的阳光、冰冻霜雪、纷纷的落叶、萧萧寒风、坚硬冰冷的大地，这些物质都是存在的，依此推理，美国20世纪第二个十年的社会现实也是一个客观的物质存在。社会秩序的混乱、年轻人追逐时尚、很多人金钱至上、实利主义观念浓烈、从众心理泛滥、中青年作家的苦闷，这些都是实实在在的客观事实。要改造美国的社会风气，需要具备王弼所推崇的"无"思想情操的人出现。这样的人可起着舵手、领路人、开路先锋的作用。当这样的人，以自己高尚的审美旨趣、纯洁的思想情操，不计个人的功名利禄和荣辱得失的品格出现于社会公众之中，时时以自己的言行感奋大家，以自己的精神风范感动、激励大家，这时美国的社会会因这样的圣人的出现而发生变化，人们会渐渐地将自己的兴趣、人生的目标转移到精神境界的提高、人生高尚的价值理想的追求上来。

由上面的论述，我们可以推知，王弼玄学的根本目的是通过"有""无"关系的论述，提出一种"圣人"的理想，这样的"圣人"可以有助于解决当时社会上所存在的严重的矛盾和冲突，这样的"圣人"可以有助于社会成员不致一味地沉湎于灯红酒绿的物欲之海中，它可让社会上的每一个个体都能充分地彰显生命的本真意义，体验人生的极致自由和快乐，进而让人人都尽力追求一种高尚的精神境界。史蒂文斯对之的吸取正应合了他对社会秩序的整治规范的诉求，应合了他对社会改革家的赞许这样的心理实际。

史蒂文斯心目中的社会改革家应该就是王弼心目中的"圣人"。魏晋时期的王弼需要这样的圣人来协调当时社会上所出现的个体与社会、性情与伦理、"自然"与"名教"之间所存在着的极其尖锐复杂的矛盾和冲突。20世纪第二个十年的美国的史蒂文斯需要像"圣人"一样的社会改革家来解决当时美国所面临的严重的现实问题。王弼的玄学思想和史蒂文斯的这首《雪人》一诗中所阐发的论旨都是有着十分显明和重要的现实指向性的。

这首诗所阐述的三个方面的内容都触及了审美主体和审美客体的关系问题。在第一部分，诗人认为，一个人必须具有冬日的心情才能理解寒冷的冬天那独有的自然美景，这里，诗人采用了美学中非常著名的"移情"学说。人在特定的自然环境中，将自己的生命灌注到自己所观察、鉴赏的审美对象中，理解、吃透审美对象，并与审美对象融为一体。这里，诗人提出了人与自然一体，天人合一的思想，这一思想对于20世纪第二个十年的美国人来说是十分有意义的，因为它可以让那个时代的美国人走出混乱、嘈杂、污秽的社会环境，回归到绿水青山、芬芳旷远的田野之中，去欣赏、感受自然的美，去沐浴大自然的甘甜雨露，进而纯净自己的心灵，提升自己的道德精神境界。在第二部分，诗人认为，一个人只有在寒冷的环境中生活了很长的时间，才能理解、认识在这一环境中坚强不屈地生长、艰难面对严冷酷寒的杜松和云杉。诗人暗含了一种让全社会都动起来，所有大众都参与到一些社会改革家所从事的改革活动中去，从而让社会改革形成一种浩浩荡荡的全民运动的意思。一个人投身到这样伟大而艰巨的活动中，就不会虑及自身所可能遭遇到的各种磨难困苦。在第三部分，诗人认为，一个人只有剔除了自身头脑和心灵中的一切负面的东西，如人性中的一切恶的因素，以一种超然物外，注重内心的纯洁、智慧的提升、理性的观察思考的大美人格去观赏自然，就能捕捉到那超然绝象的"无"和那存在于万事万物之中和之上的"无"。根据上文的分析、推论，诗人认为社会改革家必须具有王弼所推崇的"圣人"的人品和精神境界，而社会大众要想理解、赞赏、支持社会改革家的思想言行，就必须注重道德品质、精神风骨的淬炼和提高，注重内心精神境界的洁净无瑕，这样才能理解"无"，理解社会改革家们所具有的高尚的人生追求，通远虑微、能尽理极的大美人格精神，也能积极地投身于这些改革家们所从事的伟大而辉煌的事业中去。

三、艺术特征分析

该诗最大的特点是意境优美，诗人以浅显平淡的词语、简易晓畅的句法结构为我们营造出一幅在冰天雪地、寒风凛凛的环境中欣赏美丽的自然风光的图画。从对严霜、大雪覆盖的松枝、挂满冰凌的杜松、艰难而坚毅地挺立在一月阳光下的云杉、萧森落叶、呼啸狂风这些意象的运用上，诗人力图揭示出一定的人生哲理，影射现实生活中人与社会的关系、社会秩序的混乱与整治这样重大的社会问题，寄托自己对美国社会秩序规整的憧憬，以及对社会改革家所具有的理想人格的期盼。

该诗是一首优美的自然诗，也是一首哲理深邃的人生诗、政治诗。它同我国古代的很多山水诗、田园诗一样，表面上歌山咏水、赞美田园风光，但实际上诗歌蕴含着强烈的现实影射意义，寄托着诗人远大的政治理想和高尚的情感趣旨。尤其是诗中最后三行的意义、理趣具有非常浓重的中国古代哲学理论的色彩。它吸取了魏晋玄学的重要观点，使这首诗的意义变得甚为深刻，而这一意义的引发又是前文诗人于雪地赏景所自然地产生的，故全文虽分为三个部分，但各部分之间前后贯通、衔接自然，意义层层递进，越来越深刻。这是这首诗艺术风格上的又一大特点。

诗歌意义的深刻在很大程度上归于诗人对文艺美学、古典哲学中一些理论的吸取和诗意运用，如"移情"说、魏晋时期王弼的玄学思想。玄学思想的巧妙应用显示了史蒂文斯对中国古代文化的精熟。在这一点上，史蒂文斯为中美文化的交流做出了自己独特的贡献。史蒂文斯能将自己对中国文化的学习、研究十分精巧地用于自己的诗歌创作中，并能准确而贴切地影射 20 世纪第二个十年的美国社会问题，表达自己对这些问题的关注、思考以及自己的社会理想，这应是异域文化对本土文化的发展所带来的艺术奇观，也是不同民族、不同时代的文化交流所具有的重要意义之所在。

诗中运用了一些象征，像雪（snow）、冰（ice）、风声（the sound of the wind）、落叶声（the sound of a few leaves）、空旷的地方（bare place），这些都象征着自然环境的严冷、艰难；同时它们也会给人带来美感，因此它们也象征着冬日自然所独具的美。"一月阳光的闪烁"（glitter of the January Sun）也具有上述特点，"一月的阳光"虽具有一定的暖意，但毕竟是在寒冷的一月，因此它仍然带着环境冰冷的象征色彩，但那闪烁着金光的太阳也同样能给人带来诗意的美感。

象征是诗歌中常用的一种手法，它的成功使用能加强诗意的美感，使诗的文学性能变得浓醇、深厚。象征使语言表达的张力得以扩大，也使诗义能获得多种多样的阐释。史蒂文斯是使用象征艺术的大师，他的每一首诗中都广泛而深刻地使用多个象征，很多人说他的诗难懂，其中的一个原因跟象征的多用是不无关系的。对象征的理解，应结合意象所出现的具体的语言环境，还应从头至尾整体地去认识所有意象所出现的语言环境。不能将一、两个意象孤立起来去理解其象征意义，那样的理解对理解诗歌的主题意义、意境情感是无益的，也会败坏诗人对象征的有效使用。

诗中没有规整的韵式，全诗只押了两个全同韵，即第八行末尾与第十一行末尾的 wind，第三行末尾与第十三行末尾的 snow，它们的重复构成了全同韵。第一行末尾的 winter 与第六行末尾的 glitter 押的是近似韵。其余各行均不押韵。

诗中押了不少头韵和行内韵，请看：

1.头韵，如：第一行的 One-winter、第三行的 with 和第五行的 with，第一行的 have 和第四行的 have，第三行的 crusted 和第四行的 cold，第四行的 been 和第五行的 behold，第二行的 the-the，第四行的 time、第五行的 To 和第七行的 to，第三行的 snow、第六行的 spruces、第七行的 sun、第八行的 sound、第九行的 sound、第十行的 sound、第十一行的 same、第十二行的 same 和第十三行的 snow，第五行的 the、第六行的 The-the、第七行的 the、第八行的 the-the、第九行的 the、第十行的 the-the、第十一行的 the、第十二行的 That-the、第十三行的 the-the、第十五行的 that-there-the 和第十六行的 that，第五行的 junipers 和第七行的 January，第九行的 leaves、第十行的 land 和第十三行的 listener-listens，第九行的 few、第十一行的 Full 和第十三行的 For，第十二行的 blowing-bare 和第十四行的 beholds，第十三行的 who 和第十四行的 himself，第十五行的 Nothing-not-nothing。

2. 行内韵，如：第二行的 the-the、第六行的 The-the，第八行的 the-the，第十行的 the-the，第十三行的 the-the，第十五行的 Nothing-nothing。

以上这些韵给这首短诗平添了不少的乐感和韵味，它们对诗歌意境的美化、语言的流畅性、主题意义的阐发均起到了一定的作用。

下面分析一下该诗的节奏。

The Snow Man

One múst | have a mínd | of wínt(er ↓

To regárd | the fróst | and the bóughs ↓

Of the píne | -trees crúst | ed with snów;

And háve | been cóld | a long tíme ↓

To behóld | the jú | nipers shág | ged with íce,

The sprú | ces róugh | in the dís | tant glítt(er ↓

Of the Já | nuarỳ | sun; ‖ ánd | not to thínk ↓

Of án | y mí | sery ìn | the sóund | of the wínd,

In the sóund | of a féw (leaves,

Which ís | the sóund | of the lánd ↓

Full òf | the same wínd ↓

That is blów | ing ìn | the sáme | bare pláce ↓

For the lís | tenér | , ‖ who lís | tens ìn | the snów,

And, ‖ nó | thing himsélf | , ‖ behólds ↓

∧ Nó | thing thát | is nót | there ánd | the nó(thing ↓

　　that ís

　　该首诗的基本节奏为抑扬格，但用抑抑扬格替代的非常多，它们出现在以下的诗行音步中：第一行第二音步、第二行第一、三音步、第三行第一、三音步、第四行第三音步、第五行第一、三音步、第六行第三音步、第七行第一、二、四音步、第八行第三、五音步、第九行第一、二音步、第十行第三音步、第十一行第二音步、第十二行第一音步、第十三行第一音步、第十四行第二音步。除抑抑扬格替代外，诗中还运用了一些超音步音节替代，它们出现在以下的诗行末尾：第一行、第六行、第九行、第十五行。最后，在第十五行第一音步中，用了一个单音节替代。

　　全诗节奏变格较多，共二十六处，一首共十六行的短诗，节奏变格如此之多，这不能不说与全诗的主题内容、情感意蕴是有着很大的关系的。该诗探讨了审美主体对自然对象的观察、赏鉴，审美主体的这一行为是在寒冷的冬日、皑皑雪霜的环境下进行的。天气严冷、朔风呼啸、落叶纷纷、霜寒雪冻，在这样冷冰冰的条件下观赏自然现象，无疑要克服心理上、身体上所可能有的各种不适，即使如诗歌第一部分所描述的、所看到的是冬日的美景，观赏者也得有一种抗寒御风的韧性和坚强品格。观赏者首先得在心理上、精神上与严酷的自然环境做勇敢、顽强的斗争，然后着力进入一种心灵的审美境界，这样才能进行审美的过程。在审美的进行中，狂风、落叶、大自然尖利的声响都会对观赏者的身体和心理产生不利的影响，让其遭受苦痛、折磨，但只不过是处于审美的极致状态中，观赏者会努力忘却这些苦痛、折磨，以获得对自然、人生真切的认知。

　　另外，审美主体所观赏的审美客体也同样处于恶劣的自然条件下，如松树、杜松、云杉等都得经受大自然中霜雪寒风的侵蚀，她们能在险恶严峻的环境下艰难，但却顽强坚毅地生长，顶狂风、战暴雪，不倒下、不畏葸，让晶莹灿烂的霜雪盖满全身，给游人送去美丽，送去坚强，送去温馨。在她们那璀璨的外表下，我们应能体察到其内心的刚强、坚毅，也应能体察到其所经历的苦难、忍受的疼痛。

环境的严冷、凄厉也影射了美国 20 世纪第二个十年的社会生活缺乏温暖和人情味。拜金主义、享乐主义盛行，人们一切向钱看，金钱关系成为连接社会成员、家庭成员之间的纽带。很多人，尤其是年轻人追逐豪华奢侈的物质生活，耽于醉生梦死、灯红酒绿的享乐生活中，鄙弃了传统的道德伦理观念。一些正直、善良的知识分子因对社会现实不满，但又无法改变社会现状而困惑、哀伤、迷惘，他们不得已而远赴欧洲定居。史蒂文斯在诗中所描写的自然环境正是美国当时现实环境的真实写照。

根据上面的这些论述，我认为，诗人在设计诗歌节奏时，是不可能采用一种甜美规整、动人悦耳的节奏的，他必定要在节奏中采用多处变格来反映观赏者内心的情绪、观赏者与环境作斗争的品性、审美对象在冷峻的自然环境中艰难生存、勇敢斗争的精神。

四、结语

该诗发表的时间是现代主义文学蓬勃发展的鼎盛时期。诗人在艺术风格上应用托物喻义的手法，以寒冷的冬日赏观雪地上的自然景物来阐发生活的哲理，寄托自己对人生、社会的理想。诗中用了不少的象征，诗人明显地受到了 20 世纪第二个十年现代主义文学大潮中的象征主义流派的影响。诗人有感于、痛心于 20 世纪第二个十年社会道德风尚的沦丧、西方文化的衰落、社会秩序的失常无序，通过严冷凄清环境中云杉、杜松、松树等植物的顽强生长，通过观赏者对之的观察、思考、审美，呼吁具有高尚的情操品格、纯净的思想境界的社会改革家的出现，并期冀他们能经风雨、历艰险，改革社会的现实面貌。这样的主题探讨在现代主义文学作品中是具有典型性的。因此，从艺术风格和艺术主题上，该首诗都具有现代主义文学的典型特征。

史蒂文斯追逐时代进步的步伐，在现代主义文学发展的鼎盛时期，反映现代主义文学的发展要求，反映 20 世纪第二个十年美国社会民众的呼声，为美国民族主义文学的发展做出了重要的贡献。诗歌在艺术形式上继承了英语传统格律诗的一些重要特点，如节奏上具有音步的可分辨性，尽量地用一些韵，以增强诗的音韵美，这反映出史蒂文斯在追随新潮流的过程中，并没有忘却传统、抛弃传统，他能对传统进行一定限度的继承。

一战后的美国现实，尤其是 20 世纪第二个十年的美国社会的政治、文化状况，应该说，使美国几百年来多少代的美国先民所惨淡经营的伟大的美国梦遭到了史无前例的摧毁。一战是惨绝人寰的，美国梦所遭受的破坏程度也是惊人的。单从西方世界在物质上所遭受的损失就是无法估计的，而西方世界所遭受的更大的损失——文化的贬值与衰退及人心、道德上的创伤，则是无法用数字来计算的，其所需修复的时间也是物质上的损失所无法比拟的。史蒂文斯在诗中要求人们注重性情的陶冶、审美情感的培养、思想道德境界的纯净、坚强刚毅品格的砥砺，这些都是旨在让人们逐步逐步地医治战争给人们所带来的心灵、精神上的创伤，让人们回归自然的怀抱，吸取自然界的美质，将自己的兴趣、情感、志向转到精神层面来，并以高尚完美的人格境界投入到改革社会的洪流中去。史蒂文斯深知，只注重经济发展，只倾向于金钱、物质利益的追逐是不能修复被一战折断了的美国梦羽翼的，因为那样的话美国梦所包含的精神层面的东西是不能得到彻底地发挥和弘扬的，美国人会生活在虚假的幸福生活中，而失去对人生的美好希望。美国当时需要文化的复兴和发展，需要人精神境界的提高，需要国民人生奋斗目标的转移，这样才能有利于美国梦的扬帆远航。

参考文献：

[1] 刘若端. 十九世纪英国诗人论诗 [M]. 北京：人民文学出版社，1984：61.

[2] 刘若端. 十九世纪英国诗人论诗 [M]. 北京：人民文学出版社，1984：61.

[3] 胡经之. 文艺美学 [M]. 北京：北京大学出版社，1999：90.

[4] 卡罗尔·帕金，克里斯托弗·米勒，等. 美国史（中册）[M]. 葛腾飞，张金兰，译. 上海：东方出版中心，2013：563.

[5] 卡罗尔·帕金，克里斯托弗·米勒，等. 美国史（中册）[M]. 葛腾飞，张金兰，译. 上海：东方出版中心，2013：571.

[6] 卡罗尔·帕金，克里斯托弗·米勒，等. 美国史（中册）[M]. 葛腾飞，张金兰，译. 上海：东方出版中心，2013：585.

[7] 仪平策. 中古审美文化通论 [M]. 济南：山东人民出版社，2007：45-46.

[8] 仪平策. 中古审美文化通论 [M]. 济南：山东人民出版社，2007：46.

[9] 仪平策. 中古审美文化通论 [M]. 济南：山东人民出版社，2007：47.

[10] 仪平策. 中古审美文化通论 [M]. 济南：山东人民出版社，2007：47.

第五节　论华莱士·史蒂文斯和他的《彼得·昆斯弹琴》

Peter Quince at the Clavier

Wallace Stevens

I

Just as my fingers on these keys

Make music, so the self-same sounds

On my spirit make a music, too.

Music is feeling, then, not sound;

And thus it is that what I feel,

Here in this room, desiring you,

Thinking of your blue-shadowed silk,

Is music. It is like the strain

Waked in the elders by Susanna.

Of a green evening, clear and warm,

She bathed in her still garden, while

The red-eyed elders watching, felt

The basses of their beings throb

In witching chords, and their thin blood

Pulse pizzicati of Hosanna.

II.

In the green water, clear and warm,

Susanna lay,

She searched

The touch of springs,

And found

Concealed imaginings.

She sighed,

For so much melody.

Upon the bank, she stood

In the cool

Of spent emotions.

She felt, among the leaves,

The dew

Of old devotions.

She walked upon the grass,

Still quavering.

The winds were like her maids,

On timid feet,

Fetching her woven scarves.

Yet wavering.

A breath upon her hand

Muted the night.

She turned—

A cymbal crashed,

And roaring horns.

III

Soon, with a noise like tambourines,

Came her attendant Byzantines

They wondered why Susanna cried

Against the elders by her side;

And as they whispered, the refrain

Was like a willow swept by rain.

Anon, their lamps' uplifted flame

Revealed Susanna and her shame.

And then, the simpering Byzantines

Fled, with a noise like tambourines.

IV

Beauty is momentary in the mind—

The fitful tracing of a portal;

But in the flesh it is immortal.

The body dies; the body's beauty lives.

So evenings die, in their green going,

A wave, interminably flowing.

So gardens die, their meek breath scenting

The cowl of winter, done repenting.

So maidens die, to the auroral

Celebration of a maiden's choral.

Susanna's music touched the bawdy strings

Of those white elders, but, escaping,

Left only Death's ironic scraping.

Now, in its immortality, it plays

On the clear viol of her memory,

And makes a constant sacrament of praise.

在第四节，我们知道，史蒂文斯对人的精神层面的东西，如一个人心理的健康纯净，精神境界的高尚等提出了较高的要求，特别是参与社会改革的改革家们在情操，思想道德等方面应具有有别于普通人而出类拔萃的一面。在一个很多人趋炎附势、追名逐利、蝇营狗苟的时代里，史蒂文斯对社会大众精神、心理、道德、思想等有着如此超群脱俗、高雅不凡的美好期盼，这不能不说是对当时的社会风潮一个有力的反拨，这也充分地显示出了诗人急于规范当时混乱失常的社会秩序、当时业已偏离了正常发展轨道的伦理价值观念的心情。史蒂文斯深知，要改革一战后的美国社会现实，公众在精神境界、心理素质等方面应有一个良好的、巨大的转变，应从唯利是图、唯钱是图转为唯德是图、唯善是图。作为领导社会改革的改革家，更应在这些方面有着卓越的表现和成就。史蒂文斯不但在该首诗中对社会大众、社会改革家的情操有着这样热切、善良而美好的期盼，在上面这首《彼得·昆斯弹琴》一诗中也有着诚挚、美丽的希冀。下面，本节详细地研究一下该诗。

一、大意解读

第一节。正像我的手指在键盘上弹奏出音乐一样，那完全相同的乐音在我的心灵上也会奏出音乐。既然如此，音乐是一种情感，它不是声音。这样，音乐也正是我所感知到的东西。音乐就是在我心灵上所激起的情感，它不是一种声音。在这间房子内，内心渴求着你，想象着你穿着暗蓝色丝绸衣服的模样，那就是音乐。你的美丽在我的心中激起无限的思念，我渴求着你，希望能尽快见到你，这便是音乐。美丽以及这美丽所激起的思念、渴望就是一种美妙无比的音乐，因为它们带来了心灵上剪不断、理还乱的无限情感，而这情感就是音乐。

渴望见到你、渴求你的爱、想象着你穿着丝绸衣裙的美丽，我的心情就像由苏珊娜在长者心中所唤醒的乐曲一样。在一个洋溢着青春活力、绿树萋萋的春天的夜晚，月光明亮、夜色温柔，苏珊娜正在她家静谧的花园里沐浴。这时，有两位长者偷窥了她的沐浴。

长者为她沐浴在乳白色月光中的倩影妍姿所震慑。他们渴望得到这样的美，他们渴望得到她的爱恋。他们的双眼因强烈的渴求而变红。他们屏住了呼吸，试图不让心脏跳动得过于厉害，但心脏那低沉跳动的声音依然奏出迷人的弦音。他们血管中稀薄的血液搏动着优美的拨奏曲，这拨奏曲是和散那拨奏曲赞美上帝的乐曲。

第二节。池水碧绿、明亮而柔和，苏珊娜躺在里面。她在寻找春天的意味。苏珊娜躺在池水中，宛若躺在大自然温馨、舒适的怀抱中一样，那纯净澄澈的池水，洗刷着她的肌体，给她以温暖、爽洁、惬意。她在体验着人与自然和谐一体的感受，她在寻找着春天独有的魅力，春天给人特有的感受。她终于找到了隐藏于内心的想象。这样的想象在平常的家庭生活中是从未有过的，但今天，在这洋溢着盎然春意、碧绿如瑶池的清水中，她找到那深藏心中的想象。这想象是浪漫的、纯真的、美丽的，它让苏珊娜激动、高兴，有一种欢蹦雀跃的感觉。这样的想象脱离了她的日常生活，正如那么多悦耳美妙的音乐一样，她听后对美好的生活、灿烂的未来产生热烈充沛的情感，但现实是单调的、平淡的，没有那么多的浪漫、热烈，因而苏珊娜不禁为之叹息、感慨。

在河岸上，她站在丝丝凉风之中。她刚才在池中深思遐想、搜寻春意，并为理想与现实之间的矛盾、日常生活与想象的美好未来之间的天堑鸿沟而感伤良多，她感到遍体疲乏，现在立于岸上，享受习习凉风吹拂着自己的秀发、躯体，她想借此休憩一下，调整调整纷乱的思绪。在绿树丛中，她用手触摸着树叶上的露珠，那露珠是先前上天对大地的奉献。

　　她在草地上走着，全身一直在颤抖着。这是自然给她的一种激动的情感。她平常深锁于闺室，或忙于琐碎的家务，很少像现在这样怡然自得地来到自然的怀抱，享受自然的抚爱，触摸自然的琼浆玉液，信步于晔晔青草之中。她现在所体验的情感让她战栗、让她兴奋。风像她的女仆吹拂着她那羞怯的双脚。草青青，露泫泫，这样美好的东西，苏珊娜为她的双脚踏在上面而感到不好意思、羞怯万分。风也吹拂着它手织的丝巾，那丝巾在风中飘曳。

　　这时，一阵气息吹在了她的手上，这气息使夜间万籁俱寂。这气息是偷窥她的两个长者发出的气息，他们逼近了她。他们为她的美所吸引，所震慑，意欲对她图谋不轨。欣赏美，为美的东西所吸引，对美的事物表示赞叹、钦羡，这是人的本性所使然，对异性躯体及性格的美表示赞赏，并由赞赏发展到追慕以致求爱，这是男女在交往中所经常发生的事，也是异性之间产生情愫，以致最后恋爱结婚的一般过程。但人的本性中的这一特征，若未加合理的控制，会由赞赏、羡慕发展为淫欲、无法抑制的占有欲。这两位长者在偷偷地观赏了苏珊娜沐浴的全过程后，便产生了一种疯狂的兽欲，他们想占有这位美貌如花的玉女。因此，这两位长者，丑恶下流的化身，一出现，便使夜晚一切美好的声音陷于静寂。苏珊娜也急转身。彼得·昆斯，这位钢琴家在弹奏到这里的时候，让钢琴的琴键发出哗啦的声响，此时，号角也发出轰鸣声。

　　第三节。随着一阵铃鼓般的喧哗声，苏珊娜的拜占庭女仆走来了。她们想知道，苏珊娜为什么会对身旁的长者在大喊。正当她们在小声嘀咕的时候，彼得·昆斯开始用琴声奏出一连串的叠歌。那叠歌诉说着雨打柳树，千枝万叶不断地滴落雨珠的情景。从昆斯的弹奏中，我们可以看到当时的情景：苏珊娜不堪受辱，厉声斥责两位长者，同时她又泣泪涟涟，羞愧难当。不久以后，女仆手提的明灯那捻高了的光亮显现出苏珊娜的形象。她为自己沐浴时被两位长者偷看而害羞，又为他们意欲强暴她而感到羞耻。过了会儿，拜占庭女仆傻笑着逃开了，伴随着的是手打铃鼓的喧闹声。

　　第四节。美在人的心目中是瞬间性的，它时不时地会查找出入口，以超出内心狭窄的空间，突显于身体的外部，让人去欣赏，给人以美感。但在肉体当中，美是不朽的。躯体会死去，但躯体的美则长存。夜晚会死去，带着她们那绿色的帷幕离去，但夜晚的气流，它所产生的微波却会永不停息地吹动着。气流是夜晚的灵魂，是黑夜美之所在。人们于一个夏日的夜晚，来到夜色中，主要是为了享受夏夜空气的清凉，盼望能有一阵清风给人送来凉意、清爽。花园会死去，园中的花木草枝，它们会枯衰离世，但这些奇花芳木，繁枝茂叶所散发出的那种柔和、温馨的气息却依然存留于人间的大气之中，它们能嗅到冬日风帽所特有的气息。不但是在花木扶疏的夏日、春天，还是在落叶纷纷的金秋，就是在寒风呼啸的冬日，花木所释放的气息依然存留在人间。它们在冬日会为花木的暌离而深深的遗憾。年轻的姑娘离去了，但姑娘的唱诗班却依然举行着辉煌的庆典。主人虽然死去，但她所领导的集体却依然存在，这集体依然继承着她的事业，按她所开创的风尚和开辟的道路继续前行。她的影响、她的思想精神还在，而这些是她的魅力之所在。苏珊娜的音乐触动了那些充满激情的长者们心底中那淫荡的琴弦，但她意志坚定，决不随附这些长者们下流的愿望，有着坚贞不屈、纯洁无瑕的人品，故而，正义最终战胜了邪恶淫邪，死亡嘲笑了这些长者。现在，在美的不朽中，苏珊娜的音乐弹奏着她记忆中明亮的琴音，对圣事做永恒的礼赞。

二、主题思想讨论

该首诗的题名为《彼得·昆斯弹琴》，表面上看去，该诗的主角应为彼得·昆斯，他在弹奏着六弦琴，但实际的主角是彼得·昆斯所弹奏的内容中的主角，苏珊娜。彼得·昆斯是莎士比亚喜剧《仲夏夜之梦》（*A Mid-Summers's Dream*）中的一个角色。他是个木匠，为了讨好献媚于公爵夫妇，他找了一些人，拟上演一出戏，该戏的戏名为：《最可悲的喜剧和彼厄尼玛斯及西斯比最残酷的死亡》（*The Most Lamentable Comedy and Most Cruel Death of Pyrnimus and Thisby*）。他自己担任该剧的导演和编剧，由他来安排不同的人担任不同的角色，如有的扮演纺织工，有的扮演为爱而勇敢殉情的恋爱者。他本人在台上也念了一段开场白。在这首诗里，史蒂文斯让他以一个钢琴家的身份来弹奏一个故事。从诗的描述中，我们可以推知，彼得·昆斯应是一面在弹琴，一面在吟唱。在古代，无论是在外国，还是在中国，诗人们大都会边弹边吟。就是在现今，有些歌者在台上也会一面弹奏吉他，一面吟唱歌曲。彼得·昆斯弹奏的内容是"外典"中的一段著名的故事。外典是没有列入正典《圣经》的典籍，也叫"旁经"或"圣经外传"。"旁经"虽未进入钦定本圣经，属于"《经外书》"。但其中有不少故事在民间为人们广为讲述，在民间的宗教活动中也广为人们所传颂。诗中，彼得·昆斯自弹自唱，他所吟唱的内容为《经外书》中的一则有名的故事，在唱到有关的情节时，昆斯会以一种与故事的情节内容、情感色彩相适宜的琴音来伴奏。

彼得·昆斯所吟唱的故事是这样的：从前有一位名叫苏珊娜的美女，她与一位巴比伦的富商约基姆结为夫妻。苏珊娜貌美品端，为人雍容大度，善良温婉，约基姆对她倍加爱恋。她不仅生活富有，条件优裕，而且也十分地忠于自己的丈夫。有一次，她在自家花园中的一个水池里沐浴，不料，有两个长者窥见了她沐浴的全过程。这两位长者为苏珊娜的天姿国色所吸引而淫念顿生，他们逼近苏珊娜，想霸占她的玉体，但苏珊娜严词拒绝了他们的非分欲求。两位长者怕苏珊娜向其丈夫透露他们的失德败行，便想来个先发制人。他们诬告苏珊娜不忠不贞，勾引诱惑他人。纷争最后闹到埃及法老那儿，苏珊娜最后被判为死刑。然此事被先知但以理（Daniel）所知，先知质询了两位好色的长者，深入地调查了此案的经过情形，最后为苏珊娜伸张了冤情，平反昭雪。苏珊娜无罪释放，而两位长者则被判以烙刑。

这首诗所阐发的主题大致有以下几个方面：

第一，音乐能激起人特定的思想感情。该诗不光是叙述《经外书》中的一则有趣的故事，它还涉及音乐方面的一些内容。在该诗的第一部分，诗人就音乐、声音、情感三者的关系进行了一定的阐述。手指在琴键上能弹奏出一定的音调、声音，但这声调在人的心灵上也能产生。音乐其实就是感情，它不是声音。高亢的乐音能让人激动、欣喜异常，美好流畅的音乐能让人沉入甜美的梦乡，或对未来产生美好的憧憬。悲伤凄切的音乐让人消沉、伤痛、凄恻不已。音乐唤起的是人丰富多彩的思想感情，音乐能让一个正在忙于烦琐事务的人迅速进入内心的情感世界，或兴奋、或喜悦、或哀叹、或遗憾、或痴狂。因此，人们听到的虽是声音，但这声音不是普通的声音，它是能将人带入想象、心灵世界的音乐，这音乐能激起人各种各样的情感。诗中，音乐在长者心目中所唤起的首先也是一种情感，这是一种对苏珊娜的外表美所怀有的一种特殊的、让人兴奋的情感。只不过由于两位长者品性邪恶，没有对这份情感加以适度的调控，放任其发展，最后衍化为一种对异性的强烈的占有欲。

史蒂文斯在诗中对音乐的作用进行了详细而富有诗意的描绘。他强调了音乐对人性情的陶冶作用，强调了音乐对人心灵的净化功能。音乐就是一种情感。人沉迷于音乐的审美境界中就宛如沉浸在一种浓酽的情感氛围中一样。该诗发表于 1915 年，那是第一次世界大战爆发后的第二年。战争给人类带来的是烽烟四起、炮声连天、火光熊熊，满目疮痍、死伤无数。战争揭示了人类本性中坚硬、残忍的一面。它将人本性中及外表上所具有的温柔和善的一面撕得粉碎。人类希冀永久地生活在和平的环境中，享受着爱好和平的人给这个世界所洒下的温柔的光辉。人类痛恨战争，尤其是那种侵略性战争，它平白无故地让一个民族、一个国家陷入战争的硝烟炮火之中。史蒂文斯在这样的历史时刻，对音乐的审美功能大加礼赞，无疑是让人们能抑制、消除人本性中仇恨、报复、攻击、贪婪的一面，能尽量发挥人本性中温柔、和善、大度、同情的一面，经常用感情的雨露来滋润自己干枯的心灵，用温暖的双手来抚慰那受伤的躯体，这样，人人都能变得温和、善良起来，人与人之间的关系能变得友爱、和谐和富有同情关怀的特质。音乐能带给人温润的情愫、充满盎然春意的关怀。

史蒂文斯这段对音乐的描写是对当时正在进行的战争所持有的一种反对态度，这种态度虽是间接性地表达出来，但它却能让人们在战争的枪炮声中沉静下来，于音乐的悠扬旋律里去体味、感受、回想那种儿时所享受的母爱、青年时期与恋人之间那种缠绵深挚的爱情、老年时期与老伴一起漫步于夕阳下的那种难分难舍的情意。

第二，该诗倡导了一种人与自然和谐一体的生态理念。苏珊娜躺在碧绿、明亮、温馨的池水中，她感到周身舒怡、心情轻松。她努力寻找那暖暖、和煦的春意，寻找那隐藏于内心中的想象。她想让自己全身心地沐浴在春的和谐、舒畅、美好之中。在河岸上，当她置身于习习凉风，触摸那晶莹闪耀的露珠，当她走在青青怡人、凉爽洁净的草地上，享受着晚风吹拂着她的双脚，吹动着她的丝巾，她的身体在颤抖，因她感受到大自然对她温柔的爱抚，感受了置身于自然的怀抱中所享受到的从未有过的关怀和爱恋。这样的爱抚、关怀和爱恋使她兴奋、激动，也使她倍感甜美、温润。苏珊娜此时所体验的情感正是那种天人合一、人与自然和谐一体在人的心灵和身体上所产生的反应。

　　史蒂文斯对这一主题思想的阐发也是对当时的社会现实的一种反拨。1915年美国虽未宣布参战，但欧洲战场上四处弥漫的硝烟似乎让很多美国人感觉到战争的危险正在逼近。他们知道，美国一旦参战，国内相对和平稳定的社会环境就将遭到破坏，人民的工作、生活，社会的发展都将受到很大的影响。因此，那时，许多美国人感到紧张、焦虑、不安。史蒂文斯在此际倡导了一种回归自然、与自然融为一体的思想，这无疑是在排解人们心头的恐惧、焦躁和烦恼。在春风殆荡、芳草蔼蔼、繁花竞放的春天，走进自然的怀抱，平躺于汀芜之上，或畅游于清凉的碧水之中，或徜徉于葱郁的森林里，呼吸洁净的空气，触摸那晶莹剔透的琼露，捧起泠泠河水，亲身感受大自然给人类带来的千种关爱和万种乐趣，这时，人的身心会感受到从未有过的放松和舒缓，人们对时局的不安情绪会因之而消散殆尽。与自然亲密接触还会让人养成一种温和优雅、爱好和平的特性，这样的特性无疑会抑制人本性中好斗、邪恶的因子。

　　第三，该诗倡导了一种不畏强暴、勇于同邪恶作斗争的精神。两位长者由一开始对苏珊娜玉体的欣赏、爱恋发展为一种放荡的淫欲。他们不顾社会道德规范、法规戒律的限制，竟然大胆地逼近苏珊娜，并企图猥亵她、强奸她，但苏珊娜有着坚强不屈的人格个性，对他们的不法行为厉声喝止，对他们的丑恶嘴脸进行猛烈的抨击，显示出了一个贞妇洁女刚毅的品性。男女进行性活动，应建立在相互爱恋、情深意长的基础上。若此时与这两位长者进行性活动，双方并无丝毫的感情基础。苏珊娜知道，他们对自己的行为应属于违背自己意愿的强奸行为，源于对自己的美貌所持有的一种强烈的占有欲。因此，苏珊娜对两位淫荡的长者进行了有力的抗争，她为自己被他们偷窥、亵渎而羞惭万分，又为这两位长者的卑琐下流行为而感到羞耻。

　　在20世纪10年代，美国妇女的女权主义意识开始萌生，并得到发展。史蒂文斯依据《经外书》上苏珊娜的故事所创造的苏珊娜形象对当时的美国妇女的形象进行了一定的影射。那时，一种新的理想的妇女形象开始在美国的社会上诞生。这些女性具有很强的独立意识、喜欢自主性地处理和解决自己所面临的问题，她们不再接受传统上所指派的在家庭生活中的角色。他们坚信，妇女在社会、政治、经济上与男性应该是平等的。有很多妇女还积极参加争取选举权的运动。她们成立了不少的社会性组织，以促进国家各行各业的发展，这些组织有全国消费者同盟、妇女工会同盟（Women's Trade Union League）等。女权主义的发展使广大妇女的平等、自主、独立、自尊、自爱意识得到显著的增强，她们不再愿意只充当家庭主妇的角色，她们不再愿意成为男人的附庸，她们要走出家庭的小圈子，走向社会，参加工作，自力更生。她们更不愿意成为男人的玩物，她们要有做人、做一个正派的女人的尊严。苏珊娜对两位长者的非理言行进行严词拒绝，并为她们感到羞耻，她还为自己受到亵渎而感到羞愧，这都反映出 20 世纪最初十年美国妇女强烈的自尊、自爱意识。妇女们不堪凌辱，能勇于同品行邪恶的男子作顽强的斗争。苏珊娜的形象能折射出 20 世纪最初十年美国社会新女性身上的一些典型特征。

第四，该诗倡导了一种忠于婚姻、保持妇女贞节的思想。苏珊娜热爱自己的家庭，忠于自己的丈夫，忠于丈夫对她的感情。她对爱情和婚姻坚贞不渝。虽生活于一个富商的家庭，整日锦衣玉食、戴金佩银，珍珠玛瑙，样样俱全，但她富贵不淫，仍然保持着坚贞的节操。她从不做有违婚姻、伤害丈夫自尊的事情。对于胆敢强暴非礼的两位长者，她能勇于拒斥，敢于斗争。

苏珊娜的这一闪光的品质同 20 世纪第二个十年，即"爵士时代"所出现的"啪啦女郎"及时髦女性的品质形成了强烈的反差。"啪啦女郎"在行为上放浪形骸，热衷于艳丽的打扮和奇装异服。很多当时的年轻女性热衷于婚前及婚外性行为。史蒂文斯在 1915 年所塑造的苏珊娜形象有警示美国女性不要演变为后来的啪啦女郎和时髦女性这一用意。但诗人的这一善良用意结果还是未能付诸实际，20 世纪第二个十年美国社会灯红酒绿的颓废下所出现的众多浪女形象彻底粉碎了诗人的这一创作意向。

第五，该诗倡导了一种精神美永世长存的思想。苏珊娜外表娇艳动人，但她的品质比她的外表更为美丽、更具魅力。在与两位淫邪长者的斗争中，苏珊娜让世人看到了她内心的纯洁、品行的高尚和情操的伟大。她既捍卫了自己肉体的洁白无瑕，又捍卫了自己灵魂的清高、对婚姻的忠贞和爱情的专一。苏珊娜是肉体美与精神美统一的典范。在《雪人》一诗中，史蒂文斯就对一个人精神境界的高尚、思想道德的纯净有着较高的期冀，不论是社会改革家，还是人民大众都应有高尚的道德精神，这样才能扭转美国当时重物质、轻精神，重实利、轻品行的恶风劣气。在该首诗中，史蒂文斯对这一主题思想作了进一步的发扬光大。在前三部分，诗人描述了两位长者对苏珊娜的偷窥及苏珊娜与之的坚决斗争，诗人于第四部分对精神美重于肉体美这一观点做了深入的阐说。肉体总有一日会消失殆尽的，但肉体的美却会长久地存留下来，肉体的美是心灵美的外化。美在心灵中是暂时的，它总有一日会显现出来，而一旦显现于人的外表形象，它就是永恒的。苏珊娜的外表是美的，它让两位长者春心荡漾，这一令人心驰神往，心醉神迷的美是她纯净的心灵之美外射而来的。这样的美是永恒的。即使肉体已随着岁月的流逝而变老或消失，但它所具有的美，在人们心目中所留下的美好印象则不会消逝。美是灵魂、精神。夜晚会逝去，但夜的灵魂，气流则永不停息地给人以凉爽、惬意；花园中的花草繁枝会凋枯衰敝，但花木的芳香则会永久地充溢在大气之中；主人会离去，但主人所领导的集体则依然发挥着她的影响，这一影响就是主人精神、灵魂之美之所在。

那么如何锻造、培养这种美呢？按史蒂文斯在诗中所阐述的，一个人应在音乐中捕捉美，音乐所产生的不是声音，而是感情，沉湎于美妙的音乐旋律里，人就在经历着各种各样情感的历程。音乐能培植感情，音乐能熏陶人的性情。一个人还应经常回归美好芬芳的大自然，体验那种天人合一的美妙境界。自然界中蓁蓁木叶、艳艳繁花及琼浆玉露都能对人的心灵产生净化作用，让人变得纯洁、高尚。

在一个人的一生中，唯有精神之美是永恒的，精神美与肉体美是统一的，肉体会消逝，但它的美，也是它灵魂的美则是永恒的。史蒂文斯通过对苏珊娜故事的改造、加工和创造完满地阐说了这一真理。

三、艺术特征分析

该诗语言优美、流畅，语句简易明白，遣词简单。诗歌意境优美，多用象征。在第一部分，诗人以音乐象征人的感情，用得非常自然、形象。因为音乐通过其旋律、节奏及歌词能在人的心目中产生各种各样的感情，诗人说，音乐就是感情，这是十分恰当合理的结论。在第二部分，诗人以苏珊娜在浴池中沐浴，在河岸习习凉风中站立，在青翠的草地上行走来象征自然对人的抚爱，人在自然母亲的怀抱中所享受到的温暖，昭示出人与自然和谐一体的思想，这样的象征用得也很地道，很隽永。在第三部分，诗人以雨打杨柳，雨珠随着柔条纷纷落下来象征苏珊娜为自己被偷窥、受亵渎而哀哭，这样的象征用得也十分地美丽，而且颇有浓郁的中国传统文化的色彩。在中国古典诗词中，一般会以纤长柔美的杨柳来喻指身姿婀娜的美女，雨打柳条，琼珠纷落，这会用来喻指珠泪纷洒，玉女哀泣不已的凄美形象。史蒂文斯学习、研究过东方文化，此处的象征使用可以看出他对中国古典文化的借鉴和吸取。在第四部分，诗人以永不停息流动的夜晚气流来说明夜晚独有的美，而这美又象征着人的精神之美。诗人还以花园草木芳菲所散发出的那种和怡的清香来说明花园所独有的魅力，花园所独有的自然美，而这美也象征着人的精神之美。诗人还以唱诗班姑娘在其领导者离世后依然在举行盛大而辉煌的庆典，来说明这位领导者，即那位姑娘所独具的人格魅力，她所秉有的美，这美也象征着人的精神美。在这一部分，所有象征的使用都旨在说明人的精神之美是永恒不朽的。即使它所肇始、依附的物体或人已逝去，但它作为它们的灵魂却永远地永生不灭，永远地存留于人们的心中，永远地给人们以启示、指导，给人以回味无穷的美感。

除上述大象征的使用外，还有几处小象征的使用，它们用得也十分地生动、贴切。如在第一部分，以"眼睛发红"（red-eyed）来象征两位长者的好色本性，他们看到正在沐浴的苏珊娜，淫念顿生，很想立刻能霸占她的肉体。这个象征用得十分形象，也非常明白好懂。诗人又以"心脏低沉跳动的声音"（The bases of their beings）来象征两位长者见到沐浴中的苏珊娜非常兴奋，但又强行抑制砰砰乱跳的心脏，以防被苏珊娜察觉的形象。接着又以"迷人的和弦"（witching chords）和"和散那拨奏曲"（pizzicati of Hosanna）来象征苏珊娜女神的惊人美貌，这一美貌让两位长者感到心醉神迷。在第二部分，诗人以"The touch of springs"（春的意味）来象征"温暖、幸福、愉悦、兴奋的感觉"。苏珊娜躺在碧水池中，她要寻找那在平常的家庭生活中所未能体验过的温柔、和暖、愉悦的感觉，这种感觉是只能在此时此境，在这明亮温和、碧绿如洗的池水中才能体验到的一种特殊的感觉。在家庭生活中，丈夫也能给她以温暖，她能时时体验、享受到丈夫给她的温存，但这样的感觉毕竟不同于她此时一人躺在这美丽怡人的碧水池中所能体察到的感觉。诗人又以"露水"（the dew）

来象征自然母亲的琼浆玉液、清爽甜美的乳汁。苏珊娜触摸着露水也就是在触摸着母亲的乳汁，她就像儿时吸吮着母亲的乳汁一样，又一次感受到母亲对她的疼爱、关怀和哺育。这里的"old devotions"是个双关语，表面上的意思是露水是在苏珊娜沐浴，或站立岸上之前从天上降下来的，深一层的意思是儿时母亲无私地奉献给她的乳汁，母亲在她儿时用甘饴芬芳的乳汁哺育了她。诗人还以琴键发出的哗啦声响及号角的轰鸣声来反映所发生的不祥的、紧急的情况：两位长者逼进了苏珊娜，并要对她进行猥亵，而苏珊娜也因他们的不约而至而感到震惊。这样的反映其实就是象征的巧妙使用。在第四部分，诗人以宗教中的"圣礼、圣事（如洗礼）"（sacrament）来象征人间的"真、善、美"。苏珊娜是真善美的代表，她同两位品行邪恶的长者的斗争发射出炫目的光泽，昭示了正义、善良必将挫败阴险、狡诈，美丽必将战胜丑恶这一永恒真理。

　　该诗使用了不少的修辞技巧，如暗喻（metaphor）。在第一部分，"Music is feeling"（音乐是感情）这是暗喻的使用。"Here in this room desiring you, Thinking of your blue-shadowed silk, Is music."（这里，在这间房屋里，渴求着你，想象着你穿着暗蓝色的丝衣，这就是音乐。）这句话中也用了暗喻修辞格。句中的主语部分讲述的是生活中的美，穿着暗蓝色丝衣的美丽妇女给予对方的是无穷无尽的魅力，这一魅力在心灵中所激起的兴奋、愉悦、激动的情感就是音乐。还使用了一些明喻，如："Just as my fingers on these keys make music, so the self-same sounds on my spirit make a music, too"（正如我的手指在键盘上弹奏出音乐一样，同样的声音在我的心灵上也弹奏出音乐）；"It is like the strain waked in the elders by Susanna"（这就像由苏珊娜在两位长者心目中所唤起的美丽音调一样）；"The winds were like her maids"（风就像她的女仆）；"Soon, with a noise like tambourines,　Came her attendant Byzantines"（不久，产生了一阵敲打铃鼓的声音，她的拜占庭女仆来了）；"And as they whispered, the refrain was like a willow swept by rain"（正当女仆们小声嘀咕的时候，叠歌就像雨打垂柳所产生的声响一样）。还使用了"转喻"（metonymy），如"timid feet"（羞涩的双脚）。诗人以修饰人的形容词"timid"来修饰代指人的"腿"（feet）。这里，"feet"是人身体的一部分，当苏珊娜沐浴后在草地上行走时，她是赤裸着双脚行走的，因为她要十分真切地感受一下大自然那清新、凉爽、怡人的气息。此时，"双脚"是人身体中最为显豁、重要的一部分，故，诗人在这里突出了她的"脚"。还使用了"隐形的暗喻"修辞格，如 "the refrain was like a willow swept by rain" 中的 "the refrain"（叠歌）。这里的 "the refrain" 喻指 "Susanna's feeling"（苏珊娜的感情）。"Susanna's music touched the bawdy strings of those white elders" 中的 "strings"（弦音）喻指 "feelings"（感情）。还使用了"双关语"（pun）。除上文提到的 "old devotions" 是个双关语外，还有第三部分的 "shame" 也是个"双关语"。"shame" 既指苏珊娜因被偷窥、亵渎而感到害羞，又指她为两个长者的不轨行为而感到羞耻。还使用了"拟人"（personification）修辞格。"Left only Death's ironic scraping" 中的 "Death"（死亡）这里被拟人化了，它成了一个人，对两位长者进行了嘲讽。

该诗没有统一的，规整的韵式，除第三部分用了联韵体外，其余各部分均没有统一的韵脚，只是零散地用了一些韵。例如：在第一部分，第三行的 too 和第六行的 you 押近似韵，第九行的 Susanna 和第十五行的 Hosanna 押近似韵；在第二部分，第二行的 lay 和第八行的 melody 押近似韵，第四行的 springs 和第六行的 imaginings 押近似韵，第十一行的 emotions 和第十四行的 devotions 押近似韵，第十六行的 quavering 和第二十行的 wavering 押韵；在第三部分，共有十句诗行，每两句成一组，各组押韵或押近似韵；在第四部分，第二行的 portal 和第三行的 immortal 押韵，第五行的 going 和第六行的 flowing 押韵，第七行的 scenting 和第八行的 repenting 押韵，第九行的 auroral 和第十行的 choral 押韵，第十二行的 escaping 和第十三行的 scraping 押韵，第十四行的 plays 和第十六行的 praise 押近似韵。

除上述尾韵外，该诗还运用了一些头韵和行内韵，请看：

1. 头韵，如第一部分，第一行的 my、第二行的 Make-music、第三行的 my-make-music 和第四行的 Music，第一行的 fingers 和第四行的 feeling，第一行的 these、第二行的 the、第四行的 then、第五行的 thus-that、第六行的 this、第八行的 the、第九行的 the、第十二行的 The、第十三行的 The-their 和第十四行的 their，第二行的 so-self-same-sounds、第三行的 spirit、第四行的 sound、第七行的 silk、第八行的 strain 和第九行的 Susanna，第六行的 room 和第十二行的 red-eyed，第五行的 what、第九行的 Waked、第十行的 warm、第十一行的 while、第十二行的 watching 和第十四行的 witching，第六行的 you 和第七行的 your，第七行的 blue-shadowed、第十一行的 bathed、第十三行的 basses-beings 和第十四行的 blood，第七行的 Thinking、第十三行的 throb 和第十四行的 thin，第十行的 clear 和第十四行的 chords，第十五行的 Pulse-pizzicati；在第二部分，第一行的 water-warm，第二行的 Susanna、第三行的 searched、第四行的 springs、第七行的 sighed 和第八行的 so，第一行的 the 和第四行的 The，第一行的 clear、第六行的 Concealed、第十行的 cool、第十六行的 quavering 和第二十四行的 crashed，第三行的 She、第七行的 She、第九行的 she 和第十二行的 She，第九行的 the、第十行的 the、第十二行的 the 和第十三行的 The，第九行的 stood、第十一行的 spent、第十六行的 Still、第十九行的 scarves 和第二十四行的 cymbal，第十二行的 felt、第十八行的 feet 和第十九行的 Fetching，第二行的 lay、第十二行的 leaves 和第十七行的 like，第十三行的 dew 和第十四行的 devotions，第十五行的 She 和第二十三行的 She，第十五行的 walked、第十七行的 winds-were、第十九行的 woven 和第二十行的 wavering，第十五行的 the、第十七行的 The 和第二十二行的 the，第十八行的 timid 和第二十三行的 turned，第十七行的 her、第二十一行的 her-hand 和第二十五行的 horns，第八行的 melody、第十七行的 maids 和第二十二行的 Muted；在第三部分，第一行的 Soon、第三行的 Susanna、第四行的 side、第六行的 swept、第八行的 Susanna 和第九行的 simpering，第一行的 with、第三行的 wondered-why、第五行的 whispered、第六行的 Was-willow 和第十行的 with，第一行的 tambourines 和第十行的 tambourines，第二行的 Came 和第三行的 cried，第一行的 like、第六行的 like、第七行的 lamps' 和第十行的 like，第二行的 Byzantines、第四行的 by、第六行的 by 和第九行的 Byzantines，第一行的 noise 和第十行的 noise，第三行的 They、第四行的 the、第五行的 they-the、第七行的 their 和第九行的 then-the，第二行的 her、第四行的 her 和第八行的 her；在第四部分，第一行的 momentary-mind、第九行的 maidens、第十行的 maiden's、第十一行的 music、第十五行的 memory 和第十六行的 makes，第一行的 Beauty、第三行的 But、第四行的 body-body's-beauty、第七行的 breath、第十一行的 bawdy 和第十二行的 but，第二行的 The、第三行的 the、第四行的 The-the、第五行的 their、第七行的 their、第八行的 the、第九行的 the、第十一行的 the 、第十二行的 those 和第十五行的 the，第二行的 fitful、第三行的 flesh 和第六行的 flowing，第四行的 dies、第七行的 die、第八行的 done 和第十三行的 Death's，第四行的 lives 和第十三行的 Left，第二行的 portal、第十四行的 plays 和第十六行的 praise，第五行的 green-going 和第七行的 gardens，第六行的 wave、第八行的 winter 和第十二行的 white，第五行的 So、第七行的 So-scenting、第九行的 So、第十一行的 Susanna's、第十三行的 scraping 和第十六行的 sacrament，第十五行的 clear 和第十六行的 constant。

2.行内韵，如：在第一部分，第八行的 Is-is，第十四行的 In-thin；在第四部分，第四行的 The-the。

从上面的梳理、分析，我们可以看出，该诗虽然没有统一的韵式，却使用了不少的韵，像头韵，全诗用了不少，还有第三部分，诗中用了传统格律诗中经常使用的、非常整齐悦耳的联韵体。诗中用韵多，这同该诗的艺术形式有很大关系。该诗实际上是彼得·昆斯边弹边吟的歌词，有时，诗人用钢琴家弹奏的音乐来反映诗中故事情节的内容。因此，多用一些具有音乐特征的音韵来再现故事的特有意境、人物的态度情感，这是十分自然合理的事。第三部分是苏珊娜故事的高潮。在该部分，苏珊娜与两位长者进行了勇敢的斗争，她对他们的猥亵行为进行了谴责，同时又为自己被他们偷窥而感到羞愧。这部分能十分真切地反映出苏珊娜坚贞纯洁、不畏邪恶的性格特征。在这一部分，诗人在音韵上也下了一番功夫，他用联韵体来描写此处的内容，诗行音协韵美，十分流畅动听，这样的音韵颇能突显这一部分的情感内容，引起读者对苏珊娜这个人物形象的注意，激起人们对她的赞美和服膺。在第四部分，诗人用了不少韵脚，其中有一些也属于联韵体，如第二、三行，第五、六行，第七、八行，第九、十行，第十二、十三行。在该部分，诗人从上述苏珊娜的故事中，总结归纳出一定的哲理，即精神美与肉体美是统一的，肉体会消亡，但肉体的美，亦即精神的美则是永恒不朽的。这一结论是全诗的精华，也是全诗主题思想中的精髓。诗人以五对联韵体及近似韵来吟唱出这一人生的妙语、生活的真理，流畅优美的音韵也极易抓住读者的注意力，引起人们对诗歌这一主题内容的关注和兴趣。

　　史蒂文斯的诗一般韵用得较少，尤其是韵脚，他一般都不使用规整的韵式，但在这些诗中，诗人在第三部分，全部用联韵体，在第四部分，大部分诗行也使用联韵体，诗人在该诗中的破例其实是与该诗的艺术内容、艺术形式、情节结构有关的。诗涉及了音乐，故部分地采用一些传统格律诗的音韵，这是适宜而应当的。

　　下面，分析一下该诗的节奏。

Peter Quince at the Clavier

I

Just ás ｜ my fín ｜ gers ón ｜ these kéys ↓

Make mú ｜ sic, ‖ só ｜ the sélf ｜ −same sóunds ↓

On my spí ｜ rit máke ｜ a mú ｜ sic, ‖ tóo.

∧ Mú ｜ sic is fée ｜ ling, ‖ thén ｜ , ‖ not sóund;

And thús ｜ it ís ｜ that whát ｜ I féel,

Here ín ｜ this róom ｜ , ‖ desí ｜ ring yóu,

∧ Thínk ｜ ing of yóur ｜ blue−shá ｜ dowed sílk,

Is mú ｜ sic. ‖ Ít ｜ is líke ｜ the stráin ↓

∧ Wáked ｜ in the él ｜ ders bỳ ｜ Susá(nna.

Of a gréen ｜ ∧ é ｜ vening, ‖ cléar ｜ and wárm,

She báthed ｜ in hér ｜ still gár ｜ den, ‖ whíle ↓

The réd ｜ −eyed él ｜ ders wát ｜ ching, ‖ félt ↓

The báss ｜ es óf ｜ their bé ｜ ings thrób ↓

In wít ｜ ching chórds ｜ , ‖ and théir ｜ thin blóod ↓

∧ Púlse ｜ pizzicá ｜ ti óf ｜ Hosá(nna.

235

II.

In the gréen | ∧ wá | ter, ‖ cléar | and wárm,

Susá | nna láy,

She séarched ↓

The tóuch | of spríngs,

And fóund ↓

Concéaled | imá | giníngs.

She síghed,

For só | much mé | lodỳ.

Upón | the bánk | , ‖ she stóod ↓

In the cóol ↓

Of spént | emó(tions.

She félt, | ‖ amóng | the léaves,

The déw ↓

Of óld | devó(tions.

She wálked | upón | the gráss,

Still quá | verìng.

The wínds | were líke | her máids,

On tí | mid féet,

∧ Fét | ching her wó | ven scárves.

Yet wá | verìng.

A bréath | upón | her hánd ↓

∧ Mú | ted the níght.

She túrned—

A cým | bal cráshed,

And róar | ing hórns.

III

Soon, ‖ wíth | a nóise | like tám | bourìnes,
Came hér | attén | dant Byzán(tines.

They wón | dered whý | Susá | nna críed ↓
Agáinst | the él | ders bý | her síde;

And ás | they whís | perèd | , ‖ the refráin ↓
Was líke | a wíl | low swépt | by ráin.

Anón | , ‖ their lámps' | uplíf | ted fláme ↓
Revéaled | Susá | nna ánd | her sháme.

And thén | , ‖ the sím | perìng | Byzán(tines ↓
Fled, ‖ wìth | a nóise | like tám | bourìnes.

IV

∧ Béau | ty ís | momén | tarỳ | in the mínd—
The fít | ful trá | cìng òf | a pór(tal;
But ín | the flésh | it ís | immór(tal.
The bó | dy díes | ; ‖ the bó | dy' s béau | ty líves.
So éve | nings díe | , ‖ in théir | green gó(ing,
A wáve | , ‖ intér | minà | bly flów(ing.
So gár | dens díe | , ‖ their méek | breath scén(ting ↓
The cówl | of wínt | er, dóne | repént(ing..
So mái | dens díe | , ‖ to the áu | ror àl ↓
Celebrá | tion óf | a mái | den' s chó(ral.
Susá | nna' s mú | sic tóuched | the báw | dy stríngs ↓

237

Of thóse │ white él │ ders, ‖ bút │ , ‖ escá(ping,

Left ón │ ly Déath's │ iró │ nic scrá(ping.

Now, ‖ ín │ its immór │ talitỳ │ ,it pláys ↓

On the cléar │ ∧ ví │ ol òf │ her mé │ morỳ,

And mákes │ a cón │ stant sá │ cramènt │ of práise.

该诗的基本节奏为抑扬格，大部分诗行为抑扬格四音步，但用抑抑扬格替代的也比较多，它们主要出现在以下的诗行音步中，请看：

在第一部分：第四行第二音步、第七行第二音步、第九行第二音步、第十行第一音步、第十五行第二音步；在第二部分：第一行第一音步、第十行的音步、第十九行第二音步；在第三部分：第五行第四音步；在第四部分：第一行第五音步、第九行第三音步、第十行第一音步、第十四行第二音步、第十四行第三音步、第十五行第一音步。总共有十五处抑抑扬格替代。

除抑抑扬格替代外，诗中还有十处音步出现单音节替代，请看：

在第一部分：第四行第一音步、第七行第一音步、第九行第一音步、第十行第二音步、第十五行第一音步；在第二部分：第一行第二音步、第十九行第一音步、第二十二行第一音步；在第四部分：第一行第一音步、第十五行第二音步。

最后，诗中还有十五处用了超音步音节替代，请看：

在第一部分：第九行行末、第十五行行末；在第二部分：第十一行行末、第十四行行末；在第三部分：第二行行末、第九行行末；在第四部分：第二行行末、第三行行末、第五行行末、第六行行末、第七行行末、第八行行末、第十行行末、第十二行行末、第十三行行末。

该诗的节奏变格用得比较多，总共有四十处节奏变格。节奏变格较多同该诗的思想内容有着密切的关系。诗中描写了美女苏珊娜沐浴时被两位淫荡的长者偷窥，这两位长者居然要对苏珊娜行不轨之事，玷污苏珊娜纯洁无瑕的贞操，辱羞美女闪光的人品。苏珊娜为了捍卫自己的名节、保护自己的玉体不受凌辱欺压，勇敢而坚毅地同他们进行了斗争，谴责了他们的邪恶本性，抨击了他们丑陋的嘴脸。所以全诗涉及了两种力量之间的较量和斗争。两位长者看到美女苏珊娜躺在碧水池中那动人的形象所产生的心灵的战栗和激起的难以抑制的性欲、苏珊娜看到自己被偷窥时所产生的震惊和恐惧、她面对邪恶阴险所做出的坚决而勇敢的反抗以及她为自己受到偷窥和亵渎而泣如雨下，这些都增强了故事情节的跌宕起伏，使故事在一系列的悬念中产生震撼人心的艺术效果。正因为有情节的跌宕起伏，有悬念的设置，还有高潮的产生，所以整个故事才不是在一种平稳有序、风平浪静的状态中展开的，这样，与之相适应的节奏会出现较多的变格，这就是十分正常的事了。

第三部分节奏变格仅有三处，这同该部分的思想内容也是有着紧密关联的。如前所述，该部分为全诗的高潮。苏珊娜与两位淫邪的长者进行了坚决的斗争，诗人歌颂了苏珊娜坚贞不屈、视节操如美玉的人品，这部分是诗人于下一部分引出全诗主题思想最关键的一步。诗人在音韵上以传统格律诗的联韵体来谐和这部分的情感内容，在节奏上以变格极少的抑扬格四音步来反映其情感特征、思想内容，这样达到了该诗的艺术形式与艺术情感、艺术内容的泯然无间。

第四部分阐述了该诗的主题思想，是诗人针对苏珊娜的故事所引发的议论。这一部分虽然开头认为肉体美和精神美是统一的，但其大部分的内容都是在说明，肉体消失了，但肉体的美，亦即心灵的美，却会留存下来，继续发挥它的影响。诗人用了一系列的类比（analogy）来说明这一真理。如夜晚逝去了，但夜晚的气流却会留存下来；花园枯死了，但花草那温柔的气息却会存在下来；唱诗班领头的姑娘去世了，但她的影响却还在，这些类比事例都是在十分形象地说明该诗的题旨。我们仔细地考察一下这些喻体和它们所修饰描摹的本体，会发现，这些事例当中，都涉及了一事物的消亡，而这一事物所具有的灵魂精髓、精神性的东西却还在，同一种事物，物质性的东西逝去了，但精神性的东西保存下来，这是好事，但也是一件令人悲哀，有时甚至是伤痛欲绝的事情，因为它毕竟牵涉到某一方面的死亡。这样，诗人在阐发道理、叙述事情的时候，在节奏上会出现一些变格，以显现语调上的哽咽、沉郁等情感特征，这就是十分自然的事了。尽管诗人在这一部分的音韵上也用了不少的联韵体，在节奏上也大都采用抑扬格四音步，但在节奏的表达上，却使用了不少的变格，这是这一部分的情感特征所必然导致的结果。

诗中用了一些"行内停顿"（caesura），分析诗歌节奏时，打有"‖"标记的都是"行内停顿"。"行内停顿"是由语言的自然节奏所决定的，它有助于缓和诗句的语气，协调上下行之间的节奏、语速。诗中还用了"跨行"，分析诗歌节奏时，行末打有"↓"标记的都是"跨行"的诗行，"跨行"有助于上下文之间在语法和意义上的密切关联，也有助于上下行之间在音调的衔接上做到连贯自如，促进诗句表达的流畅自然、不中断。

四、结语

该诗创作于第一次世界大战爆发后的第二年，也是现代主义文学蓬勃发展的时期。史无前例的、被誉为史上空前浩劫的一战使西方人的道德价值观、精神意志、心理状态受到了前所未有的摧毁和致命的打击。那时，美国虽未参战，但对于向来关心社会问题，人民思想道德状况的史蒂文斯来说，他已预料到，当时正在欧洲战场燃烧得猛烈凶狂的战火会给西方世界，包括美国带来一系列严重的社会问题，其中包括文化价值观的破碎、人民道德伦理的沦丧。为了防止这类问题的发生，也为了警醒当时的国人注意避免这样的精神心理问题，史蒂文斯对《经外书》中的苏珊娜形象进行了再创造，为我们再现了一个品行端正贞洁，情操高尚，心理纯净，敢于同邪恶势力作勇敢斗争以捍卫自己的尊严、节操和婚姻爱情的女性形象。史蒂文斯特别强调了心灵美的重要性，心灵美和肉体的美又是统一的，肉体会消逝，但它的美则会永存，肉体的美是心灵的美外射而成的。史蒂文斯的这些观点都是旨在塑造国民健康的心态、高尚的道德素养。这些都应有利于人们避免在一战中或一战后精神的沉沦、道德的堕落、心理的迷惘。史蒂文斯在诗中还希望人们能走进自然的温暖怀抱，享受天人合一的快乐和幸福，这样可以消除那留存于人们心头的憎恶、嫉恨、复仇、贪婪等不良的心理因素。这对防止人们在精神道德、心理情趣方面陷入颓丧、萎靡状态也是十分有意义的。史蒂文斯力主人们要同假丑恶作坚决的斗争，大力地讴歌了真善美，崇尚精神的高洁、心灵的纯美，从这些，我们可以看出史蒂文斯是一个正直善良、反对战争、珍爱和平、注重情操的艺术家。

史蒂文斯所切入的这些主题符合现代主义文学的创作要求。在艺术形式上，该诗追求现代主义文学所崇尚的新颖性。诗歌以一名钢琴家彼得·昆斯弹琴为总的情节架构，他一面弹琴，一面吟唱，这样将古代传说中的苏珊娜的故事向读者娓娓道出，当然在叙述中，诗人进行了一定的艺术加工和创造。诗人还能以钢琴所能发出的音响来反映故事情节中的某些特定内容，这都反映出了诗人对艺术创新所做出的努力。

综上所述，该诗应为一首典型的现代主义诗歌。史蒂文斯追逐时代的脚步，响应了现代主义文学的呼声和要求，创作出了在艺术形式和艺术内容方面都符合现代主义文学要求的诗歌，为美国民族主义文学的发展做出了自己独特的贡献。

史蒂文斯在一战期间对人的精神层面给予了如此密切的关注，因为他知道，一个人的精神素养、道德伦理观念等关系着整个民族、整个国家整体的文化价值思想、整体的文化素质、整体的社会风气，同时它也关系着一个国家的梦想。一战的爆发让许多美国人感到不安、恐惧，他们所担心的不仅仅是个人的前途和命运，一些有识之士最为担心的是美国梦的发展。战争破坏了和平的环境，战争会干扰人民日常的生活、工作，战争会影响国家经济的发展，会给人民带来悲痛、失望、沉沦和迷茫。有时，物质上的损失、经济上的暂时落后都是可以弥补的，但精神上的损失、心理上的崩溃、文化上的倒退则不是在短时期内就能补救而得以全面恢复的。史蒂文斯在美国尚未参战的 1915 年，就对一个人精神层面的东西倍加重视，大力提倡人心灵的美，认为心灵的美是永恒的，这是提醒人们在建设美国梦的征程上，要时时刻刻提高自己的道德素养，提升自己的精神境界，精神道德是美国梦辉煌前景的一个重要的组成部分。没有心灵的美好、精神的高尚，就不会有美国梦的灿烂，就不会有美国梦的展翅腾飞。塑造人的灵魂是一项伟大的工程，这一工程的艰巨性，从一战期间及战后的美国社会现实，我们已可略见一斑。但有众多的像史蒂文斯这样的灵魂工程师，美国梦的航船一定会重新扬起风帆，顶住狂澜急流，奋勇向前的。

第六节　论华莱士·史蒂文斯和他的《星期天的早晨》

Sunday Morning

Wallace Stevens

I

Complacencies of the peignoir, and late

Coffee and oranges in a sunny chair,

And the green freedom of a cockatoo

Upon a rug mingle to dissipate

The holy hush of ancient sacrifice.

She dreams a little, and she feels the dark

Encroachment of that old catastrophe,

As a calm darkens among water-lights.

The pungent oranges and bright, green wings

Seem things in some procession of the dead,

Winding across wide water, without sound.

The day is like wide water, without sound.

Stilled for the passing of her dreaming feet

Over the seas, to silent Palestine,

Dominion of the blood and sepulcher.

II

Why should she give her bounty to the dead?

What is divinity if it can come

Only in silent shadows and in dreams?

Shall she not find in comforts of the sun,

In pungent fruit and bright, green wings, or else

In any balm or beauty of the earth,

Things to be cherished like the thought of heaven?

Divinity must live within herself:

Passions of rain, or moods in falling snow;

Grievings in loneliness, or unsubdued

Elations when the forest blooms; gusty

Emotions on wet roads on autumn nights;

All pleasures and all pains, remembering

The bough of summer and the winter branch.

These are the measures destined for her soul.

III

Jove in the clouds had his inhuman birth.

No mother suckled him, no sweet land gave

Large-mannered motions to his mythy mind

He moved among us, as a muttering king,

Magnificent, would move among his hinds,

Until our blood, commingling, virginal,

With heaven，brought such requital to desire

The very hinds discerned it, in a star.

Shall our blood fail? Or shall it come to be

The blood of paradise? And shall the earth

Seem all of paradise that we shall know?

The sky will be much friendlier then than now,

A part of labor and a part of pain,

And next in glory to enduring love,

Not this dividing and indifferent blue.

IV

She says, "I am content when wakened birds,

Before they fly, test the reality

Of misty fields, by their sweet questionings;

But when the birds are gone, and their warm fields

Return no more, where, then, is paradise?

There is not any haunt of prophecy,

Nor any old chimera of the grave,

Neither the golden underground, nor isle

Melodious, where spirits gat them home,

Nor visionary south, nor cloudy palm

Remote on heaven's hill, that has endured

As April's green endures; or will endure

Like her remembrance of awakened birds,

Or her desire for June and evening, tipped

By the consummation of the swallow's wings.

V

She says, "But in contentment I still feel

The need of some imperishable bliss."

Death is the mother of beauty; hence from her,

Alone, shall come fulfillment to our dreams

And our desires. Although she strews the leaves

Of sure obliteration on our paths,

The path sick sorrow took, the many paths

Where triumph rang its brassy phrase, or love

Whispered a little out of tenderness,

She makes the willow shiver in the sun

For maidens who were wont to sit and gaze

Upon the grass, relinquished to their feet.

She causes boys to pile new plums and pears

On disregarded plate. The maidens taste

And stray impassioned in the littering leaves.

VI

Is there no change of death in paradise?

Does ripe fruit never fall? Or do the boughs

Hang always heavy in that perfect sky,

Unchanging, yet so like our perishing earth,

With rivers like our own that seek for seas

They never find, the same receding shores

That never touch with inarticulate pang?

Why set the pear upon those river-banks

Or spice the shores with odors of the plum?

Alas, that they should wear our colors there,

The silken weavings of our afternoons,

And pick the strings of our insipid lutes!

Death is the mother of the beauty, mystical,

Within whose burning bosom we devise

Our earthly mothers waiting, sleeplessly.

VII

Supple and turbulent, a ring of men

Shall chant in orgy on a summer morn

Their boisterous devotion to the sun,

Not as a god, but as a god might be,

Naked among them, like a savage source,

245

Their chant shall be a chant of paradise,

Out of their blood, returning to the sky;

And in their chant shall enter, voice by voice,

The windy lake wherein their lord delights

The trees, like serafin, and echoing hills,

That choir among themselves long afterward.

They shall know well the heavenly fellowship

Of men that perish and of summer morn.

And whence they came and wither they shall go

The dew upon their feet shall manifest

VIII

She hears, upon that water without sound,

A voice that cries, "The tomb in Palestine

Is not the porch of spirits lingering.

It is the grave of Jesus, where he lay."

We live in an old chaos of the sun,

Or old dependency of day and night,

Or island solitude, unsponsored, free,

Of that wide water, inescapable.

Deer walk upon our mountains, and the quail

Whistle about us their spontaneous cries;

Sweet berries ripen in the wilderness;

And, in the isolation of the sky,

At evening, causal flocks of pigeons make

Ambiguous undulations as they sink,

Downward to darkness, on extended wings.

史蒂文斯在多首诗作中都给自然以极高的礼遇，他同中国古代的很多诗人一样，都认为自然能陶冶人的性灵，锻造人的精神品质。在《雪人》一诗中，史蒂文斯探讨了这样的主题，在《彼得·昆斯弹琴》一诗中，史蒂文斯对自然的作用和影响也进行了细致、优美的描画。苏珊娜身处澄澈的池水、青青的碧草地中，触摸着那晶莹剔透、清凉怡人的露珠，那种喜悦、兴奋、愉悦、幸福的心情是无法用言语来形容的。天人合一、自然与人类和谐共生这样的生态文明观在史蒂文斯的头脑中是十分牢固地建立起来了。他将这样的观念附加到他所欣赏、敬重的一些优秀的人才如社会改革家身上，附加到那些能对这些改革家所从事的伟大事业表示支持、拥护的一些社会公众身上。按他诗中所揭示的，这些人才要想承担起改革社会秩序、发展美国文化、纯净社会空气的重任，就必须有他所坚持的生态文明观。在《星期天的早晨》一诗中，史蒂文斯又一次对自然在人生中的作用、自然美的伟大壮丽进行了刻画，此外，史蒂文斯还对宗教的作用也进行了描写，并能从对自然的作用和宗教的作用二者的比较中，突出自然美的价值和意义。下面本节详细地研究一下该诗。

一、大意解读

第一节，她身披宽松的睡衣，心情怡然自得，愉快的目光扫视着周围的一切：洒满阳光的椅子上，一直放着咖啡和橘子，迟迟未动。地毯上，一只凤头鹦鹉在自由地动来移去，显得神气十足、精力充沛。这是个星期天的早晨，按新约的记载，基督徒相信，耶稣的复活是发生在"七日的第一日"。星期天为每个星期的第一天，每个星期天意味着七天一个星期循环的结束和一个新的星期的开始。女人从耶稣的复活想到了耶稣的受难。耶稣为赎世人的罪过，而被犹太教领袖和罗马政府处死，他被残忍地钉在了十字架上，受到了史无前例的残酷的折磨。想到耶稣的死，整个院子及女人的心头笼罩着一股神圣的静寂和肃穆。但刚才在院中所目睹的那些令她心满意足的场景，结合在一起，逐渐驱散了这种静寂和肃穆。但尽管如此，耶稣遇难，那古老的死亡方式仍逐渐地侵占她的灵魂，就像在一泓池水里，闪闪发亮的水光中有一片光亮在渐渐变得阴暗起来一样。富有刺激性的橘子和凤头鹦鹉那明亮、绿色的羽翼，就好像变成了死者行列中的成员，它们蜿蜒地越过宽广的水面，悄无声息。白天也就像这宽广的水面一样，静悄悄的，了无声音。女人那梦幻般的双脚涉过这平静的白昼，渡过海洋，来到宁静的巴勒斯坦，这是一处充满着血腥味和坟墓的疆土。

在这一节，我们得知，女人在星期天的早晨，感到心情愉悦，但星期天，让她联想到了耶稣的死，这样的联想使她那洒满阳光的心灵迅即变得阴暗起来，就连一开始所看到的那令她心绪畅然的橘子和凤头鹦鹉也好像变成了像耶稣一样的死者。死者都回归到了巴勒斯坦，她的心也翻山越海，来到了耶稣受难的地点，巴勒斯坦。

第二节，她为什么要把自然的施舍馈赠给死者？如果神性只在默然无声的阴影和睡梦中出现，那它还叫什么神性？在阳光的温暖舒适中，在刺鼻的水果和明亮碧绿的羽翼里，或在地球上所存在的一切香脂香膏、美丽华艳当中，难道她就找不到一些值得珍视、就像天堂的思想那么宝贵重要的东西吗？神性必须存于她自身：雨的激情，或天降瑞雪的情绪；孤独的哀痛或看到林花绽放所涌起的难以抑制的欢欣；秋夜走在潮湿的路面所迸发出的兴奋之感；忆起夏日的青枝绿叶和冬日萧疏萎敝的花木所产生的一切愉悦和所有的痛苦。这些都是衡量她灵魂的标尺。

在第一节，当她从星期天想到耶稣之死，她的心情变得阴郁、灰暗起来，她在院中，感到死亡的阴影在向她逼近，水光潋滟的池塘中那一片平静的光亮变得阴暗起来。女人觉得，她的灵魂中已注入了神性，这时，就连早晨一开始让她颇觉甜美的橘子和颇感激动高兴的凤头鹦鹉也似乎注入了神性，加入了死者的队伍。难道神性就意味着死亡的阴影？难道自然的施舍，橘子和凤头鹦鹉就应该馈赠给死者？它们可是大地奉献给人类的至高无上的礼品，为什么要奉献给死者？难道在它们身上不存在神性吗？地球上有很多美好的东西，除水果、羽翼外，还有五彩缤纷的鲜花、密密的森林、宽广浩瀚的江湖大海、一望无际的美丽田野，难道在这些美好的东西身上没有像天堂的思想即神性那么值得珍视、具有重要价值的东西存在吗？在自然界中，细雨霏霏，大雪飘飞，这些景物之中存有神性，因它们能触发人的情思理想，引起对世事人情的无限遐思；一个人在孤独寂寞之时，或看到林花展露其美丽笑颜之时，都会觉得神性降临人间，进入人的灵魂深处，孤寂时，人会觉得世界异常的冰冷、心如枯水，一种低沉、哀戚、落寞的情绪进入了人的骨髓，这其实就是神性，林华烂漫、绚丽绽放，人顿觉花笑、山笑、林笑，人也会情不自禁地春风满面，这其实就是神性的作用，是神性进入人的心灵深处所产生的奇异效果。秋夜，凉风习习，露水或细雨打湿了路面，这时走在路上感觉空气格外凉爽，天空格外的蔚蓝无比，人会觉得自己是这个世界上最幸福的人，这种感觉就是神性。想起夏日花木的扶疏和冬日万木的萧疏，人所体验到的是两种截然不同的情感：夏天给予人们的是快乐、愉悦，而冬日给予人们的是哀痛、寂寞，但它们都是神性。

神性不一定就都是暗黑、阴郁、悲痛的替代品，在自然界、人类生活的一切美好、华丽、舒怡当中也存在着神性。

第三节，位居天云中的朱庇特绝非凡人所生，没有母亲哺育过他，也没有一片甜美芬芳的土地赋予他神奇的心灵以驰骋想象、挥洒欲望的力量。他在我们中间活动着，就像一位轻声低语的帝王一样。他有时又庄严堂皇地在他的雌马鹿中间走来走去，直到我们原本十分贞洁的血液同天堂相混合，从而满足了朱庇特的欲望。星星中的雌马鹿看到了这一点。我们的血液会就此变得不再纯洁吗？它会渐渐变为天堂的血液，而不再属于我们自身的血液吗？大地会变成我们所知道的整个天堂吗？如果那样的话，那么，天堂会比现在的天空变得更友好。天空中会有人类劳动的一部分，也会有人类痛苦的一部分。在荣耀方面，天空会仅次于持久永恒的爱，它不会是现在这样与其他事物截然不同而又冷漠平淡的一片蓝。

朱庇特在罗马神话中是统领神域和人世的众神之王，他被称为天空神和光明、法律神。他相当于希腊神话中的宙斯。他同宙斯、北欧的奥丁一样都起源于古印欧神话体系中的天父，皆为天父特尤斯的分支衍生神。在罗马晚期诗歌中所出现的朱庇特是萨图恩和俄普斯的儿子，统管着整个天庭。萨图恩为时间的创力及破坏力的结合体，其妻是女神俄普斯。俄普斯与萨图恩所生的子女，一来到世上，就会被萨图恩吃掉，待朱庇特生下时，俄普斯用一块布将石头裹住，并告诉萨图恩，这就是她所生之子，萨图恩遂一口将石头连布一起吞下。这样朱庇特得以保住了生命，为了不让他被萨图恩发现，他被送到宁芙女神处抚养。

从朱庇特的身世，我们知道，他确非凡胎所生，在他出生时，因父亲嗜血如命，残忍无情，而未能得到母亲的抚爱哺育。父亲冷酷邪恶，母亲又不在身边，这使朱庇特的童年毫无幸福甜蜜可言。他神奇的思想没有展翅高飞的羽翼。但他通过自己的努力、奋斗，在逆境中顽强地成长，最终还是成了罗马的主神。他不仅统领着天空，而且还领导着凡间。他在天和地之间运行，在天为王，在地为帝，他不断地在发挥着他的影响，释放着他那超绝人寰、不可一世的神力，最后，他的努力没有白费，他的奋斗也终于迎来了硕果，我们人类的血液发生了变化，我们纯净的血液中终于融进了天神的成分，人血和神血混合了起来，朱庇特统御着天堂和凡世，而天堂的血和凡世的血混合了起来，朱庇特的愿望终于实现了。星星上的雌马鹿作为见证者，看清了这一切。

那么，我们人类的血会不会就此失去效用，人类所生存的家园——地球会不会逐渐成为大家所熟知的天堂呢？如果这成为现实，那么那时的天空将比现在友善得多。诗人在此肯定了人类血液的作用和价值。天空因注入了人类的力量和生命而变得比以前更为友好、善良。因有人的因素加入，天上会有一份人类的劳动，也会有人所常历的痛苦，神性中掺入了人性，天空变得比以往更加可爱。虽然在光荣感方面尚次于永恒的爱，但它再不是从前那样寡情少爱、冷若冰霜了，再不像以前那样，以自己的一片纯蓝与白云、星星、银河、闪电、黑云等绝对地分隔开来了。天空不再是孤立的了，它与大地、大地上的人类相交融在一起。人性改变了神性。

第四节。女人说："当苏醒的鸟儿在振翅飞翔之前，通过甜蜜的询问，想搞清楚雾气弥漫的田野是否真正存在时，我感到很满意。但是当鸟儿飞走时，那温暖如春的田野已一去不复返，那么，这时，天堂何在呢？到哪儿去寻觅天堂呢？再没有什么预言经常光顾的场所，也没有死后进天堂这样古老而美好的幻想，没有了金色的地府，也没有了日日珠歌翠舞的小岛，在这个小岛上，神仙们经常在家园聚会，没有了引人想象、惹人遐思的南方，也没有了遥远的仙山上郁郁葱葱的棕榈树，这些树已经历了自然界风霜雨雪的侵袭，就像四月的青枝绿叶经历了自然气候的变化而逐渐枯萎萧条一样，这些树，它们还会经历一些苦难、挫折，就像女人忆起了苏醒的鸟儿，但鸟儿却远离了田野，留下了孤寂清廖的野田一样，就像她渴望着六月和夜晚的来临，因那时，随着燕子羽翼的丰满成熟，她心中有无穷的欲望要倾泻下来，但可惜，六月和夜晚此时却不能如愿降临。

在第三节，诗人强调了人的作用，在第四节，诗人一开始承读了第三节所阐发的题旨。在烟雾迷蒙的田野里，鸟儿们栖息于此，它们清晨从睡梦中醒来，意欲飞向别处。但在起飞之时，它们想弄清楚自己是否真的在此度过了一个美好的夜晚，于是它们不住地嘤嘤叫，用清脆甜美的声音询问，鸟儿欢快的歌唱回荡在宽广的野外。当它们真的飞走之时，大地的温馨和舒适已不复存在，也就是说，天堂已经消失于人们的视野之中。诗人这里是隐喻人类所生活的地球，若没有人居住，没有人在此活动、劳作和生活，那么地球将成为一个冷清、荒凉的地方，它将不再是适合人们居住、生活的人间天堂。就像鸟儿飞离田野，田野因之而变得冰冷、荒芜一样，人类离开了地球，地球也会变成一个朔风凛冽、冷气逼人、满目疮痍的处所。

鸟儿离开那片田野后，再没有预言家对那里做出过什么预言，也没有人用那古老的死后会进天堂这样的话语来勉励自己和他人要勤奋努力，争取成为上帝特选的子民。鸟儿在那里的时候，田野温暖怡人，歌声四起，那是一片热气腾腾，洋溢着勃勃生机的土地，预言家会预言道，这里不久将成为像天堂一样美丽芬芳的地方。教士们也会勉励那里的人们要勤勉、节俭、诚实，这样在死后会进天堂。但在鸟儿飞走之后，这一切都已成为虚无。

没有了人类，也就没有了金色的地府，没有了神仙经常聚会、荡漾着悦耳歌声的小岛，没有了那浪漫的、能给人以无限想象的温暖的南方，也没有了遥远仙山上那碧绿的棕榈林，一句话，没有了人类，也就没有了地球上一切美好的东西。在该节的最后几行，诗人认为，人类会经受苦难，就像四月的葱郁要经受自然风雨的侵袭而变得枯萎一样，那密密的、蕤蕤的棕榈林也会变得萧条、疏落；就像女人忆起苏醒的鸟儿，但却只能看到荒芜寥落的田野，忆起六月燕子羽翼丰满，飞入寻常百姓家，衔泥筑巢，夜晚人们仍能看到栖息于巢中的燕子，女人那时的心情兴奋异常，但对六月和夜晚的渴望在那时却不能及时地如愿以偿。

在这一节，诗人还隐约地透露了自己的生态文明观：大自然中的万事万物，包括花鸟虫鱼、山川田野、动物林海等都和谐共生于一个平衡的、稳定的生态系统中，其中若突然地缺少了一类，如鸟儿飞逝、森林毁坏、河流滞塞、田野淹没，势必影响到其他类的生存和发展，也势必影响到人类的生存和发展。

第五节。她说："但是在满足中，我仍然感受到某种不朽赐福的需要。"她为自己能欣赏地球上一切美好的事物，尤其是自然界中飞鸣的鸟儿、温暖的大地、充满浪漫想象的南方、荡漾着悦耳动听音乐的小岛、长满绿色棕榈树的仙山等感到满意，尽管人生如自然界中的万事万物一样要经受风暴雨雪，要承受打击和挫折，但她作为地球上的一员毕竟能欣赏到阳光灿烂的一面，欣赏到许许多多让她永志不忘、激情涌动的美好事物。但就是在这样心满意足的状态中，她依然感到需要某种不朽的赐福。而这样的赐福是死。她认为，死是美之母。从这里，我们可以看出，女人对生活感到满足仅是她对生活所持的某一方面的态度和感受，她内心深处为之而哀痛、忧戚的是人生道路上的挫折，是自然环境的被破坏，是社会秩序的失范。这样的哀痛、忧戚纠结于女人的内心，给她带来的折磨是巨大的。要摆脱这些折磨，只有死亡。死亡会给她以不朽的赐福。随着死亡的到来，梦想和欲望都将归于终结。人都有自己的美梦和欲求，梦和欲固然都是美的，但它们也会给人类带来巨大的压力，因为要实现梦想，满足欲望，一个人得付出艰辛的努力。死亡的到来会宣告所有这一切的结束。

虽然死亡在人们走过的道路上会撒下落叶，覆盖、涂抹了人们的足迹，但有些东西是无法覆盖、涂抹的，如人们所经历的极度的悲伤，所高唱的胜利歌声，或喃喃低语出的温柔的爱的话语，这些在人的一生中是无法抹灭的，即使生命终结，它们却依然存在。因为它们充沛着激情、爱恋，洋溢着真挚热烈的情愫，它们是不会随着肉体生命的消亡而消亡的，它们就如同人的灵魂一样，如同人的精神、节操一样，是不会死去的。

死亡能让太阳下的柳树战栗，能让习惯于坐着凝视草地的女士站起来。死亡是具有一定的威慑作用的，无论是对自然界还是对人类，它都能具有恐吓、震撼的作用。但是当她让男孩子们将新鲜的青梅和梨子放在久置不用的盘子中时，女士们尝了尝，激情满怀地踏叶而去。可见，死亡的力量仍然是有限的，它在美丽的自然面前仍然是小巫见大巫。青梅和梨子给予了女士以生命的激情，以精神的振奋，她们从自然中获取了生命的力量和快乐，这是死亡所未曾想到，也永不能做到的。

第六节。难道天堂里没有死亡的嬗变？成熟的果子难道永远不会落下，在完美的天空下，枝丫间难道就一直挂着沉甸甸的果子，而不会自动掉落，一切都不会发生变化？诗人以这样的设问告诉我们，天堂里死亡也会发生嬗变，如树上的果子，没有成熟时，被人摘下、吃掉，这是一种死亡，但若果子成熟了，它会自动地从树上落下，这对果子来说，也是一种死亡，因它已老到使树的枝丫难以承受它的重量的时候，故而落下，所谓瓜熟蒂落就是这个意思。天堂正如我们不断消亡的尘世一样，那里的河流同我们地球上的河流一样，也在寻找着大海，但它们却从未找到，同样不断退却的海岸线，河流却从未达到，这给它们带来难以言喻的痛苦。百川归大海，所有的河流、小溪、江水、湖泊，它们最后的归宿都是海洋，海洋是它们的母亲，但若它们找不到大海，整日飘泊在外，四处流浪，不久就会干涸死去，这是地球上、天堂里所有江川河湖的悲剧。那么，如何避免这样的悲剧发生呢？

诗人说，在河岸上种上梨树，在海滨植上青梅，郁郁葱葱的梨树和碧绿的青梅能阻止漫漫风沙的侵袭，能让江河湖海保持清流不绝，另外，梅子的清香能让河水、海水芬芳四溢。这些江河湖海应是我们的颜色，即白色。诗中的女人应是美国上流社会中的一员，诗的一开头通过对她的衣着打扮、家具装饰、生活习性的描写就指明了这一点：她穿着宽大的便服，看着洒满阳光的椅子上所搁置的、自己迟迟未动的咖啡和橘子，那时一只凤头鹦鹉在地毯上自由自在地跳动着，显得精力充沛。看着这一切，她显得非常愉快、惬意、满足。另外，诗作者史蒂文斯也是美国上流社会中的成员，史蒂文斯 1908 年曾在一家证券公司的纽约办事处任职，后来又到康涅狄格州哈特福特事故与赔偿公司（Hartford Accident and Indemnity Company）工作，担任经理，后于 1934 年升任副董事长。史蒂文斯和诗中的女人一样都应是白人，在 20 世纪第二个十年的美国，只有白人才能享有上流社会人士才能享有的上流身份、职位和待遇。诗中还指出，这些江河湖海应披上她们下午所穿的绸衣。这里诗人应是特指绸衣的质地，因午后，天气较为炎热，一般妇女会选用凉爽润滑的绸衣。流水应是晶莹雪亮的白色调，这是水应具有的健康、富有朝气的色调，同时它还应具有滋润、滑爽的质地，这是水成为哺育人类之母所应具有的特质。但可惜，现在的溪流湖水并不具有这样的色调和质地，它们会很快地走向死亡。让我们弹起单调乏味的琴弦吧！死亡在等着现在的河流呢。死亡是美丽母亲，死亡会孕育美，这些河流会有朝一日凄然离去，干枯而死，但死亡会给人类以教训，人们通过考察河流湖溪的死亡而能了解如何保护它们，如何使它们能永远地保持旺盛的青春活力，如种树植草、栽花育果，这些都能有效地防止河水的枯死，延长它们的生命。

死亡是美的母亲，神奇的母亲，在母亲炽热的怀抱里，尘世的母亲们在无眠地等待着。但若我们有效地保护了河流，那么这样的等待将是非常漫长的，或永无止境的。

在第七节，在一个夏日的早晨，有这样一群人，他们动作敏捷，激情澎湃，在秘密祭神的仪式上，他们歌唱对太阳热烈坚贞、如热血沸腾般的忠诚。他们不把太阳当作神，而是当作可能成为神的某种替代物。太阳在他们中间是像原始人那样赤身裸体的，即太阳将它那热烈而灿烂的光辉慷慨地洒在他们的身上，他们沐浴在太阳祥和璀璨的光芒中，他们从心底流露出对天堂的赞美，对天堂的颂歌响彻寰宇，又返回到苍穹。在他们一声声的颂歌中，有主所喜爱的风中湖泊，有像天使般的树木，还有回荡着歌声的青山。他们的合唱久久地萦绕在天地间，没有消散。他们非常熟悉注定要死的人类间神圣的友谊，也十分了解夏日早晨人与人之间神圣的情谊。他们从哪里来，又将向何处去，他们脚上的露水将清楚地告诉人们。

人们在一个夏日的早晨，祭奠太阳，因太阳哺育天下万物生长，太阳给人类和大地以温暖、光明和欢乐，太阳也以它那无私、热烈的光芒哺育了人类。人们将太阳当作了神的替代品来赞美、歌唱。太阳是自然的象征，它是自然界中的人类、植物、动物、生物所不可或缺的东西，没有了它，这些自然物就不能很好地生长，有些植物甚至不会从田地里破土出芽。这一祭神仪式，其实不是祭奠天神，而是祭奠自然。人们把自然当作了自己心目中的神，心目中的上帝。在人们的心目中，自然已取代了上帝的地位。他们不仅颂扬太阳，而且还歌咏风中的湖泊、萋萋树木，回荡着声音的逶迤青山，他们的歌唱悠悠不绝，长久地荡漾在空中。诗人在这里以饱蘸浪漫情感的诗笔描写了对自然的美赞，诗人对自然的肯定、对自然高于上帝的题旨的阐发可谓达到淋漓尽致的地步。

诗人在该节的最后四行对上述主题的阐述作了进一步的引申。人注定会死去的，但人与人之间的友谊则是神圣的，夏日早晨人与人之间缔结的友情也是神圣的，那么，为什么这样的友谊、友情是神圣的呢？诗人说，这些人的脚上带有露水，即是说，他们来自自然，他们也将回归自然，自然是他们的栖居之所，是他们的归宿之地。他们生活在自然之中，他们有着纯净、透明如露水般的心灵，因而他们之间的友谊、友情才是神圣的。没有晨露湿润过的友谊、情谊是不会纯净的，即使它们来自天堂。

在第八节，在那片寂静无声的水域，女人听到一个声音高喊："巴勒斯坦的坟墓不是灵魂徘徊的门廊。这是耶稣的坟墓，那是他安息的处所。"这里，女人的思绪开始回到本诗第一节的情节：她迈开梦幻般的双脚越过海洋来到静谧的巴勒斯坦，那是充溢着血腥味和耶稣坟墓所在的处所。这里，诗人再次地表达他对耶稣的尊敬。然后诗中的女人又回归到自身所处的境地：我们生活在太古鸿蒙、天下一片混沌之时，我们依旧遵循着白昼和黑夜的单调的循环。这里隐喻我们的社会秩序一直混乱失常，人人遵循着一种机械化的生活方式。社会一天天没有什么变化，整体的社会风貌消沉而毫无生气，很多人沉湎于一种懒散、颓废、无聊的生活状态之中。我们似生活在一片孤岛之上，自由自在，但却得不到任何援助，因孤岛为一片海域所围困，上面的所有人都无法逃开。这里，诗人隐喻美国现代社会里的人表面上悠闲自在，但在精神上却非常的孤独。他们无法改变目前所处的现实状况，想有所作为，但没有人响应、支持，他们也想逃开，到另一片国土去开辟一个新的天地，但毫无逃避之法。

这时，女人将视线投向了那片山脉，山上的一切吸引了她的注意：野鹿在山间行走，鹌鹑在周围发出本能的呼唤、鸣叫，甜甜的草莓在荒野上已长大成熟。夜晚，在与大地隔绝的高高的空中，成群结队的鸽子自由自在地飞翔，它们在下沉时，会呈现出隐约起伏的波浪，有时又展开羽翼，向下面沉沉黑夜飞去。

女人注意山上及周围的一切，表明她对这样的生活热切的向往。这样的生活是一种自由自在的生活，她梦想着自己也能像鹌鹑那样在山间自由地走动，像鹌鹑那样恣意地鸣叫，像鸽子那样在一望无际的高空自在地飞翔，像草莓那样在野田中无拘无束地成长，女人觉得它们的生活，即生活在自然中的生活才是真正的人的生活，而她们，即人类，生活在美国现实社会中的人类所过的生活则不是人的生活。

二、主题思想讨论

该诗描绘了一个女人于星期天早晨的所见所闻、所思所想，在具体刻画她的复杂思绪的过程中，诗人时而能穿插一些评论。该诗所触及的主题思想大致有以下几个方面：

第一，该诗体现了对耶稣的尊崇和赞美。耶稣生于公元前 4 年，卒于约公元 33 年，他出生于巴勒斯坦的一个中部城市，是基督教里的核心人物。耶稣 30 岁左右即开始传道，也是在 30 岁左右时接受了洗礼。《马太福音》3 章第 16~17 节这样描述耶稣受洗的事件：耶稣受了洗，随即从水里上来。天忽然为他开了，他就看见神的灵仿佛鸽子降下，落在他身上。天上有声音说："这是我的爱子，我所喜欢的。"耶稣广传福音，他诚心诚意地劝告人们要悔改。他除了传道外，还行神迹，如帮病危的大臣儿子治好疾病，显示出基督是人们的健康，让瘫痪 38 年的残障者站起来行走，显示其妙手回春的伟大能力；以五饼二鱼让 5000 人吃饱，显示基督是众人的食粮；使盲人看见光明，显示基督是世界的光辉，是人类生命的灿烂阳光；让死了四天的拉撒路复活，显示基督具有超越死亡的能力，是人类永生不死的心灵所系；让其门徒打到极多的鱼（153 条），显示基督是万有之主，是人类年年富足有余的依靠和福音。耶稣还曾给世人以很多充满温馨的慈爱、关怀和闪耀着灿烂光芒的教导，如：

《约翰福音》14 章第 6 节：我就是道路、真理、生命；若不借着我，没有人能到父那里去。耶稣所说的父即为神灵，而他本人是神之子。跟着他走，就是走向通往神灵那里的坦途，就是在追寻真理，就是对生命的尊重和葆有。

《约翰福音》8 章第 12 节：我是世界的光。跟从我的，就不在黑暗里走，必要得着生命的光。跟着耶稣，一路光明，一路璀璨，没有黑夜，一生都会沐浴在永恒的生命光辉里。

《马太福音》6 章第 14–15 节：你们饶恕人的过犯，你们的天父也必饶恕你们的过犯；你们不饶恕人的过犯，你们的天父也必不饶恕你们的过犯。耶稣认为人要有宽恕之心，对他人的过错要宽容，不要斤斤计较、自私刻薄；若非如此，上帝也不会宽恕你们的过失。

《约翰福音》6 章第 35 节：我就是生命的粮，到我这里来，必定不饿；

信我的，永远不渴。耶稣能为人类创造生命的源泉、生命的依托。跟着耶稣，一生不会贫困潦倒，会有富裕丰足的生活。

《约翰福音》10 章第 11 节：我是好牧人，好牧人为羊舍命。世人都应像耶稣那样敬业爱岗，像他那样关心别人，为了别人的利益而舍弃自我的利益。耶稣最后就是为了赎清世人的罪过而被钉在十字架上，他为了全人类而牺牲了自己的生命。

从以上对耶稣的介绍和阐述中，我们知道，耶稣是一位慈祥和蔼、爱惜生灵、扶危济困、关心他人、舍己利他、勇于献身、胸怀宽广的人，除此，他还智力超群、能力非凡。这样的人，史蒂文斯通过诗中的女主人公对他表示了自己的敬重。诗中有两次提到了耶稣，一是在本诗的第一节，诗中的她由星期天联想到了耶稣的遇难，这是她心目中的英雄为了赎世人的罪而惨遭罗马政府的迫害，她想到此，心情不禁阴郁、黑暗起来，连一开始让她心情愉悦的橘子和凤头鹦鹉也加入了死者的队伍，她似也在沉寂悲哀的状态中，张开梦幻般的羽翼，飞到耶稣遇难的场所，巴勒斯坦，那里曾洒下过英雄悲壮的鲜血，埋有英雄不朽的身躯。她的思绪飞临到那儿，主要是为了对这位伟大英雄表示诚挚的追悼。在该诗的末尾，诗人再次提到了耶稣，女人在宁静的海面听到了一种声音，这声音其实是告诫人们要爱惜、保护、珍视耶稣的墓地，这不是凡人埋葬的处所，不是普通灵魂徘徊逗留之地，它是英雄安息之所，不能惊动墓中英雄的睡眠和安宁。这告诫再次地说明了诗人对耶稣的敬爱和宝重。

史蒂文斯通过诗中的女人对耶稣表达的赞赏、崇敬和追悼反映了他对 20 世纪第二个十年美国社会情势的鄙视以及他想改革当时社会现实的愿望。一战结束后，到 20 世纪第二个十年，美国的经济虽然获致了很大的发展，但一战将美国人传统的道德价值观粉碎了，新的价值观又没有形成，这时人们经历着心灵的失望和幻灭，情感的沮丧和悲戚。物质生活的改善和提高却并不能让人们感到人生的幸福和甜蜜，富人们寻欢作乐、灯红酒绿，年轻人追捧爵士乐，去地下酒吧喝酒、抽烟、跳爵士舞，人们不知道人生的目的是什么，不知道美国的未来将是一幅什么样的图景。整个社会呈现出对物质主义、拜金主义疯狂的追逐，势利风气十分严重。在这样的社会背景下，史蒂文斯对基督教的领袖耶稣投去尊重的目光，就是十分自然的事了。耶稣对信仰、理性的坚持，对自己所从事的宗教事业的献身精神正是史蒂文斯所期盼的一种时代精神、时代力量。他需要这种精神和力量来改革他所面临的美国 20 世纪第二个十年的社会现实。他需要像耶稣这样品行高洁、乐于助人、热心公众事业的改革家出现，只有这样的人才能让美国的社会秩序规整起来，才能让美国人有一个正确、伟大的人生目标去追求，才能让美国人在信仰、理想的光辉照耀下去奋斗、去前进。

第二，人与自然息息相通。大千世界，万象欣荣，百花绽放，绿草繁庑，长林茂豫，这些自然景观中蕴含着神性，因为它们能使人心旷神怡、浮想联翩。而花草凋零，万木萧疏，朔风骤雨，这些自然景观中也潜藏着神性，因为它们能使人低沉冷寂、忧思连连、不寒而栗。从诗中，我们可以推断，史蒂文斯所说的神性即指人对自然界的大千气象、万事万物、不同时令下自然风景的变更所产生的各种情感反应，这些反应是由景而生，依物而发，大都是人们发自肺腑，油然而生的。自然界好像人类一样，能洞悉人们的各种情绪反应，山花烂漫，群岩竞秀，这时观山则情满于山；波涛澎湃，雪花飞溅，这时观海则意溢于海。自然与人类同呼吸共命运。

自然与人类既然处于同等的地位，那么人类就应很好地保护自然、热爱自然。若不对自然加以应有的尊重和保护，那天堂和人间的河流都会干枯而死。没有了河流，也就没有了养育天下万物及生灵的母亲，那人类赖以生存的地球在不久的将来会面临枯竭死亡，人类也将永远地弃世而去。只有好好地加以保护，如种植树木，培育花果，人类才能保持河流旺盛的青春活力，我们也才能经常看到飞流直下三千尺，大江浩浩奔东去的壮观奇景。我们现在的人类没能很好地做到这一点，那么，我们的生命之源——河流终有一日会死去。死是美之母。死能给人类以教训，人类能从死亡之中吸取无穷无尽的智慧，这些智慧如灿烂的朝阳能照亮人们前进的道路，人们从这些智慧中能学会如何有效地延长生命，避免死亡频繁、过早的发生。就河流而言，人们能对河流枯死的缘由进行调研、考察，总结出闪烁着璀璨光辉的创新思想，来科学、合理、有效地保护河流，延长其大河汤汤的蓬勃活力。

人类不但要保护好自然，还应尊重、景仰自然，对自然要投去一片热诚的心。诗人在诗中以自然取代神在人们心目中的地位，人们在祭神仪式上颂扬自然，赞美太阳。自然能使人类心灵纯净、品行高尚，能让人与人之间的关系变得神圣。

第三，诗鞭挞了现代美国人的精神状态，并提出了走出心灵围城的途径。诗以人们生活在一座被海水围困、秩序混乱的孤岛来隐喻现代美国人所生存的孤独冰冷的社会，那里人们精神寂寞、心灵空虚、社会秩序失范，很多人表面上显得自由自在，但实际上非常痛苦，得不到别人的同情、帮助。人与人之间的关系非常冷漠、薄情寡义。人们想逃脱这样的生存环境，但又找不到出路。诗人为这些人提出了走出心灵困境的良方佳法，那就是走近自然的怀抱，过雄鹿、鹌鹑、草莓和鸽子那样真正自由的生活，它们在连绵的群山、无边的旷野、广阔的高空自在地生长、发展、成熟、活动，过着一种沐浴自然界风霜雨露的生活，那样的生活才是真正的人的生活，也是现代美国人所要追求的真正有意义的生活，这样的生活能彻底消除他们心灵中的孤寂。在这样理想的生存环境中，现代人整日侣鱼虾、友麋鹿，自然界的阳光雨露不仅滋润着他们的身体，而且还滋润着他们那干枯的心灵，他们会从骀荡怡人的清风、润滑如酥的小雨、清凉晶莹的琼露中获得生命的养分、心灵的充实、精神的健康，也会获得改革社会的力量。

第四，诗人在诗中强调了人的作用。基督教中对神、上帝的作用无限地扩大化，凡是信教的人都对上帝抱有坚定的、永世不可移改的、非此绝无其他的崇高信仰。上帝是万能的，人类生活中的一切都听凭上帝的主宰、决定。但诗人在诗中却一改基督教中对上帝独一无二的信念，他强调、充分肯定人的作用。人类改变了天空，起到了改天换地的作用。人的作用大于神的作用，仅靠神的作用，天空依旧是一片与白云、银河、星星、黄土地相区分，冷漠淡然的蔚蓝色，只有人性注入了神性，天空才会变得比现在和以往更加的友善，它也才会比以往和现在更加的辉煌、伟大。

第五，强调了人与环境、人与社会的和谐共生性。史蒂文斯通过苏醒的鸟儿飞离田野，田野便失去了温暖来进一步说明人的作用，没有了人，地球将没有了乐趣，没有了温暖，它将成为一个冷冰冰的地方。没有了人类，也就没有了地球上的一切美好。人类和地球上的其他成分一样共处一个完整的、和谐的生态系统中。生态系统是指在一定的地域环境之内，生物同环境所构成的统一的整体。生态系统包括生物成分及非生物成分。生物成分包括生产者、消费者和分解者。其中的生产者主要指一些绿色植物，也包括蓝绿藻和一些光合细菌。像诗中提到的田野，田野中所生长的绿色植物，如树、草、青麦、绿豆苗等都属于生产者。还有诗中所提到的棕榈树，四月的青枝绿叶等都属于生产者。其中的消费者属于异养生物，主要是指那些以其他生物为食的各种动物，包括植食动物、肉食动物、杂粮动物和寄生动物等等。像诗中所提到的鸟儿、燕子都属消费者。另外，人类也属于消费者。其中的分解者也属于异养生物，主要是指细菌和真菌，同时还包括某些原生动物和蚯蚓、白蚁以及秃鹫等大型腐食性动物。这些不同的成分通过物质循环和能量流动与环境相互作用、相互影响、相互制约、相互依存而构成一个在一定时期内相对稳定的生态系统。若缺少了其中的一种成分，其他成分的生存和发展就会受到威胁。如鸟儿离开了地球，人类不存在了，那么生态系统的平衡和稳定就要被打破，地球上就会出现各种各样难以预测的灾难和祸害。

我国的传统文化典籍《礼记·中庸》中说："万物并育而不相害，道并行而不相悖。"《西南联大纪念碑》碑文中有这么一句话："五色交辉，相得益彰；八音合奏，终和且平。"费孝通先生在《人的研究在中国——个人的经历》的主题演讲中说："美人之美，美美与共。"这些闪耀着伟大智慧的论述应该都是从生态系统中各种成分与环境之间相互作用、相互依存这一原理而得出的重要结论。万物和人类，他们共存并在于自然界和人类社会中，他们各美其美，美人之美，而又美美与共。若失去了其中的一个成分，那么物相害，道相悖；五色不全，音调嘶哑难听。失去了其中的一个成分，也就是失去了一美，那么其他的美也会因之而失去其娇艳的容颜，动人的魅力。茂郁的森林，绿色的田野应有鸟儿飞翔、啁啾，这样才能合奏出一曲美妙悦耳的自然交响曲。有了鸟儿，田野会更绿，森林会更加葱郁。同时，它们也离不开人类，没有人类的保护、栽培、种植，森林、田野的生命都会缩短。

人和自然的和谐共生性提示人们要爱护好我们人类唯一的、共同的家园——地球。同时，我们应该充分发挥人的作用，人既是自然界也是人类社会中重要的组成成分。有了人类，自然界才会变得更加的美丽、更加的健康和长久；有了人类，社会才能在和谐有序的状态中运行和发展。

第六，人的精神力量和自然的力量超越了死亡的力量。死亡能解脱人类的痛苦。人生中的一切挫折、痛苦、灾难，在死亡面前都会化为乌有，人所有的欲望、梦想，因它们能给人带来无穷无尽的压力，也会在死亡面前宣告终结。从这个意义上来说，死亡是美丽之母。但死亡的力量在人高尚的精神、天长地久的爱情、伟大的灵魂面前则是不值一提的，但死亡的力量在自然的力量面前也是渺小无能的。

史蒂文斯歌颂了人的精神力量之伟大，歌颂了爱情的温柔芬芳和永恒持久，认为它们可以超越死亡。死亡是美丽之母，但它是在解脱人类的苦难、去除人的心理压力方面能显示其美丽的一面，死亡终就是可怕的，它的力量具有威慑恐惧性，但它在人的精神、爱情面前则显示了其渺小的一面。精神、爱情如人的灵魂一样是不朽的、永存的。肉体可以伴随死亡而去，但灵魂却不会，灵魂会永久地长留于天地间，激励着活着的人们。死亡的力量在自然的面前会无法彰显自己的作用，相反它所利用、接触的自然会给人类以巨大的生机和活力，会让人类焕发旺盛的青春朝气。

诗人礼赞了人的精神和爱情的力量。在 20 世纪第二个十年很多美国人热衷于追逐物质利益的时候，史蒂文斯在诗中却唱响了人类精神之歌，弹奏起爱的温柔永久之曲，这不能不说是诗人对美国现代社会流行的浮华奢靡、重物质轻精神时尚的一个巨大的反拨。

诗人礼赞了自然的力量。当 20 世纪第二个十年的很多美国人热衷于城市疯狂的爵士乐，追逐商业利润，为了金钱而不惜投机取巧的时候，史蒂文斯却在诗中以高亢激越的歌声唱响自然之歌，赞美自然的纯洁、美丽、伟大，这也是诗人对他所处的 20 世纪第二个十年社会现实的一个重大的反拨。诗人认为，人应到自然中去获取精神力量，去找回伟大的灵魂。这样的精神力量和灵魂能有助于人类战胜人生道路上的艰辛坎坷，战胜死亡。

三、艺术特征分析

该诗语言清新流畅，含义蕴藉深刻。诗人托物喻义，通过一些自然景物的细致描写来寄托自己的情思，传达诗歌的主题意义。如在第四部分，诗人通过鸟儿飞离田野，不再返回，而此时田野失去了温暖，来说明自然界和人类社会若没有了人，那么生态系统和社会世界将失去平衡、稳定和和谐，进而说明规整的社会秩序和美美与共的生态环境及社会环境的重要性。在第八部分，诗人通过人类生活在一片四面环水的孤岛上，表面上显得自由闲适，但实际上得不到帮助，来说明美国人生活在孤冷凄清的现代社会，心灵孤苦寂寞，得不到所需要的人与人之间的温暖、关怀。人们走不出心灵的围城，不能像鹌鹑那样尽情歌唱，不能像鸽子那样自由翱翔。

　　诗中还巧妙地运用了象征。如在第五部分，诗人让死亡吩咐男童将青梅和梨子放在久置不用的盘子里，少女吃了以后，激情昂扬地踏叶而去，诗人以这样的情节来说明自然力量的强大。青梅和梨子象征美好清丽、充满朝气的自然，自然给予少女以生命的激情和力量。在第七部分，诗人让一群人在祭神仪式上，歌颂对太阳的忠贞和热爱，以此来象征自然已取代神在人们心目中的地位。诗人又以人们来去所经过的草地在人们的双脚上所留下的露水来象征自然的纯净和美丽，而这一纯净和美丽的自然又会使人与人之间的关系变得神圣。在第六部分，诗人以人们在河岸上种植芳香四溢的青梅和梨树来象征对河流的保护，对自然环境的珍爱、保护，进而说明人们能从河流的枯死得到深重的教训，并萌发保护生态环境的意识。在第五部分，诗人以人生的道路上有过极度的悲伤，曾洒下过哀戚的泪水，也曾奏响过很多次凯旋的颂歌，还曾吐露过温柔和暖的爱的低语来象征情感的力量、灵魂的力量，这一力量是可以超越死亡的力量的。在第四部分，诗人以燕子羽翼成熟丰满时，于六月的白天和夜晚飞入寻常百姓家，衔泥筑巢来象征自然的美好，生活的幸福和美好，诗人对此怀有强烈的欲望和浪漫的憧憬。在第三部分，诗人以我们的血液混合了天堂的血，神血掺进了人血，来象征人性注入了神性，神因此而变得更加伟大，天堂比以往和现在显得更加的可爱。这里，诗人表面上是赞美神性、天堂，但实际上是弘扬人的作用。诗在开头和结尾提到的耶稣是一个品行高尚、思想纯净、信仰坚定，敢于救苦救难，为广大的人民谋福利的社会改革家的象征。在 20 世纪第二个十年的美国社会里，很多人自私自利，贪婪成性，他们人生无信仰，整日浑浑噩噩，把大部分时间消耗在地下酒吧、爵士乐会上，整个社会的风气显得放荡、松散、任性和浮躁，史蒂文斯在这样的社会情势下希望能有他所欣赏的像耶稣这样的领袖人物出现，来引领世人走出泥潭，规整整个的社会秩序。因此，耶稣虽是个宗教领袖，但在诗中这个人物形象具有极强的现实意义，他在很大程度上反映了史蒂文斯对社会改革家的期盼。在第八部分，诗人以山间行走的雄鹿、恣意高歌的鹌鹑、山野绽放的甘甜怡人的草莓和天空纵情飞翔的白鸽来象征真正的人的生活。这样的生活与现代美国人孤闭于荒岛上的凄清、冷寂的生活恰成强烈的反差。

诗中还使用了一些修辞手法。如在第三部分的 "Not this dividing and indifferent blue" 中，诗人用了转喻（metonymy）技巧。诗人以天空的典型特征"蓝色"（blue）来代指天空，这既区别了白云、星星和银河的颜色，又因蓝色给人的感觉冰冷，凉气逼人，而喻指天空因没有人性的注入而缺少爱的温暖和关怀。在第五部分的 "Death is the mother of beauty" 中，诗人将死亡比喻成人，死能解脱人间的苦难，死能帮助人们消除心理压力，而当苦难解除，压力烟消云散，人们会进入幸福快乐的境界，在这个意义上，死孕育了美。在第六部分的 "Death is the mother of beauty" 中，诗人再次使用了拟人技巧。河流因风沙漫漫，气候的炎热干燥而逐渐干枯而死，人类从河流的死亡中会吸取深刻的、带血含泪的教训，他们会在河岸上种花植树，让萋萋绿树碧草来营造出一片天然的防护林，使河流永远呈现出一派大河奔涌的壮观奇景。在这个意义上，死亡也是美之母。

诗中还使用了隐性的暗喻修辞格，如在第六部分的 "Alas, that they should wear our colors there, The silken weavings of our afternoons"，诗人以我们的颜色（美国白人的肤色），即白色来隐喻河流的颜色，这里便用了隐性的暗喻修辞格。诗人没有使用通常的"某物是另一物"这样显形的暗喻修辞格，而将暗喻隐含于诗句当中。午后，人们穿的绸衣一般都具有凉爽清新的感觉，诗人以午后的绸衣让人联想到它的质地，再以其质地暗喻河流所具有的润如酥、滋如乳的质地。

诗人除了在这里采用联想艺术手法外，还在诗的其他地方也采用了自由联想。如在诗的第一节，诗中突然提到耶稣遇难这件事，那么这样的事件是如何出现在女人的心中的呢？原来诗的前几句所描绘的穿宽大便服，看到洒满阳光的椅子上的咖啡和橘子及看到地毯上的凤头鹦鹉等情景是在星期天上午发生的——该诗的标题即为"星期天上午"。女人由星期天——新约所载的耶稣复活的"七日的第一日"想到了耶稣的遇难。然后，女人又由耶稣的遇难想到了死亡的阴影开始向她逼近，她因此而感到阴郁低沉。接着，女人又想到了橘子和凤头鹦鹉，那原先洒满阳光的橘子及在地毯上潇洒自在地跳来跑去的凤头鹦鹉也开始加入了死者的行列，这时，女人的意识又开始流动到她本人的身上，她自己也开始在梦幻的状态下与那些死者一起，越过一望无际的海洋来到巴勒斯坦，那浸透过耶稣的鲜血和埋葬过耶稣尸骨的地方。

诗的第一节采用了自由联想手法促成了女人的意识流动。意识的每一次流动都是在自由联想的作用下实现的。在第二部分的"The bough of summer and the winter branch"中，诗人采用的仍然是自由联想手法。诗人通过夏日的树枝让人联想到炎炎夏日，枝繁叶茂，绿荫片片，人们内心不由产生无限欣喜愉快的感觉；又通过冬天的树枝让人联想到寒冷的冬日，花木凋零，万树萧疏，人们内心不禁产生无限哀怨、沉痛的感觉。

诗人采用的托物喻义、象征、自由联想及一些修辞手法增强了诗歌语言的表现力，使诗的语言华美、生动，又含蕴丰富深刻。

诗歌的意境富于层次感、起伏感。有时就是在同一节中，我们也会发现诗的意境有着明显的变化。如在第一节，一开始的意境是欢快、闲适和明朗的，但随着女人想到了耶稣遇难，意境很快转为阴沉、凄悲（女人感到耶稣遇难的阴影开始侵占了她的心灵），接着意境又由阴沉、凄悲转为神思恍惚、迷离混沌、悲痛哀悼（女人在梦幻中同死者们一道越洋过水，奔赴巴勒斯坦，追悼耶稣）。在短短的十五句诗节中，我们看到诗的意境发生了三次转变。在第五部分，女人一开始想到了死，死亡宣告一切梦想和欲望的终结，死亡如落叶一样会覆盖路径上的一切。这里的意境无疑是令人凄恻悲凉的，虽然诗人并没有使用一些描写人低沉悲痛的词语来表现这样的意境，但提到死及涂抹足迹的落叶无疑会让人深刻痛切地感受到那样的意境，但很快诗人通过肯定、赞美人的情感力量、胜利时的喜悦、灵魂的伟大而使意境出现阳光的色彩，但接着诗人又由意境的明丽、鲜亮转为意境的恐怖、阴森，因为诗人又一次提到了死亡的威力，死亡能使柳树颤抖，能使惯常坐着凝视草地的少女站起来，但随即，诗的意境又由恐怖、阴森再一次地发生变化。死神让男童将新鲜的草莓和梨子放在了久置不用的盘子中，少女品尝过后高兴地离开了。这里，诗的意境再一次变得明朗阳光起来，草莓和梨子给了少女以生命的激情和力量，少女品尝过后心境开朗，情绪激动，她们满怀生命的感动、蓬勃的朝气兴奋地踏叶而去。

在这短短的十五行的诗节中，诗的意境犹如大海的波浪一样此起彼伏，一会儿灰暗、阴沉，一会儿又明朗、阳光；一会儿恐怖、阴郁，一会儿又一次的地明朗、活泼起来。

在第七部分，诗的意境在前十一行中显得喧闹、欢乐、畅快，因为在这一部分，一群人在一个夏日的早晨举行祭神仪式，这仪式类似于狂欢节，人们在这个仪式上对他们心目中的神—太阳表示出热烈的忠诚和极大的感恩，她们的激情像汹涌的潮水一样，一浪高过一浪，她们载歌载舞，由衷地唱出对自然的赞美。但在该部分的最后四句，诗的意境趋于平静、理性。诗人对参加祭神仪式的人之间的人际关系进行了评说，诗人认为，他们之间的关系是神圣的，因为他们热爱自然，来自自然，最后会再回归自然。诗的意境由狂欢转为平静，由感性转为理性，这意境如音乐的节奏一样，抑扬顿挫，十分地具有艺术感染力。

在第八部分，诗的意境出现了三次转变。该部分可分为三个小部分，从第一行至第四行，女人的意识又回到了巴勒斯坦，在海面上，她听到了别人的喊叫声，这一叫声具有规劝性的色彩，因此意境较为严肃、冷静。从第五行至第八行，诗的意境转为哀伤、低沉和无奈，因为这里诗人写到了人们生活在远古时代的孤岛上，无法走出这一四面环水的封闭的空间，得不到别人的帮助，没有真正的心灵的自由。在最后七行，诗的意境转为愉快、甜美、潇洒、浪漫和奔放。诗中人看到了自然界的野鹿、鹌鹑、草莓和鸽子，心情从封闭于孤城中的低沉、哀伤迅疾转变为轻松愉快、昂扬兴奋起来。诗的意境由灰暗的色彩迅速变得明亮、艳丽。

在这一部分，诗的意境所出现的三次转折能十分有效地阐述整首诗一些重要的主题思想。

像史蒂文斯其他的诗一样，该诗没有统一的韵式，但每一节的诗行末尾也用了一些韵，韵用得比较随意，绝大部分都属不完全韵。在第一节，第一行的 late 和第四行的 dissipate 押近似韵，第十一行的 sound 和第十二行的 sound 押全同韵；在第二节，第一行的 dead 和第十行的 unsubdued 押近似韵，第二行的 come 和第四行的 sun 押近似韵，第九行的 snow 和第十四行的 soul 押近似韵；在第三节，第二行的 gave 和第十四行的 love 押近似韵（只有辅音相同，即 consonance），第一行的 birth 和第十行的 earth 押韵，这是完全韵，第十一行的 know 和第十二行的 now 押近似韵，第七行的 desire 和第八行的 star 押近似韵；在第四节，第一行的 birds 和第十三行的 birds 押全同韵，第二行的 reality 和第六行的 prophecy 押近似韵，第三行的 questionings 和第十五行的 wings 押近似韵，第九行的 home 和第十行的 palm 押近似韵；在第五节，第二行的 bliss 和第九行的 tenderness 押近似韵，第五行的 leaves 和第十五行的 leaves 押全同韵，第六行的 paths 和第七行的 paths 押全同韵，第十二行的 feet 和第十四行的 taste 押近似韵，第四行的 dreams 和第十三行的 pears 押近似韵；在第六节，第一行的 paradise 和第十四行的 devise 押近似韵，第二行的 boughs、第五行的 seas、第六行的 shores 和第八行的 river-banks 押近似韵，第十一行的 afternoons 和第十二行的 lutes 押近似韵，第三行的 shy 和第十五行的 sleeplessly 押近似韵；在第七节，第一行的 men 和第三行的 sun 押近似韵，第二行的 morn 和第十三行的 morn 押全同韵，第四行的 be 和第七行的 sky 押近似韵，第五行的 source 和第八行的 voice 押近似韵；在第八节，第四行的 lay 和第十二行的 sky 押近似韵，第八行的 inescapable 和第九行的 quail 押近似韵，第十行的 cries 和第十一行的 wilderness 押近似韵。

在这些韵中，押完全韵的极少，在绝大多数的不完全韵中，有不少属辅音韵（consonance）。辅音韵在现当代的英语诗歌中为诗人们所广泛使用，史蒂文斯的这首诗中也用得较多，这是一种对韵脚要求非常宽松的韵，是现当代诗人对传统格律诗韵脚要求过于严谨规整所做出的一项大胆的改革创新。

诗中还运用了不少的头韵和行内韵，请看：

1. 头韵，如在第一节中，第一行的 Complacencies、第二行的 Coffee、第三行的 cockatoo、第七行的 catastrophe 和第八行的 calm，第一行的 the、第三行的 the、第五行的 The、第六行的 the、第七行的 that、第九行的 The、第十行的 the、第十二行的 The、第十三行的 the、第十四行的 the 和第十五行的 the，第二行的 sunny、第五行的 sacrifice、第十行的 Seem-some、第十一行的

sound、第十二行的 sound、第十三行的 Stilled、第十四行的 seas-silent 和第十五行的 sepulchre，第四行的 dissipate、第六行的 dark、第八行的 darkens、第十行的 dead、第十二行的 day 和第十五行的 Dominion，第五行的 holy-hush 和第十三行的 her，第一行的 peignoir、第九行的 pungent、第十行的 procession、第十三行的 passing 和第十四行的 Palestine，第三行的 freedom、第六行的 feels 和第十三行的 for-feet，第三行的 green 和第九行的 green，第六行的 She-she，第六行的 dreams 和第十三行的 dreaming，第八行的 water-lights、第九行的 wings、第十一行的 Winding-wide-water-without 和第十二行的 wide-water-without，第九行的 bright 和第十五行的 blood；在第二节，第一行的 Why、第二行的 What、第五行的 wings、第八行的 within、第十一行的 when、第十二行的 wet 和第十四行的 winter，第一行的 should-she、第三行的 shadows 和第四行的 Shall-she，第一行的 her、第七行的 heaven、第八行的 herself 和第十五行的 her，第一行的 bounty、第五行的 bright、第六行的 balm-beauty、第七行的 be、第十一行的 blooms 和第十四行的 bough-branch，第一行的 dead、第二行的 divinity、第八行的 Divinity 和第十五行的 destined，第一行的 the、第四行的 the、第六行的 the、第七行的 the、第十一行的 the 、第十四行的 The-the 和第十五行的 These-the，第二行的 can-come 和第四行的 comforts，第一行的 give、第五行的 green、第十行的 Grievings 和第十一行的 gusty，第三行的 silent、第四行的 sun、第九行的 snow、第十四行的 summer 和第十五行的 soul，第四行的 find、第五行的 fruit、第九行的 falling、第十一行的 forest 和第十五行的 for，第五行的 pungent、第九行的 Passions 和第十三行的 pleasures-pains，第九行的 rain、第十二行的 roads 和第十三行的 remembering，第七行的 like、第八行的 live 和第十行的 loneliness，第七行的 Things-thought，第八行的 must、第九行的 moods 和第十五行的 measures；在第三节，第一行的 clouds、第四行的 king、第六行的 commingling 和第九行的 come，第一行的 the、第八行的 The、第十行的 The-the、第十一行的 that、第十二行的 The-then-than 和第十五行的 this，第一行的 had-his、第二行的 him、第三行的 his、第四行的 He、第五行的 his-hinds、第七行的 heaven 和第八行的 hinds，第一行的 birth、第六行的 blood、第七行的 brought、第九行的 blood-be、第十行的 blood、第十二行的

be 和第十五行的 blue，第二行的 mother、第三行的 Large-mannered—motions—mythy—mind、第四行的 moved-muttering、第五行的 Magnificent 和第十二行的 much，第二行的 No、第十一行的 know、第十二行的 now、第十四行的 next 和第十五行的 Not，第二行的 suckled-sweet、第七行的 such、第八行的 star 和第十二行的 sky，第二行的 land、第三行的 Large-mannered 和第十四行的 love，第二行的 gave 和第十四行的 glory，第三行的 to、第七行的 to、第九行的 to 和第十四行的 to，第六行的 virginal 和第八行的 very，第七行的 With、第十一行的 we 和第十二行的 will，第七行的 desire、第八行的 discerned 和第十五行的 dividing，第九行的 fail 和第十二行的 friendlier，第十行的 paradise、第十一行的 paradise 和第十三行的 part-part-pain；在第四节，第一行的 says、第三行的 sweet、第九行的 spirits、第十行的 south 和第十五行的 swallow's，第一行的 content、第七行的 chimera、第十行的 cloudy 和第十五行的 consummation，第一行的 when-wakened、第四行的 when-warm、第五行的 where、第九行的 where、第十二行的 will 和第十五行的 wings，第一行的 birds、第二行的 Before、第三行的 by、第四行的 But-birds 和第十三行的 birds，第二行的 they-the、第三行的 their、第四行的 the-their、第五行的 then、第六行的 There、第七行的 the、第八行的 the、第十一行的 that 和第十五行的 the-the，第二行的 fly、第三行的 fields、第四行的 fields 和第十四行的 for，第七行的 grave、第八行的 golden、第九行的 gat 和第十二行的 green，第二行的 reality、第五行的 Return 和第十三行的 remembrance，第二行的 test 和第十四行的 tipped。

在诗的前四节，出现了如此之多的头韵，在后四节，还有大量的头韵。史蒂文斯与爱略特一样，都继承了英国浪漫主义诗人的一些传统，如在诗中大量地使用头韵，以加强诗的韵味。现代主义诗歌一般都没有传统格律诗规整的韵式，特别是史蒂文斯的诗歌对韵脚的使用一般都比较随便，一首诗中只是很随意地押上几个韵脚，在这种情况下，现代主义诗人一般都会在一些辅助性的音韵上下一些功夫，如头韵、行内韵等，有时，他们还会像惠特曼那样，将现代英语中已不再使用的腹韵翻出来使用，他们这样做的目的主要是为了使诗歌带上格律诗所具有的一些典型特色，即音协韵美，虽然他们所创作的已不再是格律诗。现代主义诗人的这些努力确实能使诗歌具有一定的音韵美感，这在读者对诗的反复吟咏中是能深切地体会到的。

2. 行内韵，如，在第一节，第六行的 She-she；在第二节，第三行的 in-in，第十二行的 on-on，第十三行的 All-all；在第三节，第二行的 No-no，第九行的 shall-shall，第十行的 The-the，第十三行的 A-a，第十三行的 part-part，第十三行的 of-of；在第四节，第十行的 Nor-nor，第十四行的 Or-for，第十五行的 the-the；在第五节，第七行的 The-the，第十行的 the-the，第十一行的 who-to；在第六节，第九行的 the-the；在第七节，第四行的 as-as，第四行的 a-a，第四行的 god-god，第六行的 chant-chant，第八行的 voice-voice，第十三行的 Of-of，第十四行的 And-and，第十四行的 they-they；在第八节，第十二行的 the-the。

诗中行内韵也用了不少。这些辅助性的音韵都为全诗的音韵美及语句的流畅性及意境的生动性做出了贡献。在研究诗的艺术风格的形成时，这些辅助性的音韵是不可缺少的重要因素，对于现代主义诗歌来说，尤其如此，因为现代主义诗歌绝大多数都没有规整的韵式，有些是在某些局部地区，如诗中的某一节会有规范整齐的小韵式，读起来音调十分动听悦耳，但整体上并无统一的韵式，这样，构成诗音韵美感的一些辅助性音韵就尤为重要，也很值得我们加以格外的重视。

下面分析一下该诗的节奏，请看：

Sunday Morning

I

Complá | cencies óf | the péi | gnoir, and láte ↓
∧ Cóf | fee and ór | anges ín | a sún | ny cháir,
And the gréen | ∧ frée | dom óf | a còc | katóo ↓
Upón | a rug míng | le to dís | sipàte ↓
The hó | ly húsh | of án | cient sá | crifìce.
She dréams | a lít | tle, ánd | she féels | the dárk ↓
Encróa | chment óf | that óld | catás | trophè,

269

As a cálm | Λ dár | kens amóng | water–líghts.

The pún | gent ór | angès | and bríght | , ‖ green wíngs ↓

Seem thíngs | in sóme | procés | sion óf | the déad,

Λ Wínd | ing across | wide wá | ter, ‖ withóut (sound.

The dáy | is líke | wide wá | ter, ‖ withóut (sound.

Λ Stílled | for the pás | sing óf | her dréam | ing féet ↓

Λ Ó | ver the séas | , ‖ to sí | lent Pá | lestìne,

Domí | nion óf | the blóod | and sé | pulchrè.

II

Why shóuld | she gíve | her bóun | ty tó | the déad?

What ís | diví | nitỳ | if ít | can cóme ↓

Λ Ón | ly in sí | lent shá | dows ánd | in dréams?

Shall shé | not fínd | in cóm | forts óf | the sún,

In pún | gent frúit | and bríght | , ‖ green wíngs | , ‖ or élse ↓

In á | ny bálm | or béau | ty óf | the éarth,

Things tò | be ché | rished líke | the thóught | of héav(en?

Diví | nitỳ | must líve | withín | hersélf:

Λ Pás | sions of ráin | , ‖ or móods | in fál | ling snów;

Λ Gríe | vings in lóne | liness, ‖ ór | unsúb(dued ↓

Elá | tions whén | the fó | rest blóoms | ; ‖ Λ gús(ty ↓

Emó | tions ón | wet róads | on áu | tumn níghts;

All pléa | sures ánd | all páins | , ‖ remém | berìng ↓

The bóugh | of súm | mer ánd | the wín | ter bránch.

These áre | the méa | sures dés | tined fór | her sóul.

III

Jove ìn | the clóuds | had hís | inhú | man bírth.

No mó | ther súck | led hím | , ‖ no swéet | land gáve ↓

270

Large-mán | nered mó | tions tó | his mý | thy mínd ↓

He móved | amóng | us, ‖ ás | a mút | tering kíng,

Magní | ficènt | , ‖ would móve | amóng | his hínds,

Untíl | our blóod | , ‖ commíng | ling, ‖ vír | ginàl,

With héa | ven, bróught | such requí | tal tó | desíre ↓

The vé | ry hínds | discérned | it, ‖ ín | a stár.

Shall óur | blood fáil | ? ‖ Or sháll | it cóme | to bé ↓

The blóod | of pá | radìse | ? ‖ And sháll | the éarth ↓

Seem áll | of pá | radìse | that wé | shall knów?

The ský | will bé | much fríend | lier thén | than nów,

A párt | of lá | bor ánd | a párt | of páin,

And néxt | in gló | ry tó | endú | ring lóve,

Not thís | diví | ding ánd | indíf | ferent blúe.

IV

She sáys | , ‖ "I ám | contént | when wá | kened bírds,

Befóre | they fly, ‖ tést | the reá | litỳ ↓

Of mí | sty fíelds | , ‖ by théir | sweet qués | tionìngs;

But whén | the bírds | are góne | , ‖ and théir | warm fíelds ↓

Retúrn | no móre | , ‖ where, ‖ thén | , ‖ is pá | radìse?

There ís | not á | ny háunt | of pró | phecỳ,

Nor á | ny óld | chimé | ra óf | the gráve,

∧ Néi | ther the gól | den ún | dergròund | , ‖ nor ísle ↓

Meló | dious, ‖ where spí | rits gát | them hóme,

Nor ví | sionarỳ | south, ‖ nor clóu | dy pálm ↓

Remóte | on héa | ven' s híll | , ‖ that hás | endúred ↓

As Á | pril' s gréen | endú | res; ‖ ór | will endú(re ↓

Like hér | remém | brance óf | awá | kened bírds,

Or hér | desí | re fór | June and é | vening, ‖ típped ↓

271

By the còn | summá | tion óf | the swál | low's wíngs.

V

She sáys, | " ‖ But ìn | contént | ment í | still féel ↓

The néed | of sóme | impé | rishà | ble blíss."

Death ís | the mó | ther of béau | ty; ‖ hénce | from hér,

Alóne | , ‖ shall cóme | fulfíll | ment tó | our dréams ↓

And óur | desí | res. ‖ Althóugh | she stréws | the léaves ↓

Of súre | oblí | teratìon | on our páths,

The páth | sick sór | row tóok | , ‖ the má | ny páths ↓

Where trí | umph ráng | its brás | sy phráse, ‖ or lóve ↓

∧ Whís | pered a lít | tle óut | of tén | dernèss,

She mákes | the wíl | low shí | ver ín | the sún ↓

For mái | dens whó | were wónt | to sít | and gáze ↓

Upón | the gráss | , ‖ relín | quished tó | their féet.

She cáu | ses bóys | to píle | new plúms | and péars ↓

On dìs | regárd | ed pláte | . ‖ The mái | dens táste ↓

And stráy | impás | sioned ín | the lít | tering léaves.

VI

Is thére | no chánge | of déath | in pá | radìse?

Does rípe | fruit né | ver fáll | ‖ Or dó | the bóughs ↓

Hang ál | ways héa | vy ín | that pér | fect ský,

Unchán | ging, ‖ yét | so líke | our pé | rishing éarth,

With rí | vers líke | our ówn | that séek | for séas ↓

They né | ver fínd | , ‖ the sáme | recé | ding shóres ↓

That né | ver tóuch | with ìn | artí | culate páng?

Why sét | the péar | upón | those rí | ver-bánks ↓

Or spíce | the shóres | with ó | dors óf | the plúm?

Alás | , ‖ that théy | should wéar | our có ‖ lors thére,

The sí | lken wéa | vings óf | our áf | ternòons,

And píck | the stríngs | of óur | insí | pid lútes!

Death ís | the mó | ther of the béau | ty, ‖ my | sticàl,

Withín | whose búr | ning bó | som wé | devíse ↓

Our éarth | ly mó | thers wái | ting, ‖ sléep | lesslỳ.

VII

∧ Súp | ple and túr | bulènt | , ‖ a ríng | of mén ↓

Shall chánt | in ór | gy ón | a súm | mer mórn ↓

Their bói | steròus | devó | tion tó | the sún,

Not ás | a gód | , ‖ but ás | a gód | might bé,

∧ Ná | ked amóng | them, ‖ líke | a sá | vage sóurce,

Their chánt | shall bé | a chánt | of pá | radìse,

Out óf | their blóod | , ‖ retúr | ning tó | the ský;

And ín | their chánt | shall én | ter, ‖ vóice | by vóice,

The wín | dy láke | whereín | their lórd | delíghts'

The trées | , ‖ like sé | rafìn | , ‖ and é | choing hílls,

That chóir | amóng | themsélves | long á | fterwàrd.

They sháll | know wéll | the héa | venly fél | lowshìp ↓

Of mén | that pé | rish ánd | of súm | mer mórn.

And whénce | they cáme | and whí | ther théy | shall gó ↓

The déw | upón | their féet | shall má | nifèst

VIII

She héars | , ‖ upón | that wá | ter withóut (sound,

A vóice | that críes | , ‖ " The tómb | in Pá | lestìne ↓

Is nót | the pórch | of spí | rits lín | gerìng.

It ís | the gráve | of Jé | sus, ‖ whére | he láy."

We lí·ve │ in an óld │ Λ chá │ os óf │ the sún,

Or óld │ depén │ dency óf │ day and níght,

Or ís │ land só │ litùde │ , ‖ unspón │ sored, ‖ frée,

Of thát │ wide wá │ ter, ‖ ìn │ escá │ pable.

Deer wálk │ upón │ our móun │ tains, ‖ ánd │ the quáil ↓

Λ Whí │ stle abóut │ us théir │ spontá │ neous críes;

Sweet bér │ ries rí │ pen ín │ the wíl │ dernèss;

And, ‖ ín │ the ì │ solá │ tion óf │ the skӯ,

At é │ vening, ‖ cá │ sual flócks │ of pí │ geons máke ↓

Ambí │ guòus │ undulá │ tions ás │ they sínk,

Λ Dówn │ ward to dárk │ ness, ‖ ón │ extén │ ded wíngs.

　　该诗的基本节奏为抑扬格，绝大部分的诗行都为抑扬格五音步，抑扬格五音步是传统格律诗中用得最多的一种节奏，英语中的"素体诗"（the blank verse）、"英雄联韵体"（the heroic couplet）、"英雄四行套韵体"（the heroic quatrain）和"十四行诗"（the sonnet）都用这种节奏。读到这种节奏，人们会感受到传统格律诗那如陈年老酒般的醇香。但该诗用抑抑扬格替代的地方也不少，它们主要出现在以下的诗节、诗行、音步中：在第一节，第一行第二、四音步，第二行第二、三音步，第三行第一音步，第四行第二、三音步，第十一行第二、四音步，第十二行第四音步，第十三行第二音步，第十四行第二音步；在第二节，第三行第二音步，第九行第二音步，第十行第二音步；在第三节，第十五行第五音步；在第四节，第二行第二、三音步，第八行第二音步，第九行第二音步，第十行第二、三音步，第十四行第四音步，第十五行第一音步；在第五节，第三行第三音步，第五行第三音步，第六行第三、四音步，第九行第二音步，第十五行第五音步；在第六节，第四行第五音步，第七行第五音步，第十三行第三音步；在第六节，第四行第五音步，第七行第五音步，第十三行第三音步；在第七节，第一行第二音步，第五行第二音步，第十行第五音步，第十二行第四音步；在第八节，第一行第四音步，第五行第二音步，第六行第三、四音步，第十行第二音步，第十三行第三音步，第十四行第三音步，第十五行第二音步。

以上的抑抑扬格替代共计四十八处。除此，还有单音节替代，它们出现在以下的诗节、诗行和音步中：

在第一节，第二行第一音步，第三行第二音步，第八行第二音步，第十一行第一音步，第十三行第一音步，第十四行第一音步；在第二节，第三行第一音步，第九行第一音步，第十行第一音步，第十一行第五音步；在第四节，第八行第一音步，在第五节，第九行第一音步；在第七节，第一行第一音步，第五行第一音步；在第八节，第五行第三音步，第十行第一音步，第十五行第一音步。

最后，该诗中还运用了超音步音节替代，它们出现在以下的诗节、诗行、音步中：

在第一节，第十一行末尾、第十二行末尾；在第二节，第七行末尾、第十行末尾、第十一行末尾；在第四节，第十二行末尾；在第八节，第一行末尾。

单音节替代和超音步音节替代共计二十四处。全诗的节奏变格总共七十二处。节奏变格较多的诗节是第一节、第二节、第四节和第八节。这些诗节的节奏变格多同它们所表达的题旨和抒发的情感有很大关系，下面逐节分析一下。

首先，我们来看一看第一节。这节的节奏变格最多，共计二十处。在这节，只有前三、四行所表达的情感具有一种甜美芬芳、舒怡温暖的特质。从第五行开始，当女人的思绪联想到耶稣受难时，诗的基调开始变得阴沉、哀伤起来，原先阳光明亮的色彩开始变得灰暗无光。女人觉得死亡的阴影逐渐侵占她的心灵，接着女人在开始所看到的那些让她心情愉快的东西也幻化为死亡的阴魂，加入了死者的队伍。这时，诗的情感变得非常的压抑、沉重。最后，女人自己在意识中决定前往巴勒斯坦，那片耶稣受难时曾洒下鲜血的地方去追悼他，这虽是梦幻般的意识，但却将该节悲伤、哀戚和沉痛的情感推向了高潮。该节的情感主基调是压抑、哀痛和追思，而且该节的情感又经历了转变，是由愉快转为痛悼，故该节的节奏变格多，这是正常的。

在第二节，诗的节奏变格也较多，共有十处。这节的情感内容是紧承上节而来的。诗人在上节想到耶稣受难时，她觉得一切都变成沉默的暗影和梦幻，那闪亮的橘子和明亮怡人、具有旺盛生命力的凤头鹦鹉全都变成沉寂的阴魂，它们都缥缈在虚幻的梦里，这时，她觉得自己已捕捉到神性，那么神性只能在暗影和梦幻中出现吗？在芬芳怡人、风光旖旎的情境中就不会有神性吗？女人这样问道。诗人在这节试图要打破自己原有的固定的思维方式，他要在另外一种对立的、相异的情境中捕捉到神性，体会到神给自己的启示和爱抚。破坏现有的或早已存在的习惯，进行创新创造，革故鼎新，这势必要引起震动，引起人思维世界的动荡，表现在诗的节奏上会出现较多的变格，这是非常自然合理的。

在第四节，诗人以鸟儿飞离田野，不再返回，整个田野便失却了昔日的温暖来说明，共生于自然界中的各种成分若缺少了一种，自然界将面临灾难和危险。整个这节，就是在阐述所可能发生的各种各样的变故、不幸和不测之事。该节是一种预言、警告、提醒。没有了鸟儿，人们只能看到寂寥冷清的田野，没有了燕子在六月飞入寻常百姓家，就没有了人们对夏日的美好期待，那是一种让人倍感消沉、倍觉悲痛的事情。该节的基调在警告、提醒的基础上，还隐含着一种悲悯、沉痛的成分。故该节的节奏也出现了不少的变格，这也是可以理解的，因该节的情感过于低沉、悲痛，让人压抑，故此处，诗人不适宜采用那种和谐悦耳、十分自然流畅的节奏。

第八节的节奏变格也较多。该节探讨了三个方面的内容，第一个方面带有劝告性的色彩，女人在巴勒斯坦，海面上传来了喊声，这喊声是在劝告人们不要在耶稣墓旁徘徊，那里埋葬着耶稣，是耶稣安息的处所。第二、三个方面阐述了两种完全相反的情景，通过情景的反差来说明现代人精神的孤独及无法走出沉寂、封闭的心理世界的苦闷，还说明现代人内心潜藏着一股强烈的追求自由，欲投身于广阔无垠、野花烂漫、小鹿自由奔跑、鸽子飞翔蓝天的大自然的愿望。情景的反差也昭示了人的情感的反差。第一方面的内容蕴含着一种劝告、提醒的感情色彩，语调是冰冷、严厉的，第二及第三方面的内容所昭示的情感又出现了强烈的反差，故在该节，诗的节奏会出现不少的变格，这也是符合该节的思想内容、情感变化这一特征的。

通过以上的分析，我们应不难理解诗人为什么在第一、二、四、八节中采用较多的节奏变格。在全诗的八个诗节中，有一节的节奏变格最少，那就是第三节，为什么该节只出现一个节奏变格呢？我们来开看一看该节的内容，体会一下该节的情感。

　　该节，诗人通过罗马神话中的主神朱庇特在我们人类中间行走，嘴里不住地喃喃低语，来不住地散发着身上的神性，从而使神性和人性相混合，神性因人性的注入而变得更加的美丽、可爱、和善和友好，天空不再是以往那一片冷漠清冽的蔚蓝，诗人借此欲说明人类的伟大作用，没有了人的介入，没有了人的作用，神性会显得冷酷、单调，神所活动的天堂也会变得没有什么温暖、友好可言。该节的题旨也是整首诗所极力说明、阐说的一个重要的主题：充分肯定人的伟大作用，人的智慧、作用和影响要远远地大于神的智慧、作用和影响。该节的情感是自信、乐观、向上的，所阐述的思想内容也是积极的，故该节的节奏，诗人没有使用多少节奏变格，他以流畅、规整、自然地道的抑扬格五音步的节奏来演奏上述思想内容、抒发上述情感，这是合理、正确的。

　　该诗较长，故在诗行中，诗人用了不少的"行内停顿"，分析诗歌节奏时，打有"‖"标记的都为"行内停顿"。"行内停顿"由语言的自然节奏产生，英语中的行内停顿一般都有标点符号作为明显的标记，它不同于汉语。汉语中诗歌的行内停顿一般由语感来决定。汉语中的五绝，其行内停顿一般出现在第二个字之后，而七绝，其行内停顿一般出现在第四个字之后。不管是汉语，还是英语，其行内停顿都有助于语气的舒缓、表达的自然、意思的完整及诗行的流畅、节奏的起伏。诗中还用了"跨行"，分析诗歌节奏时，打有"↓"标记的都为"跨行"。"跨行"有助于诗行之间在形式和意义上的衔接和连贯。

四、结语

　　该诗选自史蒂文斯的第一本诗集《簧风琴》（*Harmonium*，1923），创作于1915—1923年。在这段时期，英美现代主义文学的浪潮正汹涌澎湃，向各个学科领域挺进，它还以其对传统价值观猛烈冲击的方式向人的意识深处渗透。从这首诗的艺术形式及艺术主题方面，我们能看出现代主义文学的巨大影响。

　　在艺术形式上，该诗有传统格律诗的不少特点，如结构整齐、形式规范。该诗共八节，每节均为十五行，各节诗行之间均有参差，参差的幅度大致相同，而且各节诗行之间的长短差距不大，全诗整体看上去较为规整。这一特征与很多的传统格律诗是相似的。另外，该诗绝大部分诗行的节奏采用抑扬格五音步，读起来抑扬顿挫，这同很多的传统格律诗也是十分相似的。从这些方面，我们可以看出，史蒂文斯对英语传统的格律诗是有继承其悠长的一面的。但史蒂文斯不止限于继承，他在继承的基础上还有所创新，如在音韵上就很能显示出他的创新特质。史蒂文斯接受了现代主义文学和风细雨的滋润，他在行末音韵创作方面表现出了自由随意的特点，突破了传统格律诗在行末音韵创作方面过于严谨规范的限制，用了很多的不完全韵，其中还包括了不少的"辅音韵"。这一创新同现代主义文学的创作潮流是同振共谐的。

在艺术形式上，史蒂文斯还使用了托物喻义、象征、转喻、隐性的暗喻等艺术技巧，这在现代主义文学作品中也是极其普遍的。尤其是象征手法，它是现代主义文学的分支象征主义从肇始到发展这一时期所产生的一种非常重要、并为很多现代主义作家所喜爱的一种艺术手法，史蒂文斯在该诗中用了很多象征，加强了诗歌的文学性、意境的隽永性、语言的华美色彩。另外，该诗有些地方带有明显的意识流特色，如第一诗节和第八诗节，在这两节，诗人以女人的意识流动为主线，将很多事件、场景及一些人物、植物和飞鸟等意象有序、合理地串联在一起，来说明、阐述诗歌的主题思想。其余诗节也带有一点意识流的特征，只是因为诗节中会包含诗人自己的一些议论、评说，故其意识流动的特征不甚明显、突出。意识流同象征主义一样，也是现代主义文学的一个重要的分支，现代主义文学大师爱略特曾用意识流创作了其著名的诗篇《杰·阿尔弗雷德·普鲁弗洛克的情歌》。埃德温·阿灵顿·罗宾逊用意识流创作了《弗拉德先生的酒会》，史蒂文斯在这首《星期天的早晨》中也少量地使用了意识流，这对人物形象的塑造、人物深层意识活动的揭示、诗歌主题意义的探讨无疑是极有意义的。

在艺术内容方面，该诗对神的作用和影响有所贬抑。这也符合一战期间及一战后很多西方人的思想实际。第一次世界大战对西方人的价值观念、思想道德进行了无情的摧毁，特别是对统治西方人意识形态长达数千年的基督教思想，即上帝是万能的思想进行了大幅度的解构和破坏，很多人在战后对上帝失去了原有的狂热的信仰和崇拜，面对战后荒凉破败的家园，面对很多人萎靡消沉的精神状态，人们不止一次，甚至千百次地呼求上帝能降临人间，拯救芸芸众生，即使是在战火纷飞的一战岁月里，人们也满含着哀求的泪水，祈求上帝能出面制止杀戮，为人类创造洒满阳光的和平环境，但人们的哀告、祈祷和呼喊都未能唤来他们心目中期盼已久的上帝。人们失望了，很多人不再阅读圣经，很多人不再去教堂做礼拜。这样的心理状况和对神的看法在史蒂文斯的这首诗里也有一定程度的反映。

史蒂文斯在诗里强调了人类的作用。人能改天换地，神性没有人性的注入便会显得冷漠，没有温暖和关爱。没有了人，地球便会变成一个荒芜冷清的处所，没有什么乐趣可言。没有了人类对环境的保护，河流会干枯而死。神不但不像人具有这么伟大的感召力、影响力和活动力，他甚至还比不了太阳——自然的象征。在祭神仪式上，人们祭拜的不是神，而是哺育人类和天下万物生长的太阳，人们对太阳寄去诚挚的祝福，献上动听的歌谣，热烈地赞颂太阳对生灵万物的贡献。

一战期间及一战后欧洲和美国国内的社会现实是阴暗的。一战后的 20 世纪第二个十年，美国的经济尽管有了很快的发展，人民的物质生活水平有了很大的提高，但美国人因一战的打击精神上沉沦、心理上迷惘，对美国的前途失去了信心，很多人热衷于商业利益的无限攫取，不少年轻人乐于花天酒地般的奢侈生活，在这种情况下，史蒂文斯提出人们应回归自然，从自然界的山林河田、花鸟虫鱼中寻求心灵的慰藉，在自然界温暖怡人的怀抱里陶冶性情。

史蒂文斯的这些观点都是英美现代主义作家、诗人在 20 世纪最初二十年非常典型的人生观、世界观，这些观点能十分清晰地折射出作家和诗人们对一战期间和一战后欧美社会的经济、文化状况的反应和态度。

从上面的论述可以得知，史蒂文斯以这首《星期天的早晨》为美国民族主义文学的发展做出了自己的贡献。这首诗既继承了英国诗歌的艺术传统，又十分真切、生动地反映了一战期间及一战后很多美国人对基督教、社会现实及人生的看法和态度。

一战给美国和欧洲带来的损失是难以估量的，一战后美国加快了经济发展的步伐，在比较短的时期之内，迅速实现了彻底的工业化。人民的物质生活由此得到大幅度的改善，但一战给广大的人民造成的精神创伤则长期没有愈合，失望感和幻灭感困扰着美国的知识分子，迷惘感和享乐主义思想在美国的青年人当中非常盛行。在这样的情势下，史蒂文斯对基督教的领袖耶稣表示出了极大的尊崇，暗示了自己对社会改革家的期待。他盼望能有耶稣这样救苦救难、勇于为民献身、乐于为民服务的改革家出现，改变目前美国的社会状况，扭转日益颓废、江河日下的社会风气。他在诗中充分肯定人的作用，人比神要伟大，人能改天换地，人定胜天。要改变目前的社会情势，让人民对社会、人生、前途恢复原有的信心，重振原有的精神和勇气，重新焕发旺盛的生命力仍然要靠人，而不是靠神，只有人才能实现这一切；另外，史蒂文斯对人的心灵给予了热切的关注，他希望人们能回归自然，让自然的雨露荡涤心灵的污垢，让自然的清风扫除心灵的雾瘴，这样人们才能以一个健康的心态、纯净的思想来投身社会的建设和改革。史蒂文斯的这些努力和观念对处于灾难中的美国无疑是十分有意义的，它们能唤起人们对未来的信念，激发起人们对惨遭一战打击和摧残的美国梦的无限憧憬和向往，使整个民族能重新放飞美国梦的灿烂理想，让所有美国人都能看到美好的梦想和未来正在向他们招手致意。

第四章　威廉·卡洛斯·威廉斯和他的经典诗歌

第一节　论威廉·卡洛斯·威廉斯和他的《红色手推车》

The Red Wheelbarrow

William Carlos Williams

so much depends

upon

a red wheel

barrow

glazed with rain

water

beside the white

chickens.

　　在美国现代主义文学史上，有两位现代主义诗人是将诗歌创作作为其毕生的业余爱好的，其中的一位就是我在第三章所研究的华莱士·史蒂文斯，他一生的大部分时光是在康涅狄格州（Connecticut）的哈特福特事故与赔偿公司（Hartford Accident and Indemnity Company）工作，还有一位是本章所要研究的威廉·卡洛斯·威廉斯，他是一名全科及小儿科医师，一生除了两次到欧洲作过简短的访问外，大部分时间都是在国内从事医疗工作。

威廉斯热爱美国的土地、美国的人民，他将他的诗歌创作深深地根植于美国这片富饶美丽、幅员辽阔的土地上，对美国的现实环境、风土人情热爱备至，在作品中以抒情的笔触进行再现。对诗歌的性质、诗人的功能及诗歌创作方法他有自己独特而清晰的见解，这些见解与爱略特是大不相同的。他从事诗歌创作并不是为了什么物质需要或现实环境所逼，而是出于爱好、意愿。威廉斯认为诗歌应立足于本土，奠基于日常生活经验，诗人写诗不能盲目地到国外如欧洲去搜集素材，求新求异，他反对爱略特一味沉醉于欧洲传统文化的芬芳汁液中，写诗时大量地引用欧洲文化典籍，也不喜欢庞德那种支离破碎的多文化风格，认为庞德属于那种生活在人类所创造的古老文明的灿烂光辉中，但却是美国诗歌所拥有的最大敌人。自爱略特发表《荒原》时起，他就对爱略特怀有深深的恶感，在其《自传》（*Autobiography*）中，他说他受到了很深的伤害，爱略特将诗归还给了学院派，还说道，他"让我们回到了教室"（returning]us to the schoolroom），这"对我们的文学来说是一场灾难"（a great catastrophe to our letters [1]）。威廉斯认为，"只有本土主义才能产生文化"，（localism alone can lead to culture [2]），学究式的风气和国际主义者是不能代表美国诗歌发展的潮流的。

现代主义文学在其发展过程中诞生了众多的流派，其艺术特征可谓五彩缤纷、繁花似锦。现代主义诗歌就其著名的艺术特征而言，没有统一的观点和思想。从上述威廉斯对爱略特和庞德的反对中，我们可以看出现代主义文学艺术的丰富性、复杂性及多姿多彩的特点。为了更详细、更深入、更具体地了解威廉斯，这位现代主义诗人的诗歌主题、艺术特征及诗人的创作思想、人生观等，本章将深入地研究一下他的诗歌文本，首先，我们来看一下他的极其著名的短诗《红色手推车》。

一、大意解读

那么多的东西依靠一辆红色的手推车，这辆车在雨水的湿润下闪闪发亮，在车的旁边是一群白鸡。

二、主题思想讨论

红色的手推车在日常生活中是极为常见的一种交通、运输工具。这样的工具常见于医院、私人家庭和农村的田野、农场中。医院里，有急重患者来时，要用红色手推车将其推进抢救室、急诊室或病房；私人家庭中，当有家庭成员身有残疾、不能自由行走时，也要用到红色手推车，它能有助于其他成员推着他，活动活动或取走自己所需要的东西；在田野或农场里，手推车有助于帮助农民运输庄稼，是农忙时节农人所不可或缺的运输工具。

从这些阐述，我们可以得知，手推车，虽小，很不起眼，但在日常的生活、工作、劳动中则能发挥很大的作用。在 20 世纪第二个十年的美国，每五个人中就能拥有一辆小汽车，汽车工业呈现出飞跃发展的态势，很多人将自己的目光聚焦于那些高档豪华的汽车，在这样的社会背景下，手推车无疑是不被人们所重视，有时即使放在人们的眼前，很多人也会视而不见的当成一件普通家用物品了。东西虽小，但所起的作用则很大。特别是在医院里，当危重病人突然来临时，汽车无疑是派不上用场的，只能用手推车，由医护人员快速地推进室内抢救。在家庭生活中，那就更不用说了，不可能使用汽车将患有残疾而不能行走的成员到处推着活动。

手推车服务于人们的生活、工作、劳动，它能急人之所急，帮人之所帮，免人之所困。没有了它，人们的生活、工作、劳动有时就会遇到难以想到的麻烦，道路会显得坎坷不平。威廉斯对手推车给予了密切的关注，这在当时是大有深意的。该诗创作、发表于 1923 年，20 世纪第二个十年的美国，人民的确过上了富裕的物质生活，很多人整日沉迷于灯红酒绿的生活中，嬉戏欢闹于五光十色的霓虹灯下。人们视金钱、物质利益为万能的上帝，在道德观念上表现为自私自利，一切以自我为中心，为了一己之私利，什么传统的道德伦理观念、什么他人和集体的利益、什么人生的意义等等都可以弃之不顾。为他人排忧解难、互帮互助的习气早就被物质至上主义的狂风巨澜冲击得无影无踪了。所以在美国，20 世纪第二个十年，那是一个物质上富裕，但精神上萎靡、道德上沉沦的时代。

威廉斯在这样的时期以充满爱意的心情、乐观愉快的笔调刻画了手推车的形象，他是希望他所生活的那个社会能多一点儿手推车、少一点儿汽车，人与人之间能多一点儿友爱关心，少一点儿互相倾轧、钩心斗角。他是希望人们能发扬手推车的精神，在生活、工作和劳动所需要的地方发光发热。

朴实、普通和简单的手推车给人们的生活带来了温暖，给人们的工作带来了便利，又给人们的劳动带来了需要。它虽然极其平常、极其微小（相较于汽车、轮船和飞机等），但是每天会有这么多的人依靠它，会有那么多的东西需要它载运。在雨水的冲洗下，它是那么的新颖，闪闪发亮。它会一直保持着自身的亮度，给人以温暖、清新。在人们需要它的时候，它会如天使般翩然而至，如春风般给人以温暖、帮助和关怀。

手推车虽然只是一件物品，但它存在于生灵之间，旁边嗷嗷哺食的白鸡便是例证。白鸡的出现能让人感到手推车就如那些动物一样是赋有生命的。它虽然不会呼吸，但它却能长期地存在着，生活于人和一切有生命的动物之间，以它的热情、朴实、耐劳和勤勉，给他人带来便利，给生命垂危、奄奄一息的人带来生的希望、健康复原的憧憬。

该诗是一首红色手推车之歌，也是一首普通劳动者之歌，它以一辆普普通通的红色手推车讴歌了普通的劳动者。没有普通的劳动者的劳动，就不会有高楼大厦、汽车飞机，也就不会有繁华富裕的物质生活。他们的劳动应当受到全社会的尊重，他们的精神品质应当在人民群众中发扬光大。全社会应当兴起一股学习那些乐于奉献、吃苦耐劳、热心助人的劳动者的风潮，以这些劳动者的品质、情操作为正能量在全社会传播、弘扬，这样可以一扫20世纪第二个十年美国社会注重物质轻视精神、注重享乐安逸轻视勤奋劳动的恶风劣习，这对当时的人们过于自私自利、信奉金钱万能不啻是一剂极为有效的镇静剂和清醒剂。

威廉斯主张本土主义，诗歌的素材应取自于日常生活，日常的风景、生活、劳动和工作可以为诗歌提供源源不断的泉水，诗人可以从这清凉怡人的玉泉中产生丰富的想象和新奇的创造力。他曾说过，诗人的工作不是说得非常的模糊，而是要写得非常的个别和具体。这就像一名医生给病人看病一样，在个别中发现普遍，在现实世界和精神世界之间发现联系，在此时此地和那时那地之间发现联系，首次看到某事时能用自己特有的方式把它讲出来。丰富多彩、万花筒般的现实生活，它所具有的各种各样具体的细节及韵律，当被人们仔细地观察研究、欣赏赞美之时，它本身就是一首纯粹的诗。

该诗应当说非常完美地实践了威廉斯的上述主张。诗的素材——一辆红色的手推车、雨水、白鸡都是人们在现实的生活、劳动、工作中的习见之物，诗人从它们的身上产生美好的审美情感，并将自己对普通劳动者的赞美，对污浊的社会空气的鄙视极其巧妙地蕴含于诗的字里行间，让人从个别事例中发现了普遍真理，从现实世界中发现了纯正道德、高尚情操的闪光，从红色手推车，人们想到了医院、家庭、农场和田野，现实生活所独有的美质成为诗所礼赞的对象。

美国诗歌研究专家克里斯托弗·毕契在一篇研究威廉·卡洛斯·威廉斯的论文中曾就《红色手推车》中词语的选用做过如下的论述：

not only does Williams describe a common scene of American rural life, but he uses the colors of the American flag (the red wheelbarrow, the white chickens, and the blue water)。[3]

威廉斯不仅描绘了美国乡村生活的普通场景，而且他还使用了美国国旗的颜色（红色的手推车、白鸡，蓝色的雨水）

毕契的这一发现是十分新颖的，他的推断也是很有道理的。根据他的推断，我们可以得知，诗人在诗中的描绘应是美国社会的一种象征。美国的社会应是普通劳动者的社会，20世纪第二个十年美国社会中所呈现出的奢华、浪费、酗酒、跳爵士舞、穿奇装异服、男女青年热衷婚前婚外性行为，看上去代表了美国社会主导性的价值取向及生活方式，但实体上是虚假不真实的，美国的社会应崇尚朴实的劳动、敬业的精神，美国的人民应有一种互帮互助、砥砺前行、不怕困苦的品格，他们应有一种朝气蓬勃、努力向上的风貌。这样的精神、品格和风貌应是美国社会的主流，威廉斯通过这首短诗对此做了生动的再现。

三、艺术特征分析

该诗为一首意象主义诗歌。诗人在诗中将出现于自己视野中的一个个意象十分真切、清晰地呈现出来，诗中的语言简洁清新，没有丝毫道德说教的成分份；所选用的素材也十分的节约，没有填塞任何与诗的主题意义无关的素材；诗歌的语言节奏为日常语言的节奏，没有采用传统维多利亚诗歌的抑扬格五音步节奏。诗中的意象十分的具体，词语活泼、富有乐感。诗中主导的意象是红色的手推车，还使用了一系列与此有关的意象。诗以极其精练的语言着力于意象呈现的即刻性、可视性和简约性。瞬间呈现于人脑海中的意象包含着知识性和情感性，他还蕴藏着蓬勃的生机。每一个意象都能揭示出深刻而丰富的真理。词语选用得恰切而又平常，没有陈词滥调，也没有华丽堂皇的语词。

诗歌的体裁为自由诗，诗行长短不齐，最长的诗行含三个词，最短的诗行仅有一个词。诗中没有诗人的议论，没有诗人对所描述的场景或意象表达什么感情。诗人的任务只是呈现一个个具体、实在而确切的意象。但这些意象通过正常的日常生活语言的组织有机、有序和合理地串合在一起，给读者以丰富的想象和十分优美的情感体验。诗突破了韵律格式的藩篱，无法按格律诗中的节奏要求来确定诗的节奏类型和划分各行的音步。每行的节奏是由每行的词语所产生的节奏，一个词语或一两个词语的结合能产生一顿，这样同一诗行中，能有一顿、两顿、三顿等这样不同的顿，从而产生节奏。自由诗主要是根据情调或意象将不同的词语即不同的顿分割开。如在诗行"a red wheel"中，可将这三个词语分为三顿，即：a/red/wheel，之所以是三顿，是因为 red 和 wheel 所传递的情感和意象意义在全文中都非常重要，red 是热情的象征，而 wheel 是对人民的生活、工作劳动都非常有用的交通工具，故这里可用三顿。在诗行"glazed with rain"中，可将这三个词语分为两顿，即 glazed/with rain，这也是根据这三个词语所具有的情感色彩和意象意义来划分的，"glazed"是"闪闪发亮"的意义，它描绘红色手推车在雨水的冲洗后的色彩，隐含性地赞美了手推车的品质，"with rain"即"因雨水"或"用雨水冲洗"是"使手推车闪闪发亮的方式"或"说明手推车闪闪发亮的原因"，这两个词语可以单独构成一顿。

该诗尤其注重色彩的对比。前文述及了诗中的三种颜色，即红、蓝和白，这三种颜色中，尤以"红"和"白"对比甚为强烈。"白"的使用衬托了"红"的鲜明和热烈。正因为有了旁边白鸡的衬托，才使得红色的手推车在雨水的冲洗下显得分外的红、分外的艳、分外的亮。"红"应是一种生命的颜色，热情、浪漫、奔放和潇洒，"白鸡"的出现使得红色的手推车具有了一种烂漫奔放的生命，它热情似火，助力一切需要帮助的人和事。水是蓝色的，正因为有了水的作用，红色手推车才能去掉因连日的劳累而蒙上的灰尘，显现出它的本色"红"，正因为有了蓝色的作用，红色手推车的"红"才会更加的灿烂、新颖和鲜艳。因此，"蓝"和"白"都衬托了"红"的色彩，不同色彩的对比突出了其中一种色彩的鲜亮，突出了其中一种色彩所具有的比喻性的或象征性的意义。

该诗共四小节，每节两行，每节的第二行均含一个词。第一节第二行的"upon"虽为一个虚词，但因它具有"在……上"和"凭……，靠……"等的词义，故这个词在诗中具有十分重要的意义，它能突出红色手推车乐于承担重托、甘愿帮助别人的品格，故这节将"upon"单列一行。在第二、三、四节中，都将"barrow""water"和"chickens"列于每节的第二行，是因为这三个词也是这首诗中的关键词语，"water"（水）和"chickens"（鸡）虽是陪衬，但没有绿叶的簇拥，哪有花朵的鲜艳，没有水的淋洗，没有白鸡颜色及活动的衬托，哪有手推车的鲜明耀目，哪有手推车的蓬勃生机。从这里的分析，我们可以推知，诗人将这四个词语分别单列一行是有着深邃的用意的。

在这短短的十六个词语的诗中，诗人用了头韵，如第二节第一行的wheel、第三节第一行的with、第三节第二行的water和第四节第一行的white，第二节第二行的barrow和第四节第一行的beside，第二节第一行的red和第三节第一行的rain。这些头韵的使用继承了惠特曼创作自由诗大量使用头韵的特点，增加了全诗的音韵美及诗句的流畅性。

四、结语

意象主义是20世纪现代主义文学百花园中一朵灿烂的奇葩。它在美国文坛上流行的时间不长，大概是从1908—1917年，但它所产生的影响则是深长而持久的，尤其是对20世纪的诗歌创作，当时很多的诗人，包括一些极其著名的诗人都深受其影响，并从中获益不少，其中有不少诗人虽然创作的诗歌不是意象主义诗歌，但在创作的艺术特征方面、创作的方法方面明显地吸取了意象主义诗歌的很多特点，使诗歌以其清新、简洁的风貌显现其极强的艺术魅力，而为现代读者所欣赏。

该诗创作于 1923 年，当时意象主义运动虽已结束，但它所发挥的作用对威廉斯来说应是尤为巨大而深刻的。意象主义的原则、要求和特征从很大程度上来说都非常符合威廉斯对诗歌的看法。威廉斯极其反对爱略特惯写长诗、喜欢用典、遣词用语蕴藉含蓄的特点，他认为爱略特的诗不能也不应代表美国诗歌的主流，诗的语言应当就是普通人的语言，诗的意义应当奠基于人的日常生活经验，诗应去除一切矫饰，以其清亮、本真、质朴和简练的面貌呈现于读者的面前。威廉斯有句名言："No ideas but in things." [4] 这句话的意思即只有在事物中才有思想。威廉斯不主张把诗歌哲理化，他反对空洞地、漫无边际地说理，他认为诗人应将自己的思想蕴含于日常生活中的一些普通的事物中，从对这些普通事物简洁的描写中去揭示人生的意义。威廉斯的这些看法都与意象主义的原理相融相谐。

威廉斯的很多诗被归入"客体派"诗，他本人也被人归入客体派诗人的行列。那么，什么是客体派（Objectivism）呢？

客体派是流行于 20 世纪 30 年代早期的美国文坛上的诗歌创作运动，它的发起人是路易斯·朱科夫斯基（Louis Zukofsky）。客体派存在的时间也很短，但发挥的影响很大。从某种意义上来说，它应是意象主义的一种延伸，当然它着力表现的思想感情要更为复杂些。客体主义强调真诚性（sincerity），它的真诚性既有美学意义上的，又有伦理或政治意义上的真诚性。

就美学意义上的真诚性而言，它强调物质世界里的事物或细节要通过一种特定的声音、结构、音调或形式表达出来。这一点同意象主义诗歌并无二致，只不过客体派诗歌对上述因素要更加的重视、强调。朱科夫斯基曾提出，一个诗人必须这样：

Look, so to speak, into his ear as he does at the same time his heart and intellect[5]

可以这么说，透视他的耳朵就像他同时观察他的心灵和大脑一样。

这就是说，一个诗人既要表现物质世界里的声音形象，又要反映人的所思所想，人的思想感情。这一特点在《红色手推车》一诗里也可以看得分明。就声音而言，像红色手推车旁边的白鸡，它们嗷嗷哺食的声音，即使未在语言层面有所反映，但透过诗中的画面，我们似能十分清晰地听到。至于思想感情，这在上文已有详细的论述了。

至于伦理或政治意义上的真诚性，客体派是有如下的一些特点的：

The Objectivists also used the idea of sincerity as an ethical or political directive. Most of the Objectivist poets were either members of the Communist Party or fellow travelers during the 1930s, and unlike the generation of modernists who had preceded them, they came from mostly urban, Jewish, working-class backgrounds. For them, sincerity connoted a commitment to their social and political situation. George Oppen argued that the Objectivist poetic of sincerity could be opposed to traditional post-Romantic Poetics. The "sincere" poem should not be based on metaphors or images intended primarily for the "delectation of the reader," and the poem should convey nothing extraneous to "the poet'sattempt to find his place in the world." It was the truthfulness of the poet's language that would be the ultimate test of his sincerity: "there is a moment, an actual time, when you believe something to be true, and you construct a meaning from these moments of conviction."

The Objectivists' emphasis on the "moment", the "actual time, " and the historical "situation" of their poetry, marks an important change from earlier phases of American poetic modernism(such as Imagism) that stressed the temporality of the creative act....The poetry of the objectivists, on the other hand, was highly aware of its historical situatedness, and much of the Objectivist writing of the 1930s reflected a left-wing politics that was in direct response to the conditions of Depression-era America. In this respect, the goals of the Objectivists overlapped with those of politically radical poets of the 1930s...[6]

客体派还从伦理或政治的角度来使用"真诚"的概念。大多数的客体派诗人要么是共产党员，要么是20世纪30年代赞成共产主义的非共产党人士。同在他们之前的现代主义作家不一样的是，这些人大都有着都市、犹太人和工人阶级的背景。对于他们来说，真诚意味着对社会、政治环境的一种顺应。乔治·奥本争论道，真诚的客体派诗人可能会反对传统的后浪漫主义诗学。"真诚"的诗歌不应该根植于隐喻或那些主要用来娱乐读者的意象上，诗歌应该只传达"诗人试图找到自己在世界上的地位"这一主题。是诗人语言的真实性能最终检验他的真诚性："有一个时刻或一段实际的时间，你相信某件事情是真实的，你从相信之时起就建构意义"。

客体派强调"时刻""一段实际的时间"及诗歌的历史环境，这一强调标志着一个重要的变化，即客体派不同于强调创新性行为短暂性的早期美国诗歌现代主义（譬如意象主义）。从另一方面来说，客体派诗歌高度地意识到历史环境的重要性，20 世纪 30 年代很多客体派诗歌作品反映了直接回应大萧条时期美国社会环境的左翼政治学的态度和观点。在这一方面，客体派的目的同 20 世纪 30 年代政治激进派诗人的目的是一致的。

从上面的论述，我们可以得知，客体派大多是共产党员或支持共产党员的非共产党人士，他们大都注重社会和政治环境对人的作用，即他们大都吸取了马克思的社会存在决定社会意识的观点。他们所提倡的真诚即是对马克思这一理论的信奉。根据马克思对资本主义社会的考察，社会上存在着不同的阶级，人分属于这些不同的阶级。诗人的任务就是要找到自己在社会上所属的阶级和地位。真诚的诗歌就是要反映或再现诗人的这一任务。这一特点在意象主义诗歌中是不明显的，也是意象主义诗人所没能特别强调的，但客体派诗歌大都具有上述特征。客体派诗歌对这一特点的要求使它同左翼政治学具有了一致性。另外，客体派注重"时刻"或"一段时间"，它不同于意象主义关注动作行为的"瞬间性""短暂性"。当然，客体派所注重的"时刻"或"一段时间"其时值较长，一般能持续一个较长的时间段。

从此处的分析阐述，我认为，《红色手推车》与"客体派"诗具有重叠之处。从美学角度来看，该诗具有客体派诗的一些特点，这是无可置疑的。诗人从日常生活中摄取创作素材，并对它们进行艺术描写，赋予它们以声音、结构、音调或形式。这些素材进入到诗歌中后，成了一个个鲜明、生动的意象，表达出深邃丰富的思想感情。从伦理、政治角度来看，它也符合客体派诗歌的创作要求，它以红色手推车这一普通的物体为媒介，讴歌了美国社会普通的人民群众，赞美了他们乐于助人、勤勉奉献、吃苦耐劳的精神品格，同时它又隐含性地批判了 20 世纪 30 年代美国社会上流行的自私自利、虚伪浮华的社会风习。这一主题就具有了马克思主义站在劳动人民的立场上，同情工人阶级的不幸遭遇，赞美他们身上所具有的创造历史、创造世界的闪光精神的特点。20 世纪 30 年代，美国社会上资本家囤积巨奇、巧取豪夺，过着奢侈淫逸的生活，但很多工人农民则生活艰难，虽然他们为社会创造了巨大的物质财富。该诗与客体派诗不相重叠的是，《红色手推车》中所触及的时间是瞬间性的。红色手推车经雨水的洗刷闪闪发光，在它的旁边，白鸡在啄食，作者所观察到的这些动作行为是瞬间即可完成的，故从这个特征来看，该诗不宜看作一首客体派诗歌，应算作一首意象主义诗歌。

对此，学术界也有相同的看法。有不少人也将该诗归入意象主义诗，如克里斯托弗·毕契 (Christopher Beach) 曾指出：

"*The Red Wheelbarrow*" is undoubtedly Williams' most famous poem,… and partly because it is such a vivid example of the poem adopting Imagist techniques within a highly controlled form.[7]

《红色手推车》毫无疑问是威廉斯非常著名的诗歌，……这部分地是因为它是一个在受到高度限制的形式下采用意象主义技巧非常生动形象的例子。

从上面的论述，我们可以得知，《红色手推车》应是一首典型的意象主义诗歌。区别客体派诗歌与意象主义诗歌的关键是上述克里斯托弗·比契的一段论述。但这两种诗歌有重叠之处，如意象主义诗歌也会触及伦理、政治环境对人的作用和影响，只不过客体派诗歌对此更为强调罢了。有的论者将威廉斯这首诗歌列为客体派诗歌，如张子清先生曾说道："用以体现客体派美学趣味的典型诗篇，评论家们一般都举他著名的《红色手推车》为例。"[8]。张子清先生还为此提供了理由，他认为该诗符合客体派诗歌的两条审美原则："（1）强调客观地表现事物；（2）通过客体表现思想感情。"[9]这两条原则其实也是意象主义诗歌所具有的典型的艺术特征。以这两条原则来判断一首诗是不是客体派诗，是难以做出明晰准确的判断的，故要判断一首诗是客体派诗，还是意象主义诗，还是应以克里斯托弗·毕契的上述论述为准。

意象主义是庞德、艾米·洛厄尔（Amy Lowell，1874—1925）和希尔达·杜利特尔（Hilda Doolittle，1886—1961）发起的诗歌创作运动，庞德是这一运动的倡导者和领袖，他为意象主义订立了创作原则。意象主义的这些创作原则深得威廉斯的喜爱，他迅速地成了意象主义运动的主要参加者，并创作了不少的优秀诗篇。该节所论述的《红色手推车》一般被认为是其最优秀的意象主义诗歌，威廉斯也因此诗获得了"红色手推车"诗人的称号。该诗与庞德的《在地铁站》常并列地选入很多"美国文学选读"教材中，让读者学习、欣赏和研究。威廉斯以其独特的诗歌审美观及大量的诗作为美国民族主义文学的发展做出了自己的贡献。

威廉斯在 20 世纪第二个十年很多人热衷于追逐奢华生活的时期，以一首短小精干、清新优美、散发着淡雅芬芳的诗歌奉献给了广大读者，它让那些满脑子金钱万能、物质至上念头的人从噩梦中惊醒过来，认识到自己的人生目标是何等的卑微，自己的生活方式是何等的无聊。威廉斯借红色手推车歌颂了普通的劳动者，借红色手推车礼赞了普通劳动者高尚、纯净的情操，认为是他们能代表美国的形象。这一点，威廉斯与 19 世纪下半叶的惠特曼是有着相似之处的。惠特曼在其很多诗篇中也热情地讴歌了美国的普通劳动者，颂扬他们为美国的建设和发展做出的了不起的贡献。很多研究者认为，威廉斯的诗除了受到庞德等人的影响外（他创作了不少的意象主义诗歌），还继承了浪漫主义传统。从他的诗歌主题与惠特曼诗歌主题具有相似性这一点来看，这些研究者们的看法是可取的。区别在于，惠特曼的浪漫主义感情在诗中是以奔放、热烈的方式倾泻下来的，而威廉斯的浪漫主义感情则如涓涓细流，蜿蜒地流淌于山谷、绿丛之中，这样的浪漫主义感情需要人们透过诗中的意象才能清晰地捕捉到。

威廉斯对普通劳动者的赞美对立于美国 20 世纪第二个十年的时代风尚，但它却为美国梦船帆的修复提供了指南，美国梦的航船因第一次世界大战的爆发而不幸地搁浅了，战后尽管美国政府注重经济的发展，人民物质生活水平的提高，但人民精神上的创伤则并没有在短时期内恢复过来，威廉斯的诗能以其质朴、坚韧、勤勉的个性给尚处于迷惘状态中的美国人民以力量、信心，使他们能重振精神，重鼓斗志，以脚踏实地的勤奋精神重新扬帆起航，将美国梦引向灿烂的明天。

参考文献：

[1] 常耀信. 美国文学简史 [M]. 天津：南开大学出版社，1990：260.

[2] 常耀信. 美国文学简史 [M]. 天津：南开大学出版社，1990：260.

[3] Christopher Beach.20 世纪美国诗歌 [M]. 重庆：重庆出版社，2006：

100.

[4] 常耀信. 美国文学简史 [M]. 天津：南开大学出版社，1990：261.

[5] Christopher Beach.20 世纪美国诗歌 [M]. 重庆：重庆出版社，2006：108-109.

[6] Christopher Beach.20 世纪美国诗歌 [M]. 重庆：重庆出版社，2006：109.

[7] Christopher Beach.20 世纪美国诗歌 [M]. 重庆：重庆出版社，2006：99.

[8] 吴富恒，王誉公. 美国作家论 [M]. 济南：山东教育出版社，2006：967.

[9] 吴富恒，王誉公. 美国作家论 [M]. 济南：山东教育出版社，2006：967.

第二节　论威廉·卡洛斯·威廉斯和他的《春天及一切》

Spring and All

William Carlos Williams

By the road to the contagious hospital

under the surge of the blue

mottled clouds driven from the

northeast—a cold wind. Beyond, the

waste of broad, muddy fields

brown with dried weeds, standing and fallen

patches of standing water

the scattering of all trees

All along the road the reddish

purplish, forked, upstanding, twiggy

stuff of bushes and small trees

with dead, brown leaves under them

leafless vines—

Lifeless in appearance, sluggish

dazed spring approaches—

They enter the new world naked,

cold, uncertain of all

save that they enter. All about them

the cold, familiar wind—

Now the grass, tomorrow

the stiff curl of wildcarrot leaf

One by one objects are defined—

It quickens: clarity, outline of leaf

But now the stark dignity of

entrance—Still, the profound change

has come upon them: rooted, they

grip down and begin to awaken

　　从第一节，我们知道，威廉斯是个医生，写诗是他的业余爱好，其实，他还有一个爱好，即绘画。这两个业余爱好对于威廉斯来说是不矛盾的，这在他的很多诗作中，我们都可看到威廉斯将画家的一些创作方法、创作特点成功地应用到诗歌创作中。第一节《红色手推车》中就有绘画的一些显明特点。诗人以锐敏的观察、极其简略的素描手法将日常生活中的一段场景非常生动地呈现于读者的面前。在《春天及一切》中，诗人再次通过精细深邃的观察将自然界中风云树草的形象特点意趣盎然地再现了出来。当然，作家的创作大都奠基于观察，但画家的观察同作家的观察相比，应当说会更加的细致、更加的深透、更加的锐敏了。根据观察到的结果，画家给予读者的是一幅涵纳多种景观、多种元素、多种事物的图画，而诗人观察到的结果，他所给予读者的则是场景中最为典型、最为突出、最能吸引人目光的一些景观、事物等。威廉斯既是一名诗人，又是一名画家，即使我们不了解这一背景，单看他的作品，我们也能看出他的诗歌作品所具有的绘画特点。他的很多诗作画面感很强，读其诗，就宛如在欣赏一幅画一样。下面，我们来研究一下这首带有绘画特点的诗作。

一、大意解读

在通往传染病医院的路上，颙望苍穹，只见从东北方向吹来的冷风将带有斑点的蓝云吹来，云层汹涌而至，如奔腾的潮水。远处，泥泞的旷野一片荒芜，上面长满了枯黄的干草，这些草有的站立着，有的则倾伏了下来。还可看到一片片的死水潭及零零落落的树木。

沿途还可看到一些低矮的灌木丛和小树，它们有的呈微红色，有的呈淡紫色，有的枝干分了岔，有的树干直立，还有的长满了根根纤细的枝条。在它们的下面是一些枯死、干黄的树叶和毫无生机的藤蔓。

春天以他那外表看上去毫无生气、慵懒懈怠、昏昏然的形象走近了我们。他们赤裸着身子进入这个新的世界，浑身冰凉，对一切都不确知，除了这个他们进入的世界。在他们的四周是冰冷熟悉的风。

今天是这些草，明天就是野胡萝卜坚挺的卷叶，一个又一个自然界的物象都会被清晰地表示出来，即这些自然界的物象会一个又一个地显示出春天来临的迹象。它们会随着春天步伐的加快而很快地变化、生长，它们会很快地变得明晰，像叶子的轮廓会变得非常的分明。

但进入春天世界的方式是极有尊严的，自然界的万事万物是依靠自然周期的循环，依靠不同季节的轮回替换而进行着自身的变化的，从冬天进入春天，不是以一种哀求的方式也不是以一种被强迫的方式进入的，而是出于一种自觉自愿，是出于一种按自然的规律行事的方式而进入的。还有，深刻的变化已经降临到他们的身上：这些自然界的物象，它们深深地扎根于大地之中，它们同时又紧紧地抓住这个世界，这是个春天的世界，它们既然已来到春天，就得紧紧地依靠这个世界，它们已开始觉醒，即万事万物在春风中已开始复苏。

二、主题思想讨论

该诗述及了冬天刚刚逝去，春天即将来临，冬天刚刚启程返回，而春天已迈开了行进的脚步，这一不同季节转换期间自然界的万事万物发生着细微但却是清晰分明的变化过程。一般作家、诗人在描述这一变化时，会比较笼统、粗略，采用的手法是一种粗线条的，如很多作家、诗人会这么写道：春寒料峭，路边的树木开始泛青，原野上原本枯黄的草儿开始变绿，堤上的柳条也开始生出绿绿的嫩芽，风也不像前些时候那么刺骨了。这样的描写一般都比较简括、粗率。但我们读了威廉斯在这首诗中的描写，则觉得诗人的文笔非常的精确、细腻，这样的文笔无疑是根植于诗人十分精细的观察的。

该诗虽是一首短诗，但就其所包蕴的意义来说，可分为五个部分，这五个部分在意义上可以说是层层递进，相互之间又衔接紧密自然。第一部分为前八行，这一部分描写的是冬天的景象，因为冬天刚刚启程返回，故大地依然是冬天留下的萧疏、冷寂的景观：朔风萧萧，浓云汹涌翻腾，空旷的原野上一片泥泞不堪，寒风中的枯草有的已倾伏下来，有的还在直立着，到处可见潭潭死水和零零落落的枯木败枝。

从第九行至第十五行为诗的第二部分，这一部分写春天从冬眠状态中苏醒过来。春从外表上看去显得没有什么生机，懒散、困倦、昏昏沉沉、睡眼惺忪，这是因为他刚刚结束漫长的睡眠，睁开了双眼。我们看到沿途出现了各种春的景象，如灌木丛和小树有的出现了微微的红色，有的出现了淡淡的紫色，有的树枝分叉，有的直立，有的又布满了纤细的嫩条。这些都是春天张开了睡眼所出现的充满生机的景象。虽然在生机开始萌芽的自然景观的下面，是枯枝朽叶及老树死藤，但春的希望已在一堆灰烬中开始冒出星星之火，春如一位面容清秀的少女向人间走来。

从第十六行至第十九行为诗的第三部分，在这一部分，诗人是写自然界的万事万物是从寒冬严酷的自然环境中走出来的，他们进入到春天的世界，全身赤裸着，因为冬天的寒风冰雪、霜冻冷雨已打落了他们身上的枝叶花藤，此时冬虽已离去，但冬的凛凛威严仍使他们感到寒冷凄清，使他们对这个即将要进入的未知世界感到不确切、不能肯定，也没有把握。在他们的周围是熟悉的寒风，这寒风同冬日的风无甚区别。

从第二十行至第二十三行为诗的第四部分，在这一部分，诗人写出了春姑娘脚步的轻盈、快捷。随着春的临近，自然界的奇花异卉，一个个显出晶亮、清新的颜色，今天是青草，明天就是野胡萝卜坚硬的叶儿，它们一个个会从枯死、干黄的状态中显现出点点生机来，很快地，它们会明亮清晰起来，我们会看到叶的轮廓，花的纤小的蕾苞等等。这一部分告诉我们，和暖的春天毕竟已降临人间，自然界的一切都会随之而发生变化，冬的严寒尽管仍然会发施着淫威，但毕竟已江河日下了，被它摧残至死，长期处于枯黄状态的草叶、花藤会在春风的吹拂下渐渐地露出生机。这一部分还告诉我们，旧事物终将死亡，新事物终将诞生，这是自然的规律，这是不以任何人的意志而转移的。旧事物在其行将退出它的活动舞台之际，仍然会跋扈张扬，但它依然会被强劲的新生事物所取代，这是自然界的必然规律，其实也是人类社会的必然规律。

从第二十四行至第二十七行为诗的第五部分，在这一部分，诗人写出了春天的尊严，即春品格的高贵、纯洁。它给人间带来的深刻的变化是自然界的规律所使然。它的到来是自然的、合理的，符合科学和逻辑的。春不是肤浅的，她的到来也不会是瞬间即逝的，她扎根于大地的土壤之中，有着坚实的基础，她还紧紧地抓住她周围的世界，与这个世界紧紧地联结在一起，她开始从冬天的睡眠中彻底地苏醒过来，开始以她特有的天赋、能力来塑造这个世界了。

以上五个部分的意义层层相关，层层深入。威廉斯对冬去春来的密切关注，对自然景观的细致观察和精确描写对 20 世纪第二个十年的美国社会形势有着深刻的影射。该诗发表于 1923 年，20 世纪第二个十年通常被称为繁荣的十年，因为在这十年中，美国迅速从因一战的爆发而给经济带来的消极影响中振作起来，彻底地实现了工业化，经济出现了快速的反弹。从 1921 年至 1922 年间，全国的国民生产总值增长了 15%。许多人增长了经济收入。但这十年对美国的农村来说，却景况大不如从前。在整个这十年中，美国农场主所生产的产品一直要多于美国市场所需的产品，生产供过于求，导致了农产品价格的下降。

1921 年，美国农业收入大幅度地下降，农场主的收入跌至每年 517 美元，后来虽然慢慢地回升，但仍然未能"达到 1917 年至 1920 年的水平。"[1]另外，税收增长，购买生产必需品、化肥及必需供应品成本都使农民原本微薄的收入大大地缩减了。再者，"每英亩农田的平均价值按不变美元计算，在 1920 年至 1928 年期间下降了不止一半。"[2]

从本章第一节的论述，我们可以推知，威廉斯是个有着共产主义倾向性的诗人，因为他后来加入了"客体派"，作为一名客体派诗人，威廉斯对劳动人民和工人阶级的生存状况及生活情形是非常关注的，也是非常关心的。在一战期间，为了响应政府对粮食的巨大需求以适应战争的需要，农产品的出口比原来增长了三倍。战后，因欧洲农场主们迅速地恢复了生产而使得农产品的价格普遍的下降。这样，美国农产品的出口数量也就随之下降了。美国农民所生产的农产品在国内出现了供大于求的局势，影响了农民的收入、生活水平的改善。

一战就像冬日的严霜冰冻，而一战后所出现的农产品价格的下降，供大于求的局面，这些都是一战残余的淫威所发挥的恶劣影响。但这样的影响是不会长久的，因为一战毕竟已经结束，其余威只能是点点星火，不可能形成燎原之势，欧洲和美国都已从战争所造成的滞后、疲乏状态中振作起来，致力于发展生产，恢复经济，美国的制造业、住房建设、广告业、银行业、股票市场和科学技术等都获致了很大的发展，这些与农业密切相关的领域的发展就如同初春时的纤纤嫩条、泛红变紫的枝叶、青青的草地一样会给农民带来希望和憧憬，它们的快速发展总有一日会带动农业状况的好转，会带来农业的腾飞。这是因为一个社会各行各业都不是彼此孤立的，它们是相互依存、相得益彰的。工业、住房建设、银行业等，尤其是科学技术的发展和进步势必会带来农业的大发展，这是不以任何人的意志而转移的社会发展规律。农民们一定会迎来绿树葱葱、阳光明媚的春天。

1918 年结束的第一次世界大战意味着对西方资本主义世界所造成的生命、物质上的伤害和打击的结束，但并不意味着对西方精神、心理上的伤害和摧残的结束。一战无情地破坏了西方传统的价值观。这一惨烈、震惊寰宇的世界性大屠杀，即使在结束以后，仍使人感到其强烈的恐怖性、刺鼻的血腥味。西方世界的人们在很长一段时间内仍感到其余威未散。美国人因传统价值观的破碎而对人生、社会产生了深深的失望感和幻灭感。有的人，尤其是一些知识分子、作家因极度的悲观和哀痛而不得不离开美国，移居巴黎和欧洲的其他城市。还有的人在旧价值观消亡而新价值观尚未产生之际疯狂地追逐奢华、颓废的享乐主义生活。有的喝烈性酒，有的跳爵士舞，还有的沦为啪啦女郎。这些严重的社会问题都是一战给整个美国社会所带来的弊病。它们就如寒冷的冬日离去后，人们依旧看到满地的枯枝败叶、一丛丛的荒草、一潭潭的死水、萧疏零落的树木、毫无生气的枯藤一样，让人战栗、哀戚。人们即使已进入一个崭新的时代，预备投身于战后的国家建设工作，但仍能时不时地感受到战争时期那种伤害人、摧残人身心的野蛮淫威在发挥着影响。就像诗中所说，人们在进入春天世界的最初日子里，能感受到四周冷风呼啸，就如冬天凛冽的朔风一样让人寒战不已。有不少一战的退伍军人回国后发现原有的工作岗位已被那些未参加一战的人所占据，他们因之而失了业。他们还发现原先的企业在经历着经济萧条，这萧条阻止了人们去找到新的工作。这些退伍军人被社会视为问题孩子（problem children），不管对于什么样的工作机会，他们都要比那些未参加一战的人要更不受欢迎。住在家乡和住在自己的家里一样，他们都会感到强烈的不适之感。

　　但历史地来看，所有这些社会问题都会随着一战的结束，随着人们离战争的硝烟越来越远而逐渐得到解决。因为20世纪第二个十年，一个新的时代已经到来，人们由对战争的憎恶、厌倦而对和平、建设投去了期待的目光。美国人加快了经济发展的步伐，促进了经济的普遍繁荣。产量稳定地增长，许多美国人过上了富裕、幸福的日子。股票市场兴旺发达，因人们期盼着繁荣能持久地延续下去，故而增强了投机的胆量。失业率也较前大大的降低，那些退伍军人找不到合适岗位的现象是不能持久的，它会随着经济的持续繁荣、社会的改革和进步而逐步消失。新时代就如春风一样，它会吹遍社会的每一个角落，给人们带去春的温暖和关怀，春的生机和希望。

　　新生事物的诞生和发展，旧事物的逐渐消亡，这是历史、时代发展的必然规律。在新生事物诞生之初，因旧事物的长期影响还在，它还会通过各种途径和方式对新生事物进行破坏、摧残和打压，但因时代不同了，旧事物尽管仍然穷凶极恶，但毕竟已走到了生命的末尾，成了明日黄花，新生事物在新时代春风春雨的滋润下会顽强地生存下来，并茁壮的成长。新生事物的产生因符合历史发展的必然性，故是有尊严的。它扎根于生活，来源于基层，故它有着坚实的基础，它能与时俱进，始终保持清醒的意识，始终随着时代的大潮前进，而逐渐成为社会的栋梁之材，时代的中流砥柱。

该诗激扬着一股向上的精神，它对处于新旧交替时期，身心仍受到旧势力摧残的人们来说有着极大的鼓舞作用，使他们能在沉沉黑暗中看到黎明的曙光，也使他们能鼓起信心和勇气与新生事物同心相应、同气相求。

三、艺术特征分析

该诗语言朴素、清丽，描写十分细腻、逼真。诗人敏锐的观察力将冬去春来时万物的情状、变化的特征十分精确而生动地展现出来。诗的象征色彩非常浓郁，冬去春来象征着旧时代的结束、新时代的到来。诗人以自然界季节的轮回转换来影射社会形势的变化，写得十分自然、深刻，含蕴既优美又丰厚。

该诗的意境富于变化。意境的变化是通过选词来实现的。第一部分诗的意境显得低沉、凄冷、哀戚。因为在这一部分，诗人选用了一些能引起这些情感的词语，如 "contagious" "surge" "cold" "waste" "muddy" "dried weeds" "fallen" "standing" "scattering"。这些词语在人们心目中所唤起的感觉是那种寒冷的冬日在自然界肆虐而给人们心灵所带来的一种特殊的感觉。尤其是 "contagious" 的使用，让人联想到 "死亡" "生命垂危" "病入膏肓" 等。该词用在第一行能迅速唤起人们哀痛的感情，并引起人们对冬日的憎恶。由这些词语所营构出的画面是万物萧条、百草枯黄、百花凋零、寒风凛冽、河水断流的凄冷的冬日图景。但从第二部分开始，诗的意境开始发生变化。死气、疏落的画面上开始出现些微的生机。"reddish"（微红的）"purple"（淡紫的）"forked"（分岔的）"upstanding"（直立的）"twiggy"（纤细的），这些词语能给人一种大地生机显露、万物萌生的感情，意境也变得活跃起来。但在余下的数行中，意境又一次变得低沉起来，"dead, brown leaves"（枯死的黄叶）、"leafless vines"（落光了树叶的藤蔓）、"Lifeless in appearance"（外表毫无生气）、"sluggish dazed spring"（慵懒、昏乱的春天）、"naked, cold, uncertain of all save that they enter"（赤裸着身体，冰冷凄清、除了所进入的这片世界对其他的没有确定感）、"All about them the cold, familiar wind"（四周是冰冷、熟悉的寒风），这些词语、结构的使用将第二部分开头两行的意境又一次地逆转过来，人们感受到的依旧是一片死寂、萧条、冷清的气氛。但在第四部分，诗的意境在上面的基础上再一次地发生逆转。青草、野胡萝卜坚挺的卷叶、一个又一个物体变得清晰明朗起来，这些都是初春的世界给人们显露的蓬勃生机，它们使诗的意境由灰暗、阴鸷变得温和、明亮起来。总体来看，诗的意境如一首乐曲一样，抑扬顿挫、跌宕起伏，节奏分明，读起来趣味盎然。

该诗没有统一的韵式，韵押得很少。只有第一节第三、四行押了一个全同韵，还有第六节第二、四行又押了一个全同韵，其余各行末尾均不押韵。

全诗用了一些头韵和行内韵，请看：

1. 头韵，如在第一节，第一行的 By、第二行的 blue、第四行的 Beyond、第五行的 broad 和第六行的 brown，第一行的 the-the、第二行的 the-the、第三行的 the 和第四行的 the，第一行的 contagious、第三行的 clouds 和第四行的 cold，第四行的 wind、第五行的 waste 和第六行的 with-weeds，第三行的 mottled 和第五行的 muddy，第三行的 from 和第六行的 fallen，第二行的 surge 和第六行的 standing，第三行的 driven 和第六行的 dried；在第二节，第一行的 standing 和第二行的 scattering；在第三节，第一行的 road-reddish，第三行的 stuff-small，第三行的 bushes 和第四行的 brown，第四行的 leaves 和第五行的 leafless；在第四节，第一行的 sluggish 和第二行的 spring；在第五节，第一行的 They-the、第三行的 that-they-them 和第四行的 the；在第六节，第一行的 the 和第二行的 the，第二行的 curl 和第四行的 clarity，第二行的 wildcarrot 和第三行的 One-one，第二行的 leaf 和第四行的 leaf；在第七节，第一行的 But 和第四行的 begin，第一行的 the、第二行的 the 和第三行的 them-they，第一行的 stark 和第二行的 Still，第一行的 the、第二行的 the 和第三行的 them-they，第一行的 stark 和第二行的 Still，第一行的 dignity 和第四行的 down。

2. 行内韵，如在第一节，第一行的 the-the，第二行的 the-the；在第三节，第一行的 the-the；在第六节，第三行的 One-one。

上面的这些韵，尤其是大量的头韵为这首现代主义诗歌带来了乐感。因该诗没有韵式，尾韵用得特别少，故上述的头韵和行内韵使诗歌平添了不少的韵味。

　　该诗应属于一首自由诗，诗行长短不齐，诗节长短有别，有的诗节有六句诗行，有的诗节为四行诗节，而有的则为两行诗节。诗行的节奏类型，从传统格律诗的角度，难以确定。诗行的音步数也难以分辨。有一些诗行以定冠词"the"结尾，还有的诗行以介词"of"结尾，这在格律诗、现代格律诗、半自由半格律诗中都是十分罕见的，因此该诗只能算作一首自由诗。诗人对诗节、诗句、诗行的安排极其随意，一切尽随诗人思想感情的变化来安排。

　　自由诗是 19 世纪美国浪漫主义诗人惠特曼所创立的一种诗体，前一节述及，威廉斯的诗歌主题与惠特曼的诗歌主题有重叠之处，另外，他诗歌的抒情性与本土主义精神也都与惠特曼有相近之处。这里，从诗体上，威廉斯也吸取了惠特曼自由诗的特点，形式自由奔放，不受约束。威廉斯一直对爱略特的诗风进行强有力的抨击。爱略特的《荒原》是一首十分注重传统格律使用的诗歌，但他在《自传》中却对《荒原》进行了猛烈的攻击，认为："《日晷》(*The Dial*) 出人意料地出版了《荒原》，我们所有的快乐都结束了。它像一颗原子弹落下来，摧毁了我们的世界。我们向未知领域的所有冲锋化为灰烬。"[3] 他还认为："《荒原》明显脱离了美国的本土风格，即'西部方言'，却'遵从着课堂英语的精华'"。[4] 他诗歌的语言简易，句法、词法结构较为松散，但意义表达十分清楚、明白，遣词用语十分符合日常生活语言的特点。这些都是自由诗的语言特征，与爱略特遣词文雅、用语严谨华美、多用欧洲文学典故有着巨大的区别。

　　诗中应用了不少"跨行"技巧，诗行与诗行之间联系紧密，诗意表达流畅连贯、自然真切。这一技巧在该诗中的使用使诗带上了明显的口头话语的一些特征，进一步彰显了威廉斯喜用普通人语言和生活语言的节奏特点。

　　四、结语

　　该诗发表的 1923 年正值现代主义文学浪潮汹涌澎湃之际。在这一时期，出现了很多对刚刚结束的一战进行谴责的文学作品，该诗也同这些作品一样都对人类历史上这一震慑人心的世界性悲剧进行了抨击，诗人抨击的方式是隐喻性的、间接性的。诗人通过托物喻义的方法对一战给社会和人民带来的毁灭性影响和打击进行了批判和责难。他描写了在冬去春来的初始时期，在去往传染病医院的路上所见到的破败、凄凉、荒芜的景象，这一景象正隐喻了一战的炮火燃遍大地后所留下的满目疮痍、遍处荒蛮的情景。从这些描述中，我们能窥见诗人对一战的愤懑，对战争给社会、人类带来的灾难所怀有的忧虑、同情、哀婉的情感。

诗人在悲愤、同情之余，并没有失去对未来的信心，诗中所描写的春从漫长的冬天挣扎着走来，一路遍体鳞伤，但仍然在春风中慢慢地苏醒、坚强起来，最终让人们看到其鲜亮、明丽、富有尊严的形象，这形象正是人们心中久藏的希望、不灭的人生之火。这也符合现代主义作家、诗人在作品中对未来、新时代抱有强烈希望这一主题思想。

该诗除了在主题意义上具有现代主义作品的特色外，在艺术风格上它也是一首典型的现代主义诗作。该诗采用了象征手法，在诗体上采用了自由诗诗体，这些都是十分典型的现代主义文学作品的风格特征。

威廉斯在这一时期创作了一首能反映时代特征、人民呼求的诗作，为美国现代主义文学的浪潮增添了一朵璀璨的浪花，也为美国民族主义文学的发展做出了自己独特的贡献。民族的也是世界的。20世纪的现代主义文学在规模、影响还有艺术成就方面都是世界性的。美国诗人威廉斯在其诗中反映了现代主义文学的多方面的特点，他为美国的民族主义文学能追随世界文学运动的步伐，成为现代主义文学之林中一棵常青树做出了自己应有的贡献。

20世纪第二个十年，很多人经受着战争给人精神上的打击，幻灭感、失望感、悲戚感笼罩在人们的心头，有些知识分子因过度的悲痛、失落而离开了家乡，但威廉斯却没有失望，也没有移居国外，一生大部分时间都是留在国内，只有两次赴欧作短期旅行。从诗中对春的描写，我们可以看出诗人对美国文化的复兴、对美国梦的重新启航所持有的美好的憧憬。该诗对"爵士时代"那些沉沦潦倒的年轻人，对20世纪第二个十年那些因农业的萧条而生活困苦的农民，对那个年代孤独哀伤的知识分子都会带来人生的希望，使他们能重新振作信心，增强力量，为美国梦的腾飞助力、加油。

参考文献：

[1] 卡罗尔·帕金，克里斯托弗·米勒，等．美国史（中册）[M]．葛腾飞，张金兰，译．上海：东方出版中心，2013：570.

[2] 卡罗尔·帕金，克里斯托弗·米勒，等．美国史（中册）[M]．葛腾飞，张金兰，译．上海：东方出版中心，2013：570.

[3] 萨克文·伯科维奇，马睿，陈贻彦，刘莉，译．剑桥美国文学史第五卷 [M]．北京：中央编译出版社，2009：214.

[4] 萨克文·伯科维奇，马睿，陈贻彦，刘莉，译．剑桥美国文学史第五卷 [M]．北京：中央编译出版社，2009：217.

第三节 论威廉·卡洛斯·威廉斯和他的《无产者肖像》

Proletarian Portrait

William Carlos Williams

A big young bareheaded woman

in an apron

Her hair slicked back standing

on the street

One stockinged foot toeing

the sidewalk

Her shoe in her hand, looking

intently into it

She pulls out the paper insole

to find the nail

That has been hurting her

如前文所述，威廉斯早年曾深受意象主义的影响，意象主义那简洁、精炼、真挚、质朴的文风非常符合威廉斯对美国诗歌所应具有的艺术风格的看法。1928 年春天，当他遇到时年 28 岁、居住在纽约城的青年诗人路易斯·朱科夫斯基时，他深深地为这位诗人的诗作所反映出的艺术才华所吸引，在他的身上，他看到了"现代主义运动另一轮大潮涌动"的可能性。威廉斯对朱科夫斯基产生强烈兴趣的原因，除了其才华横溢的诗作外，还有就是他是 20 世纪 30 年代早期"客体派"运动最重要的领袖。"客体派"从某种意义上来说是意象主义的一种延伸和发展。意象主义是从 1908 年开始其诗歌实验的新纪元，至 1917 年它开始走向尾声，20 世纪 30 年代开始，朱科夫斯基以其蓬勃的朝气和高雅的艺术审美力大力地推进客体派运动，这就难怪威廉斯从他的身上能看出现代主义的澎湃浪潮会再一次地涌动卷起。上面的《无产者肖像》就是一首客体派诗歌。下面本节具体研究一下该诗。

一、大意解读

一个高大的年轻妇女，没戴帽子，穿着工作裙，站在街上，她的头发向后梳着，修饰得很整洁。一只穿袜子的脚，脚趾踮在人行道上，她的手里拿着鞋，正目不转睛地朝鞋里看着。她从鞋里抽出纸垫，发现有一只钉子一直在刺痛她。

二、主题思想讨论

该诗描述了街头发生的一场极其短暂的生活情景。威廉斯的很多诗都具有这样的特点，素材、题材均取自于人们普通的日常生活，读后，读者普遍感到它们是人们在日常的生活、工作、劳动中所经常遇到、一般不引起任何注意的平凡小事，诗中的人物也是社会上极其平凡、普通的小人物。有些诗就创作于他的门诊办公室，他看病之余凝望窗外，有时会发现一些让他甚感兴趣的人、物、事，于是他诗兴油然而生，信手就在处方上将诗句创作而成。像这首《无产者肖像》中所描绘的情景就应是威廉斯在工作之余不经意间所发现的情景，它引起了诗人的注意，诗人沉吟稍许，觉得颇有意味，便提笔欣然而成。

前两首诗描写的对象都是物，第一节写的是手推车，第二节写的是冬去春来时自然界的各种景物，这首诗与它们不一样，它描写的对象是人。这首诗中所出现的人物形象是一个身材高大的青年女子，她穿着工作裙，没有戴帽子。从第一、二行的描写中，我们可以推知，这是一个普通的工人妇女，由于天天工作、干活，上街时仍然穿着工作裙，这正应合了题目中所言的无产者的形象。符合这一形象标准的还有就是关于鞋垫的描写。年轻女子所用的鞋垫不是皮做的，也不是布做的，而是用纸制成的，即"paper insole"。这一词语同"apron"（工作裙）一样颇能显示出这一妇女的社会地位及阶级身份。诗人对这位妇女的形象是抱有欣赏之意的。他看到这位妇女头发向后梳着，且修饰得很整洁。妇女年轻、魁梧、爱整洁，这是威廉斯所认可的工人妇女的形象。

在余下的几句诗行中，我们了解到这位妇女在走路时可能感觉到一只鞋子里有个东西在刺她的脚，她于是在人行道上停了下来，脱下鞋，仔细地在里面查看，结果发现在鞋垫下面有只钉子在刺她。

诗人将生活中这一极其渺小的情景以非常简约的文笔十分生动地再现了出来。诗看上去十分浅显、简约，但实际上却含蕴深厚。该诗具有意象主义诗歌的一切特点，但说它是一首客体派诗，则更为适宜，因为诗中描写的人物形象是一位工人阶级妇女，根据前文对客体派诗歌的介绍、分析，该诗满足了客体派诗歌的一些必要条件。另外，该诗作为一首客体派诗，它描写的故事所涉及的时间跨度要大于意象主义诗歌对其时间跨度的要求。年轻女子一只穿袜子的脚正踮着脚尖站在人行道上，鞋子拿在手中，她此时正目不转睛地朝鞋子里看，她抽出了鞋垫，找到了刺脚的钉子。这些动作不是瞬间可以完成的，它需要一个稍长的时间段。意象主义强调动作瞬间性、短暂性而客体派对时间的要求则要开放得多，时间的间隔应是一个较长的时间段。再者该诗创作于客体派诞生、发展的 20 世纪 30 年代，故该诗应属于一首典型的客体派诗。

　　诗中的年轻妇女应是 20 世纪 30 年代工人阶级的代表。诗中所描写的钉子在刺痛她的脚，而她在查找她的脚被刺痛的原因，这些都具有很强的影射性。它们影射了 20 世纪 30 年代美国的工人农民生活艰难困苦，很多人贫病交加、朝不保夕，整个的环境迫使他们失业、无法挣钱养家糊口这一实际惨状。

　　20 世纪 30 年代正是世界经济危机肆虐横行、暴殄天物的时期。此次危机首先爆发于美国，1929 年 10 月 24 日，随着纽约股票市场的狂跌，暴风骤雨般的经济大萧条迅速发生，很快，多家银行关闭，铁路、纺织、钢铁业盈利逐渐减少，农业、采矿业的亏损变得越来越严重。至 1928 年底，数千人离开农场，农业正在一步一步地走向危机。公司在逐步减员，银行系统在崩溃。全国的失业人口在剧增。到 1933 年时，失业率达到了 24.9%，9 万多家公司关了门。全国各地罢工、抗议集会、"面包进军"、租金暴动等相继出现，在与政府的冲突斗争中，有一些工人死亡。一些一战的退伍老兵，也失了业，因国会没有答应他们要求提前支付所承诺的退休金问题，而举行了抗议。政府动用了军队进行了驱赶，致使不少老兵受伤。

　　于美国首先爆发的这一经济危机迅速地扩展到整个欧洲和除苏联以外的全世界，它给人类社会带来最为沉重的打击。美国的人民普遍地挣扎在水深火热之中，忍受着从未体验过的饥饿、寒冷和困厄。诗中的年轻妇女走路时一直感到鞋底里有个坚硬的东西在刺她，这是世界性经济危机给世界人民带来灾难性、悲惨性影响的鲜明象征。感觉到了不舒服，年轻妇女进行了检查，结果发现，是鞋底下面的钉子一直在刺她。造成 20 世纪 30 年代美国人民的生活穷苦不堪，很多人从 20 世纪第二个十年豪奢富裕的生活状况一下子跌入低谷，有时不得不为日常的温饱、一日三餐的按时满足而奔波劳碌，他们感到从未有过的悲伤、疼痛，他们知道，这是经济危机的巨大影响。经济危机使贫穷不再成为那些一向被认为是无用的人或生活在偏远地区人的专利，它也涉及一些曾经的富翁，不管是蓝领还是白领的工人都成了生活艰难者。以前也曾经历过不少次的经济恐慌，但这一次，他们觉得非同以往，其波及的面之广、影响之深，是他们所未曾经历，也未曾预料到的。那么，造成这一经济危机的原因到底是什么呢？只有找出根本性的真正原因，才能精准地拔出这个钉子，人民也才能走出生活的低谷，享受阳光的灿烂。

经济危机的根本原因还是在于资本主义社会的基本矛盾，这一矛盾其实根植于资本主义社会的政治、经济制度。资本主义社会生产的社会化与其生产资料私有制之间有着难以调和的矛盾，这一矛盾未能得到很好的调和，有时会变得异常尖锐起来，而只要达至尖锐激烈的程度，就会酿成经济危机。经济危机爆发前，资本家盲目地扩大生产，而人民群众的购买力普遍的比较低，购买力远低于生产力，这显示出人民群众的物质生活水平处于贫困状况，社会上贫富悬殊过大。20世纪第二个十年，很多人生活奢侈，饮酒、跳舞、穿高档时髦服装，对于有些人来说，这一奢华现象是虚假的，因为他们可能追随了信贷消费的趣尚。信贷消费的过度膨胀，会产生市场的虚假繁荣，从而使生产和销售之间的矛盾加剧。另外，整个社会的生产，政府缺乏应有的监督、管理和有效的干预，经济发展上，自由放任思想严重，生产长期处于无政府状态。此次危机爆发的导火索是纽约股票市场的狂跌，其实，股票投机的过度正是经济虚假繁荣的典型表现，它不能真实地反映经济发展的真实情况，掩盖了社会的根本性矛盾。

经济的实质性疲软、生产的过度扩大、收入分配的不力，过度的赊账购买，以及越来越弱的经济部门，这些极其严重的社会问题隐藏于奢华耀目的新型轿车、快速扩张的美丽郊区的背后，当纽约股票市场的导火索点燃后，这些问题迅速酿成严重的经济危机，给人民带来史无前例的经济灾难。

针对引起危机的这些重要原因，于1932年当选为美国新任总统、取代了其前任共和党的赫伯特·胡佛的富兰克林·D.罗斯福开始积极推行新政，以恢复经济。罗斯福极力反对传统的自由放任的经济思想，加强了政府对经济活动的直接干预和指导，他颁布了《农业调整法》《全国工业复兴法》，为农业提高了利润，为很多家企业和工人的生产、经营和工作提供了法规保护。新政伊始，他就着手解决了银行危机，让很多人增强了存款的信心。罗斯福还为失业者提供了经济救助，到1939年结束之时，"约有4600万人曾经接受过某些形式的救济资助"。[1]罗斯福政府还成立了联邦紧急救济署（FERA），给各州和市政当局直接拨款以用于救济，又成立了公共工程建设署，"为各种各样有社会和社区价值的项目提供资金"。[2]政府所成立的土木工程署（Civil Works Administration）"为联邦、州和地方工程项目雇用了400万失业民众"。[3]罗斯福政府还设立了最低工资标准和最高周工作时间，为农民、老年人建立"权利"项目，给他们提供社会保障，为儿童提供福利，禁止使用 16 岁以下童工。

罗斯福的新政为很多人的生活带来了改善，使很多人的工作权利得到了保障，整个国民经济得到了改善。很快，工业产量就恢复到 1929 年的水平，失业率下降到 14%。通过新政的推行，地方与全国政府之间的关系也得到了彻底的改变，很多人觉得，政府有能力也有责任帮助穷人及其社区走出经济困境。

罗斯福的新政瞄准了美国社会的主要弊病及导致经济危机的直接和间接原因，为美国经济的恢复改善，为人民生活的稳定、提高展示了它强劲、有效的力量，也显示了它温和的人道主义关爱的一面。新政拨除了长期刺痛美国人身心的恶钉，为美国人迎来了灿烂的阳光，让很多人绽放出和怡、喜悦的笑容。

三、艺术特征分析

该诗选自诗集《先驱》（*An Early Martyr*），创作于 1935 年。诗人凭借自己精细、敏锐的观察将年轻女子在街边停下，查看鞋垫下刺脚为何物，并将铁钉拔出的细节以清新、简洁的语言十分真切地描写出来。该诗画面感也很强，用的是白描的手法，诗中没有浪漫的感情抒发，没有诗人的解说和评论，也没有任何说教化的倾向，诗人以具体、鲜明的意象把日常生活中的这一常见之景、平凡小事以朴素、精炼的方式再现于读者的眼前。但通过诗人的遣词用语，我们可以看到，诗人将自己的情感凝铸在诗的意象身上。仔细地阅读诗篇，细细地体味诗字里行间的意义，认真地品味、揣摩意象的意义、意象所代表的人物形象，我们会对诗所要阐说的主题意义、意象所反映出的人物性格特点有豁然开朗之感。

诗中的主要意象年轻女子是具体而实在的，确切而逼真的，所勾画的线条是分明的，虽然有些粗疏。诗人简要地描述了她在街头的动作，简单地描绘了她的外貌，通过简单的画面呈现，我们能领略到诗人的匠心独运。通过画面中墨笔的使用，线条的勾画，我们能在心底产生一种丰沛的情感。诗中的词语使用、意象的描摹能引起读者想象的情感，也就是说，诗中简要的笔触给读者留下了想象的空间，读者的想象加之诗中的词句所表达的意义能完成诗的全部意义。

该诗的上述特征与意象主义诗歌的有些特征是一致的，但因该诗描写的人物形象是工人阶级妇女形象，诗人注重了社会环境对具体环境中的人物所产生的影响，如年轻女子上街时都穿着工作裙，可见其工作的繁忙，另外年轻女子的鞋垫是用纸做的，可见其生活条件的艰苦；再加上诗人所描写的故事持续的时间段较长，这两个条件都说明该诗应属于一首客体派诗。

客体派诗歌的体裁也是自由诗，这一点同意象主义诗歌相同，该诗的诗体就是自由诗。各行长短不齐。全诗共有六节，前五节每节两行，第一行均较长，第二行均较短；第六节只有一行。全诗也不好用传统格律诗的节奏划分法来划分节奏，各行的音步数难以分辨。诗歌的节奏即为日常语言的节奏。

作为客体派诗，诗歌没有韵式，但有趣的是，第二、三、四节的第一行末尾都押上了近似韵，这或许是诗人无意为之，但它们毕竟带上了韵味，这使诗平添上了些微的乐感，对诗歌创作来说，这无疑是一件很好的事情，因它能保留传统格律诗的一些风格特征，在一定程度上做到了现代与传统的融合。

使诗歌具有一定韵味的还有就是头韵和行内韵的使用，请看：

1. 头韵，如：在第一节，第一行的 big-bareheaded；在第二节，第一行的 Her-hair，第一行的 slicked-standing 和第二行的 street；在第三节，第一行的 stockinged 和第二行的 sidewalk；在第四节，第一行的 Her-her-hand；在第五节，第一行的 the 和第二行的 the；在第六节，has-hurting-her。

2. 行内韵，如：在第四节，第一行的 Her-her。

上述的这些韵给这首短小的自由诗增添了不少的乐感，使诗读起来更加的流畅、自然。这些创作技巧和方法应是吸取惠特曼自由诗创作的技巧和方法所得的结果。它们使现代诗虽然同传统的格律诗在形式上有着巨大的鸿沟，但还能保留格律诗的一些风格特点，能做到在继承传统特色的基础上进行一定的创新。

四、结语

如前所述，该诗为一首客体派诗，诗歌发表的 1935 年正是客体派诗歌流行于美国诗坛的时间，那时，对美国的诗歌风格产生巨大影响，并很好地适应了美国现代主义文学发展潮流的意象主义运动早已销声匿迹，降下了它那素雅、清丽的帷幕，很多人仍然留恋于意象主义那清新流畅、独特雅致的文风，就在这时，由朱科夫斯基所发起的客体派运动于 20 世纪 30 年代早期酝酿、发展、成熟起来。客体派在大量地继承意象主义的很多特点的基础上进行了创新和发展，显示了它有别于意象主义的闪光的特征。威廉斯早年曾深受庞德的影响，创作过意象主义诗歌，但客体派诗歌似乎更合乎他的创作特点和审美趣味。威廉斯喜欢普通人的简朴、自然的生活，喜欢美国普通人清雅、明丽、朴实的生活语言，他力主本土主义，认为本土主义能代表文化的发展，反对学院派的文风。因此，客体派诗歌所具有的美学风格是非常契合威廉斯的创作特征和美学旨趣的。

威廉斯能追逐文学潮流的演变和发展，在 20 世纪 30 年代创作了一首极其成功的客体派诗歌，为美国的民族主义文学的发展做出了贡献。

关于意象主义诗歌和客体派诗歌，这二者之间虽有不少重叠之处，但它们之间是有重要的区别的，这在前文已有详细论述。关于这首《无产者肖像》，《美国文学选读》（第二册）在"注释"中有如下一句论述：

诗中，诗人用通俗、简练的语言，白描的手法，捕捉了大街上一位姑娘一瞬间的动作。[4]

编者将诗中姑娘的动作视为一瞬间的动作，他们还是有意要将这首诗列入意象主义诗歌范畴。但我在前文已对诗中年轻妇女的动作完成情况进行了详细的分析，认为那一系列的动作不是在瞬间就可完成的。该诗不能列入意象主义诗歌范畴，它应属一首客体派诗歌。对于意象主义诗歌和客体派诗歌，学术界有不少人常常混淆不清。我们在研究时应注意到它们之间的相同和不同之处，这对探究诗人不同的美学旨趣及其世界观上的侧重点也是非常有益的。

在世界观方面，客体派诗歌注重对工人阶级、普通民众生活境况的揭示和描写，该诗发表的 1935 年正是美国经济遭遇最大挫折，数百万人失业，数千家企业倒闭，几千家银行关门的经济大萧条时期。那时，不用说工人群众生活十分艰难，挣扎在死亡线上，就是很多的富豪也面临着人生从未经历过的贫困。客体派诗歌的诞生与这一社会、历史环境的特点是有着密切的关系的。作为客体派诗人，威廉斯将关切、同情的目光投向了那时普通的工人、农民及很多经济拮据、生活穷困潦倒的人身上，努力揭示社会环境对他们的巨大影响。兰德尔·加尔（Randall Jarrell）在其为威廉斯的《诗选》（*Selected Poems*，1949）所写的序言中曾指出，威廉斯佳作中的主要特质，就在于"慷慨与同情，道德与人性的吸引力"。其中的同情就是指对工人群众的同情，而道德与人性的吸引力也是指普通的工人阶级、农民阶级身上所具有的闪光的道德品质和善良美好的人性所具有的无穷的魅力。这一特点显示出客体派诗歌与意象主义诗歌明显的不同。

经济的大萧条、人民生活的困苦、各行各业发展的停滞不前表示了美国梦的万里航船已告搁浅，要想让这一巨舰重新扬起风帆，美国的政府和人民都知道，整个社会需要改革。罗斯福推行的新政使很多人看到了生活的希望、美国梦所发出的熹微晨光。新政的推行实施重新启动了美国梦这一历史巨轮，它排除了制约社会发展的关键瓶颈，拔除了让人民倍感生活痛苦、险难的恶钉，人民觉得生活的道路又可顺利、愉快地走下去了，轻便、快捷、适意的步履会一步步地将人民带入美国梦梦想成真的灿烂明天。

参考文献：

[1] 卡罗尔·帕金，克里斯托弗·米勒，等．美国史（中册）[M]．葛腾飞，张金兰，译．上海：东方出版中心，2013：645.

[2] 卡罗尔·帕金，克里斯托弗·米勒，等．美国史（中册）[M]．葛腾飞，张金兰，译．上海：东方出版中心，2013：647.

[3] 卡罗尔·帕金，克里斯托弗·米勒，等．美国史（中册）[M]．葛腾飞，张金兰，译．上海：东方出版中心，2013：646.

[4] 杨岂深，龙文佩．美国文学选读（第二册）[M]．上海：上海译文出版社，1987：101.

第四节　论威廉·卡洛斯·威廉斯和他的《寡妇的春怨》

The Widow's Lament in Springtime

William Carlos Williams

Sorrow is my own yard

where the new grass

flames as it has flamed

often before but not

with the cold firehx

that closes round me this year.

Thirty five years

I lived with my husband.

The plumtree is white today

with masses of flowers.

Masses of flowers

loaded the cherry branches

and color some bushes

yellow and some red

but the grief in my heart

is stronger than they

for though they were my joy

formerly, today I notice them

and turned away forgetting.

Today my son told me

that in the meadows,

at the edge of the heavy woods

in the distance, he saw

trees of white flowers.

I feel that I would like

to go there

and fall into those flowers

and sink into the marsh near them.

　　不管是作为一名意象派诗人，还是作为一名重要的客体派诗人，威廉斯都在 20 世纪美国诗坛上发挥了极其深远而显著的影响，这一影响不仅仅来源于他同当时著名的现代主义诗人爱略特在创作思想、审美风格上的严重对立，而且还来自他所创作的若干首清新独特、思想鲜明、风格朴质的诗篇上。威廉斯的诗，除 1946 年开始问世的《佩特森》外，大多数都为短小精干的小诗，有的诗短到只有两行，在语言表达上，大都十分的明白晓畅，一如平常的口语，但这些诗在其含义上来说，却并非那么简单，它们对社会历史环境、时代人生、人们的生存境况和未来的希望都有深刻的影射和所指。诗歌素材直接取自于诗人平时所见到、听到、接触到的生活环境，内容直接取自普通人的日常生活，但诗人能从这些看似渺小、微不足道的素材、内容中发掘出深刻的哲理，让人对社会、人生、未来产生无尽的、深邃的思考。他曾说过："写出一首诗／你能读得懂／……／但要费一些劲儿。"之所以要费些劲儿，就是因为诗人已将其深刻的含义蕴藏到那看似极其简单的词句中了。他不像爱略特这些诗人那样，乐于到欧洲源远流长、宏大精深的历史文化中去吸取营养，用一些希腊、罗马神话典故及莎士比亚、密尔顿等人作品中的故事、情节片段来影射他们所生存的时代、现实环境，说明他们对社会、人生的情思理想，他将其审美视界聚焦于美国人的普通生活，之所以这样做，他说道："因为在更光鲜的事物中，少有圣洁可以找到"。现实生活中蕴藏着美，包含着圣洁，深入生活，描写生活，就能发现美，就能为人们创造出一种神圣的、洁净的文学环境，人们读了作品后，就能产生圣洁的感情。

　　威廉斯除写过很多首意象主义诗歌、客体派诗歌外，还创作过无数首抒情短诗，这些抒情短诗大多能给人带来一股股清爽的风，让人产生纯洁、动人、回味久久的感情。上面的这首《寡妇的春怨》就是这样一首抒情短诗。下面，本文详细地研究一下该诗。

一、大意解读

忧伤是我自己的院子，在这里，新长出来的草儿像以前那样盈盈发亮，但今年萦绕着我的却不是以往那种碧绿的光泽，而是一种冰冷的光芒。我同我的丈夫在一起生活了三十五年。今天李树上长满了花朵，晶莹一片、皑皑雪白。樱桃树上也缀满了朵朵鲜花，有些花是黄色的，有些是红色的，这些花芬芳灿烂，但我心头的悲伤却比以前要厉害得多，虽然它们曾给予我快乐喜悦。今天，我注意到了它们，转身离开，把它们忘却干净。今天，我儿子告诉我，在远处密林边上的草地里，他看到了开满白花的树，我感觉，我想要到那里去，隐身于万花丛中，沉入花丛旁的沼泽地里。

二、主题思想讨论

全诗可分为三个部分。第一部分从第一行至第八行；第二部分从第九行至第十九行；第三部分从第二十行至二十八行。在第一部分，我们知道，女人同丈夫在一起共同生活了三十五年，现在丈夫已离世了。院子里的青草今年又长出来了，因春天来临，万物复苏，一派生机盎然，但今年给予女人的感觉却迥然不同于往年。往年，那诱人的新绿，那旖旎的清香让她喜悦备至，让她对生活产生无限美好的情感，但今年物是人非，清香犹在、青草依旧，但女人却一点儿感觉不到它的清芬，看不出它所蕴藏的旺盛的生机活力，她所能感受到的是一种冰冷、凛凛的感觉，那光芒让她战栗，让她惊悚。为什么会有这样不同的感觉呢？因为与她生活了三十五年的丈夫已经离世了，她感觉一个人孤零零地生活在这个世界上，非常的寂寞、冷清、索然无趣。此时，看花，花无色，闻草，草无味，自然界经过一冬风雪肆虐，随着冬天的脚步远去，春的脚步临近，春风和暖地吹来，花草树丛已开始慢慢地由黄枯泛青，一切都已透出春的气息，但因人的心境不同，情绪压抑、低沉、哀伤，此时外面世界再怎么五彩缤纷、绿意氤氲、春色满园，当事人仍会感到如同生活在寒风刺骨的冬天之中。

诗人这里应用了文艺创作中的"移情"手法，有关"移情"，我在探讨史蒂文斯创作《雪人》（*The Snowman*）一诗时，曾详细地进行了探究。人在特定的情境下会将自己的情绪投射到自然界的物体上，也就是说，审美主体将生命灌注到审美对象身上，使物与神游，二者同呼共应，同振共跳。诗中的寡妇因丈夫的去世，看一切景色都萧条无光、冷清凄惨，这是由于她将自己哀痛悲戚的心情投射到这些景色上所致。

在第二部分，诗人首先继续描写春天的景色，李树绽放，白花满树芬芳，晶莹剔透。樱桃树上红黄相间，花朵缀在玉柯上、琼叶丛里，也是清香缕缕。但女人心头的悲伤不仅未被花香所吹走，反而变得越来越沉重。鲜花开得盛况空前，热烈灿烂，女人心头的悲哀、伤痛也是非常的强烈，以致悲不能抑，痛彻心扉。这些鲜花曾给她带来欢乐、幸福，但今年，看到她们，她只能感到无尽的哀痛阵阵地向她袭来，无穷的哀思绵绵久久。她转过了身，想把它们全部忘掉。

在这一部分，诗人继续运用"移情"手法来描写丧夫给她所带来的巨大的痛楚和悲伤。

利用自然界中的各种景物来衬托主人公的心情、欲望、理想，这是一种"托物喻义"的手法。作者借客观事物或自然风景来抒发、畅叙自己的情思理想，讨论主题要旨，把深邃的哲理、深刻的主题通过对外界自然物的描写，婉曲、生动地表达出来。这种创作方法在诗歌创作中是经常被很多诗人所使用的，前面所探讨过的《红色手推车》《春天及一切》，诗人所应用的手法也多是托物喻义。

"托物喻意"是衬托手法中的正衬法，即以对一些事物的描写，来突出所要描写对象的特征、品质。衬托手法中还有一种叫反衬法，即利用一些事物作陪衬来突出所要表现的事物。这在诗歌中也应用得极为普遍。如"蝉噪林逾静，鸟鸣山更幽"，这里作者就成功地应用了反衬法，以蝉的噪声来突出林中的静谧，以鸟鸣来突出山的幽静。高尔基在《海燕之歌》中也应用了反衬法，如：

海鸥在暴风雨到来之前呻吟着——呻吟着，在大海上面飞窜，想把自己对暴风雨的恐惧，掩藏到大海深处。

海鸭也呻吟着，——它们这些海鸭呀，享受不了生活战斗的欢乐，轰隆隆的雷声就把它们吓坏了。

愚蠢的企鹅，畏缩地把自己肥胖的身躯躲藏在悬崖底下……只有那高傲的海燕，勇敢地、自由自在地，在泛起白沫的大海上飞翔。

雷声隆隆、狂风呼啸、电光闪烁、乌云低垂，暴风雨就要来了，这时海鸥被大自然的这一恐怖、奇异的景观吓得在海上乱窜，海鸭也给吓坏了，而企鹅则躲到了悬崖底下，但海燕则与它们有着迥然的区别，她在大海上展翅翱翔，时而昂起头颅，迎着那乌云、闪电骄傲地飞行，不惧任何危险、不怕任何风暴。

高尔基在这里以海鸥、海鸭、企鹅的胆怯来反衬海燕——他在诗中着力讴歌的典型形象的勇敢、坚强、高傲和胆大。

中国古代的诗人有不少会使用反衬法来突出所描写的主要对象，表达自己丰富深长的情感。如魏晋时期的潘安曾写过一首著名的《悼亡诗》，诗中有以下几句：

如彼翰林鸟，双栖一朝只。如彼游川鱼，比目中路析。春风缘隙来，晨霤承檐滴。寝息何时忘，沉忧日盈积。庶几有时衰，庄缶犹可击。

《悼亡诗》为潘安悼念亡妻杨氏所作。潘安与她生前感情很好，潘安为当时著名的美男子，很多女子对潘安钦羡不已，很想与其西窗共剪烛，花前月下倾衷肠，但潘安对杨氏感情甚笃，海枯石烂不变心。杨氏死后，潘安伤痛难忍。他在诗中说，他与其妻就如同翰林鸟和比目鱼一样，必须时时双飞同游，才能生存下去。而现在杨氏已弃尘而去，他在世上成了"一朝只"和"中路析"，形影相吊，形单影只，倍感凄凉悲痛。冬去春来，寒来暑往，爱妻已去两年。今又是春风骀荡之时，待在室内都能感到那缕缕春风从门隙间吹来，清晨，霤水从檐上流下，清爽怡人。一切都是春天那充满生机的景观。但诗人心头的忧愁却越来越深，难以消退，夜来辗转反侧，难以入眠。细雨霏霏，滋润大地万物，但诗人的哀思却丝毫无减，就如那万千雨丝一样纠缠在心上。此际，若想使自己哀思减弱点，那只能效法庄周击一下瓦盆了。诗人在此处应用了"投射"机制，即将自己心头的哀思、愁怨，烦恼投射到那和暖的春风和清凉的晨霤身上，使它们变得阴冷、无光起来。就创作手法言之，诗人用的是一种反衬手法，即以春风、晨雷来反衬自己心头的忧愁哀伤，春风阵阵来，晨雷滴滴流，潘安心头的忧伤也日日累积起来，变得越来越严重。

诗中还有以下几句：

皎皎窗中月，照我室南端。清商应秋至，溽暑随节阑。凛凛凉风升，始觉夏衾单。岂曰无重纩，谁与同岁寒。岁寒无与同，朗月何胧胧。

酷暑退去，素商应时而至。皎洁的月光洒满大地，也照耀在房屋的南端。此际，诗人的心绪会不会随着这朗朗秋日而变得开朗、愉快起来呢？不是的，诗人对亡妻的思念此际更加的殷切，他倍感衾单岁寒。心头的忧伤愁思随着秋天的到来而越发的绵绵无休。诗人用的是反衬手法，即以胧胧秋月来反衬自己心中的哀痛情感。从另一个角度来看，诗人将自己的灰暗、阴沉心理投射到明亮洁白的秋月身上，而使秋月无光。在这寒冷的日子里，没有杨氏与我同枕共眠，怎么会有胧胧秋月呢？不，不会有的。

南朝时的文学家沈约也曾写过一首悼念亡妻之诗，诗如下：

去秋三五月，今秋还照梁。今春兰蕙草，来春复吐芳。悲哉人道异，一谢永销亡。帘屏既毁撤，帷席更施张。游尘掩虚座。孤帐覆空床。万事无不尽，徒令存者伤。

在这首诗中，沈约写道，去年中秋的月儿，在今年的中秋又一次洒下清辉照在自家的屋梁上。秋去冬来，冬归春至，今年春天百花齐放，兰蕙吐芳，青草萋萋，到来年的春天，这些花草会再一次的清香四散。自然界如此，但人却不是这样，人一旦逝去，就永不会再来尘世。然而，在诗人看来，若自己最亲爱的人离开了人间，那么一切均会消亡。自然界中的万事万物，随着季节的更替变化，尽管会循环往复，生生不息，但在沈约的眼中，它们也会随着心爱的人的离世而香消玉殒。万事万物都会走到生命的尽头，这只能让生者感到伤悲哀痛。沈约之所以会有这样的认识，也是感情的投射使然，他将自己心中的哀伤投射到秋月、香草身上，尽管中秋的月儿皎洁浑圆，春天的幽草分外的妖娆、芬芳，但它们因作者哀伤的情绪的浸染，而失去其本来的光华和芳香，变得阴郁、灰暗、普通和平淡了。从创作手法来看，作者用的是一种反衬手法，即以中秋圆月、春天的香草来反衬作者心中压抑、沉痛、悲伤的情绪。

陆游在《沈园》一诗中也应用了反衬手法，请看：

城上斜阳画角哀，沈园非复旧池台。伤心桥下春波绿，曾是惊鸿照影来。

沈园其实还是沈园，春天来到，桥下碧波泛绿，以前的春天，爱妻唐婉曾将那翩若惊鸿的倩影印射在绿波之上，那是多么美妙的时光。但今天的春天，桥下的碧水依旧泛绿，但已失去了往年的光泽，池台也不是以前的池台了。诗人哀伤的情绪投射到绿波之上，使绿水失色。诗人以桥下绿水充满盎然的生机来反衬自己内心的伤痛、愁烦。

惠特曼在《从田地里回来呀，爸爸》（*Come up from the Fields, Father*）中也十分精巧地应用了反衬手法。诗人在第二节以抒情浪漫的笔触描写了秋天俄亥俄州的村庄里层林尽染、果树飘香、蜜蜂飞舞、天空彩云飘飘的喜人情景，作者以这样乐观的笔调来反衬下一部分母亲接到儿子在战场上阵亡消息的低沉、悲凉和沉痛心情。

反衬手法在中外很多著名的诗人笔下都被成功、精彩地使用过，产生了强烈的感染效果，具有极高的审美价值。潘安、沈约、陆游、惠特曼对之的使用与威廉斯在该诗中的使用都如出一辙，产生了芬芳醉人的美学效应，极其有效地衬托出了主人公在特定的情境中的情感和心绪。

在第三部分，诗人写出了在密林旁边的草地上也有白花，她想到那里去，她想投入白花林里。可见，白花曾带给女人以难以忘怀的快乐和幸福。白花纯净、高洁、芬芳、美丽，她见证过她和前夫在一起情意缠绵、难舍难分、相携相偎的美好时光，现丈夫已离她而去，她想到白花林里，在那里追寻丈夫的亡灵，在那里与他熟悉的气息、音容笑貌融会在一起。她还想沉没于花丛旁的沼泽地里，她已觉再生活在这个世界上已没有什么意义，因没有了丈夫的温存和爱，没有了丈夫的气息存在，她的灵魂也已不复存在，她想到另一个世界上与丈夫永远地在一起。

这一部分，诗人写出了寡妇对丈夫最深挚的爱，这种爱在这里可谓达到了高潮。世界上再没有其他的爱可以与这样的爱相比。这样的夫妇之爱比天高，比地长，是海枯石烂不变移的。

诗人对寡妇对亡夫爱的描写是采取循序渐进的方式来进行的。在第一部分，诗人写道女子看到春色显露、春意初萌，而感到寒意逼人，这样的感觉与往年是大不一样的；到第二部分，女人看到白花铺锈，红花和黄花相映成趣，而感到哀伤的情绪在加剧，禁不住转身离开，想把花景忘却；到了第三部分，女人再看到白花，便想到另一个世界上与丈夫汇合、相聚，因思念的感情已使她难以再与丈夫阴阳两隔了。

从这里可以看出，诗人对爱的描写是采取层层递进的方式来展开的，这种方式可将爱情的温度逐步提升，以达到融化人物自身的地步。在处理感情一类的题材时，这种方法是最为有效的，它能起到触动人的心灵，引起读者与作品中人物感情上的共鸣的审美效应。在《从田地里回来呀，爸爸》中，惠特曼对母亲思念儿子这一题材的处理也是采取层层递进的方式。母亲由得知儿子战死时的惊惧、悲痛到最后想到另一个世界中去陪伴儿子，这一步一步感情的变化将思念、悲哀带入到最高的限度，也将读者的眼泪与诗中母亲的泪水交融在了一起，具有极强的感染力。

该诗选自其诗集《酸葡萄》（*Sour Grapes*），创作于 1921 年。20 世纪第二个十年是美国历史上喧嚣的十年，这十年，也被称作"爵士时代"[1]。爵士乐那强劲有力、富于变化的音调节奏响彻美国城市的街头巷尾，烈性酒的芳香弥散在城市的空气当中，"啪啦女郎"的奇装异服闪现在各种公共场合里。红唇、黑发、超短裙，这些新鲜的时尚吸引了亿万人的目光。女性在性方面的观念也在发生着巨大的变化。婚外性行为、婚前性交往均比战前有了大幅度的增长。性观念的变化无疑影响了夫妻感情的忠诚和婚姻的稳定。

在这样的社会、时代背景下，威廉斯写下了一首情真意切的《寡妇的春怨》，歌颂了妻子对亡夫真挚、热烈的感情，表达了妻子对丈夫绵绵不尽、沉痛难抑的哀思。诗中所描述的这一切无疑严重地对抗着当时崇尚奢靡、浮华、虚伪、对感情不忠、对婚姻不负责任的社会风习。威廉斯想以他诗中所描写的美好忠贞的感情来教育、启示当时的人们，尤其是一些年轻人，让他们应珍视人与人之间珍贵的情谊，尤其是夫妻、恋人之间的婚姻和爱情。对爱情的玩世不恭、漫不经心、朝秦暮楚，对婚姻的不忠不诚、轻诺寡信会破坏家庭的团结和谐，影响社会的稳定安宁。因此该诗触及的虽是一个人感情上的问题，但其实也是一个重大的社会问题。爱情、婚姻需要情感的滋润和浇培，只有真挚感情的倾心付出，才能使婚恋之花馥郁芬芳，使婚恋之树万古长青。而鲜艳的婚恋之花、翁郁的婚恋之树又会使一个社会充满怡人的芬芳，蓬勃的青春朝气。

三、艺术特征分析

该诗语言清新、美丽，遣词用语简单流畅。诗人常常只用寥寥数语就为我们勾勒出一个优美而又凄婉的艺术意境，使人对寡妇的忧思愁绪产生本能的同情，深深地为这一对有情人未能天长地久、共度白头而感到惋惜、哀叹。

诗中运用了文艺理论中所论述的投射机制，将诗中寡妇的情感投射到三春的花草身上，使自然界一起为女子丧夫而哀悼、悲悯。从创作手法言之，诗人运用了反衬法，以自然界明媚的春光来反衬女子低沉、哀怨和痛苦的内心情感。这些方法用得都非常巧妙、生动、成功，没有牵强附会、生硬拖沓之感。这些前文已有详细论述，此处就不再赘言了。

诗中没有统一的韵式，但也用了一些韵，就尾韵而言，有完全韵、不完全韵和腹韵等，请看：第九行末尾的 today 和第十六行末尾的 they 押完全韵，第十行、第十一行和第二十七行末尾押的是全同韵，第十八行末尾和第二十八行末尾也押全同韵；此外，第一行末尾的 yard、第二行末尾的 grass 和第十五行末尾的 heart 押腹韵。

除上述韵外，诗中还用了头韵和行内韵，请看：

1. 头韵，如第三行的 flames-flamed 和第五行的 fire，第四行的 before-but，第二行的 new 和第四行的 not，第二行的 the 和第五行的 the；第五行的 cold 和第六行的 closes，第六行的 that-this，第六行的 year 和第七行的 years，第六行的 me 和第八行的 my，第七行的 five、第十行的 flowers 和第十一行的 flowers，第八行的 with、第九行的 white 和第十行的 with；第十行的 masses 和第十一行的 Masses，第十二行的 branches、第十三行的 bushes 和第十五行的 but，第十二行的 the、第十五行的 the 和第十六行的 than-they，第十三行的 some、第十四行的 some 和第十六行的 stronger；第十七行的 for、第十八行的 formerly 和第十九行的 forgetting，第十七行的 though-they、第十八行的 them 和第二十一行的 that-the，第十八行的 today、第十九行的 turned 和第二十行的 Today-told，第十七行的 my、第二十行的 my-me 和第二十一行的 meadows；第二十二行的 the-the、第二十三行的 the、第二十五行的 that、第二十六行的

there、第二十七行的 those 和第二十八行的 the-them，第二十二行的 heavy 和第二十三行的 he，第二十二行的 woods、第二十四行的 white 和第二十五行的 would，第二十五行的 feel 和第二十七行的 fall，第二十三行的 saw 和第二十八行的 sink。

2. 行内韵，如第三行的 as-has，第四行的 but-not，第八行的 I-my，第二十二行的 the-the，第二十五行的 I-I。

头韵、行内韵和完全韵以及一些不完全韵、腹韵等给这首短诗带来了较强的韵味，韵味使短诗听起来更加的悦耳，读起来也更加的上口、流利和自如。

下面本文分析一下该诗的节奏。

The Widow's Lament in Springtime

Sórrow | ís my | ówn yard

whére the | néw grass

flámes as | ít has flamed

óften be | fóre but not

wíth the | cóld fire

thát closes | róund me | thís year.

Thírty | fíve years

Í lived | wíth my | húsband.

The) plúmtree | ís white to | dáy ∧

With) másses of | flówers.

Másses of | flówers

lóaded the I chérry | bránches

and) cólor some | búshes

yéllow and | sóme red

bút the | gríef in | mý heart

ís stronger | thán they

fór though | théy were | mý joy

fórmer | lỳ, to | dáy I | nótice them

and) túrned a | wáy for | gétting.

To)dáy my | són told me

thát in the | méadows,

át the | édge of the | héavy woods

ín the | dístance | ,hé saw

trées of | whíte flowers.

Í feel | thát I | wóuld like

to) gó there

and) fáll into | thóse flowers

and) sínk in | tò the | mársh near them

　　该诗的基本节奏为扬抑格，但用扬抑抑格替代的也较多，具体出现在以下诗行音步数中：第三行第二音步，第四行第一、二音步，第六行第一音步，第九行第二音步，第十行第一音步，第十一行第一音步，第十二行第一音步，第十三行第一音步，第十四行第一音步，第十六行第一音步，第十八行第四音步，第二十行第二音步，第二十一行第一音步，第二十二行第二、三音步，第二十四行第二音步，第二十七行第一、二音步，第二十八行第三音步。扬抑抑格替代的共有二十处。此外，第九行行末缺少轻读音节，构成了单音节替代。总的算起来，该诗的节奏变格处共为二十一。作为一首仅有二十八行的短诗来说，节奏变格多达二十一处，诗的节奏变格应是比较多的。

　　一般诗人喜用抑扬格节奏，用扬抑格很少，但威廉斯在该诗中用了扬抑格节奏。扬抑格多见于较为短小精干的诗中，该诗的篇幅也属于短小型。诗人选用传统格律诗中的扬抑格节奏，这同诗的思想感情、主题意义是有着紧密联系的。该诗为悼亡、怀旧诗作，描写了寡妇对亡夫凄婉动人、缠绵悱恻的思念之情。初春时节，万物复苏，花草芊芊，但这一切并未让女人感到丝毫的喜悦、兴奋，反而增添了她内心无限的惆怅、哀痛之情，她看到眼前的一切，觉得春恨渐生、春怨绵延，心头的孤寂、冷清、哀痛再怎么也无法释解、排遣。用扬抑格节奏，我们似能感到悲哀难抑的寡妇在向我们诉说心头无限的哀思、痛苦，开了口，但话未讲完，又哽咽得不能再说下去了。女人很想将心中的哀思向读者和其丈夫倾诉，但极度的痛苦、强烈的思念使她无法将自己的声调永远保持在刚开始讲话时的那种地步，因此会出现先扬后抑的情状，这就毫不奇怪了。

诗中节奏变格较多也关联着诗的主题思想和情感意境。诗描写了女人伤春、怨春和怀故之情。女人触目是百花齐放、青草萋萋的春天景象，但内心的愁闷、苦怨、相思则日渐深浓。断肠之人要表达自己缠绵惋痛的心情，是不可能以一种十分流畅、自然、动听的节奏来进行的，在倾诉自己的春怨、愁思时，他在语言的节奏上必定会有较大、较多的起伏、跌宕。时而，说话人语气会强一些、语速会快一点，时而，语气会弱一些、语速又会慢一点。时而会有些哽噎，时而又能打起精神再说上几句。根据这样的情况，诗人在语言的节奏上会设置较多的变格，这应是符合诗的主题意义、情感思想的。

该诗感情质朴、真挚、直率。语言浅近，但浅中有深，平淡之中蕴藏着浓醇的感情。文笔细腻优美。陆云龙在《词菁》中说李清照的词《凤凰台上忆吹箫》是"满纸情至语，岂是口头禅"，[2] 其实，该句评语也符合威廉斯的这首《寡妇的春怨》。

该诗运用了"夸张"的修辞技巧。"flame"为"发火焰，燃烧"之义，诗人在描写春天来临，青草萌发所产生的光泽时用了"flame"一词，这无疑夸大了光的强度和草儿蓬勃生长的热烈景观。该词也十分有力地反衬了寡妇内心春怨、忧愁和苦痛之深，她内心心绪凄凉、清冷之严峻。

四、结语

该诗发表的1921年是西方现代主义文学发展的高潮时期。现代主义时期，诗歌的艺术形式发生了巨大的变化，传统的格律诗已不再为人们所青睐。威廉斯的这首诗诗行长短不齐，没有统一的韵式，无疑算不上传统的格律诗，但该诗也吸取了传统格律诗的一些特点，如在尾韵上它也尽量地押一些，虽然有些属于不完全韵，还有的属于传统格律诗中最早使用、后来人们已不再常用的腹韵；另外，该诗在节奏音步上具有可分辨性，从这些特征来看，该诗可视为一首现代格律诗。

　　威廉斯在继承传统的同时，又进行了一定的改革，响应了现代主义文学的呼声，诗歌的艺术形式既有传统文化鲜明的印迹，又散发着现代主义文学清新的气息。威廉斯为美国民族主义文学的发展做出了贡献。

　　该诗在艺术内容上虽未反映 20 世纪第二个十年美国社会典型、突出的时代风习，但诗人锐敏的目光并未离开现实，他通过与时代趣尚相反、相异的艺术内容描写来针砭现实、间接地批判现实，从此我们可以看出诗人极其强烈的社会责任感。这一责任感也是美国现代主义诗人、作家所普遍具有的。

　　爱情的真诚甜蜜、婚姻的幸福久长是一个社会稳定和谐的基础和象征。20世纪第二个十年美国社会中性观念的不合理开放、传统的婚恋观念的消解破产、性爱的放任自由、婚姻上的不忠不负责任不是一个社会文明进步、道德伦理观念发展的正常表现，相反，它们加剧了社会的混乱、不稳定，人际关系的不和谐。威廉斯在《寡妇的春怨》中弘扬了夫妻忠贞感情的美好，宣扬了婚姻中爱情至上的理念，这对扭转当时社会风气下很多人将情感、婚姻当作儿戏，轻慢家庭的现象是有着极其重要的积极意义的。家庭是一个社会的细胞，而维护一个家庭存在的重要因素是爱，没有了爱也就没有了家庭的存在，没有了社会存在的重要基础。美国人构筑美国梦，向着美国梦的灿烂明天奋勇向前，这些都必须在一个和谐稳定的社会环境中进行，健康的、文明的、和谐的、充满友爱的社会环境会为美国梦的腾飞提供坚实、平坦和宽阔的跑道。

参考文献：

[1] 卡罗尔·帕金，克里斯托弗·米勒，等.美国史（中册）[M].葛腾飞，张金兰，译.上海：东方出版中心，2013：560.

[2] 卢晋，傅德岷.唐诗宋词鉴赏辞典 [M].武汉：崇文书局，2006：462.

第五节　论威廉·卡洛斯·威廉斯和他的《不朽》

Immortal

William Carlos Williams

Yes, there is one thing braver than all flowers;

Richer than clear gems; wider than the sky,

Immortal and unchangeable, whose powers

Transcend reason, love and sanity!

And thou, beloved, art that godly thing!

Marvelous and terrible; in glance

An injured Juno roused against Heaven's King!

And thy name, lovely One, is Ignorance.

有关爱情、婚姻方面的诗，除了上面《寡妇的春怨》外，威廉斯还创作过一些，有的是他早期的诗作。像上面的《不朽》便是他早年创作过的一首有关对爱情、婚姻认识的诗。该诗选自其于 1913 年出版的第二本诗集《脾气》（*Temperament*）。下面，本节详细地研究一下该诗。

一、大意解读

第一节。是的，有一样东西，它比所有的鲜花都要勇敢；比明亮的宝石要更加的富贵；比天空要更加的辽阔。它是万年不朽、永恒不变的，它的力量超越了理智。这个东西就是爱和通情达理。

第二节。亲爱的，你是神圣的，外表一看上去就是神奇而令人敬畏的。有一个叫朱诺的人，受了伤害，她就奋起反击天神朱庇特。你的名字，很可爱，叫无知。

二、主题思想讨论

威廉斯在该诗中讴歌了爱情的伟大、珍贵。爱比鲜花要勇敢。人们常说，梅花香自苦寒来，寒冷的冬日，狂风呼啸，白雪飘飞，但"墙角数枝梅，凌寒独自开；遥知不是雪，为有暗香来。"（王安石《梅花》），"已是悬崖百丈冰，犹有花枝俏。"（毛泽东《咏梅》）梅花在众多的鲜花中最能显示其坚强不屈，钢筋铁骨的个性和品格了。但爱情要比梅花还要勇敢。有了爱情，爱侣双方才能同心一致共抗险恶的生存环境、社会环境。爱能使一个垂危的病人奇迹般地复活，有的人因病情严重而成了植物人，但因为爱人的精心护理、日夜陪侍而最终恢复了意识，成了一个健康的人。爱的价值要高于世上一切的金银珠宝，有了爱情的力量，人们就能创造价值连城的物质财富。对于一个人来说，生命无疑是最可宝贵的，其次就应是爱情。"生命诚可贵，爱情价更高"（裴多菲《自由与爱情》），由此可知爱情的珍贵。爱情能拓宽人的视野和胸怀，一个心胸狭隘的人，有了爱情的阳光温暖，雨露滋润，他会变得开朗活泼、宽容无比。世上最宽广的是海洋，比海洋还要宽广的是天空，而比天空还要宽广的是人的心灵。这心灵需要爱情的温润、滋养才能具有比天空还要辽阔的素质。没有爱情浇灌、培育的心灵是干枯的，它不能具有宽广的素质。

爱是无国界、无阶级、无种族和无年龄之分的。它的力量雄伟、范围辽阔。它可超越很多因素的限制，突破一切藩篱，包括人的理智。爱能使枯木发芽，使耄耋之人重返少年，它是不朽的、永恒的。理智的力量在它的面前也会显得脆弱渺小、不堪一击。当爱的蓓蕾在枯荒的心田萌生，并逐渐绽蕾开放，这时，什么国别、阶级、人种和年龄因素都会被弃于脑后，人们考虑的就是从爱中汲取甜蜜的琼露，从爱中吸取伟大的力量。这爱会逐步地将恋爱的双方引入婚姻的殿堂。

威廉斯在诗的第一节还提到了通情达理这一因素。通情达理与爱情其实是统一的，懂得了、理解了爱情，也就会通情达理。有了爱情，也就会通人情世故，也就会知晓真理、至理。

真正的爱情不应是疯狂的、失去理智的。很多人会说，处于恋爱中的人最没有理性，其实不然！真正的爱情应教会恋爱中的人很多东西，它会坚定人们的精神信仰，它会让他们为共同的理想、共同追求的事业更加一往无前地去奋斗、去努力。这些都是理性的行为，这些都是通情达理的典型表现。

威廉斯还主张爱情、婚姻中要有容忍和宽容精神。他认为爱情是神圣的，她神奇而令人敬畏。爱情能产生神奇的效果，她能起死回生，她能使一个人的事业变得辉煌灿烂，她也是令人敬畏的，是不可亵渎的，任何人若不尊重爱情，轻慢了她、污辱了她，她就会显露出严厉、漠然、冷峻的面貌，对伤她之人予以惩罚、制裁。在爱情生活中，是不可能没有矛盾的。相爱的双方不可能永远沉浸在温情脉脉、甜蜜芬芳的爱河、氛围之中，一旦有了分歧，双方应从尊重感情、珍视爱情的角度出发，努力消除分歧，通过沟通、交流和协商，秉持真诚宽容的态度达到和解。

诗人在第二节举了一个例子，若朱诺受了伤害，便迅即奋起反抗她的丈夫朱庇特，那么这会使他们的婚姻受到巨大的打击，这时朱诺的名字只能叫作"无知"。朱诺在罗马神话中是婚姻和母性之神，她是罗马十二主神之一。朱诺是主神朱庇特之妻。她是集美丽、温和、善良、慈祥于一身的女神。罗马人称她是"带领孩子看到光明的神祇"。"她的威严和力量只服从于宇宙自然灵气"。朱诺和朱庇特有着美满的婚姻，但假如朱庇特伤害了朱诺，而朱诺又进行反击，那么朱诺就是一个愚蠢之极的人了。夫妻婚恋生活犹如在海上航行的船帆，大海不可能永远都是风平浪静的，有时会遇到狂风暴雨、波涛翻滚这样恶劣的天气、情况，要想使船帆能平稳自如地渡过凶涛恶浪，需要掌舵人的沉着冷静、智慧能力。在夫妻生活中，也会遇到一些非常险恶的曲折、困境，若有这样的情况发生时，一方对另一方突发脾气，伤害了对方，这时对方应保持冷静，不能采取以牙还牙的手段进行报复。因为夫妻之间的关系不是一种敌我关系，也不是一般的熟人朋友之间的关系，若被对方伤害时，应保持冷静，克制住自己的情绪，也就是说应该有宽容、谅解的精神和宽广的胸怀。应通过沟通交流化解双方所面临的危机。夫妻之间的关系是一种互为一体、相互交融的鱼水关系，当遇到矛盾时，最不明智、最愚蠢的就是采取报复、反击的手段，这样的手段只能使矛盾加深，使裂痕扩大。像朱诺和朱庇特一直被人们认为是模范夫妻的典型，但若朱诺对朱庇特的伤害加以报复，展示自己特有的威严和力量——因她只服从于宇宙的自然灵气，那么，他们的婚姻势必要遭到破坏，她作为婚姻和母性之神的形象也将迅即消失，这所造成的损失将是无法弥补的。但假如她采取容忍、协商的态度，那么风波过后，又将是一派邕邕和美的家庭氛围，而且因经历了一次挫折，双方在事件平息之后，会懂得更加地珍惜婚姻，尊重彼此。

威廉斯在该诗中赞美了爱情的伟大、珍贵、重要和永恒。而要保持爱的永恒、美丽、和谐又需要双方的容忍、宽容和善于沟通交流。该诗创作于1913年，1913年是美国进步主义时期，那是一个喧嚣不宁、动荡困惑的年代，同时也是第一次世界大战即将爆发的年代。无论是"挑战'利益集团'"[1]的进步主义改革，还是第一次世界大战爆发的前奏，都会对社会秩序造成一定的破坏性影响，而社会环境的不宁、骚乱又会影响到家庭的稳定、夫妻关系的正常和谐的发展。威廉斯在这样的情势下，创作出这首歌颂爱情永恒的诗歌，有提醒和警示人们要注重人与人之间纯洁的爱情，无论风云如何变幻，夫妻之间都应笃守情爱、忠于婚姻的用意。

三、艺术特征分析

该诗语言清新、流畅、隽永。诗中应用了"类比"（analogy）修辞法，用得很成功。所谓类比，"即用人们熟悉的事例说明了较深的道理，或通过具体形象阐明抽象的概念"。[2]类比涉及两类事物，它们在本质上是不同的，但它们之间存在着共同点。在这两类事物中，有一类的特性是人们所熟知的，说者是以这为人所熟知的特性来说明抽象的道理。在第一节，诗人将爱情和通情达理与花朵、明亮的宝石、天空相比较，借以说明这样的真理：爱情和通情达理要比所有的鲜花还要勇敢，比明亮的宝石还要富贵，比天空还要辽阔。"类比"用得非常形象、生动。

诗人还能运用具体的事例来说明较为深刻的道理，如在第二节中，诗人举了罗尼神话中朱诺和朱庇特的事例来说明婚姻生活中容忍、宽怀、协调和交流的重要性，只寥寥的两句就包蕴极其丰富深邃的内容，远胜过烦冗的理论说教，给人以无限的联想和深刻的启迪。

该诗有规整的韵式，押 a b a b 韵，每节的第一、三行押韵，第二、四行押近似韵。在韵式上，该诗具有传统格律诗的特点。该诗还使用了头韵和行内韵，请看：

1.头韵，如在第一节，第一行的 there-than 和第二行的 than-than-the，第一行的 one 和第二行的 wider，第二行的 Richer 和第四行的 reason，第二行的 sky 和第四行的 sanity；在第二节，第一行的 thou-that 和第四行的 thy，第一行的 godly 和第二行的 glance。

2.行内韵，如在第一节，第二行的 than-than。

头韵、行内韵和规整的韵式一道为这首短诗带来了音乐美，反复吟诵，颇感韵美舌齿留香，有回味无穷之雅趣。

该诗在形式上分为两节，每节均为四行，每节第一、三行偏长，而第二、四行偏短。形式上也较为规整，这与传统的格律诗也较为相似、相近。下面分析一下该诗的节奏。

Immortal

Yes, thére | is óne | thing bráv | er thán | all flów (ers;

∧ Rích | er thán | clear gems; wíd | er thán | the ský,

Immór | tal ánd | uncháng | eable | , whose pów(ers

Transcénd | ∧ réa | son, lóve | and sá | nitỳ!

And thóu | , belóv | ed, árt | that gód | ly thíng!

∧ Már | velòus | and tér | rible | ; in glánce

An ín | jured Jú | no róused | agáinst | ∧ Héa | ven's Kíng!

And thý | name, lóve | ly Óne | , is íg | norànce.

该诗的基本节奏为抑扬格，除第二节第三行为抑扬格六音步外，其余各行均为抑扬格五音步。抑扬格五音步是很多诗人在创作传统格律诗时所喜用的一种节奏，它在英诗的各种节奏中占有很大的优势。该诗的诗体为近似"英雄四行套韵体"，一种十分传统的英语格律诗体式。该诗的节奏变格较少，抑抑扬格替代仅有一处，即第一节第二行第三音步；此外，还有两处超音步音节替代，即第一节第一行末尾和第一节第三行末尾；最后，该诗中还有四处单音节替代，即第一节第二行第一音步、第一节第四行第二音步、第二节第二行第一音步、第二节第三行第五音步。总的节奏变格共有七处。

该诗绝大部分诗行都采用抑扬格五音步，诗的形式也较为整齐，全诗的节奏变格并不多，故该诗在艺术形式上基本上可算作一首传统的格律诗。诗的艺术形式较为传统，节奏变格不多，这同诗的思想内容是密切相关的。该诗歌颂了爱情的圣洁、宝贵、伟大和永恒，爱情是欧洲文学中一个古老的话题，它为很多作家、诗人在小说、戏剧、诗歌、散文中所讴歌、讨论。该诗还探讨了婚姻生活的和谐稳定的话题，要维持婚姻的天长地久，需要夫妻双方的容忍、宽宏，而这一题旨也是传统文学中一个为很多人所热衷探讨的话题。对于这样的主题，诗人选用传统的艺术形式来创作，这是符合诗歌的创作特征的。采用传统的格律诗形式，能使诗从里到外都散发出古典艺术的芬芳，使诗典雅、规范和美丽。对于这样的主题内容，若采用其他的艺术形式，如自由诗，也不是不可以，但不如用传统的格律诗更能起到较强的审美效果，产生较大的美学效应。

诗中采用了一些节奏变格，这对现实环境是有所影射的，因为进步主义时代社会秩序的骚动及一战前夕社会情势及人们心理的担忧恐惧无论如何都会对爱情和婚姻的和谐稳定产生影响，因此诗人在诗中采用一些变格来反映人们的这种心态特征，同时也警示人们在险恶的社会环境中要注重爱情的维持，因它具有不朽的品格，还要注重婚姻的永久性，因婚姻中不能没有波折、坎坷，一旦遇到这一类问题，应有宽容、忍让的品性。

四、结语

该诗创作的时期正值美国现代主义文学浪潮澎湃之际，那时，现代主义文学对新的艺术形式的实验和追求已将传统的艺术形式冲击得几近体无完肤了。在诗歌创作领域，现代格律诗、自由诗、半格律半自由诗，以及比自由诗还要自由的一些诗体纷纷出场，传统的格律诗已不见于很多诗人的笔下及读者的阅读视野。在这样的情势下，威廉斯也追随时代的脚步，创作了不少的自由诗，但威廉斯并非是那种一味追求时新的诗人，他在追逐时代的大潮之际，并未忘记传统，对于某些题材的诗歌，他觉得传统的艺术形式似乎更加的适宜，故即使在革新传统、开创一代新风的现代主义艺术的高亢呐喊声中，威廉斯仍能沉静下来，写下在艺术形式上洋溢着传统艺术芬芳的诗作。追赶新潮，与时俱进，同时又不忘传统，这对一个诗人来说，是非常重要的。诗歌艺术要发展，要前进，就不能与时代的潮流相隔绝，就不能不倾听时代的声音，诗歌艺术必须时时与时代、社会同呼吸才能不断地获得新的滋养。但在创新艺术形式的同时，也不能忘记传统，传统的东西，有不少优秀的成分是值得不同时代的人们去参考、去吸取的。在这个意义上，威廉斯为美国民族主义文学的发展做出了自己独特的贡献。

威廉斯在社会环境处于恶劣、动荡之际，写下了一首赞美爱情永恒的诗篇。他希冀人们不论在任何境地、任何时期都要辛勤地培育爱情这朵千年不败的鲜花，都要维护、壅植婚姻这棵苍劲的松柏。恋情、婚姻对于社会的稳定起着极其重要的作用。美国梦绚烂的花圃中，不能没有爱情、婚姻的五彩芳菲，只有她们茁壮成长，才能有花圃的妖娆多姿，才能有美国梦的灿烂辉煌。否则，美国梦便会失去其灼灼荣颜，没有生机活力了。

参考文献：

[1] 卡罗尔·帕金，克里斯托弗·米勒，等. 美国史（中册）[M]. 葛腾飞，张金兰，译. 上海：东方出版中心，2013：430.

[2] 黄任. 英语修辞与写作 [M]. 上海：上海外语教育出版社，1996：74.

第五节　论威廉·卡洛斯·威廉斯和他的《年轻的家庭主妇》

The Young Housewife

William Carlos Williams

At ten A.M. the young housewife

moves about in negligee behind

the wooden walls of her husband's house.

I pass solitary in my car.

Then again she comes to the curb

to call the ice-man, fish-man, and stands

shy, uncorseted, tucking in

stray ends of hair, and I compare her

to a fallen leaf.

The noiseless wheels of my car

rush with a crackling sound over

dried leaves as I bow and pass smiling.

以上这首《年轻的家庭主妇》也是一首探讨婚恋问题的诗篇。在上首《不巧》一诗中，诗人对爱情的作用、影响、品质和婚姻的持久性进行了歌颂和阐述，而在这首诗中，诗人则通过生活中的一个普通的场景来说明婚姻方面的一些问题。在《寡妇的春怨》一诗中，诗人赞美了婚姻的忠贞、爱情的天长地久，而在这首《年轻的家庭主妇》中，诗人也触及了婚姻的忠贞问题，但切入的角度与《寡妇的春怨》切入的角度不一样。

一、大意解读

第一节。在上午 10 点钟时候，那位年轻的家庭主妇穿着随便的衣着在她丈夫房子的木墙后面转悠着。我此时正孤独地乘着车通过这儿。

第二节。她又一次地来到路缘围栏处向送冰人和渔民喊叫。她羞涩地站在那儿，未穿紧身衣裙，散乱的头发末端缩拢着。我把她比作一片落叶。

第三节。我汽车那没有噪声的轮子哗啦地响起来，向前飞驶。轮子压在干叶上，我弯下腰，通过的时候，微笑了。

二、主题思想讨论

诗人在诗中刻画了一位年轻的家庭主妇形象。诗中的"我"所看到的这位女性在诗中出现了两次，这两次的衣着打扮发生了变化。第一次，衣着很随便，这符合一个家庭主妇的衣着打扮习惯。一般妇女因忙于家务，在日常生活中，衣着是比较随意的，一般都比较简朴、粗糙和宽松，这利于做家务活儿。第二次，"我"见到的时候，她的衣着有了改变。她那时正向送冰人和渔民喊叫。她面露羞涩之情，衣着比较开放，似没有什么拘束。

从第二次"我"见到她的打扮、面容表现等情况来看，女人在同送冰人和渔民交流时，似有向他们暗送秋波、眉目传情、献媚取暖之义。她是个已婚女人，平常做家务时，衣着比较随便，这是可以理解的，但当与外人交流时，若衣着过于开放，如裸露太多，头发不整，甚至还粉面羞赧，这样的女人就明显地带有外遇出轨、勾引取宠之嫌了。

无疑，这样的女人在婚恋生活中是出了问题的。作者对这样的女人是鄙视的，在他的眼中，这样的女人与风尘女子无异，在第二次看到她的形象仪态之后，他迅速地将她视为一片落叶。然后，他启动了汽车，让车轮从落叶上驶过，他弯下腰，微笑着走了。这微笑显示了他在心理上战胜了这位道德堕落女性的喜悦。这样的女性会破坏家庭生活的稳定和谐，这样的女性会增添社会不和谐的因素。

从诗中的"我"对年轻的家庭主妇的态度上，我们可以看出，威廉斯是个思想传统、恪守正统的婚恋制度的人。他不赞成婚内出轨或扩展一点，婚外性行为现象，这种现象同威廉斯所一贯推崇的纯朴的普通人的生活方式和简单素雅的无产者的生活情调是有着轩轾之分的。1910年女权运动已开始，很多新女性站出来反抗传统的男女不平等的观念，她们不再接受社会强行指派她们的角色，为了在社会、政治和经济上能与男性享有平等权利，她们进行了勇敢的斗争。但女权运动并不应该助长女性道德上的堕落，一个女性在婚姻状态依然存在的情况下，像一个风尘女子那样去勾引男人，这在威廉斯看来，是不可容忍之事。

威廉斯的这一婚恋观念是有积极意义的。婚姻问题，说起来是个人、家庭问题，但它也是社会问题，因为一个社会是由若干个家庭组织而成的，婚内出轨酿成家庭的不和和不稳，也会导致整个社会的不稳定和骚乱。婚内出轨还会伤害到与自己同甘共苦，生活了多年的配偶，还有家中的老人与孩子，这对家庭和社会来说，都是不利的。

三、艺术特征分析

该诗语言素洁、清丽。用了一些象征手法，如在第二节中，以"stands shy, uncorseted, tucking in stray ends of hair"（羞涩地站在那儿，上身未穿紧身衣褡，散乱的头发末端缩拢着）来象征年轻的家庭主妇生活作风放荡，有婚内出轨之嫌。在最后一节，以"dried leaves"（干叶）来象征"女人道德的沦丧、行为的堕落"。诗中还运用了比喻，如将年轻的家庭主妇比拟成一片落叶，说明她的道德品质已经堕落了，比喻用得非常贴切和地道。

全诗没有韵式，行末无一处用韵。但诗中用了头韵和行内韵，请看：

1. 头韵，如在第一节，第一行的 the 和第三行的 the，第一行的 housewife 和第三行的 her-husband's-house，第二行的 moves 和第四行的 my，第三行的 wooden-walls；在第二节，第一行的 Then-the 和第二行的 the，第一行的 comes-curb、第二行的 call 和第四行的 compare，第一行的 she 和第三行的 shy，第二行的 fish-man 和第五行的 fallen，第二行的 stands 和第四行的 stray，第四行的 hair-her；在第三节，第一行的 wheels 和第二行的 with，第二行的 sound 和第三行的 smiling。

2. 行内韵，如在第一节，第四行的 I-my。

以上的头韵和行内韵给诗增添了韵味，使这首不押尾韵的短诗读起来不致平淡寡味，毫无乐感。

下面本节分析一下该诗的节奏。

The Young Housewife

At tén │ A.M. │ the yóung │ ∧ hóuse(wife

∧ móves │ abóut │ in né │ gligèe │ behínd

the wóo │ den wálls │ of her hús │ band's hóuse.

I pass só │ litarỳ │ in my cár.

Then agáin │ she cómes │ to the cúrb

to cáll │ the íce │ −man, físh │ −man, and stánds

shy, uncór │ seted, tú │ cking ìn

stray énds │ of háir │ , and Í │ compáre (her

to a fá │ llen léaf.

The nói │ seless whéels │ of my cár

∧ rúsh │ with a cráck │ ling sound óv(er

dried léaves │ as I bów │ and pass smíl(ing.

该诗的基本节奏为抑扬格，但节奏变格很多。其中用抑抑扬格替代的共有十五处，它们是：第一节第三行第三音步，第一节第四行第一、二、三音步，第二节第一行第一、三音步，第二节第二行第四音步，第二节第三行第一、二音步，第二节第五行第一音步，第三节第一行第三音步，第三节第二行第二、三音步，第三节第三行第二、三音步。此外，单音节替代的共有三处，即第一节第一行第四音步，第一节第二行第一音步，第三节第二行第一音步。最后，还有四处超音步音节替代，它们出现在：第一节第一行末尾，第二节第四行末尾，第三节第二行末尾，第三节第三行末尾。在这短短的十二行诗中，节奏变格共有二十二处。该诗节奏变格用得多，这同该诗的思想内容是密切相关的。

该诗描写了年轻的家庭主妇作风放荡、装束打扮随意，有婚内出轨的嫌疑，而这一切又引起了诗中的"我"极端鄙视的情形。婚内出轨，伤害的是自己的丈夫和孩子，这会影响一个家庭的和谐稳定，也会严重地影响社会的和谐。这样的内容注定了诗歌节奏会以较多的变格出现，因为艺术形式是服务于艺术内容的，艺术形式必须适应于艺术的内容情感，这样，形式和内容才能相得益彰、交融一体。

四、结语

该诗发表于 1916 年，那时美国现代主义文学正发展到鼎盛时期。从艺术形式来看，该诗诗行参差不齐，各节的诗行数也不完全一致。诗行不押尾韵，但节奏音步具有可分辨性。综合这些条件，我认为，这首诗应属半自由半格律诗，其中自由诗的成分占得略多一些。该诗的艺术形式是符合现代主义文学的特征的。

文学发展到现代主义时期，传统的艺术形式大多已不受作家和读者们的欢迎，很多诗人选择现代格律诗、半自由半格律诗、自由诗作为诗体来创作，这首半自由半格律诗能体现出威廉斯对现代主义文学艺术的吸取和接受。

该诗在艺术内容上倡导一种传统的对婚恋忠诚、不背叛爱情的道德观念。20 世纪头十年，女权主义开始诞生，很多妇女的女性意识开始觉醒，妇女们要求从传统的对女性加以束缚的观念中解放出来，不仅在家庭生活而且在政治和社会舞台上都要享有与男子相同的地位。这时候的妇女若做得过分点，就会有婚内出轨、背叛家庭的现象发生。另外，1916 年是一战正在进行的岁月，那时，美国虽未参战，但德国潜艇屡次对英国客轮、法国船只的挑衅造成不少美国人的伤亡，已使很多美国人感到惊恐、担忧，他们知道，一战的烽火迟早要燃烧到美国。婚内出轨、背叛家庭以及对一战的担忧这些都会造成人心的不稳、社会的不宁。威廉斯在诗中通过"我"对婚内出轨、背叛家庭现象的鄙视是对社会稳定、家庭和谐的一种吁求。年轻的家庭主妇那放荡的仪态及欲对外人进行献媚勾引的妆容具有一定的象征意义，它象征着社会秩序的混乱、人心的躁动不安。这样的混乱和不安既产生于女权运动爆发所产生的负面效应，又来自对美国即将卷入一战的恐惧。

威廉斯以年轻的家庭主妇的妆容仪态来影射当时的社会形势，反映当时的环境特征，这符合现代主义作家所经常探讨的作品主题特点。以日常生活中的一个简单的场景、一个微不足道的事件来阐述一个抽象的道理，影射具体的时代环境，并明确地表示出正确的道德立场，这符合威廉斯一贯的创作方法。

综上所述，威廉斯在艺术形式和艺术内容上都做到了与现代主义文学的要求相对接，应该说，他在美国文学步入现代主义时期为民族主义文学的发展做出了贡献。

威廉斯吁求爱情的忠诚，婚姻的永久，希望社会能长治久安，这无疑对当时较为混乱的社会秩序起到稳定的作用。社会的稳定、家庭的幸福、婚姻的美满无疑会为美国梦的腾飞创造必要的条件。威廉斯对婚恋问题的涉足利于美国梦辉煌梦想的最终实现。

结束语

该书论述了美国现代主义文学史上四位重要诗人及其经典诗歌，共四章。现将这四章中的主要内容总结如下：

第一章为"埃德温·阿灵顿·罗宾逊和他的经典诗歌"，本章共四节。第一节为"论埃德温·阿灵顿·罗宾逊和他的《理查德·科里》"。在该节，本书首先论及了罗宾逊和罗伯特·弗罗斯特，这两位"新英格兰诗人"在创作主题、创作风格方面的相似和相异之处，目的是为了加深对罗宾逊人生观、诗歌美学风格的了解。在该节，诗人为我们讲述了"蒂尔伯里"小镇中理查德·科里的故事，科里是一位生活于 19 世纪末期美国社会里的富翁，他有鲜亮文雅的外表和令人惊羡的豪资巨财，他是 19 世纪下半叶及末期美国社会信奉社会达尔文主义思潮，很多人通过艰苦勤奋的劳动、残酷激烈的竞争而发家致富的上流人士的典型代表。但他们的成功是在牺牲心理健康的基础上取得的。科里精神压抑或事业从巅峰跌入低谷，最后选择了自杀。其悲剧说明人在拼搏事业的同时，还应注重情操的陶冶，另外还应善于适应环境的变化。该诗使用传统格律诗中的"四行套韵体"，每节均押 abab 韵，因绝大部分诗行的节奏为抑扬格五音步，故全诗属近似"英雄四行套韵体"。诗中还使用了头韵、行内韵，使全诗音调更加优美、流畅，它们同四行套韵体的音韵一样，非常的动听，但加剧了诗义的反讽性。全诗节奏规范，这一特征同前三节反映的思想情感相谐和。最后一节写到了诗中人对周围环境的不适应，但节奏特点同于前三节，这里诗人的目的是出于反讽。诗中还使用了"行内停顿"和"跨行"技巧。罗宾逊的"反讽"带有强烈的社会批判性。科里的悲剧启示人们，在发展工业经济的同时，应该注重思想道德建设，健康心态、理想人格的塑造和培植。

第二节为"论埃德温·阿灵顿·罗宾逊和他的《米尼弗·契维》"。该诗发表的 1907 年为进步主义改革时期，改革是针对政府重建、工业化和都市化发展中所诞生的问题来进行的，因触动了一些既得利益者而引起了社会的混乱、动荡。罗宾逊属于社会上的非既得利益者、贫困者。从米尼弗身上能看到诗人的身影。米尼弗愤世嫉俗，憎恶现实，向往古人的智慧，敬佩古代英雄的勇敢和忠诚，喜欢古代文明的辉煌。诗人借此期望能有英雄出世，拯救时世。诗人还借米尼弗批判了虚伪人士，揭露了社会不重视文艺的弊病，批判了商业巨头欺压盘剥工人群众，而外表又表现得正派光鲜的虚伪和自私的本性，还批评了那些平庸无能之辈，对美国的军政也表示了反感。米尼弗鄙视重物质、轻精神的社会现象，他赞美古代劳动人民的智慧和勤劳。米尼弗对现实社会的冷酷无情是社会环境所使然，他的悲剧是社会的悲剧。诗人将米尼弗的悲剧归于命运，这带有唯心主义色彩，他没能弄清楚，主人公悲剧的根本原因在于当时的美国政治制度。该诗语言简易清新，颇似散文语言，形式具有整齐的美感。该诗重情景交融，能通过一系列动作的精细描写来体现主人公的情感变化及对事物的认识态度。诗中使用了隐含性的隐喻、转喻、拟人等修辞手法。基本节奏为抑扬格，节奏变格多关联着诗的思想情感。因全诗刻画了米尼弗人生失意的悲剧形象，故节奏不可能是规整流畅的节奏。每节押 abab 韵，音韵流畅，采用"四行套韵体"符合该诗所表达的哀伤、怀古情感。用头韵、行内韵加剧了语言的畅达性。使用了"行内停顿"和"跨行"技巧。艺术形式上，诗人的创新表现为继承和发展传统。艺术内容和艺术情感上，该诗具有现代主义文学的典型特点。米尼弗人物形象的塑造是诗人对美国梦的沉思。政府应注重人民精神道德建设，提高人民的思想境界，这样才能有助于美国梦的实现。

第三节为"论埃德温·阿灵顿·罗宾逊和他的《弗拉德先生的酒会》"。在该节，诗人为我们刻画了一位年老独居、隐身深山的人物形象。他人生失意，境遇凄凉。是 20 世纪最初二十年美国特定的政治、文化环境导致了主人公悲戚、孤寂的心理状态。从 1917 年到 1920 年，美国的社会问题比较突出，矛盾非常尖锐，有种族问题、工人罢工问题、暴力骚乱问题、性开放问题等等，这些问题造就了"迷惘的一代"，弗拉德在人生观、价值观和道德观方面与这一代人相同。他们是异化了的人，弗拉德只能到深山草林去寻找心灵的平衡点，以避尘世的喧哗。弗拉德的孤独是美丽的，他虽隐退于现实生活，但对人生仍抱有积极的认识，向往着自由的生活。他抗争现实虽然失败了，但内心不甘心失败，对生仍抱有希望。弗拉德渴求友谊，珍视友情。但他深知，现实是残酷的，他的失落感伤是对当时社会现实的一种批判，是当时的美国社会酿就弗拉德的悲剧。弗拉德的心灵挣扎是当时美国绝大多数人精神、情感的典型象征。该诗成功地使用了意识流技巧，通过内心独白、自由联想揭示了弗拉德内心的孤独和寂寞，弗拉德对自由的渴望、对友谊的珍视、对幸福的追求。弗拉德的内心独白在表现形式上是对话，这是有声的对话，即自己与自己心目中的另一个自我在对话。自由联想将弗拉德的意识从一个片段带向另一个片段，使人物的意识如小河流水一样，不断流动，片段与片段之间内在联系紧密，通过这样的联系，诗人展示出弗拉德具体复杂的心理世界图景，让读者看到了一个丰满实在的人物形象。该诗通过对人物动作的细腻描写再现了人物的性格特征、心理感受。诗用词简练，表达的内容却丰富、深邃。诗还十分恰当地使用了借古喻今的创作方法。全诗为传统的英语格律诗中八行诗节诗，在现代主义文学蓬勃发展时期，诗人能不忘初心，这对文学的发展是必要和重要的。诗的创作技巧为意识流，但艺术形式则非常传统，这说明意识流创作并非是非理性的。诗中使用了大量的头韵和行内韵，这增强了诗的音乐性。诗的基本节奏为抑扬格，但节奏变格较多，这关联着该诗的思想情感，因全诗探讨了主人公的孤寂，及对生命不确定性的担忧，故诗的节奏不可能是优美流畅、自然通达的。诗的第二、七节，没有节奏变格，因这两节描写了诗人愉悦、兴奋、平静的心情，故诗人以抑扬格五音步来伴奏。弗拉德的痛苦、孤寂反映了现代社会里人真实的心态。诗人坚守艺术传统，是对美国民族主义文学发展的一份重要贡献。一战破坏了美国梦的构筑，带给不少人失望、孤独、哀伤的情感，但这些人对未来、自由、友谊、秩序和文明等仍存有热烈的期冀，有了这样的期冀，就会有美国梦的重新扬帆起航。

第四节为"论埃德温·阿灵顿·罗宾逊和他的《山上小屋》"，在该节，诗人描写了其拜访昔日的朋友，抵达山上小屋，发现那里一片荒凉、凄楚的情景。诗中的描写象征了美国 19 世纪下半叶国内的贫穷状况及人民整体上的生存状态，这一状态是令人压抑、悲悯的。从美国内战结束到 19 世纪末，社会上出现了富裕的中产阶级及一些工业大亨，但整体上社会贫困人口在增多，贫富悬殊在加大。《山上小屋》对居住环境的描写反映了社会贫穷、阴暗的一面。造成社会贫困现象的根本原因在于腐败的严重，而腐败的严重导致了经济发展的受阻和贫富悬殊的扩大。《山上小屋》是一首揭示和批判这些社会问题的佳作。该诗还涉及了怀想往事、珍视友谊这样的主题，因主人公没能拜见到昔日童年好友，故倍感痛楚、失落，而这种情感同贫困给人带来的痛苦情感一样，都是现代主义文学所经常探讨的主题。该诗语言简单、流畅。词语选择十分精切，能形象地再现原诗悲凉、寂寥的意境。诗中使用了"重复"的修辞技巧，这是由该首诗的"十九行二韵体"的诗体所决定的。诗体形式的古老同诗中的怀旧情感相协调，形式与内容达到了一致。诗中使用了不少的头韵和一些行内韵，加强了诗的乐感。诗的基本节奏为抑扬格，最后一节变格较多，这关联着该节所阐发的主题情感。因该节描写了小屋荒芜、衰败的景观，主人公又未能见到昔日的好友，故该节的情调是低沉、悲凉和压抑的，适应这一情感的应是节奏变格的增多。诗人以传统来书写现代生活，在当时也是一种创新。这是他对美国民族主义文学发展的一项独特的贡献。美国社会的普遍贫穷、社会的两极分化严重，对于很多人来说，美国梦的美好理想还远远没能实现，罗宾逊的这首诗暴露了社会的黑暗面，促发人们去变革社会，为梦想的实现而奋斗。

第二章为"卡尔·桑德堡和他的经典诗歌"，本章共六节。第一节为"论卡尔·桑德堡和他的《芝加哥》"。该诗可分为三个部分。在第一部分，诗人描写了芝加哥的特性、作用，诗人的描写让我们能感受到这个新兴的工业城市所特有的雄浑博大的气息，也能体察到芝加哥人民的勤劳精神。在第二部分，诗人讲述了芝加哥的缺陷和不足，这些缺陷和不足应是社会的贫穷所致，而贫穷产生于社会的贫富两极分化。这些缺陷和不足还产生于社会的动荡和骚乱。在第三部分，诗人以生动形象的笔触描绘了芝加哥独特闪光的一面。诗人赞美了芝加哥人宽广的胸怀、与险恶环境勇猛斗争的精神、勤奋耕耘的建设精神、不畏艰难险阻而锐意进取的高尚情操，还赞美了他们热爱劳动、勇于担当、务实肯干的杰出品格。诗人还歌颂了他们不惮困苦的乐观主义精神及热爱祖国报效祖国的可贵品格。诗人赞美了芝加哥，也赞美了芝加哥人民、美国人民，是人民创造了芝加哥的繁荣，是人民缔造了美国的强大。诗人借赞美这个城市，歌颂了美国人民的勤劳勇敢和坚毅进取。该诗应属自由诗，形式比惠特曼的自由诗要更加自由，整体上，艺术形式汪洋恣肆、狂放不羁。诗中用了不少"平行结构"，该结构的使用增强了诗的韵味，使诗在形式上获得平衡对称的美感。诗的节奏由语言的节奏来设定。该诗具有演讲词的风采神韵。整首诗像一幅镶嵌图案（mosaics）。诗中使用了拟人、明喻修辞格，语言形象，表达恰切，平易晓畅。诗中用了不少的头韵和行内韵，增添了诗的韵味。该首自由诗是现代主义文学发展到鼎盛期的必然产物。桑德堡适应时代的要求，创作出艺术形式非常开放自由的自由诗，为美国民族主义文学的发展做出了重要贡献。桑德堡豪迈的激情让人看到了美国梦的希望。

第二节为"论卡尔·桑德堡和他的《雾》"。在该节，诗人描写了密执安湖上的雾，那雾像一只小猫向港口、城市慢慢游移，时而蹲坐，时而俯视，时而又缓缓移动。诗人对雾的描写暴露了美国社会的一些弊端，揭示了人们对社会形势的变化所产生的困惑不解，也反映出人们心头的压抑、孤独和消沉情感。雾还象征着一战的烽烟及人们对战争的恐惧，雾也象征着诗人对社会、人生的一种忧虑感。该诗为一首意象主义诗歌，意象具体生动，遣词经济简练、精确地道、贴意传神。诗具有很强的隐喻性、影射性，它具有丰富的托物喻旨的功能。该诗采用自由诗的形式，节奏为日常语言的自然节奏，诗中用了一些头韵，增添了诗的韵味。意象主义诗歌所采用的自由诗在形式与情感表达方面与一般的自由诗有着很大的不同。意象主义是现代主义文学发展到高潮时期的产物，桑德堡响应了时代的呼声，为美国民族主义文学的发展做出了贡献。人生道路上的迷雾、狭路并不可怕，只要头脑清醒、立场坚定、目标明确，美国梦的航程就一定会迎来雾散日照的那一天。

第三节为"论卡尔·桑德堡和他的《港口》"。该诗分为两个部分。第一部分描写了美国城市中的贫困，这一部分的情调是令人压抑、悲悯的，显示了诗人对劳动人民的同情及与人民之间的心连心关系。在第二部分，诗人吸取了浪漫主义的创作方法，对城市边缘优美的自然风光进行了浪漫化的描绘。两部分内容看似矛盾，实质交融一体。贫穷是暂时的，随着进步主义改革，它会被消除。美国梦终有梦圆之日。该诗触及了环境污染问题，诗中的描写有警示美国政府和人民在发展工业文明的同时应注重生态环境保护。诗人还有劝勉人们在繁重的工作之余到优美的自然环境中去陶冶情操、怡神悦性的用意，从自然中去寻求精神上的慰藉。该诗是一首意象主义诗歌，艺术形式为自由诗诗体。诗歌的节奏由语言节奏来确定。该诗修饰性词语使用较多，这使意象主义诗歌的简约性、客观性风格未能很好地发扬出来。该诗第二部分的描写具有浪漫主义诗歌的特点，注重感情的倾诉，这与一般意象主义诗歌注重意义的含蓄蕴藉性有着巨大的不同。该诗意象主义诗歌的特征较多，也较为明显，为什么诗人在创作意象主义诗歌时会采用一些非意象主义的东西呢？在文学的发展过程中，在冲击传统文学艺术的新的文学潮流退潮之后，人们在文学创作中会自然地想起一些传统的东西，并将一些传统的元素糅进新的作品中，这样新的作品会因传统元素的加入而显得更加的意义深刻，含义隽永。这是文学发展的一般规律，即创新发展并不意味着传统的消亡，而是在继承的基础上的创新发展。该诗押了全同韵、腹韵和头韵，这使全诗带上了不小的韵味。诗的第一、二部分的描写，从创作技巧来看，采用的是一种对比手法，通过对比，诗人说明自己的创作题旨。《港口》善于吸收传统的文学养料，与其他的意象主义诗歌相比，别具一格。诗中的描写能让美国的人民看到美国梦的灿烂曙光。

第四节为"论卡尔·桑德堡和他的《迷失》"。该诗分为两个部分。在第一部分，诗人描绘了一幅雾气迷蒙、凄清阴暗的画面，此处的描写影射了他所生活的那个时代和社会现实。进步主义改革给社会带来的震荡让人感到迷茫，社会上的骚乱让人感到凄凉、孤寂。人们如生活在黑暗的人间地狱中一般。美国的人民犹如黑夜航行在大海上的一只小船，处于危险的境地，小船如迷途的稚童在找寻着港口母亲。人们没有失去生存的信心和勇气。该诗的标题及主题思想影射了"迷惘的一代"人。战后很多青年知识分子离开祖国，旅居欧洲，成为漂泊无依的流浪者，他们如湖中的小船寻找港口一样，寻找着改变美国现实的真理。这首《迷失》诗意地描绘了这些人的思想状况。该诗为一首意象主义诗歌，采用的诗体为自由诗。选词精切、传神，包含着情感力量。词语朴素，无陈腐辞藻。诗人吸取传统诗歌的创作特点，使用了比喻修辞手法，深化了主题意义，丰满了意境。诗中使用了腹韵和头韵，还使用"重复"技巧，增强了诗句的乐感，桑德堡继承了意象主义诗歌的创作传统，并在继承的基础上进行了创新改造。他既是意象主义运动的拥护者，又是其革新者。他为美国民族主义文学的发展做出了突出的贡献。美国政府应针对 20 世纪最初二十年的社会问题对症下药，这样才能突破障碍，实现美国梦。

第五节为"论卡尔·桑德堡和他的《在获月下》"。该诗可分为两个部分。在第一部分，诗人描绘了一个优美的月圆之夜，人们正在品尝丰收的乐趣，但此时死神却如一位美丽的朋友来到身旁向人们低语。这启示人们，当泰达至极限时，否也会不期而遇。人们应淡泊地对待生活中的一切，对可能发生的危机、危险加以防范，以使幸福长久。想到死神的忠告，每一个人都应在风华正茂之年奋发努力。诗人将死亡描写成正面的形象，这是一种独特的创新。它嘲弄人生，但其用意及行事效果则是善意积极的。在第二部分，诗人描绘了一幅浪漫的爱情画面，这反映出诗人对美好爱情、幸福生活的向往，对人生最美好东西的肯定和追求。这是一首自由诗，节奏依各部分的思想内容、情感意蕴来定。诗中用了全同韵和头韵，它们使诗充溢着音乐美感，还增添了意境的优美。第一部分，死神的到来，使诗的喜悦感情平添了理性的成分，也使诗意增添了辩证的意味。两位造访者，即死神和爱神都对人类给予了关怀。死神的关怀要比爱神的关怀更具教育、启迪意义。人生的不幸会孕育出大幸。人应有包容之心，应理性地看待一切于己不利的事物。该诗用了拟人修辞格，以景抒情，情景交融。诗人在艺术形式和艺术内容上吸取了惠特曼自由诗浪漫主义的传统。这首诗让人们在一战后欧美阴郁的大地上看到太阳冉冉升起，这太阳带给人们对美好生活的向往。该诗在现代主义诗歌中是别具一格的。它继承的是浪漫主义作品的抒情性，有着独有的艺术魅力。人们看事物要有辩证的态度和方法，要以辩证的思想来看待改革所带来的社会震动。想到改革的正面效果及巨大的影响力，应对未来生活抱有美好希望，应为美国梦去拼搏、奋斗。

第六节为"论卡尔·桑德堡和他的《是的，人民》"。在该节，诗人认为，人民虽然生活贫困，但他们能回到大地的怀抱，找到立足之地，人民身上蕴藏着巨大的能量，这是个大群体，每个人都有谋生、学习、阅读和了解真理的要求。人的本性是复杂的，既可以是英雄，也可以是恶徒，这要取决于他所生存的环境。人到底是英雄还是暴徒，还要取决于别人如何看他。这里再次显示出诗人看问题的辩证思想。人对美好生活有着执着的向往，对未来抱有坚定的信念。人对生存有着本能的欲求，伸手要工作和食物会让生命之火常燃，这是维持生存所必需的手段。人民会为生存去战斗，他们的力量是巨大的，他们会为自己的权利和尊严而奋斗。土地是人民的根。人民团结起来，终会赢得胜利。人具有复杂的性格，多方面的潜能。人是创造世界历史的动力。人民劳动勤奋，为国家的建设贡献青春和热血。他们的劳动终会得到社会的全面认可。人民风雨不摧，坚强勇敢，他们百炼成钢。他们不会为一点物质利益而出卖自己的灵魂和人格。他们勤勤恳恳、忍辱负重。但人民对社会的不公会进行抗争。人民尽管不畏黑暗、曲折、磨难，但他们对未来仍会困惑不解。诗人赞美了土地，强调了人与自然的和谐一体，赞美了人民爱学习、爱劳动、乐于奉献、敢于抗争的品格。诗人希冀美国政府能改善人所生存的环境，消除贫困。人民的物质生活改善了，社会上文明的现象就会增多。诗人对美国社会的极度贫穷进行了揭露。美国政府不应低估人民的力量，应体察其要求，进行改革，还应创造条件，让人民发挥自己的潜能。诗人还认为劳动创造了生活的美好，劳动带给人民巨大的喜悦。诗人的世界观接近一名马克思主义作家的世界观，但具有一定的局限性，他不了解，只有推翻不合理的社会制度，人民才能彻底地摆脱困境。该诗为自由诗，节奏由各处不同的情感内容来确定。诗中用了"平行结构"和"重复"技巧，这使诗具有演讲词的风采。诗很像一帧镶嵌图画，这是自由诗强调思想内容而非艺术形式的典型表现。诗用第三人称来书写主人公的经历，符合自由诗的创作特色。诗中象征、暗喻和明喻的使用使语言生动、雅致。诗中各部分的意境富有变化，不同的意境将诗的主题意义十分完满地呈现了出来。诗中用了全同韵、行内韵、腹韵和头韵，这些韵使自由诗平添了几分音韵美。诗人响应了现代主义文学的发展要求，吸取了惠特曼自由诗的艺术特征，为美国民族主义文学的发展起到了推动作用。美国政府应针对国际、国内所面临的实际状况，采取有效的政策来应对、解决危机，否则人民的力量会摧毁一切障碍。美国人民的勤劳勇敢、乐观自信一定会让美国梦重放灿烂的光辉。

第三章为"华莱士·史蒂文斯和他的经典诗歌"。该章包含六节的内容。第一节为"论华莱士·史蒂文斯和他的《坛子的轶事》"。该诗探讨了坛子与周围环境的关系。坛子影响了周围环境，规范了秩序，发挥了带头作用、看齐作用、核心作用。坛子还具有开放性。坛子不忘初心，永远以原先的纯洁影响周围环境。但坛子的能力、影响力和领导力还是有限的。它具有难得的独立性，不随波逐流。美国在一战后，人们的思想状况、精神心态及社会现实呈现出一幅混乱无序的景观。诗中所描写的荒野体现了这一景观。在这种情况下，人们希冀能有一种力量出现来规范无序的状况。坛子是这一力量的象征。坛子代表着先进的政治、文化力量。这一力量能使美国这艘巨轮不致触礁沉没。诗人寄希望于这样的力量，希望这样的个人和集体的出现能拯救美国和美国的人民。但诗人也深知，这样的个人和集体，其影响力、能力是有限的，他们不会很快地创造出繁荣昌盛、国泰民安的局面。诗语言简单清新，画面感强。诗中使用了大量的象征，加强了诗歌的美学含蕴。有些象征手法的使用非常的新颖独到。该诗带有寓言的特性，诗人通过坛子说明了自己的理想，表达了意欲拯救社会现实的愿望。诗中没有统一的韵式，但押了全同韵、眼韵和近似韵，还押了头韵和行内韵，这些音韵增强了诗的乐感。诗的基本节奏为抑扬格，变格处较少，仅有三处用了变格，这三处的变格关联着这三处的思想内容。其余各处没有使用变格，这同这些部分的思想内容也密切相关。总的来看，诗的节奏较为流畅自如，这同诗的主题思想、情感意境相适应。诗人的想象力是丰富的，他以其神奇的想象叙述了带寓言色彩的故事，但诗人的想象是立足于现实的，寓言是反映现实的矛盾的。诗人以这首短诗生动地再现了其对现实的观察，表达了其内心的期冀。主题思想符合现代主义文学特点，艺术形式上吸取传统格律诗的一些特点，但没有采用规整的韵式。诗应属英语现代格律诗。诗人在现代主义文学冲击传统文化之际，没有抛弃传统，对民族主义文学的发展做出了贡献。诗人对坛子形象的描绘会燃起美国梦的希望火苗，并使之逐渐灿烂辉煌。

第二节为"论华莱士·史蒂文斯和他的《在基韦斯特的秩序的思考》"。该诗通过海边女孩的歌唱来隐喻社会改革家的改革。改革家的改革对象主要是一战结束后国内所出现的社会秩序的混乱。一战结束后，秩序混乱，人们思想迷惘，加上经济大萧条的影响，社会秩序更加的混乱。人民生活的贫困及动乱骚动成了社会所面临的主要问题。这也是诗人最为敏感，并反复思考、力图加以解决的主要问题。他期盼着杰出的社会改革家的出现，诗中所塑造的海边歌唱家便是社会改革家的化身。但改革家的改革同歌手的歌唱一样起初在大众中未能引起什么反响，但只要坚持不懈，就能获得大众的拥护。结果，由于能持之以恒，女歌手的歌唱同改革家的改革一样取得了令人惊奇的效果。人们按改革家的蓝图去开拓创新。改革着眼于世界秩序，因一国的秩序是世界秩序的一部分。诗人反对侵略，因侵略战争会破坏世界的整体秩序，也会破坏本国的社会秩序。良好的秩序诞生需要改革家的创新，也需要人民大众的支持。全诗充满了隐喻。最大的隐喻是以海边女孩的歌唱来隐喻社会改革家的改革，以聆听女孩歌唱的大海来隐喻社会大众。还有若干小隐喻。诗中还用了明喻修辞格。诗中语言清新优美，同隐喻和明喻的妙用有着密切关系。选词精致华美，想象力丰富，意境宏大、隽永。诗没有统一的韵式，少数诗行末尾押了韵，还有些诗行押了全同韵、近似韵。除此，诗中还押了不少的头韵和行内韵，这些韵增添了诗歌的音韵美。诗的基本节奏为抑扬格。第一、二、三节节奏变格较少，因歌手的演唱在海水中没有引起什么反应，二者之间的关系仍是歌手未唱前的状态，故节奏变格用得较少。第四节，节奏变格较多，因歌手的演唱在海水中引起强烈的反应，象征着改革家的改革在公众中引起了巨大的反响，歌手与海水之间的原先关系被打破，故这里用了不少的变格。第六节及最后一节都是探讨歌手的演唱所产生的效果，故变格用得都比较多。诗人想象建立起一种新颖的秩序，这会为改革提供启迪和指导。该诗为一首现当代格律诗，在艺术内容上同很多现代主义作品相似。语言华美，意境多变。诗人面对现实秩序的失范没有气馁，能在艺术作品中构筑起秩序规整的世界，这是在期望美国梦的羽翼能重新展翅翱翔。他的梦想是一定会实现的。

第三节为"论华莱士·史蒂文斯和他的《冰激凌皇帝》"。在该诗中，一位妓女去世了，她的好友为她举行了祭奠仪式。该仪式与一般的祭奠仪式不同，它带有喜庆热闹的气氛。因为妓女的死，带走的是其肉体，但她的性力却会永远地存在、发展下去，即她的影响、爱好和生活方式还在，这些因素带给人们的生命活力、欢乐幸福还在。人们不应悲伤，而应庆祝生者为人类所做出的贡献，应敬重性欲的象征——冰激凌皇帝。生者应保持乐观的心态去追求生命中的美。死是不可避免的，每个人应以笑脸去迎接它。生者应继承精神遗产去完成死者未竟之事业，这是对死者最好的祭奠、最好的追忆。生者应化悲痛为力量，重振勇气和力量去迎接生活的挑战。人们应光大死者所留下的宝贵的活力——正能量，投身到现实的改造中去。诗中用了象征、对照、衬托、重复等手法，加强了诗的主题意义，增添了诗意义的蕴藉性。遣词简单，表达清新。诗没有规整的韵式，诗末押了一些韵，还使用了头韵、行内韵，这些音韵使诗带上了音韵美。该诗的基本节奏为抑扬格，但节奏变格很多，这关联着诗的内容情感。诗描写了一名妓女死亡后的葬礼仪式。祭礼的气氛不是哀痛、悲戚，而是喜悦、欢快、明艳。形式与内容出现反差。作者使用了反讽，这种修辞手法决定了诗歌节奏的变格较多。该诗使用了不少的象征，加强了诗义的含蓄、蕴藉，意境的隽永。该诗具有乐观主义情调，史蒂文斯的诗大多如此，这同其他很多现代主义作家、诗人作品中的悲观主义情调正好相反，虽然他们探讨的主题一致。诗人在诗作中以乐观主义情感所构筑起来的完美秩序让人们看到美国梦的晨曦。

第四节为"论华莱士·史蒂文斯和他的《雪人》"。该诗可分为三个部分，探讨了三个方面的问题。第一部分阐述了一个人必须具有特定的心境才能赏鉴自然界特定风景的问题。诗人触及了"审美移情"问题。审美主体将自己的生命灌注到审美对象身上，从审美对象身上，审美主体能体察到特有的情怀、思想、操守。要达到这样的效果，审美主体必须发挥想象力的作用。通过想象，审美主体与审美客体圆融如一。诗人倡导了一种回归自然的思想。人们不应沉迷于现实的喧嚣与混乱之中，而应返璞归真，与自然互为一体。第二部分阐述了一个人必须在特定的环境中生存了较长时间，才能适应这个环境的砥砺，培养出坚硬的品质问题。在20世纪第二个十年，社会秩序混乱，犯罪现象经常发生，政府采取了一系列措施来遏制社会的恶潮。一些改革家像杜松和云杉一样不畏环境的恶劣，勇敢地实施改革蓝图。社会公众也应投身到改革中去，以创造事业的辉煌。第三部分探讨了"虚无"的问题及"无"与"有"的关系问题。人只有剔除了自己本性上一切负面性的东西，才能捕捉住那不存在那儿的"无"和在那儿的"无"。"无"是一种精神性的东西，它无法通过其自身而突显其指导、统领作用，它存于万事万物之中、之上，通过它们来显示自己的作用和意义。"无"不脱离"有"，它涵纳了天地间的万事万物。诗人吸取了中国古代唯心主义思想，诗义也带有一定的唯心主义色彩，但对20世纪第二个十年的美国具有一定的积极意义。它对当时的物质主义至上形成了一种有力的反拨。诗人希望能有王弼所推崇的"无"思想情操的人出现，这样的人可起着舵手、领路人的作用。他们会让社会现实的混乱无序发生改变。诗人对玄学思想的吸取应合了他对社会秩序整治规范的呼求。该诗意境优美，遣词浅显平淡，通过一系列意象的生动使用深刻地阐发了该诗的题旨。诗哲理深邃，对现实具有很强的影射意义，寄托着诗人远大的政治理想和高尚的旨趣。三个部分之间前后贯通、衔接自然。诗中运用了象征，增强了诗意的美感。诗没有规整的韵式。全诗押了两个全同韵和一个近似韵。该诗还使用了头韵和行内韵，增添了诗的乐感。诗的基本节奏为抑扬格，但变格较多，这与全诗的内容情感有很大关系。一方面是因为审美主体的审美活动是在严冷的冬日进行的，审美主体须克服心理上的各种不适才能获得对自然、人生的认知；另一方面，审美客体也处于恶劣的自然条件下，它们要与狂风暴雪作顽强的斗争。环境的凄冷影射了美国当时的社会现实。根据上述原因，诗人所选用的节奏不可能是动人甜美的，而必须包含多处的变格。该诗在艺术风格和艺术主题上都具有现代主义文学的典型特征，但史蒂文斯能对艺术传统进行一定程度的继承。诗人希望美国人注重精神境界的提升、思想道德的纯净，是旨在修复美国梦被折断了的羽翼，是旨在让美国梦重新扬帆远航。

第五节为"论华莱士·史蒂文斯和他的《彼得·昆斯弹琴》"。该诗实际的主角为彼得·昆斯所弹的内容中的主角，苏珊娜。昆斯一面弹琴，一面吟唱出《经外书》中一则有关苏珊娜和两位好色的长者之间的关系的故事。该诗探讨了以下几个方面的主题内容：1.音乐能激起人特定的思想情感。音乐能陶冶性情、净化心灵。音乐还能医治战争带给人的精神创伤。2.该诗倡导了一种人与自然和谐一体的生态理念。这样的生态观是对当时美国社会现实的一种反拨。它能排解人们心头的恐惧、焦虑和烦恼，还能抑制人本性中好斗、邪恶的因子。3.该诗倡导了一种不畏强暴、勇于同邪恶作斗争的精神。苏珊娜同淫荡长者的斗争影射了20世纪最初十年美国妇女女权主义意识的觉醒。苏珊娜的形象能折射出20世纪最初十年美国社会新女性身上的一些典型特征。4.该诗倡导了一种忠于婚姻、保持妇女贞节的思想。诗人所塑造的苏珊娜形象有警示美国女性不要演变为后来的啪啦女郎和时髦女性这一用意。5.该诗倡导了一种精神美永世长存的思想。肉体总有一日会消逝，但肉体的美却会长久地存留下来，而肉体的美又是心灵的美外化而成，心灵的美，即精神的美是永恒的。精神美与肉体美是统一的。诗歌语言优美流畅，遣词简单。意境优美，象征用得较多。有不少大象征的使用，还有几处小象征的使用，用得都很贴切、生动，给人以回味无穷、逼真的美感。诗中使用了暗喻、明喻、转喻、隐形的暗喻修辞格。除此，还使用了"双关""拟人"等修辞手法。该诗没有统一的韵式，只是零散地用了一些韵。第三部分用了联韵体。第四部分也用了一些联韵体。诗中还运用了不少的头韵和行内韵，总体来说，该诗音韵的使用是比较多的，在史蒂文斯的诗中应属罕见。韵的多用与该诗的艺术形式、艺术内容和情节结构有关。该诗的基本节奏为抑扬格，但节奏变格用得较多，这同该诗的思想内容有密切的关系。全诗涉及了两种力量之间的斗争，还有情节上的跌宕起伏，这些使故事不可能在平稳有序的状态中展开，故与之相适应的节奏会出现较多的变格，这是正常的。第三部分节奏变格很少，因在这一部分，诗人歌颂了苏珊娜的人品，诗人用变格极少的抑扬格四音步节奏来反映这一部分的内容，这是十分合理自然的。在第四部分，诗人虽然侧重于阐述精神美的永世长存，但他还触及物质性东西的死亡，因涉及死亡，故死亡所激起的悲伤情感会导致节奏上变格增多。这也是十分自然的事。该诗所切入的主题符合现代主义文学的创作要求，在艺术形式上追求新颖性。诗人为美国民族主义文学的发展做出了独特的贡献。诗人注重心灵美的重要性。塑造灵魂、提升道德境界利于美国梦的构筑。

第六节为"论华莱士·史蒂文斯和他的《星期天的早晨》"。该诗描绘了一个女人在星期天早晨的所见所闻、所思所想。该诗探讨了以下几个方面的主题思想：1.该诗体现了对耶稣的尊崇和赞美。诗人通过女人对耶稣进行了追悼，认为耶稣为拯救人类传播神的福音，为赎世人的罪而惨遭迫害，这些都是英雄之所为，耶稣洒下的鲜血是英雄的血。通过女人的追悼和对耶稣的美赞，诗人表达了他对20世纪第二个十年美国社会现实的鄙视和他想改革社会的愿望。2.人与自然息息相通。自然与人类同呼吸共命运。人类既要保护好自然，又要尊重、敬仰自然。自然能让人与人之间的关系变得神圣。3.诗鞭挞了现代美国人的精神状态，并提出了走出心灵围城的途径。现代人生活孤寂清冷，应走入自然的怀抱，从自然中获得心灵的充实、生命的营养，获得改革社会的力量。4.诗人强调了人的作用。人能改天换地，人性注入神性，天空会变得比以前更友善，也更加的伟大。5.强调了人与环境、人与社会的和谐共生性。没有了人类，也就没有了地球上的一切美好。生态系统中各种成分与环境相互作用、相互依存，美美与共。有了人类，地球才会更加的美丽，社会也才能更加的和谐有序。6.人的精神力量和自然力量超越死亡的力量。精神、爱情如人的灵魂一样是不朽的。死亡的力量在自然的面前无法彰显自己的作用，而自然则会让人类焕发生命的朝气和活力。诗人唱响人类精神伟大之歌，对重物质轻精神是一个巨大的反拨。精神力量有助于人类战胜困难和死亡。该诗语言清新流畅，含义蕴藉深刻。诗人采用托物喻义的方法来说明规整的社会秩序和美美与共的生态环境及社会环境的重要性。诗中除用了大量的象征，还用了转喻、拟人和隐性的暗喻等修辞技巧以及意识流中所常用的自由联想手法。这些艺术手法增强了诗语言的表现力，使语言生动华美，又含蕴丰富深刻。诗的意境富有层次感、起伏感。诗没有统一的韵式，行末所押的韵大都属于不完全韵。诗中还运用了不少的头韵和行内韵，这些音韵增强了诗句的流畅性和意境的生动性。该诗的基本节奏为抑扬格，但节奏变格很多。节奏变格较多的诗节其所阐发的题旨和所抒发的情感与节奏的特征、性质相适应。诗的第三节节奏变格少，这也关联着该节的情感内容。该节肯定了人的伟大作用，情感乐观向上，故该节的节奏没有采用多少的变格，这是合理的。该诗在艺术形式上带有传统格律诗不少的特点。史蒂文斯对传统格律诗的不少特点进行了继承，并在继承的基础上有所创新。史蒂文斯还使用了不少现代主义的创作方法，响应了现代主义文学的创作要求。诗人对神的作用和影响有所贬抑，但对人的作用则充分地加以肯定和赞美，对自然，诗人显示出无限的依恋，提出人应回归自然，这些都反映出现代主义作家、诗人的人生观、世界观。诗人的这些观念能激发起人们重建美国梦的美好理想，为梦想的实现而努力。

第四章为"威廉·卡洛斯·威廉斯和他的经典诗歌"。第一节为"论威廉·卡洛斯·威廉斯和他的《红色手推车》"。红色手推车是人们日常生活中极为常见的一种交通运输工具，东西虽小，但作用则很大。它能给人的生存带来温暖，给工作带来便利，又给劳动带来需要。该诗是一首普通劳动者之歌，该诗对当时美国社会的奢靡之风、享乐主义进行了有力的抨击，对美国社会所应具有的价值取向进行了揭示。该诗为一首意象主义诗歌，语言精练，意象具体。诗行的节奏是每行的词语所产生的节奏。诗注重色彩的对比。白鸡的出现使红色手推车具有了浪漫奔放的生命。有了雨水（水是蓝色的）的出现，红色手推车的"红"才会变得更加的新颖、鲜艳。诗人将有些词语单列一行是由这些词语的词义和所起的作用决定的。诗使用了头韵，增强了诗的音韵美。威廉斯主张从普通事物中揭示人生意义的创作思想与意象主义的原理相谐和。客体派是意象主义的一种延伸，二者之间存在着相似之处，但也存在着不同。《红色手推车》应属一首意象主义诗歌。威廉斯以其独特的诗歌审美观及大量的诗作为美国民族主义文学的发展做出了自己的贡献。威廉斯诗中蕴藏着浪漫主义情感。他的诗能以其质朴的个性给美国人以鼓励，使他们能为美国梦去奋斗。

第二节为"论威廉·卡洛斯·威廉斯和他的《春天及一切》"。该诗述及了冬天刚去，春天将临，在这季节转换期间自然界的万事万物发生变化的过程。该诗可分为五个部分。第一部分描写的是冬天留下的萧疏冷寂的景观。第二部分描写的是从冬眠状态中苏醒过来的春天景观。春如少女向人间走来。第三部分写万事万物进入到春天的世界，但冬的威严仍在。第四部分写春姑娘迈着轻盈、快捷的步伐进入人间。冬的严寒已是江河日下，旧事物终将灭亡，新事物必将诞生。第五部分写出了春天的尊严，即春品格的高贵、纯洁。这五个部分的意义层层相关，层层深入。诗人的精细描写影射了 20 世纪第二个十年的美国社会形势。一战像冬日的严冷，而一战后所出现的农民生活水平的下降是一战余威所发挥的恶劣影响，但余威如星点火光，不能形成燎原之势，其他行业的快速发展必定会带来农业的发展，农民一定会迎来明媚的春天。一战给美国带来了很多的社会问题，但战争毕竟已经结束，新的时代已来临，新时代会如春风一样吹遍社会的每一个角落。旧时代已去，其余威和影响虽然还在，但已是明日黄花，新生事物会随着时代的大潮前进、发展。诗对处于新旧交替时期的人们具有启发、激励作用。诗语言素雅，描写细腻，象征色彩浓郁，含蕴深刻。诗的意境富于变化，这变化是通过选词来实现的。诗没有统一的韵式，韵押得很少。诗中用了一些头韵和行内韵，这些韵使全诗增添了不少的韵味。该诗为一首自由诗。诗人通过托物喻义的方法对一战给社会带来的毁灭性的打击进行抨击和责难，并努力唤起人们对未来的信心和希望。该诗在主题思想和艺术风格上都符合现代主义作品的创作特色。他为美国民族主义文学的发展做出了自己的贡献。该诗能使人们振作信心，为美国梦的腾飞助力。

第三节为"论威廉·卡洛斯·威廉斯和他的《无产者肖像》"。该诗描写了一位工人妇女在街上行走时从鞋子里将一只钉子拔出的生活情景。这是一首客体派诗，符合客体派诗歌的创作信条。该诗影射了 20 世纪 30 年代美国工人农民艰难困苦的生活惨状。妇女走路时一直感到鞋底里有个坚硬的东西在刺她，这象征着世界性经济危机给人民带来的灾难性影响。只有找出危机发生的根本性原因，才能精准地拔出这个钉子，才能让人民过上美好的生活。经济危机的根本原因在于资本主义社会的基本矛盾。经济的实质性疲软、生产的过度扩大等，这些社会问题隐藏于虚假的繁荣之后，这些问题经纽约股票市场狂跌的触发而酿成严重的经济危机，给人民带来了灾难。针对危机发生的原因，罗斯福政府积极推行新政，新政为很多人的生活带来了改善，拔除了刺痛美国人身心的恶钉，让人们迎来灿烂的阳光。诗歌语言清新简洁，画面感强，采用的是白描手法。意象鲜明具体。该诗为自由诗，节奏应为日常语言的节奏。诗没有韵式，但有些诗行押了近似韵。诗中使用了头韵和行内韵，这些韵使这首短小的自由诗平添了不少的乐感。诗人适应 20 世纪 30 年代诗歌创作的潮流，创作了客体派诗，为美国民族主义文学的发展做出了贡献。新政的推行，恶钉的拔除，有利于人们向美国梦的灿烂明天迈进。

第四节为"论威廉·卡洛斯·威廉斯和他的《寡妇的春怨》"。该诗可分为三个部分。第一部分，春天来临，万物复苏，大自然处处都透出春的生机，但因与自己生活了三十五年的丈夫已离世，女人感受不到往日春的生机和意趣。第二部分，继续描写春天的景色，白花芬芳，但女人心头的悲伤则越来越沉重。诗人采用反衬法来突出主人公悲戚、哀痛的心情。在第三部分，诗人写到了女人想到白花林里去追寻丈夫的亡灵，她想到另一个世界里与丈夫相聚。诗对女人与丈夫爱情的描写是采取层层递进的方式来展开的，这可起到使感情加深加浓，以致最终融化人物的地步。诗人对夫妇真挚感情的描写对抗着当时虚伪浮华、对婚恋不忠的社会风气。诗人意欲通过夫妻美好感情的描写启示、教育当时的人们，应珍惜人与人之间的友谊，珍惜、保护夫妻之间难得的婚姻和爱情。爱情地久，婚姻天长，社会便会更加的和谐稳定。诗语言清新优美，艺术意境凄婉。诗中运用了投射机制和反衬法，用得巧妙、成功。诗没有统一的韵式，但也用了一些尾韵。诗中还用了不少的头韵和一些行内韵。这些韵给诗带来了较强的韵味。该诗基本节奏为扬抑格，但用扬抑抑格替代的较多。使用扬抑格节奏关联着诗的思想感情，它能让我们感受到寡妇心头的无限悲戚、极度的孤冷，刚开了口，又痛苦得不能再说下去了。节奏变格多也关联着诗的思想情感。诗描写的是女人的伤春、怀故之感。断肠之人追述自己沉痛的哀思是不可能以一种明快流畅的节奏来进行的。故节奏上较多的变格符合诗的主题意义和思想情感的。诗语言浅近，但浅中有深。诗中运用了"夸张"修辞手法。该诗为现代格律诗。诗人为美国民族主义文学的发展做出了重要的贡献。诗人通过与时代趣尚相反的艺术内容来针砭现实，反映了诗人强烈的社会责任感。诗人弘扬夫妻感情的忠贞、美好，可扭转当时社会风气的虚伪、放荡，能为美国梦的腾飞创造友好、友爱、温馨的环境。

第五节为"论威廉·卡洛斯·威廉斯和他的《不朽》"。威廉斯在诗中讴歌了爱情的伟大、珍贵，赞美了它雄伟的力量、辽阔的范围。爱与通情达理是统一的。有了爱情，人就会知晓真理。爱能教会恋爱中的人们很多东西，还能坚定人的精神信仰。爱情、婚姻中要有容忍、宽容的精神。威廉斯在社会动荡时期创作出一首歌颂爱情永恒的诗歌，有提醒人们无论风云如何变幻都要笃守爱情、忠于婚姻的用意。诗语言清新、流畅、隽永。诗中用了"类比"修辞手法，用得形象生动。该诗有规整的韵式，具有传统格律诗的特点。诗中还使用了头韵和行内韵，使诗带上了音乐美感。诗的基本节奏为抑扬格，节奏变格不多。这同诗的思想内容是密切相关的。该诗歌颂了爱情的圣洁、伟大，探讨了婚姻和谐稳定的话题，这样的题旨采用传统的格律诗来创作，是适切的。诗中采用了一些节奏变格，这对现实环境有所影射，因进步主义时代社会秩序的骚动对爱情婚姻的和谐稳定无疑会产生一定的影响，变格可反映人们当时的心态特征。威廉斯在创新艺术形式的同时，能不忘传统，为美国民族主义文学的发展做出了独特的贡献。只有爱情、婚姻之树常青，美国梦才会永葆旺盛的生命力。

第六节为"论威廉·卡洛斯·威廉斯和他的《年轻的家庭主妇》"。诗人在诗中刻画了一位年轻的家庭主妇形象。诗人两次见到的家庭主妇形象不一样。第一次穿着打扮正常，而第二次则显得过于开放，诗人认为第二次的形象有勾引、外遇之嫌，这不符合一个良家贞女所应具有的外表形象。诗人推崇简单俭朴的普通人的生活方式，不喜欢婚内出轨或婚外性行为这一类违背传统道德观念的现象。对道德堕落、破坏家庭稳定的这一类现象，诗人是鄙视的。诗人的婚恋观具有积极意义，因对婚姻不忠会导致社会的不安和不稳。该诗语言素洁、清丽。诗中使用了象征、比喻。诗没有韵式，行末不用韵。但诗中用了不少的头韵和一个行内韵，这给诗增添了韵味，诗的基本节奏为抑扬格，但变格很多。节奏变格多，关联着诗的思想内容。因诗描写了家庭主妇作风放荡，有婚内出轨嫌疑，婚内出轨会影响社会的和谐稳定，而诗中的"我"对家庭主妇的举止打扮怀有深深的鄙视，这样的思想内容决定了诗歌的节奏会出现较多的变格。该诗属半自由半格律诗，自由诗的成分占得略多一些。这符合现代主义文学的特征。诗人以家庭主妇的妆容仪态来影射当时的社会形势，反映当时的环境特征，这符合现代主义作家所经常探讨的作品主题特点。诗人吁求爱情的忠诚，婚姻的永久，这利于美国梦的实现。

以上是本书四章的内容概要。该书研究了美国现代主义文学时期四位重要的诗人及其经典诗作。这四位诗人虽不像罗伯特·弗罗斯特、埃兹拉·庞德、托马斯·斯特尔那斯·爱略特等人那么著名，但其诗作因其所探讨的内容、诗作中所反映的世界观等与上述几位诗人的诗作存在着不小的区别，因而能显示出别具一格的特色，闪现出同样璀璨夺目的光华。当然，这些差别有很多也是由他们自身的生活背景、社会地位、教育经历和所处的时代环境特点所决定的。故本书所研究的这几位现代主义诗人及其诗作在美国现代主义文学史上也占有着十分重要的地位，没有他们的艺术光华显现，美国现代主义文坛不会那么光芒四射，没有他们的倾情奉献，美国现代主义文学的发展会是不全面的。还有几位重要的现代主义诗人及其经典诗歌将在《美国现代主义诗人及其经典诗歌续论》中加以详细探究。

后记

  冬日的骄阳透过窗玻璃洒进了室内，也洒向我厚厚的一叠《美国现代主义诗人及其经典诗歌研究》的手稿上。外面寒风翦翦，但温暖的阳光则让人感到安适愉悦，并想到明媚的春天将不久翩然来到人间。我推开了窗，呼吸着清凉的空气，沐浴着暾暾暖阳。也就在今天这个寒冷而又温美的冬日，我完成了该书的写作。作品完稿，能享受到自然的阳光温抚，并感觉身心暖意洋洋，这是经过了长途跋涉后的行者所能享受得到的特有的喜悦和幸福。

  从 2016 年开始，我着手进行美国各个时期著名诗人及其经典诗作的研究工作，于 2017 年 6 月出版了《美国浪漫主义诗人及其经典诗歌研究》一书，之后，我又对 20 世纪美国重要的诗人及其经典诗歌展开了研究，于 2019 年 3 月出版了《20 世纪美国重要诗人及其经典诗歌研究》一书。在该书的写作过程中，我深感 20 世纪美国诗坛上，名家辈出，流派如林，诗作丰庑，故我一边写作，一边又对 20 世纪美国现代主义诗人及其经典诗歌做了精深的探研和广泛的研读，最后决定以两本专著的形式完成这一时期的美国诗人及其经典诗作的研究课题。现今的这一本是这两本专著中的一本，还有一些内容将在《美国现代主义诗人及其经典诗歌续论》中继续研究。

  本书中所搜集的诗作有不少来自我在教授"美国文学"课时所采用的一些教材当中。这些教材如下：《美国文学选读》（下册），李宜燮、常耀信主编，南开大学出版社，1991 年 8 月第 1 版；《美国文学选读》（第二册），杨岂深、龙文佩主编，上海译文出版社，1987 年 8 月第 1 版；《美国文学史及选读》（第二册），吴伟仁编，外语教学与研究出版社，1990 年 8 月第 2 版。还有一首选自《20 世纪美国诗歌》，Christopher Beach 著，重庆出版社，2006 年 1 月第 1 版。剩下的数首选自于"百度"网中。教材上的一些诗篇，编者都配有一定的注解和简要的阅读提示，这些我在研究时都进行了参阅，在此特向这些教材的主编、编者表示衷心的感谢。另外，本书中有少量的引文是在"百度"网中检索到的，在此谨向"百度"网表示诚挚的谢意。

书中有关诗歌格律的内容，我在分析时参考了吴翔林先生著的《英诗格律及自由诗》（商务印书馆，1993年版）。吴先生在书中对诗歌节奏、韵律的分析为我提供了极其丰富和详尽的方法，使我获益匪浅，也为本课题的研究向深一步发展提供了便利和可能，在此特向吴先生表示诚挚的谢意！吴先生虽于数年前就已长眠于九泉之下，但这份谢意仍是不可少的，因这本书所体现出的先生勤恳严谨的治学精神、丰富精深的学识，还有他平时与我接触时所表现出的豁达开放的学者风范是永世长存的。

妻子林青女士完成了本书全部内容的电脑打字工作，任务繁重又艰巨，但仍宵衣旰食地圆满完成，在此特表谢意！

2019.12.10